Maike Schult,
Philipp David (Hg.)

Wortwelten

Kieler Theologische Reihe

herausgegeben von

Hartmut Rosenau und
Reinhard von Bendemann

Band 11

LIT

Maike Schult, Philipp David (Hg.)

WORTWELTEN

Theologische Erkundung der Literatur

LIT

Umschlagbild: Quint Buchholz, BuchBilderbuch. 45 Bilder
mit 45 Texten von Herbert Achternbusch bis Paul Wühr.
Mit einem Vorwort von Michael Krüger
© 1997 Sanssouci im Carl Hanser Verlag

Bibliografische Information der Deutschen Nationalbibliothek
Die Deutsche Nationalbibliothek verzeichnet diese Publikation in der
Deutschen Nationalbibliografie; detaillierte bibliografische Daten sind
im Internet über http://dnb.d-nb.de abrufbar.

ISBN 978-3-643-10819-7

© LIT VERLAG Dr. W. Hopf Berlin 2011
Verlagskontakt:
Fresnostr. 2   D-48159 Münster
Tel. +49 (0) 2 51-620 320   Fax +49 (0) 2 51-922 60 99
e-Mail: lit@lit-verlag.de   http://www.lit-verlag.de

Auslieferung:
Deutschland: LIT Verlag Fresnostr. 2, D-48159 Münster
Tel. +49 (0) 2 51-620 32 22, Fax +49 (0) 2 51-922 60 99, e-Mail: vertrieb@lit-verlag.de
Österreich: Medienlogistik Pichler-ÖBZ, e-Mail: mlo@medien-logistik.at

Inhaltsverzeichnis

Vorwort VII

MAIKE SCHULT
Im Grenzgebiet:
Theologische Erkundung der Literatur 1

FELIX JOHN
Gesegnete Mahlzeit:
Gastliche Wortwelten in der Antike 31

FRANK AHLMANN
„Wer sich mit dem Zeitgeist vermählt, wird bald verwitwet sein."
Søren Kierkegaard als religiöser Schriftsteller 53

SIMON PASCHEN
Theologie zur See:
Eine Begegnung mit Herman Melvilles Moby-Dick 71

CHRISTINE WEIDE
„Da entschlief die schöne Magelone im Schoße des Peter."
Was man in der Reformationszeit las 91

PHILIPP DAVID
„In-Spuren-Gehen" –
Thomas Manns mythischer Roman Joseph und seine Brüder 117

MICHAEL PIETSCH
„Ich habe das Gesetzbuch gefunden im Haus des HERRN."
Anfänge der Buchreligion im Alten Testament? 143

Inhaltsverzeichnis

SIGNE VON OETTINGEN
„Was steckt wohl in dem Schrank?"
Theologie in C.S. Lewis' Universum 169

KATJA KRETSCHMAR
Zwischen Profession und Projektion:
Pfarrerbilder in der Literatur 195

MATTHIAS R. HOFFMANN
Zauberspruch und Scharlatan:
Magie und Zauber in der Literatur 219

IRMELIN HEYEL
Antike Erzählweisen:
Der Liebesroman Kallirhoe und die Evangelien 265

IMKE HINRICHS
„Ich mach' mir die Welt, wie sie mir gefällt." –
Seelsorge mit Astrid Lindgren 279

GABRIELA MUHL
Schauplätze:
Gott auf der Theaterbühne bei George Tabori 299

MAIKE SCHULT
„Auch Gott war Schneider!"
Romanfiguren entdecken die Bibel 317

Die Autorinnen und Autoren 355

Vorwort

In ihrer ersten Frankfurter Poetik-Vorlesung *Fragen und Scheinfragen*, die Ingeborg Bachmann im Wintersemester 1959/1960 gehalten hat, benennt sie mit dem Begriff der „Problemkonstante", was in ihren Augen einen Dichter unausweichlich macht: dass es ihm gelingt, seine eigene unverwechselbare Wortwelt, Gestaltenwelt und Konfliktwelt zu erschaffen. Diese drei Welten gehören zusammen, lassen sich aber unterscheiden und je für sich untersuchen. Eben das haben wir uns ein halbes Jahrhundert später zunutze gemacht, als wir im Wintersemester 2009/2010 die erste eigene Vorlesungsreihe der Assistentenschaft der Theologischen Fakultät der Christian-Albrechts-Universität zu Kiel durchführten. Unter dem Titel *Wortwelten. Theologische Erkundung der Literatur* unternahmen wir Streifzüge in ein Grenzgebiet, das abseits der üblichen Lehrpläne liegt und also nachweislich ausweichlich ist, solange man sich nur an den gegebenen Curricula orientiert. Ein Gebiet zwischen den Fakultäten, von der Theologie gern heimgesucht im Modus der Deutungshoheit, dessen begrifflich-methodologische Unterbestimmtheit so problematisch wie konstant geblieben ist.

Auf diesen Streifzügen basieren die hier versammelten vierzehn Beiträge. Sie nehmen ihren Ausgang bei der jeweiligen theologischen Teildisziplin, die wir in Forschung und Lehre vertreten, und erkunden von dort aus exemplarisch den fremden Raum der Literatur. Theologie und Literatur(wissenschaft) sind in unterschiedlichen Wortwelten zu Hause und mühen sich in verschiedenen Sprachen um Deutung der Welt. Das macht die interdisziplinäre Zusammenarbeit reizvoll – und schwierig zugleich. An diesen grundsätzlichen Schwierigkeiten ließ sich wenig ändern. Sie ließen sich aber be-

Vorwort

nennen und mit einer Haltung beantworten, wie sie der Maler und Illustrator Quint Buchholz ins Bild gesetzt hat: Ein Mann kommt des Wegs. Er trägt einen Anzug. Sein Haar ist geschnitten, sein Schuhwerk geputzt. Wohin ist er unterwegs? Welche Verabredung hat ihn gerufen? Wir wissen es nicht. Aber wir sehen *eine Begegnung*. Der Mann auf dem Weg hat innegehalten. Er ist leicht in die Knie gegangen, eine kaum merkliche Verbeugung. Er lupft den Hut und grüßt ein Buch. Das Buch ist größer als der Mann. Es steht fest und sicher, mit geradem Rücken und leicht geöffnetem Bauch. Zwischen den Deckelseiten rechts und links sieht man ins Innere: weiße Seiten, unzählige Seiten, zu einer Ordnung gebunden, dick und weich wie Stoff. Das Buch trägt keinen Titel. Es gibt nichts preis. Doch man sieht in sein Inneres, und man ahnt eine Welt. Das Bild von Quint Buchholz heißt *Der Gruß*. Ein Mann grüßt ein Buch, und das Buch grüßt zurück – sofern man seiner Wortwelt mit Respekt begegnet.

Solches haben wir versucht, und das Ergebnis unserer Erkundungen liegt vor. Wie die Ringvorlesungen der Emeriti (*Glücksfälle der Christentumsgeschichte*) und der Professorinnen und Professoren (*Auferstehung*) erscheint es, nun selbst als Buch grüßend, in der Kieler Theologischen Reihe. Unser Dank dafür gilt allen, die das Vorhaben mitgetragen haben: den Studierenden, die die Vortragsreihe anregten; den Hörerinnen und Hörern, die sie so zahlreich besuchten und uns durch ihre Begeisterung zur Veröffentlichung ermutigten; unserem Kollegen Felix John für die sorgfältige Bewerkstelligung der Druckvorlage; dem Dekanat der Theologischen Fakultät für die organisatorische und finanzielle Unterstützung; den Herausgebern der Kieler Theologischen Reihe, die die *Wortwelten* aufnahmen und ihren Vorgängern an die Seite stellten; sowie dem Förderverein der Christian-Albrechts-Universität Alumni Kiel e.V., dem Förderverein der Theologischen Fakultät S.T.O.A. e.V. und der Nordelbischen Evangelisch-Lutherischen Kirche für Zuschüsse zu den Druckkosten. Dass diese Kosten im Rahmen

Vorwort

des Machbaren blieben, verdanken wir nicht zuletzt Quint Buchholz, der uns auf unserem Weg so freundlich entgegenkam und den *Gruß* als Titelbild überließ. Ihnen allen sei herzlich gedankt und gesagt: Die *Wortwelten* haben uns Freude gemacht. Eine Freude, die sich zwischen den Zeilen mitteilen und alle grüßen soll, die sich aufmachen, sie zu lesen.

Kiel, im Mai 2011   Maike Schult / Philipp David

MAIKE SCHULT

Im Grenzgebiet: Theologische Erkundung der Literatur

1. Das literaturtheologische Metaphernfeld

Im deutschen Sprachraum wird das Forschungsgebiet „Theologie und Literatur" nicht von den Philologien getragen, sondern vor allem von der so genannten Literaturtheologie,[1] die es dabei auffallend häufig in Bildern verhandelt.[2] Da ist von einer Landschaft die Rede, von „einem weithin noch unerschlossenen Gebiet", das zu erkunden und zu vermessen sei.[3] Von einem Grenzgebiet,[4] in dem Kontrollposten aufgestellt und Ausweise vorzulegen sind, in das Führ-Figuren[5] geschickt und Abenteurer[6] entsandt werden,

---

[1] Der Begriff wird unterschiedlich gefüllt (vgl. etwa R.P. Crimmann, Literaturtheologie. Studien zum Vermittlungsproblem zwischen Germanistik und Theologie, Dichtung und Glaube, Literaturdidaktik und Religionspädagogik, Frankfurt a.M./Bern/Las Vegas 1978 und G. Kranz, Christliche Literatur als Provokation. Zu neueren Arbeiten der Literaturtheologie, in: StZ, 200. Bd. [1982], 274–284) und wurde inzwischen verworfen von W. Engemann, Texte über Texte. Die Beziehungen zwischen Theologie, Literaturwissenschaft und Rezeptionsästhetik, in: PrTh, 35. Jg. (2000), Heft 3, 227–245; hier: 228 und G. Langenhorst, Theologie und Literatur. Ein Handbuch, Darmstadt 2005, 61, wenn auch aus unterschiedlichen Gründen. Ich folge B. Auerochs, Art. Literatur und Religion, in: RGG[4], Bd. 5 (2002), 391–403; hier: 401.402, der D. Sölle und K.-J. Kuschel als die entscheidenden Impulsgeber der Literaturtheologie benennt, und verstehe darunter alle theologischen Ansätze, die sich in deren Tradition seit den 1970er Jahren mit diesem Sonderbereich befasst haben. In Großbritannien und den USA ist das Forschungsgebiet „Theologie und Literatur" dagegen öfter an die Philologien angeschlossen.
[2] Diese Bilder (Tropen) lassen sich im Einzelnen als Metaphern, Vergleiche, Personifizierungen u.a.m. bestimmen.
[3] W. Jens/H. Küng, Dichtung und Religion. Pascal, Gryphius, Lessing, Hölderlin, Novalis, Kierkegaard, Dostojewski, Kafka, München 1985, 7: „Essays, die sich als Erkundungen auf einem weithin noch unerschlossenen Gebiet verstehen und den Charakter einer überblicksartigen Landvermessung haben."
[4] K.-J. Kuschel, Jesus in der deutschsprachigen Gegenwartsliteratur. Mit einem Vorwort von Walter Jens, Zürich/Köln und Gütersloh 1978, 1: Der Verfasser siedelt seine Arbeit im „Grenzgebiet" zwischen Theologie und Literaturwissenschaft an. Auch Crimmann definiert seinen Versuch, beide Disziplinen im Begriff Literaturtheologie zusammenzuführen, als „Grenzwissenschaft": Crimmann, Literaturtheologie, 9.
[5] Jens/Küng, Dichtung und Religion, 7.

die Herausforderungen[7] suchen und Spuren lesen,[8] Gefahren ausloten und das Land prüfen auf seine Fruchtbarkeit. Hier werden Herrschaftsansprüche[9] gestellt. Hier wird um Deutungshoheit gerungen. Hier werden Diplomaten ernannt und Verhandlungen geführt, und ab und an scheint ein Brückenschlag[10] möglich von einem Ufer ans andere.

Die literaturtheologischen „Grenzgänger",[11] die das Gebiet durchstreifen, verstehen sich als Pioniere[12] auf einem Dialogfeld, auf dem man sich behutsam nähert[13] und vorsichtig betastet,[14] sich Stimme und Gehör[15] leiht

---

[6] K.-J. Kuschel (Hg.), Der andere Jesus. Ein Lesebuch moderner literarischer Texte, Zürich/Einsiedeln/Köln und Gütersloh 1983, 11: „Die Erforschung eines so fremden, manchmal feindseligen Geländes ist für theologisches und kirchliches Denken nichts weniger als ein Abenteuer. Der Wind der Kritik weht hier scharf, manchmal eisig. Wer dem aber standhält, wird hier überraschende Entdeckungen machen und das finden, was er sucht: *Wirklichkeitsgewinn!*"

[7] G. Langenhorst, Hiob unser Zeitgenosse. Die literarische Hiob-Rezeption im 20. Jahrhundert als theologische Herausforderung, Mainz 1994. Auch Kuschel beschreibt den „Gang zu den Dichtern" als gegenseitige Herausforderung, in: K.-J. Kuschel, Weil wir uns auf dieser Erde nicht ganz zu Hause fühlen. 12 Schriftsteller über Religion und Literatur, München/Zürich 1985, 155.

[8] S. Mosès, Spuren der Schrift. Von Goethe bis Celan, Frankfurt a.M. 1987; T. Gojny, Biblische Spuren in der Lyrik Erich Frieds. Zum intertextuellen Wechselspiel von Bibel und Literatur, Mainz 2004.

[9] Festgehalten im Herrschaftsbild von Herrin (*domina*) und Magd (*ancilla*). Dagegen Crimmann, Literaturtheologie, 56: Literaturtheologische Textinterpretation könne nicht heißen, dass Herrschaftsansprüche im Gewand der Partnerschaft neu formuliert werden.

[10] Crimmann, Literaturtheologie, 9; D. Mieth, Braucht die Literatur(wissenschaft) das theologische Gespräch? Thesen zur Relevanz „literaturtheologischer" Methoden, in: W. Jens/H. Küng/K.-J. Kuschel (Hg.), Theologie und Literatur. Zum Stand des Dialogs, München 1986, 164–177; hier: 173; Langenhorst, Hiob, 28.

[11] H. Küng, Theologie und Literatur: Gegenseitige Herausforderung, in: Jens/Küng/Kuschel, Theologie und Literatur, 24–29; hier: 27.

[12] K.-J. Kuschel, Im Spiegel der Dichter. Mensch, Gott und Jesus in der Literatur des 20. Jahrhunderts, Düsseldorf 1997, 4.5, Anm. 3: Kuschel nennt hier eine Reihe von Autoren, „die sich als Pioniere einer theologischen Erschließung moderner Literatur im deutschsprachigen Raum einen Namen gemacht haben".

[13] U. Baltz, Theologie und Poesie. Annäherungen an einen komplexen Problemzusammenhang zwischen Theologie und Literaturwissenschaft, Frankfurt a.M./Bern/New York 1983; die Autorin benennt „Beziehungsprobleme" zwischen Theologie und Literatur(wissenschaft) und wagt „‚Annäherungsversuche'", a.a.O., 258.289.

und um Begegnung bemüht. Hier wird gesucht und gefunden,[16] erkundet und entdeckt,[17] aber auch eingemeindet[18] und vereinnahmt.[19] Hier sind Barrieren[20] zu überwinden und Spannungen[21] auszuhalten, und wer sich hineinwagt in dieses Land, der gerät nicht selten „unter Beschuß"[22] bei dem

---

[14] Kuschel, Jesus in der deutschsprachigen Gegenwartsliteratur, 5: Literatur und Theologie seien „Blinden vergleichbar, die ihre Wirklichkeit er-tasten, er-spüren, er-greifen müssen".

[15] T. Kucharz, Theologen und ihre Dichter. Literatur, Kultur und Kunst bei Karl Barth, Rudolf Bultmann und Paul Tillich, Mainz 1995, 17: Die Theologie solle der Literatur „ihr Ohr" leihen.

[16] Kuschel, Jesus in der deutschsprachigen Gegenwartsliteratur, 301: „Wir haben [...] nach Spuren gesucht und – Spuren gefunden!"; A. Joist, Auf der Suche nach dem Sinn des Todes. Todesdeutungen in der Lyrik der Gegenwart, Mainz 2004.

[17] P.K. Kurz, Die Neuentdeckung des Poetischen. Zwischen Entfremdung und Utopie, Frankfurt a.M. 1975.

[18] Baltz, Theologie und Poesie, 267 in Bezug auf Henning Schröer, der sich bemühe, „literarische Texte nicht ‚einzugemeinden'", und doch eine primär theologische Sichtweise beibehalte.

[19] Kritisch dazu Baltz, Theologie und Poesie, 268: „Wenn Literatur theologisch oder christlich vereinnahmt wird, bedeutet das immer: Sie wird in ihrer eigenen Aussage und in ihrem eigenen Welt- und Menschenverständnis nicht ernstgenommen." Vgl. auch Crimmann, Literaturtheologie, 62: Auf keinen Fall dürfe Dichtung religiös vereinnahmt oder nach dogmatischen Vorstellungen qualifiziert werden.

[20] P.K. Kurz, Theologie und Literatur: Kritische Anmerkungen, in: Jens/Küng/Kuschel, Theologie und Literatur, 223–229; hier: 223: „Zäune wurden von der öffentlichen Literatur und von der kirchlich kontrollierten Theologie aufgestellt oder erhalten."

[21] Vgl. K.-J. Kuschel, Das Verhältnis von Dichtung und Religion in der Literatur unserer Zeit, in: W. Böhme (Hg.), Von Dostojewskij bis Grass. Schriftsteller vor der Gottesfrage, Karlsruhe 1986, 9–29; hier: 9: „Daß Dichtung und Religion spätestens seit die Identität von Christentum und bürgerlicher Kultur zerbrochen ist, in einem Verhältnis konstanter, bisweilen feindseliger Spannung stehen, ist ein Gemeinplatz."

[22] Kuschel, Jesus in der deutschsprachigen Gegenwartsliteratur, 1: „Wer sich auf einem Grenzgebiet ansiedelt, läuft Gefahr, von beiden Seiten unter Beschuß zu geraten."

Versuch, Freiräume[23] zu gewinnen, die von dem „Gespenst der Beliebigkeit"[24] aufgetan und vom „Gendarm" Theologie[25] bewacht werden.

In dieses Grenzland nun zieht es die einen auf ihrer „Suche nach dem verlorenen Gott",[26] weil dieser sich hier vielleicht einige Dichter hält,[27] mit deren Hilfe es sich überwintern ließe „in sprachloser Zeit".[28] Dann wird die Literatur aufgesucht als „Gesprächspartnerin" der Theologie.[29] Mit dieser Gesprächspartnerin glaubt man sich einig in dem Bemühen, den verborgenen Gott wieder zurück ans Licht zu holen. Mit ihr glaubt man sich einig im Kampf um eine Sprache, die Verkrustungen aufbricht und sich den Mächtigen entzieht.[30] Oder deren Fremdsprache man erlernen will,[31] indem man

---

[23] Crimmann, Literaturtheologie, 69: Das Kunstwerk spiegele etwas von dem „Freiraum" wider, „der dem Menschen verheißen ist, es bildet eine herrschaftsfreie Zukunft ab, die sich im Detail konkretisiert, der Christ aber universal erwartet"; in Kunst und Poesie finde sich „ein Freiraum für das Spiel und die spielerische Vergegenwärtigung von Welt", aber auch „zugleich der Kampf gegen Systeme".

[24] G.M. Martin, Zwischen Eco und Bibliodrama. Erfahrungen mit einem neuen Predigtansatz, in: E. Garhammer/H.-G. Schöttler (Hg.), Predigt als offenes Kunstwerk. Homiletik und Rezeptionsästhetik, München 1998, 51–62; hier: 57.

[25] G. Bachl, Die Bibel als Literaturerlebnis, in: H. Schmidinger (Hg.), Die Bibel in der deutschsprachigen Literatur des 20. Jahrhunderts, Bd. 1: Formen und Motive, Mainz 1999, 15–38; hier: 17.

[26] M. Motté, Auf der Suche nach dem verlorenen Gott. Religion in der Literatur der Gegenwart, Mainz 1997.

[27] K.-J. Kuschel, „Vielleicht hält Gott sich einige Dichter..." Literarisch-theologische Porträts, Mainz 1991.

[28] D. Sölle, Das Eis der Seele spalten. Theologie und Literatur in sprachloser Zeit, Mainz 1996.

[29] Kucharz, Theologen und ihre Dichter, 17.

[30] Kuschel, Jesus in der deutschsprachigen Gegenwartsliteratur, 5: Literatur und Theologie seien „Bundesgenossen im Kampf für eine Sprache, die sich dem Einverständnis der Mächtigen entzieht, die der gelenkten, verkauften und abgerichteten Sprache mit Mißtrauen begegnet und sich der perfekt funktionierenden Gesellschaft verweigert."

[31] D. Sölle, Realisation. Studien zum Verhältnis von Theologie und Dichtung nach der Aufklärung, Darmstadt/Neuwied 1973, 105: „In einem gewissen Sinn behandelt das theologische Interesse an Literatur die Dichter wie Theologen, die in einer fremden, erst zu lernenden Sprache von der gleichen Sache handeln." Vgl. auch Baltz, Theologie und Poesie, 258 zur Verwendung poetischer Texte im Religionsunterricht: „Aber dann ist zu fragen: Befindet sich der Religionsunterricht damit nicht im ‚fremden Land'?"

sie zitiert und zu Wort kommen lässt, auf ihre Stimme hört[32] und sich um Verstehen bemüht, eben weil die Literatur der Theologie etwas zu sagen habe, sie auf „unvertraute Denk-Wege" schicke[33] und ihr das Eigene „in fremdem Gewande" widerspiegele.[34] Aus diesem Grunde, so heißt es, sollten Theologen bei Dichtern „in die Schule"[35] gehen und mit ihnen eine „*Koalition der Betroffenheit*" bilden „angesichts der Ungesichertheit menschlicher Existenz".[36] Eine Koalition, in der beide gleichberechtigt, ohne Über- und Unterordnungen ein partnerschaftliches Gespräch führen könnten, offen und frei, ohne Feindbilder von der einen oder anderen Seite.[37]

In dieses Grenzland also zieht es die einen, um hoffnungsvoll Dialogversuche[38] zu wagen – und andere gar nicht mehr. Die literarischen Kundschafter bleiben aus. Die Philologen halten sich fern, und der schmale Streifen Niemandsland gerät zum unwirtlichen, öden Ort, an dem immer häufiger nurmehr das Selbstgespräch des Literaturtheologen wie ein Echo von den Bergen widerhallt.[39]

---

[32] Kuschel, Weil wir uns auf dieser Erde nicht ganz zu Hause fühlen, XII: Zuhören habe seitens der Theologie Priorität, „auch nur der Anschein von Besserwissen" sei zu vermeiden.
[33] Kuschel, Im Spiegel der Dichter, 3.
[34] Kuschel, Das Verhältnis von Dichtung und Religion, 15.
[35] G. Kranz, Was ist christliche Dichtung? Thesen – Fakten – Daten, München 1987, 82.
[36] Kuschel, Das Verhältnis von Dichtung und Religion, 28. Auch Küng sieht Literatur und Theologie „in einer gemeinsamen Koalition um des Menschen willen gegen jegliche Vergötzung der ‚Mächte der Moderne' und für eine postmaterialistische Weltsicht und Lebensweise", in: Küng, Theologie und Literatur, 29.
[37] Crimmann, Literaturtheologie, 56.
[38] A. Walser, Schuld und Schuldbewältigung in der Wendeliteratur. Ein Dialogversuch zwischen Theologie und Literatur, Mainz 2000. Auch Kuschel, Jesus in der deutschsprachigen Gegenwartsliteratur, 1 spricht von einem „Versuch" auf der Grenze.
[39] H. Schröer, Art. Literatur und Religion. VI. Praktisch-theologisch, in: TRE, Bd. XXI (1991), 294-306; hier: 296: „Von fachtheologischer Seite werden immer wieder, wenn auch eher marginal, Bemühungen um Dialog spürbar, die allerdings schnell unter Instrumentalisierung, d.h. Eingemeindungsverdacht gestellt werden können. Daß die Literaturwissenschaft derzeit weniger den Dialog sucht, liegt möglicherweise daran, daß das Problem interdisziplinärer Methodik große Schwierigkeiten in sich schließt".

Das Verhältnis von Theologie und Literatur(wissenschaft) ist problematisch, so die Theologin Ursula Baltz,[40] und es lässt sich vermuten: Weil es problematisch ist, wird es so auffallend häufig metaphorisch umschrieben. Denn die rhetorische Figur der Metapher erlaubt ja nicht nur die Veranschaulichung ihres Gegenstandes. Sie hält auch in der Schwebe, indem sie Analogien zwar suggeriert und konstatiert, nicht aber formal ausführen und konkret belegen muss. Metaphorik „entrückt die Wörter ihrer gewöhnlichen Fixiertheit."[41] Das ist ihr Gewinn. Sie kann verbinden und übertragen (*metaphorein*), einen Inhalt hinübersetzen von einem Ufer ans andere. Das ist ihre Vermittlungsleistung, gerade auf interdisziplinärem Gebiet, auf dem ‚Neuland' betreten und Innovatives gewagt wird, für das es oft genug noch keine Begriffe gibt, und auf dem die semantischen Lücken durch Bilder gefüllt werden, „die sonst nur durch aufwendige Paraphrase zu schließen wären".[42] Problematisch indes wird die metaphorische Rede dort, wo sie über das Trennende hinwegtäuschen und methodische Ungenauigkeiten verschleiern soll. Wo sie zum Lückenbüßer wird, der Leerstellen kaschiert, an denen eben nichts oder doch viel weniger zu finden ist, als die bildreiche Verkleidung verspricht. Denn die Frage, was die Theologie im Raum der Literatur sucht[43] und ob sie nicht mit Hilfe uneigentlicher Bildersprache eigentlich etwas verhandeln will, was im Grunde gar nicht am literarischen Kunstwerk hängt, sondern dieses nur zum Stichwortgeber binnentheologisch geführter Debatten macht, diese Frage stellt sich auch für die literaturtheologischen Ansätze, die sich von ihren Vorgängern schon dadurch hinreichend unterschieden glauben, dass sie der Literatur nicht mehr autoritär,

---

[40] Baltz, Theologie und Poesie, 260.
[41] Sölle, Das Eis der Seele spalten, 54.
[42] D. Peil, Art. Metapher, in: A. Nünning (Hg.), Metzler Lexikon Literatur- und Kulturtheorie. Ansätze – Personen – Grundbegriffe, Stuttgart/Weimar ²2001, 432.433; hier: 432. Metaphern, die solche sprachlichen Lücken schließen, sind notwendig und lassen sich kaum ersetzen.
[43] Kuschel, Weil wir uns auf dieser Erde nicht ganz zu Hause fühlen, X: „Was sucht Theologie im Raum der Literatur?"

sondern „partnerschaftlich" begegnen wollen. Dass sie sie nicht länger als *ancilla theologiae*, als Magd und Hilfswissenschaft der Theologie, verstehen. Dass sie sie nicht als „Steinbruch" benutzen wollen, aus dem man früher noch mit der „Brechstange" und „ohne weitere Überlegung ein paar Brocken" herausholte und „mit dem schlecht gemischten Mörtel der eigenen Sprache" zu einem Gebäude gefügt hat, von dem der Homiletiker Gert Otto lapidar konstatiert: „So sieht das Gebäude dann auch aus."[44]

2. Zum Forschungsstand

Dass Theologie sich mit literarischen Werken befasst, ist nicht selbstverständlich.[45] Seit dem frühen Christentum hat es religiös motivierte Vorbehalte gegen Kunst und Kultur, Literatur und Rhetorik gegeben. Sie fanden sich vorgebildet in der zwiespältigen Wertung der Antike, die ihre Dichter einerseits als „Seher" verehrte und andererseits als „Lügner" verwarf. Insbesondere der Wahrheitsanspruch christlicher Verkündigung war stets schwer in Einklang zu bringen mit der Mehrdeutigkeit fiktionaler Werke. Die drohende Relativierung oder gar Auflösung einer allgemein verbindlichen Interpretation von Wirklichkeit, wie christliche Offenbarung sie beansprucht, ließ viele Theologen zögern, sich in die Literatur hineinzuwagen und sich dem „Gespenst der Beliebigkeit" (G.M. Martin) auszusetzen.

Das soll die vielen Phasen wechselseitiger Befruchtung zwischen Theologie und Literatur nicht verhehlen: Das Christentum artikuliert sich in Sprache. Es gründet sich auf Texte, die nicht nur heilig sein wollen, sondern auch poetisch sein können. Vom Anregungspotential der Bibel als dem

---

[44] G. Otto, Rhetorische Predigtlehre. Ein Grundriß, Mainz/Leipzig 1999, 125 zum Versuch, einer Predigt literarische Texte einzupflanzen. Dagegen Kranz, Was ist christliche Dichtung?, 84 über die Möglichkeit, Dichtung als „Steinbruch" für homiletischen „Zitatenschmuck" zu gebrauchen: „nichts dagegen; war immer üblich!"

[45] Für einen ersten Überblick vgl. folgende Lexikonartikel: Die verschiedenen Teilartikel Literatur und Religion, in: TRE, Bd. XXI (1991), 233–306; Auerochs, Art. Literatur und Religion; A. Hammer, Art. Religion und Literatur, in: Nünning, Metzler Lexikon Literatur- und Kulturtheorie, 543–545.

„Buch der Bücher" über die Sprachgewalt eines Martin Luther bis zu der reichen Andachts- und Erbauungsliteratur, die gerade der Protestantismus in Wort, Schrift und Liedgut hervorgebracht hat, lässt sich die Beziehung auch als Erfolgsgeschichte zweier „Wortwelten" erzählen, die christliche Themen, Figuren und Motive über Jahrhunderte immer wieder in verschiedensten Gattungen und Ausdrucksformen expressiert haben.

Spätestens mit der Aufklärung jedoch treten diese Welten auseinander. Ende des 18. Jahrhunderts bildet sich die Vorstellung heraus von der Autonomie der Kunst. Mit Lessings bekannter Autonomieformel, 1766 in der kunsttheoretischen Schrift *Laokoon* zunächst für die bildende Kunst artikuliert,[46] erhält sie das entscheidende Diktum, um sich von religiösen Vorgaben zu emanzipieren. Kunst, so Lessing, sei nicht länger Hilfsmittel einer Religion, die stets mehr auf das Bedeutende denn auf das Schöne schaue. Als Kunstwerke sollten vielmehr nur solche Werke gelten, in denen sich der Künstler wirklich als Künstler zeige. Nicht das Bedeutende, sondern das Schöne sollte erstes und letztes Prinzip sein. In der Goethezeit wird dieser Anspruch auf Eigengesetzlichkeit dann auf die Literatur übertragen und dabei zunehmend von der Fokussierung auf Schönheit gelöst. Literatur verlässt die heiligen Hallen kirchlicher Denkgebäude, um sich *vor* dem Heiligtum anzusiedeln und ‚profan' zu werden.[47] Zwar gilt sie auch dort, im Weltlichen, als „Medium der Wahrheitsfindung", doch der souveräne literarische Kosmos kennt keine direkte religiös-moralische Wirkung mehr.[48] Die eigentliche künstlerische Aufgabe besteht nicht mehr in der Bebilderung religiöser Gehalte oder der Erbauung der Gläubigen. Die künstlerische Aufgabe besteht darin, dass der Dichter seine eigene Sprache findet und über die ihm eigene Sprache seine Wortwelt erschafft. Dafür muss er originell sein. Er muss

---

[46] Zur Autonomieformel vgl. G.E. Lessing, Laokoon. Oder über die Grenzen der Mahlerey und Poesie. Mit beyläufigen Erläuterungen verschiedener Punkte der alten Kunstgeschichte, Berlin 1766, I, 9. Vgl. B. Auerochs, Die Entstehung der Kunstreligion, Göttingen 2006, 86.87.

[47] Das entspricht der wörtlichen Bedeutung von *pro fanum*: „vor dem Heiligtum".

[48] Auerochs, Art. Literatur und Religion, 396.

selbst zum Schöpfer werden und sich von den „Stilzüge[n] der Sekundarität" emanzipieren, wie sie für religiöse Dichtung kennzeichnend sind.[49] Denn der Akzent in der Religion, so der Germanist Bernd Auerochs, liege auf der Interpretation der Welt. Nicht irgendeiner Interpretation, sondern einer bestimmten, die Bestätigung durch Bekenntnis verlangt und eine bestimmte Lebensführung nach sich zieht.[50] In der Literatur dagegen liege der Akzent auf der Darstellung von Weltdeutungen.[51] Diese Deutungen werden nicht in erster Linie erklärt, sie werden geformt. Sie wetteifern miteinander um Neuheit und Individualität[52] und orientieren sich damit eben in ihren Ausdrucksmitteln nach vorn, in die Zukunft hinein. Religiöse Tradition hingegen sucht den Rückbezug. Sie weist auf ihren Ursprung, ihre Textquellen, zurück, die, ein für alle Mal festgeschrieben, in der Vormoderne liegen. „Ad fontes", zurück zu den Quellen, lautete denn auch der Ruf der Reformation, die ihre Bewegung nach vorn nicht ohne die Autorität des Alten, namentlich der Bibel, machen wollte. Die Bewegung der Religion liegt in der Wiederholung der Tradition, die das von Anbeginn Gegebene zwar immer neu auslegen und subjektiv aneignen, es aber nicht überbieten oder gar überwinden will. Die Wortwelt der biblischen Tradition ist die Mitte der christlichen Religion – und ihre Begrenzung. Literatur dagegen strebt danach, Grenzen zu überschreiten und frei, nur sich selbst verpflichtet, hinter der vorgegebenen Wortwelt neue Universen aufzutun.

Bis in die Gegenwart wird die Beschäftigung mit Literatur darum von der Theologie, wiewohl nicht länger tabuisiert, so doch als grenzwertig erlebt. Das literarische Werk erscheint als ein anderes, fremdes Land, als Gebiet jenseits der Grenze, reizvoll und gefährlich zugleich, und alle Übertritte in dieses sich dauernd selbst überschreitende, schwer zu kontrollierende Grenz-

---

[49] Auerochs, Art. Literatur und Religion, 396.
[50] Auerochs, Art. Literatur und Religion, 392.
[51] Zum Primat der Interpretation in der Religion bzw. zum Primat der Darstellung in der Kunst vgl. Auerochs, Die Entstehung der Kunstreligion, 33–72.
[52] Auerochs, Art. Literatur und Religion, 402.

gebiet müssen theologisch legitimiert und in ihrer Relevanz nachgewiesen werden. Im Bild gesprochen: Es braucht ein Visum, wer einreisen will. In diesem Visum wird katholischerseits etwa auf das Dokument *Gaudium et spes* (Art. 62) verwiesen, mit dem sich das Zweite Vatikanische Konzil (1965) für ein partnerschaftliches Begegnen von Religion und Kunst ausgesprochen hat. Wir Protestanten brauchen keine Konzilsentscheidungen, wir bekommen Schleiermacher und Tillich in den Pass gedrückt.[53] Neben kirchlichen und theologischen Autoritäten gibt es noch eine Reihe von Rechtfertigungs- und Begründungsmustern, die die Beschäftigung mit Literatur legitimieren sollen.[54] Dazu zählen etwa: der ethische Mehrwert der Literatur,[55] die in ihr gestaltete menschliche Erfahrung, die Neuentdeckung biblischer Themen und Motive,[56] aber auch eine allgemeine Horizonterweiterung, ja Transzendierung des Alltags, häufig gebunden an das Zugeständnis einer besonderen Begabung des Dichters, wie man sie in der romantischen Kunsttheorie vorgebildet fand. Dort galt der Dichter als eine göttlich inspirierte Instanz, die mit prophetischem Seherblick die Vorgänge des Lebens wahrnehmen, deuten und ihrerseits zu Lebensführung und Lebensdeutung anleiten kann – der Dichter also als moralische Orientierungsgröße in quasireligiöser Funktion, als Vorbild und Autorität, der man sich auf dem verunsichernden Terrain fiktionaler Texte an die Hand gibt.[57]

---

[53] Schleiermachers Hermeneutik und Tillichs „Theologie der Kultur" mit ihrer Methode der „Korrelation" sind noch immer die entscheidenden Konzepte für alle, die sich „auf der Grenze" zwischen Theologie und Kultur ansiedeln wollen.

[54] Diese Muster finden sich zusammengestellt in: M. Schult, Im Banne des Poeten. Die theologische Dostoevskij-Rezeption und ihr Literaturverständnis, Göttingen 2011.

[55] D. Gutzen, Art. Literatur und Religion. V. Von der Reformation bis in die Gegenwart, in: TRE, Bd. XXI (1991), 280–294; hier: 281: „In der Gegenwart [...] richtet sich religiöses bzw. theologisches Erkenntnisinteresse an Literatur, weil es sich aus ihrer Darstellung menschlicher Lebenswelt und Verhaltensweisen Hilfe für die Entwicklung einer modernen theologischen Ethik oder auch Bestätigung des eigenen ethischen Modells erhofft."

[56] Kranz, Was ist christliche Dichtung?, 16: „Die Übersetzung des Glaubens in eine künstlerische Vision aber zeigt uns den Glauben von einer Seite, von der wir ihn nicht kannten."

[57] Die Vorstellung von Literatur als Religionsersatz basiert auf der Idee einer universalen Offenbarungsreligion, die sich nicht auf christliche Offenbarung beschränkt, sondern sich auch in Kunst, Literatur, Musik und in der Natur zeigen kann. Sie wurde von einigen Künst-

So erfährt Literatur einerseits eine besondere Wertschätzung. Sie wird idealisiert, zum Teil sakralisiert und zu einer Art Ersatz- bzw. Ergänzungsreligion erhoben.[58] Eine Vorstellung, die sich gegenwärtig weiterschreibt in der praktisch-theologisch und systematisch-theologisch geführten Diskussion um mögliche Analogien zwischen religiöser und ästhetischer Erfahrung. Literatur erfährt damit eine besondere Wertschätzung, aber auch eine spezifische Reduktion, wenn zwar der Autor zum Propheten erhöht und seine Persönlichkeit in den Mittelpunkt gestellt wird, die von ihm dargebotene Textwelt in ihrer formal-ästhetischen Gestaltung aber kaum in den Blick kommt.

Die Marginalisierung der Form bei gleichzeitiger Überbetonung des Inhalts und einer gewissen Überschätzung der Wirkungsmöglichkeiten von Literatur findet sich nun auch in der so genannten Literaturtheologie, die bis heute die Debatte bestimmt und eine ganze Reihe von Einzelstudien und Sammelbänden auf den Markt gebracht hat. Sie formiert sich zu Beginn der 1970er Jahre und versucht das Thema „Theologie und Literatur" als eigenen akademischen Forschungsbereich zu etablieren.[59] Literaturinterpretationen von theologischer Seite hatte es freilich schon länger gegeben und zwar über alle theologischen Einzeldisziplinen hinweg.

---

lern durchaus geteilt. Auerochs hält das Konzept jedoch für gescheitert, da Literatur eine der zentralen Funktionen von Religion, nämlich zur Lebensführung anzuleiten, gerade nicht erfüllen kann: Auerochs, Art. Literatur und Religion, 398.

[58] In den Zusammenhang von Offenbarung und Erlösung gehört für Auerochs, Die Entstehung der Kunstreligion, 15 auch die „theologische und religiöse Metaphorisierung des Redens über Kunst in der Moderne".

[59] Nach Engemann, Texte über Texte, 227.228 geht der Begriff zurück auf einen Aufsatz von F. Sengle (1960) und war zunächst abschätzig gemeint. Der Literaturtheologie und ihrer Programmatik sei aber auch darum kaum eine Wirkungsgeschichte beschert gewesen, da ihre Aufgaben und Verfahren unterbestimmt geblieben seien und sich das komplexe Forschungsfeld „Theologie und Literatur" eben nicht auf Schlüsselbegriffe reduzieren lasse. Engemann selbst sieht die Debatte konstruktiv abgelöst von der Rezeptionsästhetik, die der neue „Treffpunkt" von Theologie und Literaturwissenschaft sei.

Die Zeit Ende der 1960er, Anfang der 1970er Jahre markiert für viele eine Wende im Verhältnis zwischen Theologie und Literatur.[60] Die bis dahin vorherrschende Erwartungshaltung, sich selbst im literarischen Werk theologisch bestätigt zu finden und die Literatur nur als Hilfsmittel für die eigene Arbeit heranzuziehen, glaubte man nun, mit dem Aufkommen der Literaturtheologie, abgelöst. Literaturtheologie suchte Literatur „als kritische Herausforderung an eine dogmatisch allzu verengte Theologie" neu zu entdecken, um mit ihrer Hilfe aus dem binnentheologischen Raum auszubrechen und in ein Gespräch einzutreten.[61] Die Metapher vom „partnerschaftlichen Gespräch", das man dialogisch mit der Literatur führen will, wird in dieser Zeit zur bevorzugten Chiffre. Sie schien bestens geeignet, den notwendigen „Paradigmenwechsel"[62] zu bezeichnen, mit dem die über Jahrhunderte dominierende Haltung der „Konfrontation" zwischen Religion und Literatur, zwischen Ethik und Ästhetik, Offenbarung und Fiktionalität überwunden schien. Das traditionelle Spannungs- und Konkurrenzverhältnis schien eingetauscht gegen eine neue, konstruktive Verhältnisbestimmung.

Doch schon in dem ersten und bislang einzigen Handbuch, das einen Überblick über die Entwicklung der letzten dreißig, vierzig Jahre vermittelt, macht sich eine Art vorwurfsvoller Ernüchterung breit. Das Verhältnis zwischen Theologie und Literatur, so der katholische Religionspädagoge Georg Langenhorst, sei auch 2005 noch immer nicht befriedigend geklärt. Vielmehr sei festzustellen, dass das Interesse der beteiligten Theologen „ungleich intensiver" sei als das der Literaturwissenschaft, und eine Art „Schieflage" bestehe zwischen den Dialogpartnern.[63] Das Dialogparadigma,[64] das 1970 die

---

[60] Baltz, Theologie und Poesie, 260. Das Interesse sei theologiekritisch gewesen und Literatur als provozierender Partner neu wahrgenommen worden.
[61] Kuschel, Jesus in der deutschsprachigen Gegenwartsliteratur, 12.
[62] Langenhorst, Theologie und Literatur, 9.
[63] Langenhorst, Theologie und Literatur, 11.
[64] Zum Dialogparadigma vgl. Langenhorst, Theologie und Literatur, 49–76. Als dessen Merkmale gelten der dialogisch-wertschätzende, hermeneutisch reflektierte, prozesshafte Um-

Neuorientierung markierte, habe sich nicht bewährt. Interdisziplinäre Zusammenarbeit sei kaum je ernsthaft zustande gekommen und die Philologie der „beschwörenden Einladung" der Theologie zum Gespräch nicht gefolgt.[65]

Die Beobachtung ist richtig. Das „Grenzland", in das sich die Literaturtheologie pionierhaft aufbrechen sah, um Literatur dialogisch zu erkunden, wird nicht von beiden Seiten mit derselben Begeisterung aufgesucht. Überschaut man die einschlägigen Arbeiten, die bislang auf dem Forschungsfeld „Theologie und Literatur" entstanden sind, und vergleicht diese mit philologischen Studien zu religiöser Motivik bei einzelnen Schriftstellern, in einzelnen Werken und Epochen, die es nämlich durchaus und gar nicht so selten gibt, so muss man feststellen, und das bereits abgesteckte Metaphernfeld sollte dies belegen: Die Literaturtheologie thematisiert ihr Verhältnis zur Literatur vorwiegend in metaphorischer Sprache und unter dem Aspekt der Beziehung. Sie erzeugt damit einen Schwebezustand, der das literarische Werk im Ungefähren belässt und die wissenschaftliche Auseinandersetzung mit dem Untersuchungsgegenstand erschwert. Theologie sucht, wenn sie es sucht, eher das Gespräch mit der Literatur, nicht das Gespräch *über* Literatur mit der Literatur*wissenschaft*, und die Literaturwissenschaft sucht in der Regel gar nicht das Gespräch mit der Theologie, sondern erforscht, wenn sie sie erforscht, religiöse und biblische Interpretamente weitgehend ohne die Hilfe der Theologie – oft mit gutem Ergebnis. Eine interdisziplinäre Zusammenarbeit kommt so weitgehend nicht zustande.

Wie aber lässt sich diese „Schieflage" (G. Langenhorst) erklären? Man kann darin, und man hat das literaturtheologisch oft getan, einen Beweis sehen für eine völlig säkularisierte Gesellschaft, die auch die Philologien nicht verschone. Diese interessierten sich eben einfach nicht mehr für religiöse Fragestellungen oder seien selbst beim Traditionsabbruch angekom-

---

gang mit Literatur; die Akzeptanz ihrer Autonomie und ihres ästhetischen Stellenwerts; die Akzeptanz der Einheit von Form und Inhalt und der Einbezug von Gegenwartsliteratur.

[65] Langenhorst, Theologie und Literatur, 214.

men, wenn sie biblische Bezüge in literarischen Werken nicht mehr erkennen.[66] Der Schweizer Literaturwissenschaftler Johannes Anderegg, Mitglied der Revisionskommission für das Alte Testament der Zürcher Bibel, nennt andere Gründe. Bei aller Nähe gingen sich beide Disziplinen meist aus dem Wege: „Die Theologie fürchtet sich, zu Recht, vor den Relativierungen, die eine literaturwissenschaftliche Sicht nach sich ziehen kann, und die Literaturwissenschaft [...] will, ebenfalls zu Recht, jede Eingrenzung der Perspektive vermeiden, die für die Theologie konstitutiv zu sein scheint."[67] Beide Disziplinen fürchten also formal die Degradierung zur Hilfswissenschaft und inhaltlich die Relativierung und Verfremdung von Inhalten (Theologie) bzw. Normierung, ideologische Einschränkung und mangelnde Wissenschaftlichkeit (Philologie).

Ich stimme Anderegg zu und habe doch noch einen weiteren Verdacht: Konstitutiv für die Theologie ist nicht allein eine generelle Eingrenzung ihrer Perspektive, also freundlich gesagt: eine Treuehaltung zu ihrem Bekenntnis, kritisch formuliert: eine Art ideologische Scheuklappe. Konstitutiv, wenn auch nicht bewusst, aber dadurch vermutlich nur um so wirkungsvoller den Dialog behindernd, zu dem sie selbst aufruft, ist ein spezifisches *Literaturverständnis*, das sich über konfessionelle Unterschiede hinweg in der Theologie etabliert hat und das mit philologischen Literaturkonzepten gegenwärtig schwer vereinbar ist. Diese These möchte ich im Folgenden exemplarisch verifizieren an den beiden Hauptvertretern des literaturtheologischen Ansatzes, an Dorothee Sölle auf protestantischer Seite und an Karl-Josef Kuschel auf katholischer Seite. Mit ihnen sind die entscheidenden Vertreter dieser Neuorientierung benannt. Beide wollen Literatur nicht länger

---

[66] Daneben habe sich in den Philologien eine grundsätzliche Aversion gegen die Frage nach Religion und „Sinn" überhaupt etabliert, so W. Braungart, Literaturwissenschaft und Theologie. Versuch zu einem schwierigen Verhältnis, ausgehend von Kafkas Erzählung ‚Ein Hungerkünstler', in: E. Garhammer/G. Langenhorst (Hg.), Schreiben ist Totenerweckung. Theologie und Literatur, Würzburg 2005, 43–69; hier: 49.

[67] J. Anderegg, Schöpfung und Zyklik. Über religiöse Texte in literaturwissenschaftlicher Sicht, in: Zeitschrift für Pädagogik und Theologie, 54. Jg. (2002), Nr. 4, 327–336; hier: 328.

zur theologischen Selbstbestätigung und Illustrierung religiöser Inhalte missbrauchen, sondern als produktiv provozierende Partnerin neu entdecken. Beide suchen den Dialog zwischen Theologie und Literatur und begründen ihr Vorhaben mit Paul Tillich. Sölle dabei deutlicher um eine systematisch fundierte Theorie zur theologischen Interpretation literarischer Texte bemüht, Kuschel eher in praktischen Einzeldarstellungen, die sich inzwischen zu einem opulenten Œuvre verdichten und einen weiten Schülerkreis nach sich gezogen haben. Beiden geht es um die religiöse Relevanz von Literatur, und beide werden dabei angetrieben von der Hoffnung, die angestaubte christliche Tradition durch Literatur neu zu beleben.

2.1. Dorothee Sölle: Realisation und religiöse Spurensuche

Für die Theologin, Germanistin und Schriftstellerin Dorothee Sölle (1929–2003) war die Frage nach dem Verhältnis von Religion und Literatur, von Theologie und Philologie eines der großen Lebens- und Forschungsthemen. Seit ihrer literaturwissenschaftlichen Dissertation (1954, erschienen 1959) hat sie sich mit der methodischen Aufarbeitung dieses Verhältnisses befasst.[68] 1971 habilitierte sie sich an der Philosophischen Fakultät der Universität Köln. Ihre Arbeit *Realisation. Studien zum Verhältnis von Theologie und Dichtung nach der Aufklärung* stiftete der Debatte ein neues Leitwort ein und machte „Realisation" zu einem Grundbegriff der theologischen Literaturinterpretation. Weil religiöse Sprache stets in der Gefahr stehe zu erstarren, bedürfe sie der Verflüssigung[69] in eine Sprache, die Wirklichkeit noch wirklich erschließt: „Die Funktion religiöser Sprache in der Literatur

---

[68] D. Sölle, Zur Struktur der Nachtwachen von Bonaventura, Göttingen 1959. Zehn Jahre später erschien der grundlegende Aufsatz: Zum Dialog zwischen Theologie und Literaturwissenschaft, in: IDZ, 2. Jg. (1969), 296–318.

[69] Sölle, Realisation, 30: „In der Kaufmannssprache bedeutet ‚realisieren' Verflüssigen von festliegenden Werten im Sinne ihres realen Jetztwertes. In ähnlicher Weise ‚realisiert' der Autor die in der religiösen Sprache festliegenden, von den Kirchen als Banken verwalteten Werte; er verflüssigt sie, er bringt sie in Umlauf, er benutzt sie." Damit setzt sie der Umwandlung in Geld in dem von ihr stark kritisierten kapitalistischen Wirtschaftssystem eine religiöse Form der ‚Umwandlung' entgegen.

besteht darin, weltlich zu realisieren, was die überlieferte religiöse Sprache verschlüsselt aussprach."[70]

Auf vielfältige Weise sieht Sölle in literarischen Werken Spuren solch einer religiösen Sprache verwirklicht. Sie bilden „ein Arsenal poetischer Sprache",[71] das die Theologin dazu berechtige und die Philologin dazu nötige, auch nach den *theologischen* Implikationen zu fragen, die mit einer solchen Übernahme verbunden sind.[72] Theologische Konzeptbegriffe wie Sünde, Rechtfertigung und Auferstehung hätten in der Literatur so etwas wie eine nicht-religiöse Interpretation erfahren.[73] Das gelte es aufzudecken und der Leserschaft verstehbar zu machen. Dafür sei es nötig, den religiösen Zirkel zu verlassen und Literatur nicht nur nach feststehenden Motiven wie Kreuz, Krippe, Stern[74] abzusuchen, sondern sich zu öffnen für die im Werk verborgenen religiösen Gedanken, für die darin verborgene Theologie.

Sölles Ansatz markiert damit einerseits einen grundsätzlichen Aufbruch. Sie will die theologische Vereinnahmung von Literatur vermeiden und die Theologie selbst auf unvertraute Denkwege schicken. Eben weil sich seit der Aufklärung und durch die Säkularisierung gerade in der Sprache etwas geändert habe,[75] sei es wichtig, sich mit literarischen Werken zu befassen.

---

[70] So die viel zitierte Hauptthese der Arbeit: Sölle, Realisation, 29.

[71] Sölle, Realisation, 15. Religiöse Sprache sei im Prozess der Säkularisierung „dem uneigentlichen, dem metaphorischen Sprechen verfügbar geworden".

[72] Sölle, Realisation, 16. Solch theologische Fragen lauten z.B.: „Welche Rolle spielt die Sprachebene der Bibel oder die allgemeine Religiosität in einem nach anderen Gesetzen gebauten Text? Wozu war sie dem Autor nötig? Worin verändert sie den Text, inwiefern konstituiert sie ihn? Welchen Anteil hat Theologie an einem solchen Text? Welche Perspektive bringt sie ein? Welche Tendenzen dieses Textes sind theologisch vermittelt? Worauf kann sich eine theologische Interpretation stützen und wie sähe sie aus?"

[73] Sölle, Realisation, 21.

[74] Sölle, Das Eis der Seele spalten, 15. Die Frage dürfe auch nicht sein, ob diese Motive dann ‚noch' im Raum des Glaubens oder ‚schon' außerhalb seien, ob dieser Gebrauch der Bibel ‚noch legitim' oder bereits ‚weltlich' sei. Das sei keine theologische, sondern eine kirchliche Fragestellung, die „vom geistlichen Besitzstand" ausgehe: a.a.O., 59.

[75] Kurz, Die Neuentdeckung des Poetischen, 32: „*Ausgangspunkt* für Sölle – und darin unterscheidet sie sich von den Interpreten und Vertretern einer ‚christlichen Literatur' – ist die Erkenntnis, daß seit der Aufklärung im Bewußtsein und damit in der Sprache nicht nur der Autoren, sondern der meisten Menschen, sich etwas geändert hat." Durch die Emanzipation

Denn dort, nicht in der Bibel, erfahre das Absolute seine zeitgemäße Interpretation.[76] Hier würden „Himmelsleitern"[77] aufgestellt, die die „Sprachwelten von Literatur und Religion"[78] verbinden. Hier würde die Realität *transzendiert*, indem der Leser ahnen kann, wie man die Gesellschaft verändert und selbst ein anderer wird.

Sölles Haltung ist gesellschafts- und kirchenkritisch zugleich. Gegen „organisierte Religion",[79] die dazu neige, Gefühle wie Zweifel und Zorn zu überspringen, um immer etwas zu rasch bei den Bildern von Heil und Auferstehung anzukommen, setzt sie eine Literatur, die Jesus Christus erfahrbar mache – oft in harter Konkurrenz „zum langweiligen kirchlich-religiösen Diskurs".[80] Religiöse Sprache ist nicht Eigentum der Theologen. Sie ist beweglich, veränderlich und in der Literatur als eigener religiöser Ausdruck zu entdecken.

Für die interdisziplinäre Forschung aber war damit noch nicht viel gewonnen. Hinter der Chiffre vom gleichberechtigten Dialog verbirgt sich auch bei Sölle die kaum verschleierte Voraussetzung, „daß die Überlieferung des Glaubens sich auch in der Sprache der Dichtung artikuliert"[81] und im

---

von kirchlicher Bevormundung habe die religiöse Sprache bestimmte, an den christlichen Sitz im Leben gebundene Bedeutungen verloren, neue, metaphorische indes hinzugewonnen, die zwar in der Umgangssprache nicht immer bewusst werden, in der Dichtung aber assoziative, memorielle Verbindungen ziehen und so zu einem differenzierten Stilmittel werden könnten.

[76] Dieses Begründungsmuster kehrt in der Ästhetik-Debatte wieder, wie sie die Theologen seit den 1980er Jahren intensiv führen.

[77] D. Sölle/J.P. Mautner, Himmelsleitern. Ein Gespräch über Literatur und Religion. Mit Bildern von H. Falken, Salzburg/München 1996, im Rückgriff auf Jakobs Traum von der Himmelsleiter (Gen 28,10–22), an der Engel auf- und absteigen.

[78] Sölle/Mautner, Himmelsleitern, 6.

[79] Sölle/Mautner, Himmelsleitern, 15: „Vielleicht ist eine der Gefahren von organisierter Religion die allzu direkte Mitteilung. Die Annahme, daß die ganz unvermittelte Mitteilung die Sache nun träfe, ist wahrscheinlich ein Irrtum. Eher ist es so, daß eine bestimmte Indirektheit eine Kategorie ist, die den Ereignischarakter der Gotteserfahrung, das ‚God happening' besser ausdrückt als die Verkündigung im klassischen Sinn des Wortes."

[80] Sölle/Mautner, Himmelsleitern, 11.

[81] Baltz, Theologie und Posie, 288. Durch diese Prämisse erweise sich „Realisation" als literaturwissenschaftliche Kategorie, mit der die theologische Relevanz von Dichtung benennbar und analysierbar werde. Sie sei aber auch eine theologische Kategorie, weil in ihr

Dichter (nur) eine andere Art Theologe zu finden sei: „In einem gewissen Sinn behandelt das theologische Interesse an Literatur die Dichter wie Theologen, die in einer fremden [...] Sprache von der gleichen Sache reden."[82] Sölles Prämisse ist eine *Glaubens*entscheidung. Das Mehr zwischen Himmel und Erde, die authentisch artikulierte religiöse Tradition, das ist es, worauf es ihr eigentlich ankommt, und dem sie beides unterordnet: die traditionell-kirchliche Theologie *und* das literarische Werk.

Literatur bekommt von Sölle einen klaren gesellschaftlichen Auftrag zugewiesen: Mit ihren religiösen Spuren soll sie den Menschen in seiner Totalität ansprechen und auf sein „authentisches Leben" beziehen.[83] Aus diesem Grund ruft sie auch die Philologen auf, sich aus rein werkimmanenten Analysen und formal-ästhetischen Fragestellungen zu lösen. Denn diese, so die Unterstellung, wollten das literarische Werk abdichten gegen seine sozialpolitische Aufgabe.[84] Textanalysen, Fragen der Form und „eine totale Übertheoretisierung der Literatur"[85] lehnt sie ab: „Viel Literatur der Gegenwart ist von dieser unendlichen Reflexion so erfüllt, daß sie Leben zu einem fortwährenden Spiel mit Möglichkeiten, zu einer Art postmodernistischem ‚anything goes' machen. Man kann das ständig nochmal anders spiegeln, reflektieren, ohne daß eine wirkliche Kraft des Veränderns, des Anders-Wollens, des Anders-Träumens – also eine utopische Kraft – daraus erwächst."[86]

Literatur soll Kräfte freisetzen. Sie soll verändern, existentielle Erfahrung ermöglichen und über ihre fiktionale Wortwelt hinaus auch in der Realität

---

die Prämisse stecke, dass sich die Überlieferung des Glaubens auch in der Dichtung artikuliere und Theologie und Glaube auf die Konkretion in der Poesie angewiesen seien.

[82] Sölle, Realisation, 105. In der von ihr konstatierten Krisensituation der Theologie böten Schriftsteller sogar eine „andere, bessere Theologie": Sölle, Realisation, 13.

[83] Sölle, Das Eis der Seele spalten, 21.

[84] Sölle, Realisation, 27. Was sie nicht daran hindert, eigene Interpretationen gekonnt in Korrespondenz mit der Form zu entwickeln. So folge etwa Faulkners Roman *A Fable* den Ereignissen der Karwoche: Sölle, Realisation, 37.

[85] Sölle/Mautner, Himmelsleitern, 70. Die Theorien sollten vor der Theologie schützen, da man den gemeinsamen Feind von Poesie und Religion verkenne: Markt und Werbung.

[86] Sölle/Mautner, Himmelsleitern, 26. Literatur wird damit zum Bollwerk gegen die Moderne, Literatur*wissenschaft* eine feindliche Erscheinung, die dieses Bollwerk bedroht.

eine andere Welt schaffen. Unverbindliche *L'art-pour-l'art*-Spielereien haben in diesem Literaturverständnis keinen Platz. Auch Sölle sieht ein Gespenst der Beliebigkeit umhergeistern, das zwar nicht länger dogmatisch festgelegte *loci* bedroht, wohl aber ihre Auffassung von Religion, die „wirkliche Poesie"[87] und „wirkliche Theologie"[88] verbinden und den Menschen zu seinem ‚wahren' Leben führen soll.

Damit aber ist der traditionelle Aspekt der *Verzweckung* von Literatur nun gerade nicht aufgehoben. Die Autorin sucht nicht die *Vielfalt* von Verstehensmöglichkeiten. Sie sucht die ‚richtige' Lesart, wie sie sie versteht: als eine, die den Menschen zum wirklichen Leben führt. Ihr Literaturbegriff ist damit *weltanschaulich* und *existentiell* bestimmt und weltanschaulich und existentiell *begrenzt*.

Das betrifft nicht nur ihre theoretischen Texte und Interpretationen. Es betrifft auch, wie Johann Hinrich Claussen gezeigt hat, ihre eigenen literarischen Produktionen. Denn auch an Sölles Lyrik, so Claussen, irritiere ein ästhetisches Grundproblem: der pädagogische Gestus. Ihre Gedichte können nicht aufhören, erklären und überzeugen zu wollen. Sie zielen auf Lernerfolge und sind eben darum eigentlich keine Gedichte, sondern Lernhilfen und Gesinnungsträger,[89] denen gerade das nicht gelingt, was Literatur erst zu Literatur macht: dass über Sprache eine eigene Wirklichkeit entsteht. Dass dies so ist, darin stimme ich Claussen zu, „ist nicht etwa einem bloßen Mangel an Talent geschuldet," sondern hat seinen tieferen Grund in einem „Missverständnis", das im kirchlichen Protestantismus weit verbreitet zu sein scheint.[90] Es ist aber, wie das folgende Beispiel zeigt, nicht auf den Protestantismus beschränkt, sondern tangiert das theologische Literatur-Miss-Verständnis insgesamt.

---

[87] Sölle/Mautner, Himmelsleitern, 70.
[88] Sölle/Mautner, Himmelsleitern, 66.
[89] J.H. Claussen, „Profane Offenbarungen" – Anmerkungen eines Lyrik lesenden Theologen, in: Protestantismus und Dichtung, hg.v. P. Bahr gemeinsam mit A. Assmann, W. Huber, B. Schlink, Gütersloh 2008, 11–30; hier: 16.17.
[90] Claussen, „Profane Offenbarungen", 16.

2.2. Karl-Josef Kuschel: Literatur als Christusträger

Auch mit dem Ansatz des Tübinger Reformkatholiken Karl-Josef Kuschel (*1948) wird gemeinhin die Vorstellung eines Durchbruchs im Verhältnis von „Theologie und Literatur" verbunden, der Autor selbst gilt als einer der führenden Vertreter auf diesem Gebiet.[91] Seit seiner Dissertation *Jesus in der deutschsprachigen Gegenwartsliteratur* (1978) hat er sich immer wieder aufgemacht zu Grenzgängen in das theologisch-literarische Dialogfeld und es unter Schlagworten wie Theopoetik, Christopoetik, theologische Ästhetik und Ästhetik der Theologie verhandelt. Neben der Erforschung biblischer Motive im Werk vorwiegend deutschsprachiger Autoren und der Erörterung theologisch-anthropologischer Grundfragen wie Schuld, Tod, Theodizee, Schöpfung oder Auferstehung ist die Jesusdarstellung in der modernen Literatur ein besonderer Schwerpunkt seiner Arbeit geblieben. Davon überzeugt, dass auch nichtkirchliche Autoren christliche Literatur hervorbringen könnten,[92] eine christophorische Literatur, die Jesus Christus *übersetze* vom Ufer seiner Zeit ans unsrige[93] und dabei neue Seiten an ihm aufzeige, hält Kuschel im Unterschied zu Sölle[94] an dem umstrittenen Etikett „christliche Literatur" fest, sofern darunter keine „Parteiliteratur"[95] verstanden werde, sondern eine „eigenen Gesetzen gehorchende Erkenntnisquelle" für ein theo-

---

[91] Kuschel war gemeinsamer Doktorand von W. Jens und H. Küng, mit denen er 1984 den Forschungskongress „Theologie und Literatur" organisierte. Seit 1995 ist er Professor an der Katholisch-Theologischen Fakultät Tübingen, wo er Theologie der Kultur und des interreligiösen Dialogs lehrt. Er ist Herausgeber der Reihe „Theologie und Literatur" im Grünewald-Verlag.

[92] K.-J. Kuschel, Christliche Literatur – geschrieben von Nichtchristen?, in: StZ, 200. Bd. (1982), 739–752. Dadurch kann er auch Werke von religionskritischen und atheistischen Autoren konstruktiv heranziehen.

[93] Kuschel, Christliche Literatur, 750: „Christophorische Literatur ist also nichts anderes als über-setzende Literatur." Der Text wird quasi zum Christophorus, zum Christusträger.

[94] Kuschel, Christliche Literatur, 741: „Ganz einem rezeptionsästhetisch geprägten und somit negativ besetzten Begriff von christlicher Literatur verhaftet, unterschlug Sölles Begriffsbestimmung nicht nur die faktische, auch wirkungsästhetisch feststellbare *kritisch-emanzipatorische Funktion der ‚christlichen Literatur'* im Raum des Christlichen und Kirchlichen, sondern auch die einer christlichen Literatur inhärente Dialektik."

[95] Kuschel, Jesus in der deutschsprachigen Gegenwartsliteratur, 300.

logisches Denken, das unabgeschlossen sein will.[96] Es zeige, dass auch zeitgenössische Werke glaubwürdig von „Jesus Christus und seiner Sache"[97] reden können, ohne sich kirchlich-theologisch vereinnahmen zu lassen, und „überraschende Entdeckungen"[98] bereithielten auf die Frage, wer dieser Jesus von Nazareth eigentlich sei, der sich hier vielfach als die offene oder geheime „Bezugsgestalt", als „der große Archetyp menschlicher Selbstdeutung" erweise.[99]

Aufgebrochen in das Grenzland „Theologie und Literatur" war Kuschel ursprünglich mit der Frage, ob sich der Begriff „christliche Literatur" als literaturtheologische Kategorie im wissenschaftlichen Dialog beibehalten und um eine adäquate Kriteriologie erweitern ließe. Gegenüber dem Vorgänger Gisbert Kranz und dessen verengenden Versuchen, den Begriff zu retten, hat Kuschel die damit verbundenen Probleme erkannt und daher seine Definition auszuweiten versucht. Er kritisiert das „fatale Selbstbestätigungsinteresse", das ein christliches Publikum an seine Dichter herantrage, und besteht auf dem „unlösbaren Zusammenhang" von Ästhetik und Theologie im Werk eines Autors,[100] auch wenn es dann oft genug quer liege zur dogmatisierend oder moralisierend verengten Erwartungshaltung[101] seiner christlichen Leserschaft. Nicht die Autorintention,[102] nicht die Absicht, christliche Literatur zu schreiben, solle länger das allein entscheidende Kriterium zur Bestimmung christlicher Literatur sein, sondern „in erster Linie der Text [...] und dessen maßgebender Bezug zu Jesus Christus und seiner Sache."[103] So wird es für Kuschel nicht nur denkbar, dass ein nicht-christlicher Autor paradoxerweise

---

[96] Kuschel, Christliche Literatur, 743. Vgl. dazu auch den Abschnitt bei Langenhorst, Theologie und Literatur, 37–48: „Der Streit um die ‚christliche Literatur'".
[97] Kuschel, Christliche Literatur, 748.
[98] Kuschel, Der andere Jesus, 11.
[99] Kuschel, Der andere Jesus, 12.13.
[100] Kuschel, Christliche Literatur, 739, im Rückgriff auf Heinrich Böll.
[101] Kuschel, Christliche Literatur, 741.
[102] Kuschel, Christliche Literatur, 743: „Die Grundthese von Kranz ist somit: Nur ein Autor, der sich als Christ bekennt, ist fähig, christliche Literatur zu produzieren."
[103] Kuschel, Christliche Literatur, 748.

christliche Literatur schreibt, er kann auch der Kategorie des Paradoxen selbst, der Dialektik, Verfremdung und Verstörung einen eigenen Wert beimessen. Literatur sei nicht nur fähig, ein *anderes* Jesusbild[104] aufzuzeigen, als Gegenreaktion „auf einen Prozeß sakraler Überhöhung und ekklesialer Domestizierung, der aus Jesus einen sozial folgenlosen Fetisch frommer Anbetung gemacht hat";[105] im „Spiegel" der Dichter[106] zeige sich oft genug erst der *wahre*, der *eigentliche*, der kirchlicherseits verschwiegene oder von der Dogmatik unterdrückte Jesus, der durch die literarische Enttabuisierung zu seiner *eigentlichen* Bestimmung befreit werde.[107]

Aus dieser Perspektive von unten[108] wird Literatur zum kritischen Korrektiv,[109] das die Theologie provoziert und ihr Impertinenzen[110] zumutet. Nicht Steinbruch,[111] nicht Illustration, sondern „Ambivalenz des Religiösen" und ein „Gott im Konjunktiv",[112] nicht „Besserwissen" und Belehren, sondern „Zuhören"[113] und Dazulernen, nicht homiletisch-didaktisch vereinnahmen,[114] sondern wahrnehmen, was quer steht zum theologischen „Selbstbestätigungsinteresse",[115] sich nicht im Besitz der Wahrheit wähnen, sondern sich öffnen für die Wahrheit der Texte,[116] sich nicht heimsuchen lassen von „der Theologenkrankheit des ‚Inhaltismus'", die den Dichter zum Stichwort-

---

[104] Kuschel, Der andere Jesus. Das hat für ihn christologische Gründe. Im Stilprinzip der Verfremdung könne sich die Erkenntnis ausdrücken: „*Jesus ist anders*, er ist anders als alle Vorstellungen von ihm, er geht in kein Bild, paßt in keinen Rahmen, entzieht sich allen Versuchen, ihn endgültig für bestimmte Interessen nutzbar zu machen." So Kuschel, Jesus in der deutschsprachigen Gegenwartsliteratur, 316.
[105] Kuschel, Christliche Literatur, 747.
[106] Kuschel, Im Spiegel der Dichter; K.-J. Kuschel, Jesus im Spiegel der Weltliteratur. Eine Jahrhundertbilanz in Texten und Einführungen, Düsseldorf 1999.
[107] Kuschel, Christliche Literatur, 747. Diese sei: Solidarität und Nächstenliebe.
[108] Kuschel, Jesus in der deutschsprachigen Gegenwartsliteratur, 317.
[109] Kuschel, Jesus in der deutschsprachigen Gegenwartsliteratur, 4.316.
[110] Kuschel, Jesus in der deutschsprachigen Gegenwartsliteratur, 317.
[111] Kuschel, Jesus in der deutschsprachigen Gegenwartsliteratur, 4.
[112] Kuschel, Das Verhältnis von Dichtung und Religion, 15.25.
[113] Kuschel, Weil wir uns auf dieser Erde nicht ganz zu Hause fühlen, XII.
[114] Kuschel, Der andere Jesus, 11.
[115] Kuschel, Jesus in der deutschsprachigen Gegenwartsliteratur, 12.
[116] Kuschel, Der andere Jesus, 11.

lieferanten und Themenillustrator macht,[117] nicht triumphalistische Vereinnahmung, nicht „kumpaneihafte Anbiederung"[118] an die Schriftsteller, sondern der achtsame Blick auf christologische „Spurenelemente",[119] so lauten die Eckdaten von Kuschels Koordinatensystem. Seine eigene Erwartung an Literatur ist dabei kaum hoch genug einzuschätzen: In der gegenwärtigen Identitäts- und Relevanzkrise des Christlichen, einer „Glaubwürdigkeitskrise"[120] ohne Beispiel, diene sie dazu, Verkrustungen aufzubrechen,[121] biblische Motive im kollektiven Gedächtnis wachzuhalten und die uralten Fragen der Religion mit neuer, zeitgenössischer Vitalität zu artikulieren,[122] um so dem Traditionsabbruch entgegenzuwirken. Die Beschäftigung mit Literatur diene der Sprachanreicherung,[123] dem Sprachgewinn und schule die ästhetische Kompetenz der Theologen, die von den aus institutionellen Zwängen befreiten Dichtern lernen könnten, ihre persönlichen Erfahrungen, ihre Subjektivität unbefangener und glaubwürdiger[124] zu artikulieren und aus „Leseerfahrungen"[125] Lebenserfahrungen zu machen. Literatur als Erfahrungsgewinn,[126] der aufstöre aus „Selbstzufriedenheit, aus der Selbstverliebtheit in die einmal gewonnene Plausibilität, aus der Versöhntheit mit den ein-

---

[117] Kuschel, Im Spiegel der Dichter, 16.
[118] Kuschel, Christliche Literatur, 749.
[119] Kuschel, Der andere Jesus, 16. Vgl. auch Kuschel, Christliche Literatur, 742: „Lohnender scheint vielmehr, gerade in intentional nicht als christlich verfaßten Texten Spuren des Christlichen zu entdecken, nach ‚verborgener Theologie' zu suchen und Elemente des Religiösen, seien sie auch noch so gebrochen präsent, zu sichten." Das eint ihn mit Sölle, die allerdings von *religiöser* Spurensuche spricht, von der Suche nach einer religiösen *Sprache*, nicht von der Suche nach einem bestimmten *Motiv*. Dagegen Kuschel, Jesus in der deutschsprachigen Gegenwartsliteratur, 303: „Unsere Definition ist daran interessiert, nicht alles ‚Religiöse' oder historisch dem ‚Christentum' Zugewachsene, sondern nur das für christlich zu erklären, was einen *maßgebenden Bezug* zu Jesus Christus und seiner Sache enthält."
[120] Kuschel, Weil wir uns auf dieser Erde nicht ganz zu Hause fühlen, X.
[121] Kuschel, Jesus in der deutschsprachigen Gegenwartsliteratur, 316.
[122] Kuschel, Weil wir uns auf dieser Erde nicht ganz zu Hause fühlen, XI.
[123] Kuschel, Der andere Jesus, 11.
[124] Kuschel, Weil wir uns auf dieser Erde nicht ganz zu Hause fühlen, XIV.
[125] Kuschel, Im Spiegel der Dichter, 1.
[126] Kuschel, Der andere Jesus, 12.

mal gefundenen Antworten"¹²⁷ und so die Vielfalt von Glaubensäußerungen zur Anschauung bringe. Die Eigengesetzlichkeit und Autonomie der Literatur zu wahren, sie nicht länger herabzustufen zur „Magd der Theologie", überhaupt die Begegnung mit ihr aus Herrschaftsverhältnissen zu lösen und als Herausforderung anzunehmen, sie nicht nach einem Frage-Antwort-Schema abzutasten, nicht zu meinen, ihre Inhalte dogmatisch bewerten zu müssen, sie vielmehr zu schützen gegen jede Instrumentalisierung zu theologischem Zweck, all das ist es, was Kuschel der traditionellen theologischen Literaturkritik engagiert und kämpferisch entgegenhält. Kann er vermeiden, was er ihr vorwirft – Apologie nach außen und Selbstbestätigung nach innen, ihre dogmatische Verengung, ihre Klerikalisierung und Ideologisierung, ihren Gestus der Macht und Herrschaft, mit dem sie Etiketten verteilt und weltanschauliche Schablonen über literarische Werke streift –, dann glaubt sich Kuschel berechtigt, den Begriff der christlichen Literatur beizubehalten und neu zu füllen:

> *„Angestrebt* wurde mit unserer Begriffsdefinition ein Begriff christlicher Literatur, der sowohl das spezifisch Christliche völlig unzweideutig zum Ausdruck bringt als auch den Interessen der Literatur auf künstlerische Qualität gerecht wird und so gerade nicht Literatur Schablonen unterwirft, für Herrschaftsinteressen instrumentalisiert und auf schon Gewußtes festlegt."¹²⁸

Vielen hat Kuschel mit solchen Worten aus dem Herzen gesprochen, denen sein Name steht für ein erfrischendes Kontrastprogramm zu einer angestaubt-traditionellen Kirchlichkeit, für ökumenische Offenheit und theologische Liberalität,¹²⁹ und in der Tat ist es ihm gelungen, eine ganze Reihe von Gründen zu erheben, die das Verhältnis von Theologie und Literatur(wissenschaft) problematisch machen. Dabei darf allerdings nicht übersehen werden, dass auch seine Beschäftigung mit Literatur im Grunde gegen die

---

[127] Kuschel, Im Spiegel der Dichter, 1.
[128] Kuschel, Jesus in der deutschsprachigen Gegenwartsliteratur, 302. „Unzweideutigkeit" ist nun aber gerade *kein* Merkmal von Literarizität.
[129] Auerochs, Art. Literatur und Religion, 402 für die Literaturtheologie insgesamt: Es sei anzuerkennen, dass sich in ihr als einer kulturell offenen Theologie wichtige christliche Traditionen des Dialogs mit den weltlichen Kulturgebieten fortsetzen.

andernorts geäußerte Intention auf den binnentheologischen Bereich beschränkt bleibt.[130] So heißt es zur Frage nach seinem Interesse an einer Bestimmung christlicher Literatur:

> „Warum haben wir an einer solchen Begriffsbestimmung ein theologisches Interesse? [...] Er [der Begriff christliche Literatur; d.A.] kann nur dann seine erkenntnisfördernde Funktion erfüllen, wenn er ausschließlich als *kritisch-heuristische Kategorie binnenchristlichen, binnentheologischen Denkens* verwandt wird. Seine Erkenntnisfunktion ist also primär nach innen, in den Raum theologischen Denkens gerichtet, ist binnenkritisch akzentuiert, bevor er möglicherweise auch als Kategorie kritischer Selbsterhellung und Selbstaufklärung von Schriftstellern selber benutzt wird."[131]

Für Kuschel ist wichtig, dass Literatur von Theologen ernst genommen wird, dass sie sie akzeptieren als Gesprächspartnerin, Erkenntnisquelle, Anregungspotential und Korrektiv, dass sie ihr „ein *genuines Heimatrecht* im Raum christlicher Reflexion" zugestehen und zugeben, dass auch sie überzeugend von Jesus Christus reden kann.[132] Diese binnenorientierte Haltung bestimmt den Charakter seiner Publikationen. Wiewohl vorgeblich am Textbefund interessiert, bietet der Autor hier kaum Text*analysen*, kommt weitgehend ohne philologische Sekundärliteratur aus, sei es zu einzelnen Autoren, Motiven oder zur Reflexion des von ihm gewählten hermeneutisch-methodischen Zugangs. Seine Monographien streifen kursorisch einschlägige Werke des 20. Jahrhunderts, rubrizieren sie unter bestimmten theologischen Stichworten, um sie so an Theologische Fakultäten, in Gemeinden und den Bereich der Erwachsenenbildung zu transferieren. So stehen – etwa zum Thema „Erfahrungen mit dem Bösen"[133] – wenige Seiten Thomas Mann neben noch weniger Seiten Solženicyn, steht Heinrich Heine neben Elie

---

[130] Wie er es z.B. Kranz vorwarf: Kuschel, Christliche Literatur, 744. Das gilt auch dann, wenn Kuschel maßgeblich an der Ausrichtung interdisziplinärer Tagungen beteiligt war, geht es doch um die Arbeitsweise, nicht um das eigene Selbstverständnis.
[131] Kuschel, Christliche Literatur, 749.
[132] Kuschel, Christliche Literatur, 750.
[133] Kuschel, Im Spiegel der Dichter, 124–166, der hier und öfter heterogene Textgruppen nebeneinander stellt, ohne dies zu reflektieren.

Wiesel, Kurt Marti neben Günter Grass, ohne dass es nötig scheint, den jeweiligen Autor und seinen historisch-kulturellen Hintergrund mit mehr als blassen Bleistiftstrichen zu skizzieren, ohne ein Wort etwa zu seiner Rezeptions- und Wirkungsgeschichte, seinem poetologischen Konzept, seiner Arbeitsweise oder Erzähltechnik. Kuschels eigene Begegnung mit dem Text, sein subjektives Verstehen, seine persönliche Ergriffenheit, seine Interpretation und Deutung ist es, die er sprachlich gewandt und breitenwirksam, ohne wissenschaftliche Fachbegriffe, ohne abstrakte philologische Reflexionen auf den Markt bringt. Seine eigene Selbst- und Letztbindung an Jesus Christus als dem entscheidenden Konstitutivum „christlicher" Literatur lenkt den Blick erneut fort von der ästhetischen Gestaltung hin zu inhaltlichen Kriterien,[134] die vielleicht der existentiellen Selbsterhellung oder dem binnentheologischen Diskurs dienen mögen, interdisziplinär aber nur schwer zu kommunizieren sind: „‚Funktionalisiere' ich damit die Literatur? Ja, und warum auch nicht?"[135] lautet denn auch das verblüffende Motto des Autors: Jeder Leser funktionalisiere schließlich, indem er einen Text zu „seinem" Text macht, und Funktionalisierung meine ja nicht „vergewaltigen" und „vereinnahmen", nicht *gegen* den Sinn auslegen oder Bestätigung *außerhalb* des Textes suchen. Funktionalisieren heiße vielmehr: zugeben, dass bestimmte literarische Texte für einen persönlich unverzichtbar geworden seien und damit eine existentielle Dimension gewinnen, die nicht verschleiert werden soll. An vielen Punkten hat Kuschel damit entscheidende Hemmnisse auf dem interdisziplinären Forschungsfeld „Theologie und Literatur" benannt und zu Recht den Anschluss an die wissenschaftlichen Stan-

---

[134] Kuschel, Jesus in der deutschsprachigen Gegenwartsliteratur, 299: „Die Christlichkeit von Literatur hängt bei einer solchen Begriffsbestimmung entscheidend von ihrem *Inhalt* ab. Nicht Stil, Form, Struktur stehen im Mittelpunkt des Interesses an einem literarischen Text, nicht also literarisch-ästhetische Qualität. Literatur wird in ihrer Christlichkeit vielmehr daran gemessen, ob sie inhaltlich von ‚christlichem Geist' geprägt oder mit christlichen Prinzipien oder Doktrinen kongruent ist."
[135] Kuschel, Im Spiegel der Dichter, 2.

dards der literaturtheoretischen Diskussion gefordert. Eingelöst hat er sie nicht.

3. Zum Forschungsproblem

Das Forschungsfeld „Theologie und Literatur" ist produktiv, aber diffus und schwer zu übersehen. Dies zeigt sich bereits an seiner unklaren Benennung, die permanent wechselt zwischen „Theologie und Literatur", „Religion und Literatur" und „Theologie und Literaturwissenschaft". Die dazugehörigen Untersuchungen haben meist nur punktuellen Charakter. Sie bauen nicht aufeinander auf und lassen sich darum auch nicht zu einem System von Ergebnissen zusammenschließen. Theoretische und methodische Grundlagenarbeit fehlt, und so zieht gegenwärtig noch jede und jeder alleine los, auf eigene Faust, in ein Grenzgebiet, das *zwischen* den Disziplinen angesiedelt ist und den gemeinsamen Fokus nicht findet.

Schon die Verständigung darüber, was Literatur ist und wie man sie untersuchen kann, ist ungenügend reflektiert. Das theologische Literaturverständnis folgt meist einer existentiellen Hermeneutik und erwartet vom literarischen Werk bewusstseins- und gesellschaftsverändernde Impulse. Der gegenwärtige Literaturbegriff der Literaturwissenschaft orientiert sich dagegen am Konzept der Sprachkunst[136] und stellt die Literarizität in den Mittelpunkt.[137] Er ist vom Prinzip der Fiktion bestimmt und versteht das sprachliche Kunstwerk als eine souveräne Wortwelt, die eigenen Gesetzmäßigkeiten folgt. Diese Wortwelt ist mehrdeutig, zweckfrei und subversiv, und wo religiöse Bezüge Eingang finden in diese Welt, unterliegen sie eben diesen Gesetzen. Biblische Motive in einem Roman sind darum zunächst einmal nur ein Stoff unter anderen. Sie erscheinen hier losgelöst von ihrem

---

[136] Auerochs, Art. Literatur und Religion, 392.
[137] *Literaturnost'* (Literarizität) ist ein von den russischen Formalisten geprägter Fachbegriff, der für all jene Verfahren steht, die das Wesen der Literatur, das Literarische selbst, ausmachen. Dazu gehören die Konvergenz von Form und Inhalt, Mehrdeutigkeit und Verfremdung, die kommunikative Funktion haben können, öfter aber reiner Selbstzweck sind.

ursprünglichen Kontext und erhalten ein neues, experimentelles *framing*. Sie sind kulturgeschichtliche Zeichen, keine Offenbarungsträger. Sie können ironisiert, persifliert und auch sonst vielfach gebrochen werden. Literaturwissenschaft interessiert sich dabei weniger für die Übereinstimmung mit dem Original. Sie interessiert sich für die je individuelle Aneignung der Motivik durch einen Autor und bei ihren Textanalysen meist mehr für die Abweichung als für die Norm, mehr für die Häresie als für die Rechtgläubigkeit.[138] Das aber entspricht nicht der Interpretationspraxis der Literaturtheologie, die sich in der Regel von vornherein Gesprächspartner auswählt, die eine theologische Interpretation thematisch nahelegen, und spielerische, unernste, ironische Elemente ausblendet.[139] Es ist darum in der Tat schwierig, einen gemeinsamen Fokus für die Diskussion zu finden. Zwar gibt es auf beiden Seiten Untersuchungen zu biblischer Motivik *in* Literatur und zur Bibel *als* Literatur,[140] doch zeigen sich hier auch die Spannungen besonders deutlich: Die „heiligen" Texte dem literaturwissenschaftlichen Instrumentarium auszusetzen und damit ihre Literarizität anzuerkennen, das ist trotz aller historisch-kritischen Forschung für die Theologie noch immer mit einem Autoritätsverlust verbunden. Die philologischen Methoden machen die biblischen Texte dekonstruierbar und Gott zu einer literarischen Figur. Das ist nicht unbedingt despektierlich gemeint. Philologie handelt nur ihrem Selbstverständnis gemäß ideologiekritisch. Sie unterwirft sich nicht der Suggestionskraft der Narration, sondern fragt danach, wie die Suggestion gemacht ist und wie (religiöse) Ideologeme in einem Text eingesetzt werden. Sie folgt keinem Verwendungsbedürfnis und sucht keine „Begegnung", sondern was sie verstehen will, ist der Text und wie er gemacht ist. Das unterscheidet sie

---

[138] Auerochs, Art. Literatur und Religion, 400.401. Vgl. z.B. R. Fieguth (Hg.), Orthodoxien und Häresien in den slavischen Literaturen. Beiträge zur gleichnamigen Tagung vom 6.–9. September 1994 in Fribourg, Wien 1996.

[139] Auerochs, Art. Literatur und Religion, 401.

[140] H.-P. Schmidt/D. Weidner (Hg.), Bibel als Literatur, München 2008; St. Martus/A. Polaschegg (Hg.), Das Buch der Bücher – gelesen. Lesarten der Bibel in den Wissenschaften und Künsten, Bern 2006.

grundsätzlich von literaturtheologischen Arbeiten, die sich über die Begegnung mit Literatur eine Begegnung mit Religion, wie vorsichtig auch immer, erhoffen. Dabei steht die Literaturtheologie vor dem „Dilemma", dass sie wiederum *ihrem* Selbstverständnis nach nicht nur Zuträgerin religionsgeschichtlich relevanter Informationen sein will, sondern es als ihre eigentliche Aufgabe sieht, sich um eine theologische *Deutung* zu bemühen.[141] Eben damit aber steht sie, wie Bernd Auerochs es formuliert hat, in der Gefahr, „die für moderne Hermeneutik so wichtige Grenze zw.[ischen; d.A.] Verstehen und Applikation" zu überspielen und sich zu einer speziellen Variante der Literaturdidaktik zu machen,[142] die zwar dem Sinnverlangen des Menschen entgegenkommt, aber das Werk als sprachliches Kunstwerk verfehlt.

Im Unterschied zur Theologie gibt es für die Literaturwissenschaft keinen ideologischen und keinen institutionellen Rahmen, der darauf ausgerichtet ist, die Rede von der Offenbarungsqualität von Literatur „für mehr als eine Metapher" zu halten, mit der die sprachliche und gehaltliche Intensität eines literarischen Kunstwerks umschrieben wird.[143] Und es gibt vermutlich auch niemanden, der seiner Leserschaft ein solches Verständnis nahelegen oder es ihr gar als die einzig richtige Verstehensweise anempfehlen würde. Die Rezeption von Literatur lässt sich untersuchen – vorgeben lässt sie sich nicht, auch nicht mit guten Absichten. Dass sich Theologie immer noch einem anderen Begründungszusammenhang verpflichtet sieht und darum den Sprung *aus* der Fiktion *in* die Realität erstrebt, bleibt auch künftig eine Hürde für den interdisziplinären Dialog.

Solche Hindernisse werden wir nicht grundsätzlich nehmen, wenn wir im Folgenden literarische „Wortwelten" theologisch erkunden. Aber wir wollen uns zumindest bemühen, unserem Untersuchungsgegenstand mit dem nötigen methodischen Respekt zu begegnen. Denn dieser ist nach unserem Verständnis eben kein genuin theologischer. Er gehört einer anderen Disziplin.

---

[141] Auerochs, Art. Literatur und Religion, 401.
[142] Auerochs, Art. Literatur und Religion, 401.402.
[143] Auerochs, Art. Literatur und Religion, 402.

Er gehört der Literaturwissenschaft, und, wenn wir an Melville, Mann, Lindgren oder Dostoevskij denken, gehört er genauer noch verschiedenen Nationalphilologien: der Amerikanistik, der Germanistik, der Skandinavistik und der Slavistik, die zu jedem Autor, jeder Autorin eine eigene Forschung etabliert haben. An diese Forschung wollen wir anschließen, indem wir uns Paul Tillichs *Mut zum Sein* ins Visum stempeln lassen und, frei nach Karl Barth, um unser Nichtkönnen wissen und dennoch dem Buch die Ehre erweisen. Wir wollen bei unseren Ausflügen ins Grenzgebiet daran denken, dass alle in der Textwelt verhandelten Ideologeme, und seien es christliche, keine ‚Wahrheiten' darstellen, schon gar nicht unsere eigenen, und dass das Spezifikum von Kunst nicht in ihrer Verwertbarkeit liegt, nicht der politischen, nicht der didaktischen, nicht der theologischen. Mit diesem einführenden Leitsatz im Gepäck machen wir uns auf, die Wortwelten der anderen respektvoll zu erkunden. Denn sich die Welt machen, wie sie einem gefällt, das darf eben nur Pippi Langstrumpf.

FELIX JOHN

Gesegnete Mahlzeit:
Gastliche Wortwelten in der Antike

Gemeinschaftliches Essen und Trinken waren in den Gesellschaften des Altertums *der* Rahmen für Kommunikation. Hier entstand Gemeinschaft zwischen Familienmitgliedern, Vereinskameraden oder den Teilnehmern an einem Opfer. Sogar zwischen Menschen und Gottheiten vermochte die Bewirtung Gemeinschaft zu stiften. Das gesprochene oder geschriebene Wort hatte zum Gastmahl eine besondere Nähe. Neben dem Essen, zum Nachtisch oder als Zwischengang fanden philosophische Debatten und Unterhaltungsprogramme, epische Vorträge oder Rezitationen heiliger Texte statt. Zahlreiche Texte unterschiedlichster Geschmacksrichtungen beherbergen ihrerseits Gastmahlszenen. Diese gewähren einen tiefen Einblick in Gastfreundschaft, Tischsitten und Lebensstile, auch in Religion und Opferwesen. Einzelne Beispiele werfen im Folgenden Schlaglichter auf Gastmähler bei Griechen und Juden, Christen und Römern (*II.*). Doch zu Beginn die Szene einer Abendgesellschaft. Zwischen den Gängen des Menüs bemüht sich der Gastgeber, seine Gäste mit einem Unterhaltungsprogramm zu erfreuen.

I.

Nach einem kolossalen Schweinebraten hatte der anspruchsvolle Gastgeber den Auftritt von Akrobaten vorgesehen. Ein Teilnehmer des Essens berichtet: „Ein ganz abgeschmackter Rüpel stellte sich mit einer Leiter hin und ließ einen Knaben auf den Sprossen sowie ganz oben Couplets tanzen, dann durch brennende Reifen springen und mit den Zähnen einen Vorratstopf halten." Eindruck, so der Gast, habe das nur auf den Gastgeber selber gemacht, „und er sagte, es sei eine brotlose Kunst. [...] ‚Ich hatte mir ja', sagte er, ‚auch Leute vom Singspiel gekauft, aber es war mir lieber, daß sie Volkstheater machen, und meinen griechischen Flötisten habe ich angewiesen, lateinische Musik zu spielen.'" Nach diesem Einblick in die mäzenatischen Aktivitäten des Hausherrn – und in seine Ansichten betreffs guten Geschmacks – geschieht ein Unglück: „Gerade als er dies sagte, stürzte der Knabe (auf den Arm) Trimalchios [des Gastgebers] herunter. Die ganze Dienerschaft schrie auf, ebenso die Gäste, nicht wegen des höchst unappetitlichen Kerls, den sie gern sogar sein Genick hätten brechen sehen, sondern aus Angst, das Souper könnte übel ausgehen und sie würden an der Totenklage für einen Unbekannten teilnehmen müssen." Doch in seiner übergroßen Barmherzigkeit begnadigt der Gastgeber den um Vergebung bettelnden Artisten, was ihn dazu veranlasst, aus dem Stegreif einen Dreizeiler über die Schicksalhaftigkeit des Lebens zum Besten zu geben, um darüber auf Literatur im Allgemeinen zu Sprechen zu kommen. Was denn der Unterschied sei, so die Frage an einen als sachverständig geltenden Gast, zwischen Cicero und dem Theaterdichter Publius? Bei Letzterem handelt es sich um einen Verfasser von Stücken, die wie immer im römischen ‚Sprechtheater' weniger für künstlerisches Niveau als für Platt- und Derbheiten bekannt waren. Ersterer hätte mit seinem Format doch eher einen Vergleich mit dem großen Vergil verdient. Seine Frage beantwortet sich der selbst ernannte Literaturexperte selber: Cicero sei zwar der größere Redner, doch seine „Moral" befähige Publius zu einmaligen Gedichten wie folgendem. Und nun deklamiert der Ausrichter des Abends Verse, die er dem armen Publius zudichtet; Verse, die nicht gerade durch ihre sprachliche Eleganz glänzen: „Roms Burg zerbirst im breiten Schlund des Luxus. / Für deinen Gaumen zieht man im Gehege / den goldgeschweiften Pfau aus Morgenland / für dich, für dich nur Perlhuhn und Kapaun [...]".[1]

---

[1] Die Zitate finden sich bei Petronius, Satyrica 53–56 (K. Müller/W. Ehlers, Petronius. Satyrica. Schelmenszenen, Zürich 1995).

Trimalchios – peinlich wirkende – Zeilen über Verschwendungssucht und Dekadenz der bei Banketten schwelgenden Oberschicht sind der satirische Höhepunkt der *Cena Trimalchionis*, einer Episode des Schelmenromans des kaiserzeitlichen Schriftstellers Petronius, die vom Kontrast zwischen der erklärtermaßen angestrebten Wirkung des Abendessens und dem tatsächlich bei den Gästen hinterlassenen Eindruck lebt, mit deren Augen und Gaumen auch die Leser das Gastmahl erleben. Zu viele Beispiele einmalig schlechten Geschmacks und absurde Blüten treibender Prunksucht sind vor und nach der Rezitation des Gastgebers zu lesen, um sie hier anzuführen: Ein Koch muss sich vor den Gästen zunächst als Angehöriger der 40. (!) Küchenarbeitsgruppe ausweisen, um nach der Zubereitung den Schweinebraten zu tranchieren, aus dem zu aller Überraschung Würste purzeln; die bei den Römern hoch geschätzten im Teig gebackenen Pfaueneier enthalten zusätzlich Grasmücken im Pfeffermantel usw. Dies alles gespickt mit Demonstrationen des Reichtums des sich in Szene setzenden überheblichen Gastgebers, der dem Abend mit seinem Vortrag die Krone aufsetzt. Petronius schafft durch die maßlose Überzeichnung von Verhaltensweisen eine Satire, die ursprünglich wohl vor allem in dem durch sie karikierten Milieu ihre Leser bzw. Zuhörer fand. (Nebenbei sei bemerkt, dass nach diesen Gesetzen auch Satiren der bürgerlichen Gesellschaft unserer Tage funktionieren wie Loriots Sketche und Filme[2] oder die amerikanische Fernsehserie *Die Simpsons*[3].) Der satirische Gehalt des Werks und der Person des Petronius vollendet sich, nimmt man noch die Information hinzu, dass der Autor nach Auskunft des

---

[2] Vgl. den Vortrag im Rahmen der Ringvorlesung des Instituts für Neuere deutsche Literatur und Medien am 24.11.2009 in Kiel von E. Pabst, Loriots *Pappa ante portas* (D 1991) und das komische Drama um die bürgerlichen Konventionen. Abrufbar unter http://www.literaturwissenschaft-online.unikiel.de/veranstaltungen/ringvorlesungen/komoedie.asp (5.5.2011).

[3] Vgl. die unterhaltsam-scharfsinnigen Analysen in M.T. Conrad u.a. (Hg.), Die Simpsons und die Philosophie, Berlin 2007.

Tacitus[4] sich selber für einen vollkommenen Genießer hielt, was es dem notorischen Selbstdarsteller ermöglichte, zum Berater des Kaisers Nero in Geschmacksfragen aufzusteigen...

Doch noch ein Zweites zeigt dieses Beispiel aus der römischen Satire, die Gastmahlsitten gerne zu ihrem Thema machte, um eben doch *de gustibus* zu disputieren: Die antike Verbundenheit von Gemeinschaftsmahl und Literatur, genauer: dem Wort schlechthin. Es handelt sich um eine Verbundenheit in zweifacher Richtung: Einerseits gehörten, wie das – schlechte – Beispiel Trimalchios zeigt, Gespräch und Vortrag von Literatur zum üblichen Programm einer Essenseinladung in der Antike. Auch satirische Texte über Gastmähler hatten hier ihren Platz. Dabei half, dass nicht das stille Lesen von Texten, sondern ihr mündlicher Vortrag, das Aussprechen und Hören, die bevorzugte Art war, Worten zu begegnen. Klassisch teilte man den Ablauf einer Mahlgesellschaft in *deipnon*, das gemeinschaftliche Essen, und das neben dem Weingenuss der Unterhaltung, dem ‚Wort' gewidmete *symposion*. Die andere Verbundenheit zwischen der Bewirtung von Gästen und der Produktion von Texten erlebt in der gegenwärtigen Bücher- bzw. Medienwelt eine Renaissance: Gemeinsames Essen und Trinken als Motiv und Thema der Literatur. In der Antike lag dieses Phänomen in der Allgegenwart des Gastmahls begründet. Es war der Ort schlechthin, um familiäre und freundschaftliche Beziehungen zu pflegen. Berufsständische, politische, religiöse und intellektuelle ‚Öffentlichkeit' wurde nur so hergestellt. Ja, antike Gesellschaften können als Bankettgesellschaften[5] bezeichnet werden. Demzufolge hielten sich Literaten bevorzugt bei Essenseinladungen auf und

---

[4] Vgl. Tacitus, Annales 16,18 (E. Heller/P. Cornelius, Tacitus. Annalen, Düsseldorf/Zürich ³1997).

[5] Vgl. J. Rüpke, Collegia sacerdotum. Religiöse Vereine in der Oberschicht, in: U. Egelhaaf-Gaiser/A. Schäfer (Hg.), Religiöse Vereine in der römischen Antike. Untersuchungen zu Organisation, Ritual und Raumordnung (Studien und Texte zu Antike und Christentum 13), Tübingen 2002, 41–67. Informationen über die römische Gastmahlkultur habe ich entnommen aus E. Stein-Hölkeskamp, Das Römische Gastmahl. Eine Kulturgeschichte, München 2005.

nutzten diese auch als Schauplatz und Rahmen unzähliger ihrer Episoden und Verse oder nahmen sie gleich zum Anlass, etwa ein Gedicht zu schreiben. Horaz („*carpe diem* – ‚pflücke' den Tag"[6]) etwa, als Schreiber Spitzenbeamter und im Nebenamt Dichter, gehörte zu dem Kreis von Literaten, die der sprichwörtliche Gönner Maecenas in seinem Haus um sich scharte. In welchem Rahmen man sich der Pflege der Literatur widmete, bringen folgende Zeilen auf den Punkt: „Nun heißt es trinken, nun mit dem Fuße frei / stampfen die Erde, nun nach Salierart / schmücken das Lager der Götter / zum Festmahl – Zeit war's, Kameraden!"[7] In diesem Fall schlägt der Dichter ein Festmahl mit kultischem Tanz anlässlich der glücklichen Wendungen in der Politik vor – der Gastgeber Maecenas war einer der Vertrauten Octavians und wurde vom ersten *princeps* auch mit politischen Missionen betraut. Für freie Griechen und Römer war es also eine Selbstverständlichkeit, jeden Abend zum Essen eingeladen zu werden bzw. selbst Gäste zu bewirten. Die Anhänger heutiger kulinarisch inspirierter Literatur mag es daher enttäuschen, dass das Essen selber (von seiner Zubereitung ganz zu schweigen) kaum in der Literatur thematisiert wird, sondern als konventionalisierter Rahmen für gesellschaftliches Leben herhält. Interessant und berichtenswert wurde es eben besonders beim *symposion*, dem ‚Wort'-Gang. Eine Ausnahme bilden die bereits erwähnten römischen Satiriker, die an Hand kulinarischer Details den Lebensstil ihrer Figuren à la Trimalchio charakterisieren. Aber auch die meisten anderen Autoren wissen darum, dass sich in Essen und Bewirtung Charakter, Lebensstil und Überzeugungen sowie Stimmungen und Vorhaben der Speisenden spiegeln: „Man ist, was man isst."

---

[6] Vgl. Carmen 1,11 (B. Kytzler, Quintus Horatius Flaccus. Oden und Epoden, Stuttgart 1988).
[7] Vgl. Carmen 1,38.

II.

Neben den absurden Übertreibungen, mit denen die Satiriker sich die dekadente Gesellschaft Roms vornehmen, begegnet in anderen Literaturen so etwas wie der *Ablauf eines üblichen Gastmahls im Rahmen der gemeinantiken Gastfreundschaft*. So sind Bewirten, Schmausen und Trinken bevorzugte Tätigkeiten der Figuren des griechischen wie des lateinischen Epos.[8] Eines der gelehrten Tischgespräche[9] des Athenaios hat Trinkgefäße zum Gegenstand. Auch hier ist – wie an vielen anderen Orten – einiges über Gastmahlsitten zu erfahren. Doch es bieten sich von hier aus auch weitere Vergleichsmöglichkeiten an. So dringt man etwa überraschend tief in jüdische und christliche Texte ein, wenn man die von ihnen bemühten Gastmahlmotive beachtet.[10] Da die Zubereitung der Speisen von den Bediensteten übernommen wird, können wir vor Beginn noch bedenken, dass einerseits nicht alle Topoi in allen Szenen vorkommen müssen (oder auch spezifisch abgeändert werden können) und es sich andererseits um einen Vergleich von Texten handelt, die zwar einen historischen Anhalt an den in antiken Gesellschaften gepflegten Gastmahlsitten haben (die sich ihrerseits immer wieder

---

[8] A. Bettenworth, Gastmahlszenen in der antiken Epik von Homer bis Claudius. Diachrone Untersuchungen zur Szenentypik (Hyp. 153), Göttingen 2004. Die Autorin arbeitet in ihrer Untersuchung die Elemente der Gastmahlszenen heraus.

[9] Athenaios, Gelehrtenmahl 11 (Th. Nothers, Athenaios. Das Gelehrtenmahl. Buch XI–XV [BGrL 53], Stuttgart 2000).

[10] Zahlreiche Aspekte rund um Mähler in christlichen und jüdischen Texten behandeln: M. Geiger u.a. (Hg.), Essen und Trinken in der Bibel. Ein literarisches Festmahl für R. Kessler zum 65. Geb., Gütersloh 2009; H.J. Stein, Frühchristliche Mahlfeiern. Ihre Gestalt und Bedeutung nach der neutestamentlichen Briefliteratur und der Johannesoffenbarung (WUNT 2/255), Tübingen 2008; W. van Henten (Hg.), Food and Drink in the Biblical Worlds (Semeia 86), Missoula 1999; M. Quesnel u.a. (Hg.), Nourriture et repas dans les millieux Juifs et Chrétiens de l'antiquité (FS Ch. Perrot) (LeDiv 178), Paris 1999; H.-J. Klauck, Herrenmahl und Hellenistischer Kult. Eine religionsgeschichtliche Untersuchung zum ersten Korintherbrief (NTA 13), Münster 1982. Demnächst erscheint: W. Weiss (Hg.), Der eine Gott und das gemeinschaftliche Mahl. Inklusion biblischer Vorstellungen von Mahl und Gemeinschaft im Kontext antiker Festkultur (BThSt 113), Neukirchen-Vluyn (angekündigt für 2011).

veränderten, hier aber trotzdem vergleichend nebeneinander gestellt werden), aber nicht mit diesen zu verwechseln sind.

Zu Beginn des Gastmahlzeremoniells *reist ein Fremder an*. Die Reise war möglichst lang und beschwerlich, um den Fremden auch wirklich fremd erscheinen zu lassen. Der in der Fremde Umherirrende ist das Urmotiv der *Odyssee*, die unter dem Namen Homers überliefert wurde. Hier ist nicht nur der „vielgewandte Odysseus, der gar viel umhergetrieben wurde",[11] häufiger Gast in unterschiedlichen Haushalten, sondern auch andere, etwa sein Sohn Telemachos. Als dieser mit seinem Begleiter in Sparta zu Helena und Menelaos kommt, meldet ein Bediensteter dem Hausherrn: „„Da sind irgendwelche Fremde, zeusgenährter Menelaos, zwei Männer, und haben das Aussehen wie vom Geschlecht des großen Zeus. Doch sage, sollen wir ihnen die schnellen Pferde anspannen oder sie geleiten, daß sie zu einem andern kommen, der sie freundlich aufnimmt?"" Mit diesem Vorschlag ist Menelaos gar nicht einverstanden, so dass er seinen Knecht schilt, um der Gastfreundschaft Recht zu verschaffen: „„Du warst, Sohn des Boëthos, Eteoneus, doch früher nicht kindisch! Doch jetzt, wahrhaftig, redest du kindisch wie ein Knabe! Haben wir beide doch bei anderen Menschen viel Gastgut gegessen, ehe wir hierher gelangten, hoffend, daß Zeus uns künftig den Jammer ende! So spanne die Pferde der Fremden aus und führe sie herein, daß sie teilnehmen an dem Festmahl.""[12] Dass Eteoneus zögert und die Fremden gerne weiterschicken würde, liegt an dem oft schmalen Grat zwischen Xenophilie und -phobie. Ein auftauchender Fremder erschien in den alten Gesellschaften zunächst als bedrohlich, da man nicht wusste, warum und wozu jemand Heimat und Familie verlassen hatte. Die Ambivalenz dieser Situation zeigt sich im lateinischen Begriff *hostis*, mit dem über den indoeuropäischen

---

[11] Vgl. Odyssee 1,1 (W. Schadewaldt, Homer. Die Odyssee, Stuttgart/Zürich 1966).
[12] Den Empfang Telemachos' in Sparta schildert Odyssee 4,1–70. Vgl. auch 14,57f: „[...] von Zeus ja kommen sie alle, Bettler wie Fremde".

ghostis auch unser *Gast* verwandt ist: Er kann im Sinne von Feind – oder Gast verstanden werden.[13] Der *hostis* wiederum war schutzlos außerhalb seiner Familie. Gastwirtschaften waren entweder nicht vorhanden oder äußerst schlecht beleumundet. Bei den Römern war *Perfidus* der übliche Beiname eines Wirts. Im Alten Testament[14] kommen Israels Kundschafter bei der Vorbereitung der Eroberung Jerichos bei der „Hure Rahab" unter – man ging ganz selbstverständlich davon aus, dass eine Wirtin mehr als Kost und Logis im Angebot hatte. Und noch im Neuen Testament[15] unterstreicht die Verachtung gegenüber dem Hotel- und Gaststättengewerbe die Barmherzigkeit des Samariters, von welchem Jesus im Lukasevangelium erzählt. Er gibt nämlich einem Wirt zwei Denare für die Pflege des Überfallopfers in der vagen Hoffnung, dass dieser das Geld nicht bis zu seiner Rückkehr, wie man es für Angehörige seiner Zunft erwarten würde, veruntreuen möge. Ein Reisender war also auf einen Gastfreund angewiesen, und daher war Gastfreiheit heilige Pflicht und eine der sozialen Grundlagen von Zivilisation überhaupt.[16] Im griechischen Pantheon wachte Zeus über sie, wie auch der bereits vorgestellte Menelaos in der *Odyssee* weiß. Doch auch im Orient, bei Germanen und Kelten wurde sie hochgeachtet. Das Alte Testament[17] berichtet von einer grausamen Missachtung von Gästen, um zu vermitteln: Wer wider den Gast frevelt, richtet sich gegen die gesamte Gemeinschaft! Auch im sich entwickelnden Christentum hatte man einen Sinn für

---

[13] Vgl. etwa Varro, De Lingua Latina 5,3 (R.G. Kent, Varro on the Latin Language I–II, Cambridge/Harvard 1958).

[14] Vgl. Jos 2.

[15] Vgl. Lk 10,30–36.

[16] J. Derrida formulierte: „[...] l'éthique est hospitalité, elle est de part en part co-extensive à l'expérience de l'hospitalité [...]." (Cosmopolites de tous les pays, encore un effort! Paris 1997, 42). Zur Antike vgl. O. Hiltbrunner, Gastfreundschaft in der Antike und im frühen Christentum, Darmstadt 2005. Über antiken Tourismus informiert unterhaltsam T. Perrottet, In Troja ist kein Zimmer frei. Bildungs- und Vergnügungsreisen in der Antike, München 2002.

[17] Vgl. die so genannte Schandtat zu Gibea, Ri 19.

Gastfreundschaft. Der Reisemissionar Paulus wurde gastlich aufgenommen und empfahl der römischen Gemeinde als liebevolles Verhalten: „Strebt Gastfreundschaft an!"[18] In diesem Geist entwickelte sich erst das Pilger- und Hospitalwesen (*hospitium*), das die antike Kirche vor allem ihrem griechischsprachigen Osten verdankt. Unter den wandernden Predigern jedoch, die auf Beherbergung in den Gemeinden angewiesen waren, gab es nicht nur untadeliges Gastverhalten, sodass angeordnet werden musste: Der Wanderapostel „soll nicht länger als einen Tag bleiben; wenn es nötig ist, noch den zweiten; drei Tage aber wenn er bleibt, ist er ein falscher Prophet."[19]

Doch zurück zum Epos und zum *Ablauf des Gastmahls*. Unser Gast wartet nach seiner Ankunft zunächst an der Schwelle, um hereingebeten zu werden. (Bei den Römern entfiel später meist diese feine griechische Sitte, nur eine kleine Pause vor dem Essen blieb davon noch übrig.) Dies gibt dem Dichter Zeit, das Ambiente und die Beteiligten, falls nötig, zu besingen. Danach führt der Gastgeber den Gast hinein, eine Begrüßung durch Handschlag, Umarmung oder Kuss kann folgen. Gastgeschenke werden übergeben. Die Frage, wer der Fremde sei, oder nach seinem Anliegen wird nach eiserner Regel stets auf nach dem Essen verschoben. Von entscheidender Bedeutung ist nun die Anordnung der Gäste beim Mahl. Grundsätzlich lag man, nur die Helden Homers saßen noch bisweilen auf einem *thronos*. In einer römischen Villa dagegen möblierten drei Couchen mit je drei Liegeplätzen das danach *triclinium* benannte Speisezimmer. Den einzelnen Plätzen entsprach ein bestimmter sozialer Status. Der Platz des Ehrengastes etwa – hier bewirtete man keine Fremden und kannte den sozialen Status aller – lag in der äußeren linken Ecke der Sitzgruppe, um, so meint der Grieche

---

[18] Röm 12,13. Vgl. auch Mt 10,41f; 25,31–46.
[19] Vgl. die antike Gemeindeordnung *Didachē* 11,4f (G. Schöllgen, Didache. Griech.-dt. [FC 1], Freiburg i.Br. u.a. 1991).

Plutarch,[20] von dort aus am besten dringenden Geschäften nachgehen zu können, Papiere zu unterzeichnen oder Sklaven Befehle zu geben – römische Geschäftigkeit, vor der die Griechen wohl ihre Gemeinschaftsmähler verschonten. Eine statusgerechte Tischordnung kennt auch das alte Israel,[21] und Jesus wirft nach der Überlieferung des Markus[22] den Schriftgelehrten vor, sie beanspruchten beim Essen stets die besten Plätze.

Vor dem Essen *säuberte sich der kultivierte Gast*. Aufgabe des Gastgebers war es, ihm dafür die nötige Infrastruktur bereitzustellen. Dies konnte in Form einer Schüssel Wasser oder gleich eines Knechtes, der die Reinigung übernahm, geschehen. Letzteres setzt die im Johannesevangelium[23] berichtete Fußwaschung voraus, die Jesus hier demonstrativ an seinen Jüngern vornimmt. In dem angesprochenen Tischgespräch des Athenaios wird ein Gastmahl-Gedicht des Xenophanes zitiert, das zu Beginn die idealen Rahmenbedingungen der antiken gastlichen Zusammenkunft bündelt: „Rein ist der Boden und rein sind die Hände und Becher von allen / einer legt jedem ums Haupt einen geflochtenen Kranz [...]".[24] Aus der Geschichte des in Sparta Gastrecht genießenden Odysseus-Sohns Telemachos erfahren wir, was stilgerecht neben Festkleidung und vielleicht dem Aufsetzen eines Kranzes auf das Waschen folgt, nämlich die Salbung mit Öl: „Und als die Mägde sie nun gewaschen und gesalbt hatten mit dem Öle, legten sie ihnen wollene Mäntel und Leibröcke an, und sie setzten sich auf die Stühle neben den Atreus-Sohn Menelaos." Über die Bedeutung, die die Salbung mit Öl in Israel hatte, gäbe es viel zu berichten.[25] In unzähligen Texten der Bibel spielt

---

[20] Vgl. Plutarch, Moralia 619E (F.C. Babbitt u.a., Plutarch's Moralia I–XVI, Cambridge u.a. 1927ff).
[21] Vgl. etwa Gen 43,33; 1Sam 9,22.
[22] Vgl. Mk 12,39 par.
[23] Vgl. Joh 13,2–11.
[24] Vgl. Athenaios, Gelehrtenmahl 11, 462cf.
[25] Vgl. E. Kutsch, Salbung als Rechtsakt. Im Alten Testament und im Alten Orient (BZAW 87), Berlin 1963.

sie eine Rolle. Im Zusammenhang mit einem bereiteten Gastmahl freut sich der Beter eines bekannten Psalms: „Du salbest mein Haupt mit Öl."[26] Öl war universales Zeichen der Lebensfreude, des Wohlergehens und des Gesundwerdens, dann auch des Rechtsbündnisses, des Segnens, der Initiation und der Beauftragung durch Gott. Dem verdankt sich die Vorstellung des von Gott beauftragten Gesalbten, des *mašiach* (‚Messias'; hebr.), griechisch *Christos*.[27]

Nun tragen die Knechte das Essen auf. Das klassische Menü besteht aus Brot und Vorspeisen, dann kommen die Fleischplatten. Details zu den Speisen oder über die Nahrungsaufnahme selber erfahren wir kaum (da sich hierzu, wie gesagt, nur die römischen Satiriker berufen fühlten), so auch im Fortgang am Hofe des Menelaos: „Und die ehrbare Beschließerin brachte Brot und setzte es vor und tat viele Speisen dazu, gefällig von dem, was da war. Und der Speisemeister trug, hoch erhoben, Platten auf von allerlei Fleisch und stellte vor sie goldene Becher. [...] [Der Gastgeber] legte ihnen Stücke vom Rücken eines Rindes vor, fette, gebratene, die er aufnahm mit den Händen, die man ihm selbst als Ehrenteil vorsetzt. Und sie streckten die Hände aus nach den bereiteten vorgesetzten Speisen."[28]

Der Odysseus-Sohn genießt und schweigt, das gibt Gelegenheit, eine klassische Bewirtungsszene des Alten Testaments zu betrachten. Der Gastgeber Abraham, der gerade am Eingang seines Zeltes sitzt, erfüllt, wie sich zeigen wird, alle Anforderungen an die Bewirtung von Gästen: „Und er erhob seine Augen und sah. Und siehe, drei Männer standen vor ihm. Und er sah und lief ihnen entgegen vom Eingang des Zeltes her und verneigte sich zur Erde. Und er sagte: Herr, wenn ich doch noch Gunst gefunden habe in

---

[26] Ps 23,5.
[27] Vgl. dazu ausführlich M. Karrer, Der Gesalbte. Die Grundlagen des Christustitels (FRLANT 151), Göttingen 1991.
[28] Odyssee, 4,55–58.65–67.

deinen Augen, so geh doch nicht vorüber an deinem Knecht! Man hole doch ein wenig Wasser, dann wascht eure Füße, und ruht euch aus unter dem Baum! Ich will einen Bissen Brot holen, dann stärkt ihr euer Herz; danach zieht weiter. [...] Da eilte Abraham ins Zelt zu Sara und sagte: Nimm schnell drei Maß Mehl, Weizengries, knete und bereite Gebäck! Aber Abraham lief zu den Rindern und nahm ein Kalb, zart und gut, und gab es dem Knecht; und der beeilte sich, es zuzubereiten. Und er holte Rahm und Milch und das Kalb, das er zubereitet hatte, und gab es ihnen; und während er vor ihnen unter dem Baum stand, aßen sie."[29] Vergleicht man Abrahams Bewirtung der drei Wesen mit den in den griechischen und lateinischen Epen geschilderten Szenen, ergeben sich grundsätzliche Übereinstimmungen der Sitten, aber auch einige spezifische Unterschiede. Zunächst stimmt die Grundanlage überein: Der Gastgeber kümmert sich selbstlos um Sicherheit, Sauberkeit und leibliches Wohl. Einem Ehrengast gebührt Fleisch, zu dem Brot gereicht wird. Diese Ansicht ist wie in der griechisch geprägten Welt auch unter den Schriften des Alten Testaments weit verbreitet. Für einige gilt sogar: Je fetter, desto besser! Weitere Details entstammen der Welt der Kleinviehnomaden, in die hinein Abraham gezeichnet wird. Beim Brot handelt es sich um das im Orient ad hoc meist an der Innenseite des Ofens gebackene ungesäuerte Brot. Was die Getränke angeht, so gelten Milchprodukte ebenfalls als angemessen für einen ehrenvollen Gast (was nicht bedeutet, dass Wein und Bier von den Menschen der Welt des Alten Testaments verachtet würden). Im Rahmen der antiken Gastfreundschaftskultur fällt auf, dass der Patriarch sich über alle Maßen Mühe macht, den Gästen die Ehre zu erweisen: Er fleht sie geradezu an zu bleiben, und wir erfahren, welche Hebel in Bewegung gesetzt werden, um die Bewirtung standesgemäß ausfallen zu lassen. Das führt zu einer weiteren Besonderheit dieser Episode innerhalb der Abraham-Lot-Geschichte, die mit der Identität der Gäste zusam-

---

[29] Vgl. Gen 18,2–8.

menhängt: Ohne es zu wissen (aber in Vorahnung?), verköstigt, erfrischt, geleitet Abraham Jahwe, den Gott des Alten Testaments, wie die Leser der Genesis bereits aus der Einleitung der Geschichte wissen.[30] Der Besuch steht im Zusammenhang mit den Plänen, die Jahwe mit Abraham hegt. Die Einkehr göttlicher Wesen bei Menschen, die so genannte Theoxenie, begegnet den Lesern antiker Literatur durchaus häufiger. Eine klassische Geschichte ist der Besuch Jupiters und Merkurs bei den greisen Eheleuten Philemon und Baukis, die Ovid erzählt.[31] Tatsächlich erschien grundsätzlich die Vorstellung nicht abwegig, dass es sich bei einem fremden Gast um ein göttliches Wesen handeln könnte, das sich bei der Einkehr nicht zu erkennen gegeben hatte (schließlich erkundigte man sich auf keinen Fall vor der Bewirtung nach der Herkunft eines Gastes!). Die Furcht, sich bei einer solch unerwarteten und ungewöhnlichen Begegnung mit dem Heiligen falsch zu verhalten, gebrauchte man, wie es scheint, als pädagogisch wertvolles Argument innerhalb der Gastfreundschaftskultur: Als Antinoos im Streit dem inkognito als Gast nach Hause zurückgekehrten Odysseus einen Schemel an die Schulter wirft, schelten ihn die selbstgefälligen Freier, die Frau und Haus belagern: „,Antinoos, das war nicht recht, daß du nach dem armen Herumstreicher geworfen hast! Unseliger! Wenn er nun vielleicht irgendein Gott vom Himmel ist!'"[32] Ein weiterer Autor, der die Begnung mit dem Jenseitigen im Rahmen der Gastfreundschaft kennt, ist der des neutestamentlichen Briefes an die Hebräer. Im Rahmen seiner Ermahnung an die Gemeinde schreibt er: „Die

---

[30] Vgl. Gen 18,1: „Und der Herr erschien ihm bei den Terebinthen von Mamre, als er [sc. Abraham] bei der Hitze des Tages am Eingang des Zeltes saß."
[31] Ovid, Metamorphosen 8,611–724 (G.P. Ovidius Naso, Düsseldorf ²2007). Die beiden werden vorgestellt als eine Art griechische ‚Gerechte', die Götter und Gastfreundschaft achten und dafür von der Sintflut verschont werden. Instruktiv ist ein Vergleich mit Gen 19,1–29.
[32] Vgl. Odyssee 17,485–487.

Gastfreundschaft vergesst nicht! Denn durch sie haben einige, ohne es zu wissen, Engel beherbergt!"[33]

Mit der Formel „doch als sie sich das Verlangen nach Trank und Speise vertrieben hatten [...]" endet in der *Odyssee* meist die Beschreibung des Mahls. Doch das Ende des *deipnon* bzw. lateinisch der *cena* bedeutet in unserem Ablauf *noch nicht das Ende der Bewirtung*. Denn im klassischen Griechenland wäre dies nun die Gelegenheit, die Tische samt Speisen ab- und Tische mit Nachtisch und vor allem den Trinkschalen auftragen zu lassen. Nun ist die Zeit des *symposion* (lat. *convivium* oder *comissatio*), des gemeinsamen Trinkens mit Wasser gemischten Weines, gekommen, das Gelegenheit für Gespräche und Unterhaltung gibt. Eine Verbindung, die einer Literaturgattung Bezeichnung und Szenerie gab, so den gelehrten Tischgesprächen Platons, Xenophons oder Macrobius'. Doch nicht nur bierernst muss es zugehen: „Tanz und Gesang überall füllen die Säle ringsum".[34] Für die Leitung des mehr oder weniger rituellen Trinkens wird ein Bankettmeister, *symposiarches*, ernannt. Dieses Amt kennt man auch in jüdischen Schriften. Der ‚Prediger' Kohelet etwa sinnt über Lebensfreude und -glück nach; beides spiegelt sich für die Welt des Alten Testament im Gastmahl wider. Daher könnte es sein, dass der Sprecher des Koheletbuches als Symposiarch verstanden werden will.[35] Das Buch Jesus Sirach hält für Inhaber dieses Ehrenamtes den Ratschlag bereit: „Bist du zum Speisemeister gesetzt, überhebe dich nicht! / Sei für sie wie einer von ihnen!"[36] Und weiter gibt die Schrift dem Teilnehmer am Trinkgelage zu bedenken: „Ein fröhliches Herz und Freude und Lust / bewirkt der Wein, getrunken zu seiner

---

[33] Hebr 13,2. Im Hintergrund steht hier vermutlich Gen 18f (dazu s.o.).
[34] Xenophanes-Zitat bei Athenaios, Gelehrtenmahl 11,462e.
[35] Dies erwägt Ch. Uehlinger, Qohelet im Horizont altorientalischer Weisheitsliteratur, in: L. Schwienhorst-Schönberger (Hg.), Das Buch Kohelet. Studien zur Struktur, Geschichte, Rezeption und Theologie (BZAW 254), Berlin/New York 1997, 155–235; hier: 235.
[36] Sir 32,1 (G. Sauer, Jesus Sirach [JSHRZ III/5], Gütersloh 1981).

Zeit und reichlich [...]. Übermaß an Wein ist für den Toren ein Fallstrick [...]".[37]

Nicht nur beim Trinken, auch sonst solle man beim Symposion die Contenance bewahren, um hinterher nichts zu bereuen. Sonst könnte drohen, was der Grieche Lukian in seiner satirischen Gastmahlschrift[38] schildert: Eine handfeste Schlägerei unter gebildeten und wohlerzogenen Symposianten. Xenophanes gibt als einfache Faustregel: „Trinken allein ist kein Fehltritt, so viel es auch sein mag, sofern du / heim ohne Helfer gelangst, außer du bist hochbetagt."[39] Ob geplant oder nicht kann ein gemeinschaftliches Mahl ausarten und zu so etwas wie einem Antigastmahl werden. Dabei ist meist Alkohol im Spiel. Da es sich im Grunde um den Missbrauch der heiligen Gastfreundschaft handelt, richtet sich in einem bekannten Abenteuer des Odysseus[40] die so entstehende Gewalt gegen den furchterregenden riesigen Kyklopen, der zu Beginn seines Auftritts auch gleich zwei Gefährten des Odysseus verspeist. In listiger Absicht hatte Odysseus sich daraufhin mit süßem (!) Rotwein ausgestattet und um gastliche Aufnahme bei dem Ungeheuer gebeten. Nach dem gemeinsamen Essen in der Höhle des Riesen überfällt diesen zwar der Schlaf, aber der überdimensionierte Türstein hält die Gefährten gefangen. Am nächsten Abend isst man wieder zusammen. Nun kommt der mitgeführte Wein ins Spiel: „‚Da, Kyklop! trinke den Wein, nachdem du das Menschenfleisch gegessen' [...]. Und er empfing ihn und trank ihn aus und freute sich gewaltig, den süßen Trank zu trinken, und forderte von mir wieder zum zweitenmale [...]. [D]reimal trank er ihn aus im Unverstande." Der Rausch gibt Odysseus nicht nur Gelegenheit, eine falsche Identität vorzuspielen („Niemand ist mein Name!"), sondern auch den Ky-

---

[37] Sir 31,28.30.
[38] Vgl. Das Gastmahl oder die neuen Lapithen (H. Floerke, Lukian. Sämtliche Werke I, München/Leipzig 1911).
[39] Athenaios, Gelehrtenmahl 11,462f.
[40] Vgl. Odyssee 9,177–566.

klopen, den ‚Kreisäugigen', zu blenden, um so zu entkommen. Der – oft mit Gewalt verbundene – Umschwung einer Handlung anlässlich eines Gelages ist auch den Büchern des Alten Testaments nicht fremd. So verbannt Abraham nach einem familiären Festmahl seine Nebenfrau Hagar in die Wüste.[41] Ausführlicher beschrieben wird das dramatische, zum Antigastmahl umschlagende Gelage des Belsazar.[42] Neben dem ohnehin frevelnden ausländischen Herrscher wird in der Danielgeschichte die aus jüdischer Sicht bestehende Problematik der Reinheit angesprochen,[43] die Gastmähler bei Nicht-Juden mit sich bringen. Das Antigastmahl zu Babylon hingegen endet in bekannter Weise (in den Worten Heinrich Heines): „Belsazar aber ward in selbiger Nacht / von seinen Knechten umgebracht."[44]

Die Verbindung von Mahl und Wort spielt auch in der Ausübung von Frömmigkeit eine wichtige Rolle und wird daher zu einem *Bindeglied zur Religion*.[45] In den antiken Gesellschaften waren Formen von Religion in allen Lebensbereichen selbstverständlich und praktisch allgegenwärtig. Das gilt auch für das „Opfer bei der Mahlzeit, indem ein Salzkorn, ein kleiner Speiserest, ein Schluck Wein in das Herdfeuer gegeben wird."[46] Für das Trankopfer, *spondē/libatio*, das meist den Übergang vom *deipnon* zum *symposion* markierte, verwendete man gerne ein altehrwürdiges Gefäß. Jüdische Mähler waren durch vorhergehende und abschließende Gebete, Segen und das Brotbrechen innerhalb der Gottesbeziehung verortet. Das aufwändigste *Opfer* war überall das Schlachtopfer, das Kult und Gemeinschafts-

---

[41] Vgl. Gen 21,8.
[42] Vgl. Dan 5.
[43] Vgl. Dan 1,8.
[44] Vgl. die leicht zugängliche Ausgabe H. Heine, Sämtliche Gedichte, hg.v. B. Kortländer, Stuttgart 1997.
[45] Vgl. allgemein zum Verhältnis antiker Religion und antiker Literatur: A. Bierl (Hg.), Literatur und Religion. Wege zu einer mythisch-rituellen Poetik bei den Griechen I–II, Berlin u.a. 2007; J. Rüpke/W. Spickermann, Religion and Literature, in: Archiv für Religionsgeschichte 11 (2009), 121f (einführend zu den ebd. folgenden Studien).
[46] J. Rüpke, Die Religion der Römer. Eine Einführung, München ²2006, 12.

mahl verband. Das bevorzugte Fleisch gastlicher Mahlzeiten auch in Privathäusern stammte von Opferhandlungen. Man kaufte es auf dem Markt oder erhielt es als Geschenk an Feiertagen.[47] In der *Odyssee* lesen wir von einem stilgerechten Schlachtopfer des Schweinehirten Eumaios, bei dem Odysseus zu Gast ist: „Sie aber führten einen Eber hinein, einen gar fetten, fünfjährigen. Den stellten sie alsdann an den Herd. Doch der Sauhirt vergaß die Unsterblichen nicht – er hatte die rechte Gesinnung –, sondern warf als erste Weihegabe Haare vom Haupte des weißzahnigen Schweins ins Feuer und betete zu allen Göttern [...]". Nach dem Töten des Tieres legte Eumaios „rohe Fleischstücke, [...] die er als erste von allen Gliedern genommen hatte, auf das dicke Fett und warf sie ins Feuer, nachdem er sie mit dem Mehl der Gerste bestreut hatte. Dann schnitten sie das übrige in Stücke und steckten es an die Bratspieße, brieten es sorgsam [...]. Und er teilte alles zu, indem er es aufteilte in sieben Teile: den einen Teil stellte er den Nymphen und dem Hermes, dem Sohn der Maja, hin und betete dazu, und wies die anderen einem jeden zu. Mit den durchlaufenden Rückenstücken des weißzahnigen Schweins aber ehrte er den Odysseus [...]".[48] Auch die Menschen des Alten Testaments opferten ihrem Gott Getränke und vegetarische Lebensmittel oder schlachteten Vieh. Wie auch bei den Griechen hatte das Tier nach dem Buch Leviticus „ohne Fehler" zu sein.[49] Das Ritual sah den Akt der Handauflegung auf das Opfertier und das Ausgießen seines Blutes am Opfertisch vor. Der Rauch der verbrannten, für Menschen ungenießbaren Teile sollte Jahwe erfreuen (insbesondere die Fettstücke waren Jahwe vorbehalten), der in Gestalt des Feuers die Gabe metaphorisch „verzehrte",[50] wenn es ihm

---

[47] Vgl. u.a. zu diesem Aspekt als eines der von Paulus im 1. Korintherbrief behandelten Probleme J. Fotopoulos, Food Offered to Idols in Roman Corinth. A Social-Rhetorical Reconsideration of 1 Corinthians 8:1–11:1 (WUNT II/151), Tübingen 2003.
[48] Die Aufnahme des Abenteurers bei Eumaios findet sich in Odyssee 14.
[49] Vgl. Lev 3,1.
[50] Vgl. 1Kön 18,38; Dtn 4,24.

gefiel. Hinter den einschlägigen Texten schimmern alte Vorstellungen hervor. So dachte man in einigen orientalischen Kulturen sowie auch in der griechisch-römischen Welt, dass die Götter durch feste oder verbrannte Speise ernährt werden müssten. Wie man Gäste zum Mahl ‚rief', so ‚rief' man in seinem Namen auch Jahwe als Gast, der zu einem Opfer geladen wurde. Ein Echo der alten Vorstellung der Bewirtung der Gottheit findet sich in der bei Deuterojesaja[51] überlieferten Anklage Jahwes, er sei nicht durch Brandopfer „gesättigt" worden. Der Jerusalemer Tempel war zwar auch eine Art Bewirtungsstätte des Gottes Israels. Diesen durfte man jedoch nicht darstellen, schon gar nicht bei allzu menschlichen Tätigkeiten wie Essen und Trinken. Anders als die nach einigen Texten bei deftigen und feuchtfröhlichen Gelagen schwelgenden Götter anderer Völker fehlen derartige Szenen im Alten Testament.[52] Als Schöpfergott kam alle Speise ohnehin von Jahwe, daher war dieser nicht auf die Bewirtung durch Menschen angewiesen. Folgerichtig konnte die bereits zitierte Geschichte, in der Jahwe und seine Begleiter Gäste Abrahams waren, theologisch anstößig wirken. Man legte sie dahingehend aus, dass die göttlichen Personen das für sie bereitete Mahl mit Kalbfleisch und Gebäck nur scheinbar gegessen hätten.[53]

---

[51] Vgl. Jes 43,22–24.

[52] Dtn 4,28 setzt implizit die Bewirtung Jahwes voraus, denn anderen Göttern wird vorgeworfen, sie könnten weder essen noch riechen. Vgl. zu diesem Komplex A. Marx, Le Dieu qui invite au festin. À propos des quelques métaphores sacrificielles de l'Ancien Testament, in: Ch. Grappe (Hg.), Le Repas de Dieu. Das Mahl Gottes (WUNT 169), Tübingen 2004, 35–50; G. Baumann, JHWH – ein essender Gott? Ein Menü in wenigen Gängen, in: Geiger u.a., Essen und Trinken in der Bibel, 227–237.

[53] K.P. Sullivan, „Guess who's coming to Dinner". Hospitality and eating with Angels, in: Ders., Wrestling with Angels. A Study of the Relationship between Angels and Humans in Ancient Jewish Literature and the New Testament (AGJU 55), Leiden/Boston 2004, 179–198. Die Entwicklung der Engelsvorstellung dient der Vermeidung von Anthropomorphismen in der Rede über Jahwe. Dies ist auch in der Abrahamszene in Gen 18 zu bedenken. Zum Vergleich mit anderen Texten, die ein Erscheinen Jahwes beschreiben: G. Kaiser, Begegnung zwischen Gott und Mensch. Der Brief vom 10. Mai in Goethes „Werther", Ovids Metamorphosen 3,256ff und Exodus 33.17ff, in: ZThK 91 (1994), 97–114.

Zwei Geschichten im Richterbuch[54] möchten möglicherweise erklären, wie Theoxenie und das israelitische Opfer zusammenhängen: Jeweils beeilen sich Menschen, Jahwe bzw. seinen Engel zu bewirten im Stile der Gastfreundschaft Abrahams, wundersamerweise wird die Mahlzeit aber in ein Brandopfer verwandelt. Für die Menschen bedeutete ein Gemeinschaftsschlachtopfer (*s^{e}lamim*) ein Fest. Die Gemeinschaft der Essenden und Trinkenden symbolisierte den Zustand des Heils (*šalom*; vgl. *s^{e}lamim*). Je nach Anlass war es ein freudiges Fest: „Du sollst *s^{e}lamim* opfern und dort essen und dich vor Jahwe, deinem Gott, freuen."[55] Neben der Freude diente das Opfer der kultischen Sühne von Sünden. Diese Vorstellung lieferte dann später den sprachlichen Hintergrund der Rede von Jesu Tod als Sühne, ohne dass dabei alle mit dem alttestamentlichen Opfer verbundenen Vorstellungen übernommen wurden.[56] Die gemeinantike Allgegenwart und Selbstverständlichkeit des Gastmahls, für die alttestamentlichen Schriften meist *Ausdruck von Leben(sfreude)*, nutzt auch eine prophetische Zusage bei Jesaja, um die zu erwartende Heilszeit zu charakterisieren: „Und es wird bereiten Jahwe Zebaoth für alle Völker auf diesem Berge [sc. Zion] ein Gastmahl".[57] Zu diesem Festmahl werden beste alte Weine und die besonders geschätzten öligen Speisen gereicht. Diese Details werden hinzugefügt, um die Metapher noch schmackhafter zu machen. Öl hat hier erneut eine ‚Spitzenposition'; Fleisch wird hingegen nicht in Aussicht gestellt, wohl um den Vegetarismus der paradiesischen Urzeit weiterzuführen. Schließlich wird auch von Jesus

---

[54] Vgl. Ri 6,17–21; 13,15–20.
[55] Dtn 27,7.
[56] Zu Röm 5,8–10 vgl. O. Hofius, Sühne und Versöhnung. Zum paulinischen Verständnis des Kreuzestodes Jesu, in: Ders., Paulusstudien (WUNT 51), Tübingen 1989, 33–49; und weiterführend J. Frey (Hg.), Deutungen des Todes Jesu im Neuen Testament (WUNT 181), Tübingen 2005.
[57] Vgl. Jes 25,6–8.

ein Ausspruch[58] überliefert, in dem er die Zukunft der von ihm verkündigten Königsherrschaft Gottes als ein Zu-Tisch-Sitzen zusammen mit den Stammvätern Abraham, Isaak und Jakob beschreibt. Seinen eigenen Mahlzeiten – hier war er ungewöhnlich einladend gegenüber gesellschaftlich Marginalisierten – lag ein besonderer Vorgeschmack auf die Heilszeit bei.

Die klassische Verbindung von *Mahl* und *Wort*, die gastliche Wortwelt, bringt Odysseus idealtypisch auf den Punkt, wenn er – immer noch inkognito – sein eigenes Haus rühmt als eines, in dem „viele Männer darin ein Gastmahl halten, denn Fettdampf breitet sich aus". Doch nicht nur Zunge und Gaumen werden erfreut, denn „drinnen ertönt die Leier, die die Götter dem Mahl geschaffen haben zur Gefährtin".[59] Schöner können Worte die Verbindung von Mahl und Wort(en) kaum ausdrücken. Der Dichter der Antike hat seinen Auftritt nach dem Essen und singt zur Leier von den Helden der Vorzeit. Das gemeinschaftliche Hören auf die mythische Grundlegung der eigenen Kultur ist für die antiken Gesellschaften die Pflege des kulturellen Gedächtnisses.[60] Die für die Juden grundlegende Geschichte ist die von der wundersamen Herausführung aus Ägypten. Sie hat ihren Ort im Passafest erhalten, das den Höhepunkt dieses Jahresfestes bildete. Zusätzlich handelt es sich bei zahlreichen im familiären Rahmen begangenen Passamahlfeiern um Gastmähler, denn insbesondere nach der deuteronomischen Konzeption sollte man zu diesem Anlass mit Pilgern, Nachbarn oder Bedürftigen Essen und Gedenken teilen. Die vorgeschriebenen Speisen symbolisieren dazu einzelne Aspekte der Geschichte, die vorgetragen wird, und lassen das Ganze zu einem im Rahmen der Familie inszenierten ‚Kult-

---

[58] Vgl. Mt 8,11 par. Lk 24,30 beschreibt Mahlgemeinschaft mit dem Auferstandenen. Zu den zahlreichen Tischgemeinschaften in den Evanglien vgl. J. Bolyki, Jesu Tischgemeinschaften (WUNT II/96), Tübingen 1998.

[59] Odyssee 17,269–271.

[60] Vgl. J. Assmann, Der zweidimensionale Mensch. Das Fest als Medium des kollektiven Gedächtnisses, in: Ders. (Hg.), Das Fest und das Heilige. Religiöse Kontrapunkte zur Alltagswelt (Studien zum Verstehen fremder Religionen 1), Gütersloh 1991, 13–30.

drama'[61] werden. Dessen äußere Zutaten sind die des antiken Gastmahls: Mahl und Text bzw. Wort.

Aufgenommen wird dieses Axiom im *Herrenmahl der frühen Christen*. Wie in praktisch allen Gruppen in der Antike war ein gemeinschaftliches Mahl die Sozialform von Gemeinschaft schlechthin („Man ist [auch], was/ wie man isst."), das Herrenmahl insofern eine gastliche Wortwelt. Seit frühester Zeit war das Herrenmahl konstitutiv und fand dann seinen zentralen Platz im Rahmen der sich entfaltenden Gottesdienstkultur. Die Mahlfeier in der korinthischen Gemeinde, zu welcher der Apostel Paulus sich äußert,[62] ist von ihrer Form her ganz im Rahmen der Gast- bzw. Gemeinschaftsmahlsitten zu sehen. „[P]agane Kultmahle und christliches Mahl"[63] nebeneinander schlossen sich aber selbstverständlich aus. Weitere Kapitel des 1. Korintherbriefs[64] können dennoch durchaus als Anweisung und Anregung für das christliche Pendant zu einem auf das *deipnon* folgenden *symposion* verstanden werden. Mahl und Wort(e) gehören auch hier zusammen. So richtete sich der Blick auf Gegenwart, Zukunft und Vergangenheit: Zu Gast war man – nur äußerlich bei einem einladenden Gemeindeglied[65] – am „Tisch des

---

[61] Vgl. G. Braulik, Leidensgedächtnisfeier und Freudenfest. „Volksliturgie" nach dem deuteronomischen Festkalender (Dtn 16,1–17), in: Ders., Studien zur Theologie des Deuteronomiums (Stuttgarter Biblische Aufsatzbände 2), Stuttgart 1988, 95–122.

[62] Zu 1Kor 11,17–34 und den theologischen Deutungen des Herrenmahls (auch in anderen neutestamentlichen Schriften) vgl. P. Lampe, Das korinthische Herrenmahl im Schnittpunkt hellenistisch-römischer Mahlpraxis und paulinischer Theologia Crucis (1Kor 11,17–34), in: ZNW 82 (1991), 183–213; M. Klinghardt, Gemeinschaftsmahl und Mahlgemeinschaft. Soziologie und Liturgie frühchristlicher Mahlfeiern (TANZ 13), Tübingen 1996; Stein, Mahlfeiern; Klauck, Herrenmahl; J. Becker, Das Herrenmahl im Urchristentum, in: MdKI 53 (2002), 3–11 (hier: 7: „Mahlfeier aus Sättigungs- und Kultmahl"); J. Fotopoulos, Graeco-Roman Dining, the Lord's Supper, and Communion in the Body of Christ, in: J. Schlosser (Hg.), Paul et l'Unité des Chrétiens (SMBen 19), Leiden 2010, 141–159.

[63] Ebd. 4; vgl. 1Kor 10,14–22.

[64] 1Kor 12–14.

[65] Vgl. Röm 16,23 („Es grüßt euch Gajus, mein und der ganzen Gemeinde Gastgeber").

Herrn"[66], an welchem horizontale und vertikale Gemeinschaft entstand.[67] Der Auferstandene, auf dessen Wiederkunft man hinlebte, war als Geber im Mahl präsent und bestimmte den auf die künftige Heilszeit ausgerichteten Geist der Versammlung. In rückwärtiger Perspektive war er zugleich Gabe, insofern sich im Herrenmahl insbesondere das den Menschen heilbringende Kreuzesgeschehen Jesu vergegenwärtigte. In Erwartung und zur Deutung[68] seines Todes und auch im Hinblick auf die hereinbrechende Gottesherrschaft hatte Jesus das Abschiedsmahl mit seinen Jüngern gefeiert. Es fand wahrscheinlich zwar am Tag *vor* Passa statt, ließ und lässt sich aber im Horizont des Passamahls[69] sowie weiterer Mahl- und Opfervorstellungen deuten.

Vieles wäre noch über die Verbindungen von Mahl und Fest, Essen und Wort (Gottes), gastlichen und geistlichen Wortwelten bei Griechen und Juden, Christen und Römern zu sagen. Aber für heute ist das Gastmahl an sein Ende gekommen. Befolgen wir die Aufforderung des Gastmahl-Experten Athenaios: „Hier soll nun auch diese gemeinschaftliche Veranstaltung ihr Ende haben".[70] Das aus der antiken Literatur rekonstruierte Gastmahl hat vielleicht einen Geschmack davon gegeben, was auch einen Aspekt des Herrenmahls der Christen ausmacht, nämlich „daß Leben durch Teilung der Lebensmittel, durch gemeinsames Essen und Trinken, möglich ist."[71] Hinzu tritt das Wort.

---

[66] Vgl. 1Kor 10,21; dazu G. Delling, Das Abendmahlsgeschehen des Paulus, in: Ders., Studien zum Neuen Testament und zum hellenistischen Judentum, Berlin 1970, 318–335.
[67] Vgl. O. Hofius, Gemeinschaft am Tisch des Herrn. Das Zeugnis des Neuen Testaments, in: Ders., Exegetische Studien (WUNT 233), Tübingen 2008, 203–217.
[68] Vgl. die Abendmahlsworte Mt 26,26–29; Mk 14,22–25; Lk 22,15–20; 1Kor 11,23–25.
[69] Vgl. J. Jeremias, Die Abendmahlsworte Jesu, Göttingen ⁴1967, 9–82; vgl. dazu aber G. Theißen/A. Merz, Der historische Jesus. Ein Lehrbuch, Göttingen ³2001, 373–376.
[70] Athenaios, Gelehrtengastmahl 11,509e.
[71] Theißen/Merz, Der historische Jesus, 384.

FRANK AHLMANN

„Wer sich mit dem Zeitgeist vermählt, wird bald verwitwet sein."
Søren Kierkegaard als religiöser Schriftsteller

1. Wirkung, Person und Profil – biographische und literarische Notizen

Das Thema *„Wer sich mit dem Zeitgeist vermählt, wird bald verwitwet sein." Søren Kierkegaard als religiöser Schriftsteller* ist mehr als abendfüllend: Wer oder was ist der Zeitgeist? Wie oder wodurch kann man mit ihm verheiratet sein bzw. zum Witwer oder zur Witwe werden? Und *last not least*: Wer war Kierkegaard, und was macht einen religiösen Schriftsteller aus? Fragen über Fragen, und trotzdem – nach dem Motto *in der Kürze liegt die Würze* – ein paar Schlaglichter auf den weltbekannten Dänen des 19. Jahrhunderts.

Es war kein Geringerer als einer der ganz großen protestantischen Theologen des 20. Jahrhunderts, der späte Karl Barth, der über Kierkegaard sagte: „Ich halte ihn für einen Lehrer, durch dessen Schule jeder Theologe einmal hindurch gegangen sein muß. Wehe einem Jeden, der sie versäumt haben sollte!" Aber, so fährt er fort: „Nur, daß er nicht in ihr sitzen bleiben und besser nicht in sie zurückkehren würde!"[1]

Kierkegaard – das Nadelöhr der Theologenschaft, so sieht es Barth. Kierkegaard hätte übrigens deutlich dagegen protestiert, ebenso wie es auch Barth selbst nicht in den Kram passte, dass sein Name zu allerlei orthodoxer Erstarrung der auf ihn Hörenden geführt hat. So gibt es ja nicht nur den Ausdruck Barthianer, was noch angehen mag, sondern daneben auch dessen Verschärfung: die Barthzianer.

---

[1] E. Busch, Karl Barths Lebenslauf, München 1975, 484f.

Wie geht es nun einem, der zu Kierkegaard zurückkehrt, nachdem er u.a. Barth, Pannenberg und einige andere und eben auch Kierkegaard studiert hat? Die Gefahr der Resignation scheint wohl nicht von ungefähr auf bei der Beschäftigung mit den Großen der Theologiegeschichte. Ein Professor aus Wuppertal berichtete mir einmal das Diktum eines Barth-Schülers, kein Unbekannter, sondern es war Jürgen Moltmann, der stöhnte: „Was soll ich denn noch schreiben, der Barth hat doch schon alles gesagt..." Unverständnis und Unbehagen macht sich breit bei der Beschäftigung mit den ganz Großen.

Ein Kierkegaardforscher aus Norwegen (Per Lønning) sieht dieselbe Gefahr auch bei seiner Zunft und hielt deshalb vor gut zehn Jahren auf einer großen Kierkegaard-Konferenz in Kopenhagen einen entsprechenden Vortrag mit dem Titel: *Kierkegaard: A stumbling-block to ‚Kierkegaardians'*.[2] (Kierkegaard – frei übersetzt – ein Stein des Anstoßes für Kierkegaardianer).

Kurzum: Es geht aus der Sicht eines ‚Schülers', wie ich es bin, nicht um Nachläufertum, sondern um kritische Nachfolge oder, wieder aus dem Munde Karl Barths – und zweifellos auf die Kierkegaardianer übertragbar: „Das Kriterium eines *guten* ‚Barthianers' – wenn es solchen denn schon geben sollte! – ist sicher das: daß Barth resp. Kierkegaard selbst etwas von ihm lernen kann und muß."[3]

Was bedeutet es, wenn man sich mit Kierkegaard beschäftigt? Sich mit Kierkegaard zu beschäftigen, heißt, sich mit sich selbst zu konfrontieren. Sich mit Kierkegaard zu beschäftigen, heißt, am lebenden Objekt zu studieren, sich selbst nicht außen vor lassen zu können. Keine wissenschaftliche Objektivität ist diesem Dänen zu hoch, um nicht doch in ihrer Tiefe ent-

---

[2] P. Lønning, Kierkegaard: A stumbling-block to ‚Kierkegaardians'. What theological orientation would he favour today?, in: N.J. Cappelørn/J. Stewart (Hg.), Kierkegaard revisited. Proceedings from the conference ‚Kierkegaard and the meaning of meaning it' (Copenhagen, May 5–9, 1996), Berlin/New York 1997, 94–106.
[3] Busch, Lebenslauf, 434f.

„Wer sich mit dem Zeitgeist vermählt, wird bald verwitwet sein."

täuscht zu werden. Und: ein *Großer Kranker* sei er gewesen, so der Kirchenhistoriker Walter Nigg.[4]

Hören wir auch, was der uns allen bekannte Woody Allen in seiner ihm eigenen Art sich von der Seele schrieb, als ihm berühmte Sätze aus Kierkegaards Schrift *Die Krankheit zum Tode* über den Weg liefen: „[I]ch war fasziniert von der Munterkeit, mit der diese[r] große[...] Geist[...] entschlossen der Moral, Kunst, Ethik, dem Leben und dem Tode zu Leibe rückte[...]. Ich erinnere mich an meine Reaktion auf eine der typischen glänzenden Erkenntnisse Kierkegaards: ‚Eine solche Beziehung, die sich selbst auf das eigene Selbst bezieht (das heißt, ein Selbst), muss sich entweder selbst entwickelt haben oder von einem anderen entwickelt worden sein.' Diese Einsicht trieb mir die Tränen in die Augen. Mein Gott, dachte ich, so gescheit müsste man sein! (Ich bin jemand, der Mühe hat, zwei vernünftige Sätze zum Thema ‚Ein Tag im Zoo' zu schreiben.)"[5]

Kierkegaard, dieses nur 42 Jahre alt gewordene verkannte Genie seiner Zeit, ist ein philosophischer Auf- und Abräumer, ein christlicher Enttäuscher und frommer Pietist zugleich. Sohn eines mit Schuld überfrachteten, von Selbstvorwürfen geplagten Vaters und einer Mutter, die so gut wie totgeschwiegen wird, tragisch Leidender an einer unglücklichen Liebe, und Kierkegaard, ein Rebell gegen das Establishment, ein Außenseiter in seiner Kirche und ein einsichtiger, verständnisvoller Beobachter kleinbürgerlicher Lebenseinstellung. Als Schriftsteller ist er Verfasser so merkwürdiger Werke mit Titeln wie *Furcht und Zittern* oder *Die Krankheit zum Tode, Der Begriff Angst, Entweder/Oder, Philosophische Brocken*, die er innerhalb seiner kur-

---

[4] Vgl. dazu W. Nigg, Religiöse Denker. Kierkegaard, Dostojewski, Nietzsche, van Gogh, Bern 1942, oder ausführlicher: Ders., Sören Kierkegaard. Dichter, Büßer, Denker, Zürich 2002.

[5] W. Allen, Das Beste von Allen, Reinbek bei Hamburg 2007, 7. Vgl. dazu die Entnahme des Allen-Zitates aus: S. Kierkegaard, Die Krankheit zum Tode. Eine christliche psychologische Erörterung zur Erbauung und Erweckung (GW Abt. 24/25 hg. v. E. Hirsch/H. Gerdes), Gütersloh ³1985, 8f (Original Kopenhagen 1849).

zen Lebensspanne aus der Taufe hob; als Autor schreibt er vielfach pseudonyme wie unecht pseudonyme Schriften mit verstaubten Namen wie Vigilius Haufniensis, Johannes de Silentio, Frater Taciturnus, Johannes Climacus und anderen. Und alle diese Werke bringen mehr oder weniger den Dandy und Flaneur oder auch den gewieften Alltagssoziologen und Seelenkundigen zum Ausdruck.

Darüber hinaus darf ich auf keinen Fall verschweigen und gehe später noch darauf ein, dass Kierkegaard selbstverständlich in Geltung steht als Vater der Existenzphilosophie und, sagen wir mal, Mutter der Existenztheologie. Namen wie Sartre, Camus, aber auch Heidegger auf der einen Seite und Namen wie Rudolf Bultmann und Paul Tillich auf der anderen Seite müssen hier unbedingt genannt werden. Und: Man meint sogar – was wissenschaftlich noch nicht Konsens ist –, dass er auch zumindest als ein Mit-Vater oder sagen wir älterer Verwandter der Freudschen Psychoanalyse betrachtet werden könne. Es ist nicht erwiesen, jedenfalls mir nicht bekannt, inwiefern nicht auch schon Freud zu Beginn des 20. Jahrhunderts Kierkegaards psychologischstes Werk mit dem Titel *Der Begriff Angst*[6] gekannt haben könnte.

Sich mit Kierkegaard zu beschäftigen, heißt nicht minder, es sowohl mit einem depressiv-neurotischen Typ zu tun zu bekommen als auch mit einem romantischen Poeten, mit einem, wie gesagt, Dandy und Flaneur und mit einem – wie er von sich selbst sagte – „Geheimagent[en] im höchsten Dienst."[7]

„Die Aufgabe eines Apostels ist: das Christentum zu verbreiten und Menschen dafür zu gewinnen. Meine Aufgabe ist, den Menschen die Einbildung

---

[6] S. Kierkegaard, Der Begriff Angst. Eine schlichte psychologisch-andeutende Überlegung in Richtung auf das dogmatische Problem der Erbsünde (GW Abt. 11/12 hg. v. E. Hirsch/H. Gerdes), Gütersloh ²1983 (Original Kopenhagen 1844).

[7] S. Kierkegaards Papirer, IX A 142 (ud. P.A. Heiberg, V. Kuhr & E. Torsting, vols. I-XI,3, København 1909–1948).

zu nehmen, daß sie Christen sind. Dennoch diene ich dem Christentum."[8] Denn, so seine Bestandsaufnahme von Kirche und Christentum: „Wie Kinder im trauten Wohnzimmer Krieg spielen, so spielt die ganze Christenheit Christentum."[9]

Diese schneidende Kritik wollte zu Kierkegaards Lebzeiten niemand hören, erst recht nicht Kirche und Theologie. Der bekannte Kierkegaard-Forscher Johannes Sløk skizziert das Leben seines berühmten Landsmannes wie folgt: „Søren Aabye Kierkegaard wurde in Kopenhagen geboren, wo er auch lebte und starb. Der Vater kam aus ärmlichen Verhältnissen im westlichen Jütland, hatte jedoch als Händler ein so großes Vermögen gemacht, daß Søren davon sein ganzes Leben lang leben konnte, verschwenderisch sogar. Abgesehen von einem Aufenthalt in Berlin, wo er u.a. die Vorlesungen Schellings hörte, und einer Art von Ferien- oder Pilgerfahrt in die Heimat des Vaters nach Saedding, war seine Welt auf Kopenhagen eingegrenzt wie die Welt Kants auf Königsberg. Auch im übrigen war sein kurzer Lebenslauf von 1813 bis nur 1855 ereignisarm – von außen gesehen. Da war eine Verlobungsgeschichte, in der er selbst den Bruch des Verhältnisses herbeiführte; er hatte kein Amt inne; an den politischen Bewegungen, die 1849 zur Einführung einer freien Verfassung führten, nahm er keinen sichtbaren Anteil, und auch der dreijährige Krieg mit Deutschland (1848–50) scheint ihm nicht nahegegangen zu sein. Auf dem journalistischen Feld war er eine kurze Zeit lang in eine Fehde [...] verwickelt, doch erst in seinem letzten Lebensjahr trat er öffentlich und aktiv hervor mit einem furchtbaren Angriff auf ‚das Bestehende', insbesondere die Kirche; es war ein Bombardement mit beißenden, höhnischen, überlegen formulierten, ironischen Artikeln, die man später mit der Bezeichnung der ‚Kirchensturm' belegte. Aber dieses von außen gesehen so ereignisarme Leben wurde mit einer Intensität und Enga-

---

[8] Kierkegaard, Papirer, XI 2 A 21.
[9] Kierkegaard, Papirer, IX A 405.

giertheit gelebt, die es zu einem einzigartigen inneren Drama machten. Dessen äußerer Ausdruck waren Schriften, die sich in ihrer Tiefe und ihrem Reichtum nicht auf gewöhnliche Weise einordnen lassen. Sie sind zugleich Literaturkritik, Dichtung, Philosophie, Religion, Psychologie, Erbauung und Polemik. Dazu kommt eine große Sammlung von Tagebuchaufzeichnungen, die an Umfang die übrigen Schriften übertreffen und die einen unentbehrlichen Schlüssel zum Verständnis dessen darbieten, was er im Grunde wollte."[10]

Auffallend bipolar konstruiert ist sein literarisches Werk. Einerseits quasi zur Linken: pseudonym verfasste Schriften, in denen Kierkegaard sich nur indirekt mittteilt – gezielt nur über die Möglichkeiten, für die er die jeweiligen Profile der Pseudonyme hat entstehen lassen. Er selbst teilt sich direkt nur über sein Werk zur Rechten mit: mit den umfangreichen so genannten *Erbaulichen Reden*. Was soll das? Er selbst schrieb nachträglich zur Frage, wieso er zu Pseudonymen gegriffen hat: „In der Sprache liegt die Reflexion, und daher vermag die Sprache das Unmittelbare nicht auszusagen."[11]

Aber noch mehr – Biographisches – versteckt sich hinter der häufigen Pseudonymsetzung: Die Schwermut, an der er stets litt, äußerte sich bei ihm in einer inneren Distanziertheit zu sich selbst; in seinem Tagebuch von März 1846 bis Mai 1847 findet sich folgender Eintrag: „Meine Schwermut hat viele Jahre lang bewirkt, daß ich nicht dahin konnte, im tiefsten Sinne zu mir selbst du zu sagen. Zwischen meiner Schwermut und meinem Du lag eine Phantasiewelt. Sie ist es, die ich in den Pseudonymen teilweise ausgeschöpft habe. Wie einer, der kein glückliches Zuhause hat, soviel wie möglich reist, und sein Zuhause am liebsten los wäre: ebenso hat meine Schwermut mich von mir selbst ferngehalten, während ich entdeckend und dichterisch erle-

---

[10] J. Sløk, Søren Kierkegaard, in: H. Fries/G. Kretschmar (Hg.), Klassiker der Theologie, Bd. II, München 1983, 190–207; hier: 190.
[11] S. Kierkegaard, Entweder/Oder, 1. Teil Bd. 1 (GW Abt. 1 hg. v. E. Hirsch/H. Gerdes), Gütersloh ³1993, 74.

bend eine ganze Phantasiewelt durchreist habe. Wie einer, der ein großes Landgut übernommen hat, nicht damit fertig werden kann, es kennenzulernen – ebenso habe ich mich durch Schwermut zur Möglichkeit verhalten."[12]

Anders, nämlich direkter und persönlicher, geht er in seinen nicht-pseudonymen *Erbaulichen Reden*, quasi seelsorgerlich-behutsam mit sich und vor allem mit dem von ihm überaus geschätzen einzelnen Leser um:

> „Wiewohl dies kleine Buch (Gelegenheitsreden, wie es genannt werden könnte, obschon es nicht die Gelegenheit hat, die den Redner macht und ihm *Vollmacht* gibt, auch nicht die Gelegenheit, die den Leser macht und ihn zum *Lernenden* macht) ohne alle Aufforderung und somit in seiner Mangelhaftigkeit ohne alle Entschuldigung ist, ohne alle Unterstützung durch die Umstände und somit in seiner Ausführlichkeit hilflos ist, ist es dennoch nicht ohne Hoffnung und vor allem nicht ohne Freimütigkeit. Es sucht jenen Einzelnen, den ich mit Freude und Dankbarkeit *meinen* Leser nenne, oder es sucht ihn nicht einmal. Nichts wissend von Zeit und Stunde wartet es in der Stille, daß jener rechte Leser kommen möge dem Bräutigam gleich und die Gelegenheit mit sich bringen. Ein jeglicher tue das Seine, der Leser mithin das Meiste. Die Bedeutung liegt in der Aneignung. Daher die freudige *Hingebung des Buches*. Hier ist kein weltlich Mein und Dein, das da scheidet und verbietet sich anzueignen was des Nächsten ist."[13]

Kierkegaard ist in Deutschland, wie eingangs erwähnt, erst mit Karl Barth und der Dialektischen Theologie in den 1920er Jahren zur Kenntnis genommen und nicht mehr nur ignoriert oder verachtet worden. Andere Zeitgenossen Kierkegaards erlebten schon zu Lebenzeiten ihre Blütezeit und den Beginn einer beträchtlichen Wirkungsgeschichte: Hans Christian Andersen mit seinen Märchen und Stücken und Nicolai Severin Grundtvig mit seiner Idee von den Volkshochschulen. Ja, für Kierkegaard kann ironischerweise das gelten, was angeblich als ein Bonmot auf Umberto Eco zurückgeht – eine hämisch daherkommende Empfehlung an die schriftstellerische Zunft zur Rezeption ihrer Werke, nämlich: Am besten ist es, wenn ein Schriftsteller

---

[12] Kierkegaard, Papirer, VIII A 27.
[13] S. Kierkegaard, Drei Reden bei gedachten Gelegenheiten (GW 13./14. Abt. hg. v. E. Hirsch/H. Gerdes), Gütersloh 1981, 113 (Hervorhebungen i.O. gesperrt).

nach der Abfassung seines Werkes stirbt, damit er dessen Wirkungsgeschichte nicht behindert. – Literarisch und vor allem ästhetisch eine interessante These, für die einiges spricht, der man jedoch mit Blick auf den Autor eine gewisse Inhumanität nicht absprechen kann.

Ich gestehe: literarisch-ästhetisch und auf die Belletristik bezogen halte ich es da mehr mit dem Diktum des bekannten US-amerikanischen Schriftstellers unserer Zeit, mit T.C. Boyle, der einmal sagte: „Romane sind wie Rockkonzerte: Entweder, du bringst die Leute zum Tanzen, oder sie feuern dir Bierdosen an den Kopf."[14] Letzteres ist Kierkegaard zu Lebenzeiten widerfahren.

2. Existenzphilosophie und -theologie

Was kennzeichnet Kierkegaards Existenzphilosophie mit Blick auf die schon damalige Wissenschaftsgläubigkeit seiner Zeit?

Verharrt man darin, in dem theoretischen Kapieren, was wissenschaftlich-objektiv zum Beispiel auch das Christentum ausmacht, kann das passieren, was Kierkegaard einmal dem größten Theoretiker der Philosophie des deutschen Idealismus, Hegel, vorwarf. Beißenden Spott hat Kierkegaard dafür übrig. Er drückte es in einem aphoristischen Bild so aus:

> „Es geht den meisten Systematikern im Verhältnis zu ihren Systemen, wie wenn ein Mann ein enormes Schloß baut und selbst in einem Schuppen daneben wohnt."[15]

Kierkegaard fordert damit, dass doch ein wenig mehr Denken und Handeln, Lehre und Leben zusammenzugehören haben. Fragen der real existierenden Individuen nicht außen vor gelassen werden dürfen – damit nicht alle Wissenschaft nutzlos und überflüssig wird.

Und was kennzeichnet in aller Kürze seine Existenztheologie gegenüber der mehr orthodoxen, rechtgläubigen Theologenschaft, die – wie Kierke-

---

[14] T.C. Boyle, Grün ist die Hoffnung, München 1993, Klappentext.
[15] Kierkegaard, Papirer, VII 1 A 82.

„Wer sich mit dem Zeitgeist vermählt, wird bald verwitwet sein."

gaard im Anschluss an Giordano Bruno einmal sagte – „fromm den Schwanz des Esels anbetet, auf dem Jesus seinen Einzug gehalten hat"?[16] Man darf hier jedoch direkt dem Missverständnis vorbeugen, als hätte Kierkegaard keinerlei Interesse an kirchlicher Lehre und Überlieferung, als sei sie ihm zu dogmatisch im Sinne von borniert. Im Gegenteil, ihm ist es unter Einbeziehung der kirchlichen Lehrtradition darum zu tun, wie der Einzelne in ein Verhältnis dazu kommt, wie also auch hier wieder Leben und Lehre in der individuellen Existenz miteinander verschmelzen.

Sein Programm als Spion im Dienste des Höchsten war es, in allem aufmerksam zu machen auf das Christlich-Religiöse. Doch was ist das – das Christlich-Religiöse, dem sein Werk unterstellt war? Es war ihm eine Torheit – ganz im Sinne dessen, was der Apostel Paulus im Neuen Testament ausführt (1Kor 1,23): „Wir aber predigen den gekreuzigten Christus, den Juden ein Ärgernis und den Griechen eine Torheit." Dieser Inhalt des Christentums bedeutete für Kierkegaard die Möglichkeit des Ärgernisses, der sich der Glaube zu stellen hat. Nämlich: Die Torheit, daran zu glauben, dass Gott ein einzelner Mensch geworden ist, der Gott-Mensch, das Ewige zeitlich, der Allmächtige ohnmächtig. Darauf aufmerksam zu machen, hieß für ihn, allererst das Christentum in die heidnische Christenheit einzuführen, denn: „Viele Individuen sind durch das Christentum in einem solchen Maße ihrer Mannheit beraubt, daß sie sich im Vergleich zu den Heiden verhalten wie der Wallach zum Hengst."[17] Also unkenntlich, uneindeutig, verwaschen, ohne erkennbares Profil war für Kierkegaard ‚Das Bestehende'. Vom Geist seiner Zeit distanzierte er sich zum Teil mit Abscheu. Dieser Zeitgeist, den er auch in seiner Kirche vorfand, war vor allem durch eine Politik des milden Arrangements zwischen christlichem Glauben und bürgerlicher Moral

---

[16] Kierkegaard, Papirer, VIII 1 A 118.
[17] Kierkegaard, Papirer, I A 96.

gekennzeichnet, mit der sich gut leben ließ. Gegen diese Relativierung und Nivellierung anzugehen, machte er sich zur Lebensaufgabe.

3. Zeitgeistsurfing und -kritik

Nun, was lässt sich von Kierkegaard lernen, und zwar so, dass die christliche Religion nicht durch Vermählung mit dem Zeitgeist zur Witwe wird?

Zunächst einmal geht es um eine entschiedene Zur-Kenntnisnahme unserer Zeit, die ich kurz anhand von neueren religionssoziologischen Studien vorführen möchte, vor allem zum Verhältnis der jungen Generation zur christlichen Religion und Kirche. Das Phänomen Religion in säkularen Zeiten, speziell das „‚Verdunsten' des Christentums",[18] von dem auch heute immer wieder die Rede ist, wird in derartigen Studien unter die Lupe genommen. Ich komme direkt zu den entscheidenden Aussagen über das Image der christlichen Kirchen.

Zusammenfassend lässt sich sagen: Es geht der jüngeren Generation nicht mehr um Heil, Versöhnung, Sterben, Tod, Auferstehung und ein Jenseits nach dem irdischen Leben, nicht mehr um zentrale Inhalte des Christentums, sondern ihr geht es um „Das heilige Diesseits" (245): „Die Diesseitigkeit der Wertmaßstäbe (Eudämonismus) und das Ideal der vermeintlichen mentalen Autarkie des autonomen Individuums, das nur glaubt, was durch die eigene Erfahrung (bzw. stellvertretend durch die Wissenschaft) verifizierbar ist, prägen den durchschnittlichen Alltagsglauben" (261).

---

[18] K.-H. Weber im Gespräch mit Heiner Barz, Ganz entspannt im Hier und Jetzt? Jugend und Religion – oder vom „Verdunsten" des Christentums, in: Forum Religion 1 (1993), 30–34; hier: 30. Die in diesem Abschnitt im Haupttext genannten Seitenzahlen in Klammern stammen – wenn nicht anders angegeben – alle aus: H. Barz, Postmoderne Religion am Beispiel der jungen Generation in den Alten Bundesländern (Teil 2 des Forschungsberichts *Jugend und Religion* im Auftrag der aej), Opladen 1992.

„Wer sich mit dem Zeitgeist vermählt, wird bald verwitwet sein."

Thomas Luckmann, Sozialisationsforscher und Wissenssoziologe, kam bereits vor über 30 Jahren in seinem Buch *The Invisible Religion*[19] zu ähnlichen Thesen. Luckmann prägte darin den Begriff der „religiösen Fleckerlteppichnäherei" (Luckmann, 248): Im Zuge der Pluralisierung verliert die christliche Religion ihre Monopolstellung. Das Christentum steht als gleichwertige Möglichkeit neben neu aufkommenden religiösen Strömungen. Und der Einzelne wählt sich aus dem „,Warenlager' religiöser Repräsentationen" (248) seine eigene Religion aus, wobei diese sich aus verschiedenen Elementen zusammensetzt, eben gleich einem Flickenteppich. Maßstab für die Auswahl ist ein „individueller Sinnkosmos" (Luckmann, 249), der von folgenden Dominanten bestimmt wird: Autonomie, Selbstverwirklichung und Selbstdarstellung, Mobilitätsethos, Sexualität und Familialismus (249).

Der „rote Faden", der alle Antworten durchzieht, ist die „Orientierung der jungen Generation am eigenen Ich als letztem Sinnhorizont" (251). Der christliche Glaube mit seinen Werten, seiner auf das Jenseits angelegten Hoffnung, verliert immer mehr an Bedeutung: „Der moderne Glaube will diese Transzendenz nicht mehr, er sucht sich sein Heil radikal im diesseitigen Glück" (255). „Eudämonismus" ist die „neue Eschatologie" (255). „Selbstverwirklichung als individuelles Glücksstreben, dies scheint in der Tat *die* Dominante der Werte von letzter Bedeutung zu sein" (250). Der Sinn des Lebens bezieht sich nicht mehr auf transzendente Dinge, sondern auf das ganz persönliche, individuelle Wohlbefinden (Graphik 88; 107f).

Das Christentum verliert seinen Stellenwert und wird stattdessen durch ein religiöses Patchwork ersetzt. Religion hat eine radikale Diesseitsorientierung erfahren. Sie ist wichtig für das Leben vor dem Tod (252f; 261). Statt an ein Leben nach dem Tod glauben kirchenferne Jugendliche an Reinkarnation aufgrund von Déjà-vu-Erlebnissen und „Out-of-body-experiences"

---

[19] Th. Luckmann, The Invisible Religion, New York 1967 (dt.: Die unsichtbare Religion, Frankfurt a.M. 1991).

(125f). Das Christusbild wird auf irdisch-ethische Dimensionen eingeschränkt: „Solche Menschen müssen nicht auferstanden sein. Ich glaube ihnen auch so" (124).

Das Image von Kirche
Kirche wird als institutioneller „Machtapparat" mit Zwangscharakter, vergleichbar dem „Finanzamt", angesehen. Man unterstellt ihr Opportunismus und Unaufrichtigkeit. Religion wird – auch von kirchennahen Jugendlichen – von der Institution Kirche getrennt (172ff). Kirchliche Rituale werden an biographischen Wendepunkten als „spiritueller Partyservice" zur feierlichen Rahmung (Trauung 176) genutzt.

Das soziale Engagement der Kirche für Bedürftige wird durchweg positiv bewertet. Darin spiegelt sich allerdings das Image wider, das durch die Religionskritik von Feuerbach, Marx und Freud begründet ist: Die Kirche sei für die Schwachen da, die ihr Leben nicht alleine bewältigen können. In diese Gruppierung will niemand eingeordnet werden (215; 219; 221).

Größtenteils aber bleibt das negative Image von Kirche auch für die Haltung zur Jugendarbeit bestimmend: Ebenso wie Kirche allgemein ist Jugendarbeit etwas für ‚Looser', Außenseiter, finanziell Schwache, für die, die mit ihrem Leben nicht richtig zurechtkommen. Außerdem hat sie Lückenbüßerfunktion. Wer sich z.B. keinen Urlaub leisten kann, nimmt das Billigangebot kirchlicher Jugendfreizeiten in Anspruch. Hier macht sich die Konkurrenz kommerzieller Angebote bemerkbar. Im Vergleich mit ihnen können kirchliche Angebote oft nicht standhalten (218f).

Konsequenzen – Imagepolitur? Kritische Anfragen an den Zeitgeist
Hört man auf die Therapievorschläge einiger – Gott sei Dank nicht aller – Vertreter derartiger Studien, sollten kirchliche Jugend- und Konfirmandenarbeit bei den positiven Imagezügen ansetzen und sich der geänderten gesellschaftlichen Situation anpassen; ganz im Sinne des Marketingforschers

"Wer sich mit dem Zeitgeist vermählt, wird bald verwitwet sein."

wäre also vorzugehen. Jemand, der die positiven Züge verstärkt und die negativen möglichst zu beseitigen sucht.

Und so wird und wurde den Kirchen eine ‚Marktstrategie' empfohlen, der sie leider zum Teil aufgesessen sind – selbst in der Ausbildung ihrer Theologenschaft –, die der geänderten Bedürfnislage der jungen Generation, ihrem Individualisierungs-, Relativierungs-, Professionalisierungs- und Profilierungstrend entspricht (225).

Doch was passiert und ist passiert dadurch? Kirche würde und wird zum Teil mit einem Konzept pluriformer Nachfrageorientierung unter der Hand zum konzeptlos-indifferenten und damit überflüssigen Anbieter. Ihr ‚Konzept' korrelierte noch nicht einmal mit der Nachfrage junger Leute nach dem eigenen Ich als der schlechthinnigen Dominante, da sie, die Kirche, diese Nachfrage nur fraglos hinnehmen könnte. Sie böte der jungen Generation damit *stricte dictu* kein antwortendes Angebot, nichts, was diese sich nicht schon selber geben und beantworten könnte.

Sie wäre allenfalls einer von vielen, der kommerziellen Konkurrenz allerdings unterlegenen Erlebnismärkten; sie hätte sich selber zu ihrem eigenen Surrogat stilisiert und ihre Funktion zu ihrer Religion etabliert. Solche Kirche bliebe anachronistisches, mit allenfalls antiquarischem Ressentiment behaftetes Angebot. Ob kirchliche Arbeit ökonomisch mit Marktmechanismen und Managerfähigkeiten zureichend erfasst werden kann, ist sehr fraglich.[20]

Sonst kommt dabei noch so etwas heraus, wie es angeblich der eingangs erwähnte Woody Allen, kritischer Kenner seiner jüdischen Religion und ih-

---

[20] Vgl. dagegen die sachzieldominanten Managementmethoden von H.-U. Perels, Wie führe ich eine Kirchengemeinde? Möglichkeiten des Managements, Gütersloh 1990, 16ff, zu den Problemen vgl. H.T. Goebel, ‚Kai aus der Kiste'? Zur Kommunikationskampage des Evangelischen Stadtkirchenverbandes Köln, in: RKZ 134 (1993), H. 5, 106–108; zum Verhältnis von Kirche und Multikulturalität vgl. A. Grözinger, Es bröckelt an den Rändern. Kirche und Theologie in einer multikulturellen Gesellschaft, München 1992, 11ff.

rer Probleme im säkularen New York, einmal bissig-zynisch formuliert haben soll: Natürlich gibt es eine jenseitige Welt. Die Frage ist nur: Wie weit ist sie von der Innenstadt entfernt, und wie lange hat sie offen?

Heute würde Kierkegaard – um dieser sicheren Verwitwungsstrategie zu entgehen – sich vermutlich neben Woody Allen mit anderen, sagen wir mal kritischeren Religionssoziologen wie beispielsweise Peter L. Berger auseinander setzen. Denn Berger empfiehlt den christlichen Kirchen ein „anderes ‚Anderes' als die Modernität". Das könnte für die christliche Religion ein „weit gewinnbringenderes Stimulans sein".[21] Es braucht „etwas, das kritische Distanz zur Kakophonie der heutigen Kultur [...] voraussetzt". Berger empfiehlt der christlichen Religion „zuvörderst" eine „prise des consciences"[22] ihres Erbes.

In diesem Sinne könnte das kirchliche Selbstverständnis benennen, wie Kirche das spezifisch Eigene der verfassten christlichen Religion gemäß ihrem Öffentlichkeitsauftrag und -anspruch auf einem pluralen Markt der religiösen Möglichkeiten ‚profilieren' könnte. Damit orientieren sich die kirchlichen ‚Marktchancen' an der Beschreibung der Differenz ihres Deutungsangebotes im Vergleich zu anderen religiösen oder quasireligiösen Deutungskulturen. So könnte für die christliche Kirche gerade die ‚evangelische Freiheit' als Beharrung auf der Differenz[23] eine Pluralismusfähigkeit für Menschen eröffnen, die ihnen Raum gibt zur Ausgestaltung individueller Identität, ohne erst, mit Kierkegaard gesprochen, auf dem Markt der Möglichkeiten „kursfähig wie eine gangbare Münze"[24] werden zu müssen.

---

[21] P.L. Berger, Der Zwang zur Häresie. Religion in der pluralistischen Gesellschaft, Freiburg i.Br. 1992, 199.
[22] Berger, Der Zwang zur Häresie, 198f.
[23] Vgl. E. Jüngel, Zur Freiheit eines Christenmenschen. Eine Erinnerung an Luthers Schrift, München ³1991.
[24] Kierkegaard, Die Krankheit zum Tode, 30.

„Wer sich mit dem Zeitgeist vermählt, wird bald verwitwet sein."

In einer Art persönlicher Rückschau heißt es in Kierkegaards *Die Schriften über sich selbst*: Ich „hatte [...] in der Potenz die Wirkung des Religiösen so tief erfahren, wie ich es überhaupt getan habe. Ich war so tief erschüttert, daß ich von Grund auf verstand, es könne mir unmöglich gelingen, die beruhigte sichere Mitte zu treffen, in welcher die meisten Menschen ihr Leben haben: ich mußte mich entweder in Verzweiflung und Sinnlichkeit stürzen, oder schlechthin das Religiöse wählen als das Einzige – entweder die Welt nach einem Maßstabe, der grauenvoll sein würde, oder das Kloster. Daß das Letztere es war, das ich wählen wollte und mußte, war im Grunde entschieden". Ich war „religiös bereits im Kloster [...], ein Gedanke, der versteckt ist in dem Pseudonym: Victor – Eremita. [...] [I]ch kann versichern, daß der Verfasser von ‚Entweder – Oder' einen jeglichen Tag regelmäßig und mit klösterlicher Peinlichkeit bestimmte Zeit damit verbrachte, um seiner selbst willen erbauliche Schriften zu lesen".[25]

4. Konfrontation – Zusammenfassung

Betreibt die christliche Kirche Zeitgeistsurfing, vermählt sie sich mit ihm, um sich auf seinen Flügeln nach dem Maßstab der Welt, wie Kierkegaard sagt, auf dem Markt der Möglichkeiten Preise zu verdienen, geht sie womöglich unter und macht sich selbst überflüssig. Zumindest droht die Gefahr einer Volkskirche ohne Volk.

Ich fasse den Teil der Zeitgeistanalyse mit einem deutlichen Zitat von Kierkegaard zusammen, mit dem ich zum letzten theologischen Schlaglicht meines Vortrages überleiten möchte. (Das Zitat ist nur eines von vielen, mit dem Kierkegaard ‚Nein' sagt zu einer Harmonisierung und Relativierung des Verhältnisses von christlichem Glauben und Zeitgeist.) Kein Arrangement also. Er sagt: „Nein, Gott im Himmel ist die einzige Macht, die keinen

---

[25] S. Kierkegaard, Die Schriften über sich selbst (GW Abt. 33 hg. v. E. Hirsch/H. Gerdes), Gütersloh 1985, 31 (Original Kopenhagen 1851).

Schlußverkauf hält oder billiger verkauft; seine Preise stehen ewig unverändert fest. Mit diesen ewig unveränderten Preisen, die im Neuen Testament zu finden sind, hat jede Generation und jeder Einzelne in der Generation sich auseinanderzusetzen. Gott kann dem hochverehrten Publikum (und wenn es die ganze Menschheit wäre) nicht damit dienen, daß er die Preise ändert."[26]

Christ-Werden, dass einer glaubt, ist nach Kierkegaard alles andere als selbstverständlich. Nicht, dass jemand glaubt, ist selbstverständlich, sondern vielmehr, dass jemand nicht glaubt oder sich ärgert, das ist selbstverständlich. Der Glaube ist vielmehr das Verwunderliche, geradezu Paradoxe, denn zum Glauben kommt man nur als Einzelner, so Kierkegaard, und zwar in der Situation der Gleichzeitigkeit mit Christus. Diese Situation der Vergegenwärtigung verdeutlicht allererst die Schwierigkeit: denn gleichzeitig mit Christus zu sein, heißt, unmittelbar nur einen einzelnen Menschen vor sich zu haben, von dem es heißt, er sei Gott: das ist das Paradox, der Widerspruch und die Torheit angesichts dessen, dass unmittelbar gar nichts davon zu sehen ist als eben nur dieser einzelne Mensch. Als mit der Vernunft und den Sinnen nicht zu begreifendes ‚Inkognito' Gottes, wie Kierkegaard sich manchmal ausdrückt. Und jede Bestimmung des „Wesens des Christentums", die von diesem Ärgernis, diesem ‚Inkognito' absieht, ist nach Kierkegaard eben nicht wesentlich christlich bzw. Verrat am Wesen des Christentum oder: selbst verschuldetes Witwentum.

Und Kierkegaard würde vielleicht wie zu seiner Zeit so auch heute ausrufen: „O Luther, Du hattest 95 Thesen. Entsetzlich! Und doch im tieferen Verstand: Je mehr Thesen, desto weniger entsetzlich. Die Sache ist viel entsetzlicher: Es gibt nur eine These. Das Christentum des Neuen Testaments ist gar nicht da."[27]

---

[26] Kierkegaard, Papirer, XI 2 A 344.
[27] S. Kierkegaard, Samlede Vaerker (ud. af A.B. Drachmann, J.L. Heiberg & H.O. Lange, København, 14 vols. 1st ed. 1901–1906), XIV, 45.

„Wer sich mit dem Zeitgeist vermählt, wird bald verwitwet sein."

Kierkegaard würde vermutlich erneut auf den – von ihm wie wenige sonst geschätzten – evangelischen Mystiker des 17. Jahrhunderts namens Gerhard Tersteegen zurückkommen und sagen: „Vorzüglich hat Tersteegen dies [selbstverschuldete Witwentum] ausgedrückt. Die Schriftgelehrten wußten zu berichten, wo der Messias geboren sein müsse – aber sie blieben ganz ruhig in Jerusalem, sie zogen nicht mit, um ihn zu suchen. Ach so ist es möglich, das ganze Christentum zu kennen, aber es erschüttert einen überhaupt nicht. In dem Ganzen ist Tersteegen unvergleichlich. Bei ihm entdecke ich wahre und edle Frömmigkeit und schlichte Weisheit. Ach und was für ein Unterschied: die heiligen drei Könige hatten nur ein Gerücht, an das sie sich halten konnten – aber es veranlaßte sie, die weite Fahrt zu unternehmen. Die Schriftgelehrten waren ganz anders unterrichtet, sie saßen da und studierten die Schrift wie die Professoren – aber es erschütterte sie nicht. Wo befand sich da die größere Wahrheit, bei den drei Königen, die hinter einem Gerücht herliefen, oder bei den Schriftgelehrten, die mit all ihrer Weisheit ruhig auf ihrem Platz blieben?"[28]

---

[28] Kierkegaard, Papirer, X 3 A 202.

SIMON PASCHEN

Theologie zur See:
Eine Begegnung mit Herman Melvilles Moby-Dick

Ein erster Blick auf Titel und Untertitel dieses Beitrags könnte eine doppelte Verwunderung hervorrufen. So mag die Eine bei *Moby-Dick*[1] vielleicht nicht sofort an Theologie denken und ein Anderer sich möglicherweise darüber wundern, welch seltsame Blüten die Theologie im Norden bisweilen zu treiben im Stande ist. Doch so viel steht fürs Erste fest: In diesem Beitrag wird es maritim, und dies sowohl in literarischer als auch theologischer Hinsicht. In diesem Sinne möchte ich, bevor wir in See stechen, kurz mit den Stationen der bevorstehenden Reise bekannt machen. Die Leinen im Kieler Hafen losgeworfen, begeben wir uns zunächst auf transatlantische Überfahrt. Im Nordosten der USA des 19. Jahrhunderts gehen wir vor Anker und treffen dort auf den Schriftsteller Herman Melville, der gerade eine Lesereise absolviert, um der geneigten Öffentlichkeit seinen jüngst erschienenen Roman *Moby-Dick* und sich selbst vorzustellen (1.). Nach dieser Begegnung begeben wir uns in der kleinen Hafenstadt New Bedford auf einen Landgang. Dort sehen wir uns um und unternehmen theologische Erkundungsgänge durch ausgewählte Kapitel des Melvillschen Romans (2.), bevor wir die Rückreise antreten. Zurück in heimischen Gewässern, wird mit der Einordnung der theologischen Erkundungsgänge in ihren historischen Zusammenhang der Weg frei für Überlegungen zu einer maritimen Theologie der Gegenwart. Im Anschluss an die Begegnung mit Herman Melvilles *Moby-Dick*

---

[1] Vgl. zur Schreibweise des Roman- bzw. Walnamens J. Kruse, Illustrationen zu Melvilles „Moby-Dick", Schleswig 1976, 2: „Melville schreibt Moby-Dick (also mit Bindestrich), wenn er seinen Roman, Moby Dick, wenn er den Wal meint."

ergeben sich neue theologische Perspektiven auf unseren Heimathafen Kiel (3.).

1. *Der Roman* Moby-Dick *und sein Schöpfer Herman Melville*

Wer hätte nicht schon einmal von dem Drama gehört, das Melville in seinem *Moby-Dick* den Ich-Erzähler Ismael schildern lässt, oder kennte nicht eine seiner Verfilmungen wie beispielsweise diejenige mit Gregory Peck als Kapitän Ahab in der Hauptrolle aus dem Jahr 1956. Die Handlung des Romans lässt sich rasch skizzieren: Ismael, ein junger Mann, hat beschlossen, zur See zu fahren. Er begibt sich auf die Insel Nantucket und heuert an auf einem Walfängerschiff, der „Pequod". Dem Kapitän der „Pequod", Kapitän Ahab, ist bei dem Versuch, den weißen Pottwal Moby Dick zu erlegen, ein Bein von eben diesem abgerissen worden. Hasserfüllt und wild entschlossen verfolgt Ahab jetzt nur noch das Ziel, Moby Dick so lange zu jagen, bis er ihn gefunden und getötet hat. Doch das Vorhaben endet in einer Katastrophe. Im finalen Kampf mit Moby Dick geht die „Pequod" unter. Dabei finden alle Seeleute den Tod, ausgenommen Ismael, der als Einziger überlebt und anschließend von der Jagd Ahabs auf Moby Dick berichten kann.

In dem Roman *Moby-Dick oder Der Wal*,[2] 1851 in London und New York erschienen, begegnet der Leser nicht nur einem der größten Romane der Weltliteratur, er begegnet in der Person seines Schöpfers Herman Mel-

---

[2] Dem weiteren Verlauf der Darstellung liegt der von Matthias Jendis aus dem Englischen ins Deutsche übersetzte und von Daniel Göske herausgegebene Text zugrunde: H. Melville, Moby-Dick oder Der Wal, München [6]2003. In der 1041 Seiten umfassenden Taschenbuchausgabe wird nicht nur die Neuübersetzung von Matthias Jendis geboten (5–866; im Folgenden kurz: Melville, Moby-Dick), sondern auch ein umfangreicher, von Göske und Jendis gemeinsam erstellter Anhang mit reichhaltigem Material, dessen detailliert und hintergründig informierender Charakter unterstützend auf den Leseprozess einzuwirken vermag (867–1041; im Folgenden kurz: Göske/Jendis, Anhang). Neben einem Glossar ausgewählter nautischer Begriffe von Jendis (1028–1041) erscheinen in diesem Anhang folgende Beiträge von Daniel Göske: ein Nachwort (869–906), eine editorische Notiz (907–909), eine Danksagung (910), eine Zeittafel zur Biografie Melvilles (911–920) und vielfältige Anmerkungen zum Text (921–1027).

ville zugleich einem Autor, dessen „Name wohl heller vom Sternenhimmel der Weltliteratur strahlt als der jedes anderen amerikanischen Schriftstellers des 19. Jahrhunderts".[3] Dabei erging es Melville zu Lebzeiten im Wesentlichen nicht anders als Søren Kierkegaard.[4] Denn mit seinen Werken hatte auch Melville – wie sein dänischer Zeitgenosse – zunächst einigen Erfolg, insbesondere mit den beiden Südseeromanen *Typee* (1846) und *Omoo* (1847). Ohne an dieser Stelle auf alle Einzelheiten seines abenteuerlich anmutenden Lebensweges eingehen zu können,[5] sei hervorgehoben, dass Melville, geboren 1819 in New York City, in den Jahren 1839 bis 1844 nacheinander zunächst als Kabinenjunge auf einem Postschiff, dann auf mehreren Walfängern und schließlich als einfacher Matrose auf einer amerikanischen Fregatte anheuerte. Melville kannte also das Leben als Seemann und war so im Stande, die gesammelten Erfahrungen literarisch zu verarbeiten. So groß nun der Erfolg der ersten beiden Veröffentlichungen geriet, so sehr stießen schon die folgenden Romane *Mardi* (1849), *Redburn* (1849) und *White-Jacket* (1850) bei Kritikern wie Lesern auf wenig positive Resonanz.[6] Letzteres gilt auch von *Moby-Dick*, der sich nach seinem Erscheinen nur schlecht verkaufte und mit dem Melvilles früher Ruhm zu verblassen begann. Schon im Jahre 1891, dem Todesjahr Melvilles, „war er in den USA so gut wie vergessen".[7] Der Grund für den ausbleibenden Erfolg *Moby-Dicks* ist in dem für das ästhetische Empfinden jener Zeit ungeheuren literarischen Facettenreichtum zu erblicken, insbesondere einer Vielfalt von literarischen Formen, die Daniel Göske wie folgt beschreibt: „Herman Melvilles *Moby-Dick* ist ein Elefant im Porzellanladen oder besser: der Walbulle im Karpfenteich der Romanliteratur [...] das bedeutendste Werk des damals erst zweiunddreißig-

---

[3] Melville, Moby-Dick, Klappentext mit Zitat einer Rezension aus der NZZ.
[4] Vgl. dazu den Beitrag von Frank Ahlmann in diesem Band.
[5] Vgl. hierzu insgesamt Göske/Jendis, Anhang, 871–875; 911–920.
[6] Vgl. Göske/Jendis, Anhang, 871–873.
[7] Göske/Jendis, Anhang, 904.

jährigen ist in vieler Hinsicht [...] ein beispielloses, ein inkommensurables Buch. Es verbindet eine rasante Abenteuerhandlung – Ahabs Jagd nach dem Weißen Wal – und packende Schilderungen vom Alltag des Walfangs mit eindrucksvoll realistischen, oft aber auch exquisit poetischen Beschreibungen des Lebens auf hoher See. Der Erzählfaden wird zudem immer wieder abgeschnitten oder neu verwoben mit Textgattungen und Stilformen, die in einem klassischen Roman eigentlich nichts verloren haben. Theatralische Szenen im hohen Ton der Tragödie oder im launigen Parlando des Lustspiels wechseln mit Predigten und prophetischer Rede, selbständigen Binnenerzählungen, naturkundlichen Essays, hintersinniger Wissenschaftssatire, einfallsreichen Parodien, zeitkritischen Ausfällen, assoziationsreichen Höhenflügen und verspielten Schnurren."[8] Eine derartige Vielfalt literarischer Formen, vereint in einem einzigen Buch, waren die Leserinnen und Leser nicht gewohnt. Erst im Zusammenhang des so genannten Melville-Revivals der 1920er Jahre, als man begann, Melville „als einen unzeitgemäßen Großen der amerikanischen Literatur neu zu lesen",[9] wurde seiner literarischen Hinterlassenschaft wieder größere Beachtung geschenkt. Unvollendetes wie etwa *Billy Budd* wurde postum veröffentlicht (1924) und vor allem *Moby-Dick* mit neu erwachtem Interesse rezipiert. Begeben wir uns nach dieser Begegnung mit Leben und Werk Herman Melvilles nun auf einen Landgang in der Hafenstadt New Bedford.

2. Theologische Erkundungsgänge durch die Kapitel 7 bis 9

Ein literarischer Klassiker, wie er in Gestalt von *Moby-Dick* vorliegt, hält immer unzählige formale oder inhaltliche Aspekte bereit, die einer eingehenderen Behandlung würdig wären, besteht doch gerade in der Vielseitigkeit seiner Gehalte und der mit ihnen zusammenhängenden großen Band-

---

[8] Göske/Jendis, Anhang, 869f.
[9] Göske/Jendis, Anhang, 904.

breite von Deutungsmöglichkeiten die klassische Bedeutung eines literarischen Werkes. Diese Beobachtung trifft nun, wie wir sahen, in besonderer Weise auf das uns beschäftigende Werk zu, *Moby-Dick*.[10] Und so gebietet nicht nur der zur Verfügung stehende Raum, sondern gerade der angesprochene Facettenreichtum eine inhaltliche Fokussierung. Es läge ein weites und bearbeitungswürdiges Feld vor uns, gingen wir, wie Maike Schult es tut, der Frage nach, wie die Bibel Herman Melville als Referenzgröße für *Moby-Dick* dient beziehungsweise wie biblische Zitationen, Allusionen und Prototypen Eingang in einen fiktionalen Text finden.[11] Demgegenüber möchte ich die erkenntnisleitende Fragestellung, welcher ich im Folgenden nachgehen möchte, wie folgt formulieren: Welche Transformationen erfahren im Rahmen der fiktionalen Darstellung Herman Melvilles bestimmte Elemente christlicher Theologie und Kirche im maritimen Kontext? Dieser Fragestellung entsprechend möchte ich unser Hauptaugenmerk auf Geschehnisse richten, die sich innerhalb der Handlung – es handelt sich um die Kapitel 7 bis 9[12] – an einem einzigen Tag, genauer an einem Sonntag, in der Stadt New Bedford zutragen, einige Tage bevor Ismael sich nach Nantucket begeben und von dort aus mit der „Pequod" auslaufen wird.

---

[10] Wie man sich, ausgehend von Melvilles *Moby-Dick*, unversehens nicht nur – wie in unserem Fall – in theologischen, sondern etwa auch in ozeanologischen, cetologischen und philosophischen Wissenschaftsdiskursen wiederfinden kann, vermag exemplarisch ein Aufsatz des niederländischen Philosophen Hub Zwart vor Augen zu führen, der *Moby-Dick* liest „as a literary document that purposes to tell us something about maritime nature, about the wide, unshored, oceanic expanses and its most eminent inhabitant, the whale – the great Sperm Whale to be exact" (H. Zwart, What is a whale? Moby-Dick, marine science and the sublime, in: D. Mieth [Hg.], Erzählen und Moral. Narrativität im Spannungsfeld von Ethik und Ästhetik, Tübingen 2000, 185–214; hier: 185).

[11] Vgl. dazu den Beitrag „*Auch Gott war Schneider!*" von Maike Schult in diesem Band.

[12] Vgl. Melville, Moby-Dick, 81–102. Für die dazugehörigen Anmerkungen vgl. Göske/Jendis, Anhang, 938–942.

2.1. Die Kirche *oder: Maritime Anthropologie*

In den Heimathäfen der Walfänger war es überlieferter Brauch, am letzten Sonntag vor dem Auslaufen eines Walfangschiffes einen speziellen Abschiedsgottesdienst zu besuchen.[13] Diesen Brauch hält Melville im 7. Kapitel literarisch fest, wenn er Ismael in Rücksicht darauf erzählen lässt: „Im selbigen New Bedford steht eine kleine Walfängerkirche, und nur wenige schwermütige Walfischjäger, die kurz vor dem Einschiffen nach dem Indischen oder dem Stillen Ozean stehen, versäumen es, diesem Orte einen Sonntagsbesuch abzustatten. Ich vergaß es ganz gewiß nicht."[14] Es scheint, als wäre sich auch Ismael der auf ihn zukommenden Herausforderungen bewusst und als riefen diese in ihm diffuse Ängste hervor. Walfangfahrten dauerten in der Regel mehrere Jahre. In diesen langen Zeiten weitab vom Festland und zugleich fernab der Zivilisation waren Arbeit und Leben der Seeleute schwankenden klimatischen Bedingungen und Wettererscheinungen unterworfen. Groß waren – und sind im Bereich der Seefahrt bis heute – zudem die Herausforderungen, die sich aus dem engen Zusammenleben der Seeleute ergaben. Mit einer Privatsphäre war nicht zu rechnen.

Und so erklären sich durch die Aussicht der Seeleute auf das enge Zusammenleben möglicherweise auch die folgenden Beobachtungen Ismaels: „Als ich die Kirche betrat, fand ich eine kleine, versprengte Versammlung von Seeleuten vor. Es herrschte eine gedämpfte Stille, die nur ab und zu vom Kreischen des Sturmes durchbrochen wurde. Jedes Mitglied der stummen Gemeinde schien absichtlich auf Abstand zu den anderen zu sitzen, als sei jeder stille Gram eine Insel und nicht mitteilbar. Der Geistliche war noch nicht eingetroffen, und da saßen nun diese stillschweigenden Inseln, Männer und Frauen, und blickten unverwandt auf mehrere schwarzumrandete Mar-

---

[13] Vgl. dazu R. Kverndal, Seamen's Missions. Their origin and early growth, Pasadena 1986, 229.
[14] Melville, Moby-Dick, 81.

mortafeln, die rechts und links von der Kanzel in die Wand eingelassen waren."[15] Die Insel erscheint hier als Metapher einer Existenzweise des Menschen, die wesentlich von der Einsamkeit geprägt ist. Indirekt symbolisiert das Bild der Insel aber auch die Art und Weise der Existenz von Seeleuten an Bord von Schiffen. Denn obwohl hier die Seeleute so eng miteinander leben und arbeiten, kann der Einzelne in eine Situation der Einsamkeit und Isolation geraten, vor allem dann, wenn es zu Konflikten kommt, bei denen die Kontrahenten sich nun gerade nicht für eine Zeit aus dem Weg gehen können. Die Folge ist der innere Rückzug, die Auswanderung in die Isolation.

Nun ist es nicht verwunderlich, sondern liegt vielmehr im inhaltlichen Gefälle dieser Reflexionen über das Dasein des Menschen, wenn Ismael anhand der „schwarzumrandete[n] Marmortafeln, die rechts und links von der Kanzel in die Wand eingelassen waren",[16] gedanklich zum Thema des Todes gelangt: „Ob Angehörige jener Seeleute, deren Namen dort standen, an diesem Tage unter der Gemeinde waren, wußte ich nicht; aber viele Unfälle beim Walfang werden nie bekannt, und etliche der anwesenden Frauen trugen die Spuren eines endlosen Grams, wenn nicht in Kleid und Zier, so doch im Antlitz – deshalb bin ich mir sicher, daß hier vor mir jene versammelt waren, denen der Anblick dieser trostlosen Tafeln die alten Wunden ihrer heillosen Herzen sympathetisch aufgerissen hatte, so daß sie aufs neue bluteten. O ihr, die ihr eure Toten unter grünem Gras begrabt! Die ihr zwischen Blumen stehen könnt und sagen: Hier, *hier* [sic!] liegt mein Geliebter – ihr kennt nicht die Verzweiflung, die in solcher Brust wohnt."[17] Zunächst tritt mit diesem Abschnitt die Tatsache in den Vordergrund, dass das Leben von Seeleuten stärker von tödlichen Gefahren bedroht wird als das der Fest-

---

[15] Melville, Moby-Dick, 81.
[16] Melville, Moby-Dick, 81.
[17] Melville, Moby-Dick, 83f.

landbewohner. Zugleich begegnen wir hier jedoch auch einem literarischen Reflex auf eine im maritimen Kontext häufig fehlende Sepulkralkultur. Zumindest der Besatzung ist es, wann immer ein Einzelner an Bord eines Schiffes durch die Folgen einer Krankheit stirbt, möglich, diesen rituell zu bestatten. Die Leitung einer solchen Feier fiel und fällt für diesen Fall in den Verantwortungs- und Aufgabenbereich des Kapitäns. Wann immer aber ein Schiff sinkt und die gesamte oder doch zumindest der größere Teil der Besatzung in den Fluten ertrinkt, haben weder die Besatzungsmitglieder noch die Angehörigen eine Zeit und einen Ort, an welchem sie ihrer Trauer Ausdruck verleihen können.

Wir fassen zusammen: Im Kapitel *Die Kirche* beschreibt Melville im Modus der Andeutung vornehmlich und auf subtile Weise wesentliche Merkmale maritimer Anthropologie: diffuse Ängste von Seeleuten vor dem Verlauf und dem ungewissen Ausgang ihrer Reise, ihre Einsamkeit im Bordalltag und die ihnen ständig drohende Gefahr des Todes.

2.2. Die Kanzel *oder: Maritime Sakralarchitektur und Liturgik*

Im 8. Kapitel erscheint der von den Gottesdienstbesuchern erwartete Geistliche in der Person des Father Mapple. Dieser begibt sich ohne größere Umwege direkt auf eine Kanzel, von der wir heute sagen würden, dass sie ein gelungenes Beispiel darstellt für eine Kontextualisierung sakraler Architektur im maritimen Kontext, wenn wir lesen: „Auch die Kanzel selbst zeigte Spuren ebendieser Liebe zur See [...]. Ihre getäfelte Vorderseite glich dem breiten Bug eines Schiffes, und die Heilige Schrift ruhte auf einer vorkragenden Krulle, welche dem geigenschneckenförmigen Schnabel eines Schiffes nachempfunden war."[18] Hinzu kommt noch, dass Mapple die Kanzel über eine Jakobsleiter erklimmt, „mit einer", wie Melville schreibt, „wahrhaft seemännischen und doch ehrerbietigen Gewandtheit Hand über Hand

---

[18] Melville, Moby-Dick, 88f.

die Sprossen hinan, so als entere er zum Großtopp seines Schiffes auf".[19] In Anlehnung an Jakobs Schau der Himmelsleiter, auf welcher er nach Gen 28,12 im Traum die Engel Gottes auf- und niedersteigen sieht, wird mit der Jakobsleiter eine Art Strickleiter bezeichnet, über welche die Seeleute damals in die kleineren Fangboote oder Beiboote eines Schiffes gelangen konnten und über welche heute vor allem Schiffslotsen während der Fahrt an und von Bord eines Schiffes gelangen.

Wo dem Leser nun liturgische Anweisungen aus Mapples Mund begegnen, gibt sich eine maritim kontextualisierte Liturgie zu erkennen, wie der folgende Auszug veranschaulicht: „Vater Mapple erhob sich und wies die verstreute Gemeinde mit sanfter, doch achtunggebietender Stimme an, näher zusammenzurücken. Heda, Steuerbord-Seitendeck! Aufschließen nach Backbord – Backbord-Seitendeck nach Steuerbord! Mitschiffs! Mitschiffs!"[20] Hier werden bestimmte Bordkommandos in den Bereich der Liturgie transferiert. Und da sich in diesen liturgischen Kommandos nun nicht gerade ein dezenter und wohltemperierter liturgischer Gestus ausdrückt, ist anzunehmen, dass ausnahmslos alle Besucher des Gottesdienstes diesen Kommandos Folge leisteten, zumindest lässt sich den Schilderungen nichts Anderes entnehmen.

Das Bild des Kirchenraums, welches im Kapitel *Die Kanzel* vor dem inneren Auge des Betrachters entsteht, ist ebenso wie Melvilles Beschreibung des liturgischen Geschehens wesentlich maritim konnotiert: Die Kirche ein Schiff, die Kanzel dessen Bug und der Geistliche ein seemännisch agierender Liturg.

---

[19] Melville, Moby-Dick, 87.
[20] Melville, Moby-Dick, 90.

2.3. Die Predigt *oder: Maritime Homiletik*

Im 9. Kapitel lässt Melville seinen Father Mapple eine Predigt über den Profeten Jona halten. Dieses alttestamentliche Buch des Profeten Jona ist seinem Gehalt nach bekanntermaßen selbst von maritimem Gepräge. Der Adaption der biblischen Stoffe möchte ich nicht im Einzelnen nachgehen, sondern an dieser Stelle nur allgemein darauf hinweisen, dass Melvilles *Moby-Dick* nicht nur in der nun zu betrachtenden Predigt, sondern über den ganzen Roman verstreut, unzählige Anspielungen auf biblische Geschichten oder Einzelverse enthält.[21] Im Weiteren möchte ich den in der Predigt begegnenden Eigenheiten formaler maritimer Homiletik nachgehen, indem ich das bekannte so genannte „homiletische Dreieck"[22] – bestehend aus Prediger, Hörer und Text – an den Inhalt des 9. Kapitels anlege.

Beginnen wir mit dem Prediger. Neben anderen Pfarrerbildern in der Literatur[23] begegnet uns auch in der Beschreibung von Father Mapple das äußerst anschauliche Bild eines Pfarrers, dessen Konturen Melville schon im Kapitel *Die Kanzel* zu zeichnen beginnt: „Es war der berühmte Vater Mapple, wie ihn die Walfänger hießen, bei denen er in höchstem Ansehen stand. In seiner Jugend war er Seemann und Harpunier gewesen, hatte aber seit etlichen Jahren sein Leben dem geistlichen Amte geweiht [...]. Niemand, der Vater Mapples Geschichte bereits vernommen, konnte ihn bei der ersten Begegnung ohne ein lebhaftes Interesse betrachten, zeigte er doch auch als Geistlicher gewisse tiefsitzende Eigenheiten, die sich seinem abenteuerlichen Seefahrerleben verdankten. Als er die Kirche betrat, fiel mir auf, daß er keinen Schirm bei sich hatte und gewiß nicht in seiner Kutsche gekommen

---

[21] Vgl. hierzu etwa D. Göske, Die Heilige Schrift und die Schriftstellerei in Amerika: Der Fall Melville, in: T. Kleffmann (Hg.), Das Buch der Bücher. Seine Wirkungsgeschichte in der Literatur, Göttingen 2004, 117–133, besonders 122–128.
[22] Vgl. zur Sache bspw. E. Lange, Zur Aufgabe christlicher Rede, in: Ders., Predigen als Beruf, hg. v. R. Schloz, Stuttgart 1976, 52–67.
[23] Vgl. dazu den Beitrag von Katja Kretschmar in diesem Band.

war, denn von seinem Südwester troffen die schmelzenden Schloßen, und das Gewicht der langen Lotsenjacke schien ihn fast zu Boden zu ziehen, so vollgesogen war sie."[24] Nicht nur, dass Mapple eine Lotsenjacke trägt; in der Predigt wird Mapple sich zudem selbst bezeichnen als „Lotsen des lebendigen Gottes"[25] und auch von Jona als „gesalbte[m] Lotsenprophet"[26] oder dem „große[n] Lotse[n] Paulus"[27] sprechen.

Fahren wir fort mit den Hörern der Predigt: „Wie freudig würd ich nun von diesem Masttop abentern und dort auf den Luken sitzen, wo ihr sitzt, und zuhören, wie ihr zuhört, derweil einer von euch mir jene andre und furchtbarere Lektion vorliest, welche Jona mich als einen Lotsen des lebendigen Gottes lehrt",[28] redet Mapple seine Hörerinnen und Hörer an. Mapple vergleicht sie mit Seeleuten, die unterhalb des Mastes auf dem Schiffsdeck sitzen und seiner Predigt Gehör schenken. Ganz im Gefälle dieses Vergleichs liegt daher auch die Bezeichnung, mit welcher Mapple seine Hörer anspricht: „Geliebtes Schiffsvolk, lasset uns den letzten Vers im ersten Kapitel des Buches Jona dichtholen – Aber der Herr verschaffte einen großen Fisch, Jona zu verschlingen."[29] Alternativ zur Bezeichnung „geliebtes Schiffsvolk" gebraucht Mapple häufig den Ausdruck „Bordkameraden" beziehungsweise „Kameraden". Mit dem Pastor als Lotsen und den Hörern der Predigt als Bordkameraden schält sich hier langsam, aber sicher eine maritime Version der Lehre vom Priestertum aller Gläubigen heraus: Der Lotse

---

[24] Melville, Moby-Dick, 86.
[25] Melville, Moby-Dick, 92.
[26] Melville, Moby-Dick, 100.
[27] Melville, Moby-Dick, 101.
[28] Melville, Moby-Dick, 100.
[29] Melville, Moby-Dick, 91. Der Predigtvers, welcher der Predigt hier zugrunde liegt, ist nach der Verszählung der Lutherbibel von 1984 nicht der letzte Vers des ersten Kapitels, sondern Jona 2,1: „Aber der Herr ließ einen großen Fisch kommen, Jona zu verschlingen. Und Jona war im Leibe des Fisches drei Tage und drei Nächte."

als für die Leitung des Schiffsbetriebes vorgesehener Seemann und die Bordkameraden als ebenbürtige Seeleute.

Kommen wir nun zum dritten Bestandteil des homiletischen Dreiecks, dem biblischen Text, und nehmen wir wahr, welche Transformation sein Verständnis im Blick auf den maritimen Kontext durchläuft: „Bordkameraden, dieses Buch, das nur vier Kapitel enthält – nur vier Garne –, ist einer der kürzesten Stränge in der mächtigen Ankertrosse der Heiligen Schrift. Und doch, welche Tiefen der Seele lotet Jonas Senkblei aus!"[30] Das maritime Schriftverständnis, welches hier zum Ausdruck kommt, sieht in der Heiligen Schrift eine mächtige Ankertrosse. Wie kann dieser Vergleich interpretiert werden? Etwa so, dass die Bibel – weiter im Bild gesprochen – als Bindeglied fungiert zwischen der göttlichen Offenbarung auf der einen und der menschlichen Erkenntnis auf der anderen Seite? Für diesen Fall glichen der Prediger und die Hörer, mithin die ganze Gemeinde, einer Schiffsbesatzung, die ihren Anker in Gott selbst fallen lässt. Auf jeden Fall wären hier eine ganze Reihe weiterer allegorischer Interpretationen denkbar. Und so möchte ich noch einen kurzen Blick auf die Art und Weise des exegetischen Umgangs mit der Bibel werfen. Das hier gemeinte Bild deutete sich bereits an in der oben zitierten Anrede: „Geliebtes Schiffsvolk, lasset uns den letzten Vers im ersten Kapitel des Buches Jona dichtholen."[31] Einen Vers dichtholen – was bedeutet das nun wieder? Es sind die Segel, die man dichtholen muss, wenn man den Winkel zwischen Schiff und Segel verkleinern will. Im Gegensatz dazu fiert man ein Segel, wenn man besagten Winkel vergrößern möchte. Gesprochen nun im Blick auf die in der Predigt begegnende Übertragung dieses Sachverhalts: Holt man einen Bibelvers dicht, dann verkleinert sich der Abstand zwischen dem Vers und seinem Betrach-

---

[30] Melville, Moby-Dick, 91.
[31] Melville, Moby-Dick, 91.

ter. Eine eingehendere exegetische Behandlung des Verses wird also nur dadurch möglich, dass man ihn sich genau vor Augen führt.

Melville kannte das homiletische Dreieck nicht, das ich gerade an das Kapitel *Die Predigt* angelegt habe, und hat hier indirekt doch dessen wesentliche formale Bestandteile – zumal in maritimer Perspektive – beschrieben: einen maritimen Prediger, einen ebensolchen Hörer und eine maritime Umgangsweise mit dem Gegenstand der Heiligen Schrift.

3. Von Melvilles Moby-Dick *zu einer maritimen Theologie der Gegenwart*

Nach den theologischen Erkundungsgängen durch einige ausgewählte Kapitel treten wir nun die Rückreise an, viele unter uns vielleicht mit anhaltender Verwunderung ob der gewonnenen Lektüreeindrücke. Letztere seien im Blick auf das Weitere noch einmal festgehalten: Die oben formulierte erkenntnisleitende Fragestellung, nämlich welche Transformationen im Rahmen der fiktionalen Darstellung Herman Melvilles bestimmte Elemente christlicher Theologie und Kirche im maritimen Kontext erfahren, führte unmittelbar hinein in die Begegnung zweier Wortwelten; auf der einen Seite die Wortwelt Melvillescher Fiktion aus der Mitte des 19. Jahrhunderts, auf der anderen Seite die Wortwelt theologischer Wissenschaft zu Beginn des 21. Jahrhunderts. Die theologische Erkundung der literarischen Stoffe förderte zutage, dass klassische Bestandteile christlicher Theologie und kirchlicher Praxis – in unserem Fall waren es die theologische Anthropologie, christliche Sakralarchitektur, Liturgik und Homiletik – bei Melville eine spezifisch maritime Ausformung erfahren. Christliche Theologie erscheint hier auf eine solche Weise im maritimen Gewand, dass man geradezu von einer *maritimen Theologie*[32] sprechen kann, einer Theologie zur See sozusagen, die Melvilles fiktionaler Darstellung inhärent ist.

3.1. Historische Hintergründe der Kapitel 7 bis 9

Spätestens jetzt könnte jedoch der Einwand erhoben werden, einer der größten Romane der Weltliteratur werde hier theologisch vereinnahmt. Folglich ist zu fragen, ob eine Analyse im obigen Stil denn überhaupt sachgemäß ist, ob man überhaupt von einer wie auch immer gearteten maritimen Theologie sprechen kann. Mit anderen Worten: Finden sich im zeitlichen Umfeld der Entstehung von *Moby-Dick* überhaupt solche realen Entsprechungen für die fiktionale Darstellung, die den Schluss zulassen, Herman Melville beschreibe in seinem Roman tatsächlich spezifische Ausformungen des Christlichen, die er auch im maritimen Kontext seiner Zeit vorfinden konnte? Werfen wir zur Beantwortung dieser Frage einen Blick auf die historischen Hintergründe des 7. bis 9. Kapitels von *Moby-Dick*. Auf der Suche nach historischen Anhaltspunkten gerät dabei zunächst noch einmal die Figur des Father Mapple in den Blick. Wie Daniel Göske vermutet, könnten für diesen Prediger zwei reale Vorbilder Pate gestanden haben: „Father Mapple ist vielleicht ein Amalgam aus zwei damals bekannten Predigern: dem Reverend Enoch Mudge (1776–1850) [...] und Edward Taylor (1793–1871) aus Boston, dessen seemännisch würzige Predigten auch bekannte Autoren wie Ralph Waldo Emerson und sogar Touristen aus Übersee wie Charles Dickens lobten. Melvilles spätere Tagebücher und Briefe zeigen, daß er trotz aller religiöser Zweifel gute Prediger zu schätzen wußte."[33] Wenn nun auch nicht zweifelsfrei nachweisbar ist, dass eben diese Prediger – Enoch Mudge und Edward Taylor – Melville als reale Vorlagen für Father Mapple dienten, so

---

[32] Eine Theologie, welche die Untersuchung des Zusammenhangs zwischen dem maritimen Kontext auf der einen und der christlichen Religion auf der anderen Seite zum Gegenstand hat, kann allgemein als maritime Theologie bezeichnet werden.
[33] Göske/Jendis, Anhang, 940.

steht doch fest, dass Melville im Jahre 1841 zumindest Enoch Mudge selbst hatte predigen hören.[34] Der Prediger an der Walfängerkirche von New Bedford könnte Melville somit als reales Vorbild bei der Entstehung des Kapitels *Die Kirche* gedient haben. Sollte dies der Fall sein, sind die gesuchten realen Anhaltspunkte in der Person des Enoch Mudge und in dessen historischem Umfeld zu vermuten.

Enoch Mudge leitete von 1832 bis 1844 die „New Bedford Port Society for the Moral Improvement of Seamen",[35] eine christliche Vereinigung, deren Entstehung im Zusammenhang des Aufkommens maritimer Mission in den Vereinigten Staaten von Amerika[36] seit 1812 zu sehen ist. Die Prediger derjenigen Vereine für Seemannsmission, welche um die Mitte des 19. Jahrhunderts in Nordamerika tätig waren, trachteten vor allem danach, Seeleuten das Evangelium so zu verkündigen, dass es ihnen in ihrem maritimen Arbeits- und Lebenskontext verständlich war. Dieses Ziel verfolgten sie aber zugleich so, dass sie den in ihren Breiten und zu ihren Zeiten üblichen theologischen Gepflogenheiten Ausdruck verschafften. Zentrale Bestandteile der Predigt waren daher vor allem die Sorge um das Seelenheil der Seeleute und, wie es schon der Name der christlichen Vereinigung in New Bedford andeutet, die Sorge um ihre moralische Besserung. Ein im Blick auf derlei Predigteigenheiten prominentes Beispiel begegnet, nun etwas später und andernorts, in der Predigt von Charles Haddon Spurgeon (1834–1892), dessen Predigt über Psalm 65,6 mit dem Titel *Gott und die Seeleute*[37] sich – und darin darf sie als paradigmatisch angesehen werden – durch eine maritime Applikation biblischer Überlieferungsgehalte und eine maritim kolorierte

---

[34] Vgl. Göske/Jendis, Anhang, 940.
[35] Vgl. Kverndal, Seamen's Missions, 499.
[36] Vgl. dazu insgesamt Kverndal, Seamen's Missions, 407–536.
[37] Vgl. C.H. Spurgeon, Gott und die Seeleute, in: Blätter für Seemanns-Mission 3 (1894), 21–27; 41–49.

Sprache auszeichnet, insgesamt nicht unähnlich der Predigtsprache, wie sie Father Mapple in Melvilles Roman verwendet. Schon diese wenigen historischen Hinweise verdeutlichen, dass Melville das Bild des Predigers Mapple nicht allein fiktional konstruiert haben dürfte, sondern dass er für die Personen- wie Ortsbeschreibungen reale Vorbilder und Vorlagen an der Ostküste Nordamerikas finden konnte. In diesem Sinne hätte sich der oben gewählte theologische Zugang zur Wortwelt Herman Melvilles als sachgemäßer Umgang mit der uns beschäftigenden Quelle *Moby-Dick* erwiesen. Nach diesen historischen Erörterungen auf der Rückreise, nun wieder einlaufend in unseren Heimathafen Kiel, stellt sich im Anschluss an die Begegnung mit Melvilles *Moby-Dick* die Frage, ob über eine rein historische auch eine zeitaktuelle Form maritimer Theologie möglich ist. Anders gefragt: Ist eine maritime Theologie nicht nur – wie am Beispiel von *Moby-Dick* demonstriert – literaturhistorisch möglich, sondern auch in Bezug auf den Zusammenhang gegenwärtiger theologischer Arbeit denkbar?

3.2. Auf dem Weg zu einer maritimen Theologie der Gegenwart

Ein kurzer Seitenblick auf einige Nachbardisziplinen gegenwärtiger Theologie macht deutlich, dass sowohl die Psychologie[38] als auch die Soziologie[39] und die Kulturwissenschaften[40] den maritimen Raum bereits betreten haben. Auffällig ist, dass die Annäherung in allen Fällen über das Gebiet der Seeschifffahrt, genauer über den Berufsstand der Seeleute, erfolgt. Auf diese Weise ist vor allem die sozialwissenschaftliche Spezialdisziplin der maritimen Soziologie entstanden. Zieht man in Betracht, dass ähnlich gelagerte Bestrebungen in der Evangelischen Theologie bislang zu fehlen scheinen,

---

[38] Vgl. H. Gottschalch/M. Stadler, Seefahrtspsychologie, Bremerhaven 1990.
[39] Vgl. H. Gerstenberger/U. Welke, Arbeit auf See. Zur Ökonomie und Ethnologie der Globalisierung, Münster ²2008.
[40] Vgl. T. Heimerdinger, Der Seemann. Ein Berufsstand und seine kulturelle Inszenierung (1844–2003), Köln/Weimar 2005.

legt sich die Vermutung nahe, dass es für die Theologie nun in unbekannte Gewässer vorzudringen gilt, die bisher kaum oder nur unzureichend auf der theologischen Seekarte verzeichnet sind.

Durch die *Moby-Dick*-Lektüre und die Rückfrage nach den historischen Hintergründen der fiktionalen Darstellung sind wir von Melville gleichsam auf die Aufbauphase der modernen maritimen Missionsbewegung aufmerksam gemacht worden. Verfolgt man nun die weitere historische Entwicklung dieser Bewegung, lässt sich beobachten, dass der Aufbau maritimer Mission zu Beginn des 19. Jahrhunderts eine von England ausgehende Ausdehnung auf Kontinentaleuropa erfährt. Ab dem Jahr 1779 hatten sich auf den Britischen Inseln, ab 1812 auch in den Vereinigten Staaten von Amerika spezielle Bibelgesellschaften und andere maritime Vereinigungen formiert, die sich ebenfalls die Sorge um das geistliche Wohl von Seeleuten zur Aufgabe gemacht hatten.[41] In Deutschland waren es schließlich Agenten der 1804 gegründeten „British and Foreign Bible Society", die im Jahre 1814 die Gründung der „Hamburg-Altonaischen Bibelgesellschaft" anregten. Wie Erstere kümmerte sich auch Letztere schon kurz nach ihrer Entstehung um Seeleute, die im Hamburger Hafen verkehrten. Diesem historischen Bindeglied zwischen der zuerst auf den Plan tretenden englischen und der sich später in Deutschland entwickelnden Seemannsmissionsbewegung ist, soweit ich sehe, bislang nicht genügend Beachtung geschenkt worden.[42] Denn in der Regel wird der Beginn deutscher Seemannsmission auf den 29. September 1886 datiert, den Tag der institutionellen Gründung der Deutschen Seemannsmission.[43] Als wesentlicher Impulsgeber auf dem Weg zur Entste-

---

[41] Vgl. dazu insgesamt Kverndal, Seamen's Missions, 71–404.
[42] Der Nachweis und die Beschreibung der angesprochenen historischen Verbindung ist einer von mehreren Gegenständen einer Studie des Autors zum Leitbild der Deutschen Seemannsmission, die als angestrebte Dissertation gegenwärtig im Entstehen begriffen ist.
[43] Zur Geschichte der Deutschen Seemannsmission vgl. R. Freese, Geschichte der Deutschen Seemannsmission, Bielefeld 1991.

hung der Deutschen Seemannsmission wird Johann Hinrich Wichern angeführt, der um die Mitte des 19. Jahrhunderts, ebenfalls in Hamburg, die geistliche und soziale Not der Seeleute erkannte und fortan im Sinne der Inneren Mission wiederholt dazu aufrief, eine entsprechende Fürsorge auch institutionell zu verankern. Dieser Hinweis auf Johann Hinrich Wichern und die Innere Mission ist sachlich vollkommen richtig, gibt sich zugleich aber insofern als unzureichend zu erkennen, als er nur einen Teil des historischen Wurzelgrunds sichtbar werden lässt. Denn die eingehendere Beleuchtung der Entstehungsgeschichte deutscher maritimer Mission zeigt, dass historisch gesehen derjenige Teil der weltweiten maritimen Missionsbewegung, der auch bei Herman Melville im Hintergrund aufleuchtet, mindestens ebenso stark auf die Entstehung deutscher Seemannsmission eingewirkt hat wie ab Mitte des 19. Jahrhunders das Wirken Johann Hinrich Wicherns. Für den weiteren Verlauf der Geschichte der Deutschen Seemannsmission waren mehrere Niedergänge und Neuaufbrüche kennzeichnend, herbeigeführt insbesondere durch die Auswirkungen der beiden Weltkriege. Heute ist die Deutsche Seemannsmission weltweit in 33 Häfen präsent. Auch die Nordelbische Kirche hat sich stets der eigenen und der heute aus allen Teilen der Welt stammenden Seeleute in großer Verantwortung angenommen,[44] so auch seit 1898 in unserem Heimathafen Kiel.[45] Seit ihrer Entstehung ist die Seemannsmission bis heute erkennbar Trägerin einer maritimen Theologie. So geht es nach dem Leitbild der Deutschen Seemannsmission aus dem Jahr 2003[46] im Hinblick auf den maritimen Kontext zum einen darum, die Ar-

---

[44] Vgl. O. Paul, Die Kirche und ihre Seeleute. Eine Geschichte der Seemannsmission, in: J. Motschmann (Hg.), Kirche zwischen den Meeren. Beiträge zu Geschichte und Gestalt der Nordelbischen Kirche, Heide 1981, 133–149.

[45] Vgl. Deutsche Seemannsmission Kiel e.V. (Hg.), 100 Jahre Kieler Seemannsmission 1898–1998, Kiel ²2004.

[46] Vgl. Deutsche Seemannsmission e.V. (Hg.), Leitbild, Bremen 2003.

Theologie zur See

beits- und Lebensbedingungen von Seeleuten wahrzunehmen,[47] zum anderen darum, vor einem christlichen Hintergrund praktisch auf die kontextuellen Gegebenheiten zu reagieren.[48]

In der gegenwärtigen kirchlichen Landschaft begegnet mit dem Phänomen der Seemannsmission also ein christliches Engagement, das in seiner Verfasstheit – wie schon zu Melvilles Zeiten – sowohl von maritimem als auch christlichem Gepräge ist und daher von der wissenschaftlichen Theologie aufgegriffen werden kann und muss. Dabei erweist sich die maritime Missionsbewegung als Trägerin einer maritimen Theologie in dem Sinne, dass es ihr insbesondere um den maritimen Lebens- und Arbeitskontext von Seeleuten zu tun ist. In einem weiteren Sinne wäre maritime Theologie zudem aber auch als Wahrnehmungswissenschaft des gesamten maritimen Christentums in Geschichte und Gegenwart zu begreifen, eine Wissenschaft also, die dem Phänomen des Maritimen in der biblischen Überlieferung, in der Geschichte der christlichen Kirchen und in den gegenwärtigen Erscheinungsformen des Christlichen, mithin im Gesamtzusammenhang christlicher Theologie nachspürt. Welche Schätze in einem derartigen Wahrnehmungsprozess noch gehoben und untersucht werden können, möge abschließend ein in meinen Augen herausragendes und in seiner Substanz für sich selbst sprechendes Beispiel für die Verflochtenheit von christlicher Religion auf der einen und maritimem Kontext auf der anderen Seite veranschaulichen. In ihrer sprachlichen Eigenheit erinnert diese maritime Version des 23. Psalms von unbekannter Hand dabei zugleich noch einmal an Melvilles Father Mapple: „Der Herr ist mein Lotse. Ich werde nicht stranden. Er leitet mich auf dunkeln Wassern und führt mich auf der Fahrt meines Lebens. Er gibt

---

[47] Vgl. Deutsche Seemannsmission, Leitbild, 1: „Seemannsmission beginnt mit der Entdeckung, dass Menschen an Bord von Schiffen leben und arbeiten."
[48] Vgl. Deutsche Seemannsmission, Leitbild, 1: „Die Unterstützung der gottgegebenen Würde der Seeleute – sup*port* [sic!] of seafarers' dignity – ist Leitbild und Herausforderung der Deutschen Seemannsmission. Für die Würde der Seeleute treten wir ein."

mir neue Kraft und hält mich auf rechten Kurs um seines Namens willen. Und geht es durch Unwetter und hohe See, fürchte ich mich nicht, denn du bist bei mir, deine Liebe und Treue sind mir Schutz. Du bereitest mir einen Hafen am Ende der Zeit. Du beschwichtigst die Wellen mit Öl und läßt mich sicher segeln. Die Lichter deiner Güte und Freundlichkeit werden mich begleiten auf der Reise des Lebens, und ich werde Ruhe finden in deinem Hafen immerdar."[49]

---

[49] Unbekannter Verfasser, Psalm 23 (Seemannsfassung). http://www.seemannsmission.org/index_predigten.htm (02.05.2010).

CHRISTINE WEIDE

„Da entschlief die schöne Magelone im Schoße des Peter."
Was man in der Reformationszeit las

1. Einleitung

Da entschlief die schöne Magelone im Schoße des Peter – so ist das Kapitel überschrieben, das den Handlungshöhepunkt der Erzählung bildet. Es ist der Wendepunkt in der Geschichte: Die lang ersehnte Zweisamkeit der beiden Liebenden ist nun endlich Wirklichkeit geworden, soll aber nicht von langer Dauer sein.

Von der Handlung und ihrem Höhepunkt, der mit diesem Satz eingeleitet wird, soll später noch die Rede sein. Mein Forschungsgebiet ist die Reformationszeit, genauer gesagt Georg Spalatin (1484–1545), der frühere Erzieher am Hofe des Kurfürsten von Sachsen und spätere Geheimsekretär und Vertraute Friedrichs des Weisen und Freund Luthers. Er war mit den Belangen der Universität Wittenberg und vor allem auch mit der Ausstattung und Verwaltung der Universitätsbibliothek betraut. Sie sollte ein Aushängeschild sein für die damals noch junge Universität. Spalatin unterstützte als „Universitätsminister" die bibliophilen Neigungen des Kurfürsten, und auch Johann Friedrich, der spätere Kurfürst, ließ sowohl für die Universitäts- als auch für seine Privatbibliothek Bücher beschaffen. Viele Briefe aus der Reformationszeit zeugen von diesen Bücherbesorgungen. Normalerweise stellt man sich unter diesen Bücherbesorgungen, vor allem bezogen auf die Bestände der Universitätsbibliothek, Fachliteratur vor. Zum Beispiel philosophische und theologische Werke, Aristoteles, Thomas von Aquin, Petrus Lombardus, Kirchenväter, aber auch zeitgenössische Abhandlungen wie die der Reformatoren oder Humanisten, Luther, Melanchthon oder Erasmus. Aber man kann ja mal die Frage stellen, ob auch darüber hinaus etwas gelesen wurde, zumal gerade die Kurfürsten, wenn sie doch die reformatorischen Entwicklungen unterstützten und sich auch für die Durchführung der Reformation in ihren Gebieten einsetzten, sich nicht unbedingt selbständig mit wissenschaftlicher Literatur beschäftigt haben.

Kurfürst Johann Friedrich war schon von Jugend an gehalten worden, sich in der französischen Sprache zu üben, denn während der politischen und religiösen Händel der Reformationsjahre erwachte am kursächsischen Hof ein gewisses Interesse an der französischen Sprache und an der französischen Literatur.[1] Zu diesem Zwecke wurde Veit Warbeck als Lehrer Johann Friedrichs beauftragt, mit ihm nur auf Französisch zu korrespondieren. Diese Maßgabe scheint gute Früchte getragen zu haben, denn einer zeitgenössischen Auflistung der Bestände der Privatbibliothek, heute zu finden im Thüringischen Hauptstaatsarchiv in Weimar,[2] ist zu entnehmen, dass Johann Friedrich unter den 426 verzeichneten Bänden 67 französische besaß.[3] Darunter die beliebten Romane des 15. und 16. Jahrhunderts *Tristan*, *Melusine*, *Pontus*, *Artus*, *Merlin*. Diese Neigung der Kurfürsten und vor allem Johann Friedrichs, Bücher anzuschaffen und auch unterhaltende Erzählprosa zu lesen, ist eine wichtige Information, wenn man versucht zu erfahren, was man in der Reformationszeit las.

Als ich den Briefwechsel zwischen Spalatin und seinem Kollegen und engen Freund Veit Warbeck untersuchte, stolperte ich über einen Hinweis in einer Fußnote. Es ging dabei um den Nachweis, dass sich eine ganze Reihe von Briefen Spalatins an Warbeck in der Forschungsbibliothek Gotha auf Schloss Friedenstein befinden[4] ebenso wie das handschriftliche Original der

---

[1] Vgl. Die schöne Magelone. Aus dem Französischen übersetzt von Veit Warbeck 1527. Nach der Originalhandschrift hg. v. Johannes Bolte (Bibliothek älterer deutscher Übersetzungen, Bd. 1), Weimar 1894, 36.
[2] ThHStA Weimar, Reg D 97, Nr. 16aa.
[3] Vgl. Die schöne Magelone, 37.
[4] UFB Gotha, Chart. B 26.

deutschen Version Warbecks von der schönen Magelone.[5] Dieser Hinweis war es wert, ihm nachzugehen, und die Recherchen ergaben dann noch, dass Spalatin für den ersten Druck dieser Erzählung eine Widmungsrede für die adelige Elisabeth von Einsiedel beigesteuert hat. Vor diesem Hintergrund kann man nun schauen, was Warbeck und auch Spalatin mit diesem Werk zu tun haben, das als eine typische Erzählung der deutschen Volksbücher gilt, deren Vorlage aber ohne Zweifel in die oben genannte Reihe beliebter französischer Romane gehört.

Im Folgenden soll nun der Inhalt der Erzählung wiedergegeben werden. Danach wird die Entstehung der Motive der Erzählung nachvollzogen und die Verbreitung, die die Erzählung im deutschsprachigen Raum und darüber hinaus fand, und deren Wirkung dargestellt.

Abschließend werde ich versuchen, exemplarisch an der Erzählung der schönen Magelone nachzuvollziehen, wie während der Reformation solche Erzählliteratur, die später unter der Gattung der Volksbücher zusammengefasst werden sollte, unter reformatorischen Gesichtspunkten aufgegriffen und aufgearbeitet wurde, bevor sie einer breiteren Masse zugänglich gemacht wurde.

2. Ein fast lustige und kurtzweylige Histori

Wenn ich nun den Inhalt der Erzählung wiedergebe, dann orientiere ich mich an dem der Faksimileausgabe der zweiten Auflage von 1537 angeschlossenen Nachwort von Renate Noll-Wiemann und in den Zitaten aus dem Text an der leicht modernisierten Version des Warbeck-Textes durch den Literaturwissenschaftler Karl Otto Conrady.

Überschrieben ist die Erzählung von der schönen Magelone mit: *Ein fast lustige vnd kurtzweylige Histori vonn der schoenen Magelona eins künigs*

---

[5] UFB Gotha, Chart. B 437.

tochter von Neaples vnd einem ritter genannt Peter mit den silberin schlüsseln eins graffen son aus Prouincia.

Die Erzählung „setzt ein mit der Vorstellung des Grafen und seiner Gemahlin; sie haben einen Sohn Peter, der ein Muster aller ritterlichen Tugenden ist und sich die ungeteilte Liebe und Achtung nicht nur das Adels, sondern auch des ganzen Landes erworben hat. Der Ruf von dem Liebreiz der schönen Magelone von Neapel bestärkt den jungen Peter in seinem Entschluß sich auf Reisen zu begeben und sich auch an fremden Höfen zu bewähren."[6] Die Eltern halten nichts von seinem Plan und sehen auch nicht die Notwendigkeit. Die Mutter wendet ein: „Liebster Sohn, es ist dir nicht vonnöten, die Welt zu suchen. Denn diejenigen, so die Welt suchen, tun es, dadurch Geld und Reichtum und der Herren und Fürsten Gnad zu erlangen. Du hast aber, Gott sei gelobt, von Reichtum und Ehren in Waffen und Ritterschaft, Adel, Freundlichkeit und Schönheit so viel, als kein Fürst dieser Welt; du hast auch einen guten Ruf überall durch deine Tapferkeit erlangt."[7]

Doch Peter lässt sich durch die Einwände seiner Eltern nicht beirren. Er bittet nochmals um die Erlaubnis: „Damit werdet ihr mir einen großen Gefallen tun. Denn ein junger Mensch kann nichts Besseres tun, denn sich üben und die Welt durchsuchen."[8]

Die Eltern haben der Beharrlichkeit ihres einzigen Sohnes nichts entgegenzusetzen, und so willigen sie ein, doch der Vater mahnt: „Liebster Sohn, dieweil du also einen großen Willen hast, die Welt zu sehen, so geben deine Frau Mutter und ich dir eine gnädige Erlaubnis. Doch gedenke, daß du nichts

---

[6] Vgl. R. Noll-Wiemann, Nachwort, in: L.E. Schmitt/R. Noll-Wiemann (Hg.), Magelone: Die schön Magelona. Ein fast lustige und kurtzweylige Histori vonn der schönen Magelona (Deutsche Volksbücher in Faksimiledrucken, Reihe A, Bd. 6), Hildesheim u.a. 1975, 11.
[7] K.O. Conrady, Deutsche Volksbücher, Hamburg 1968, 10.
[8] Conrady, Deutsche Volksbücher, 10f.

Übles tuest, das dem Adel entgegen sei. Hab Gott den Allmächtigen lieb vor allen Dingen; [...] und komme, so früh es dir möglich, wieder her."[9]

Seine Reise führt ihn sehr schnell nach Neapel. Auf den Turnieren, bei denen er als unbekannter Ritter mit Ausrüstung und zwei silbernen Schlüsseln auf seinem Helm auftritt, erringt er nicht nur hohe Preise, sondern auch die Aufmerksamkeit und das Interesse des Hofes. Auf einer ihm zu Ehren gegebenen Mahlzeit im königlichen Palast lernt Peter die Prinzessin Magelone kennen. Beide werden sofort von einer tiefen Liebe zueinander ergriffen. Magelone vertraut sich ihrer Amme an und möchte über sie seinen Namen und seine Herkunft erfahren.[10]

Nach anfänglichen Bedenken erklärt sich die Amme bereit. Sie fängt den fremden Ritter in der Kirche ab und trägt ihm ihr Anliegen vor. Peter verrät sein Geheimnis zwar nicht, aber er gibt ihr einen von seiner Mutter geschenkten Ring für Magelone, damit diese weiß, dass er aus großem geadelten Geschlecht stamme.[11]

Magelone fühlt durch dieses kostbare Schmuckstück seine Liebe zu ihr bestätigt, und ihr Entschluss steht fest: Keinen anderen kann sie lieben. Die Amme dient als Übermittlerin der Botschaften zwischen den Liebenden, auch ein zweiter Ring kann so der Magelone überreicht werden. Der Amme kommt außerdem die Aufgabe zu, als vorsichtige Mahnerin vor überstürzten Handlungen zu warnen.[12] Sie ist besorgt und weist auf den hohen Stand der Königstochter hin, die sich nicht einem Unbekannten hingeben darf. Doch die schöne Magelone ist sich sicher: „Bei einem so züchtigen und adeligen Wesen kann er gar nicht von niederem Stand sein, das zeigt seine Tugend und deshalb will er auch seinen Namen nicht nennen."[13]

---

[9] Conrady, Deutsche Volksbücher, 11.
[10] Vgl. Noll-Wiemann, Nachwort, 11f.
[11] Vgl. Noll-Wiemann, Nachwort, 12.
[12] Vgl. Noll-Wiemann, Nachwort, 12.
[13] Conrady, Deutsche Volksbücher, 17.

Eine durch die Amme arrangierte Zusammenkunft zwischen Peter und Magelone führt zum gegenseitigen Bekenntnis ihrer Liebe und dem Versprechen, einander immer treu zu bleiben, was sie mit einem Ring und einer Kette besiegeln. In diesem Gespräch enthüllt Peter auch seinen Namen und seine Herkunft.[14]

Und die Königstochter fühlt sich in ihrer Ahnung bestätigt: „Mein edler Bruder und Herr, ich danke Gott [...], daß er uns verliehen hat einen solchen glückseligen Tag. Denn ich schätze mich die Glückseligste dieser Welt, daß ich gefunden hab einen so adligen Menschen eines solchen hohen und großen Geschlechtes, desgleichen nicht gefunden wird auf Erden an Tapferkeit, Zucht, Schöne und Weisheit. Dieweil dann dem also ist, daß wir zwei Liebende einander von Herzen geneigt sind und ihr, mein edelster Herr, um meinetwegen hierher in dieses Land kommen seid [...], [d]arum, edler Ritter und Herr, geziemt es sich nicht, daß eure Müh verloren sei, die ihr also getreulich aufgewendet habt; und dieweil ihr mir euer Herz und Gemüte entdeckt habt, ist es billig, ich tue dem auch also. [...] Und setze euch ein als Meister und Herren meines Herzens und bitt, ihr wollt solches heimlich und verborgen halten, bis zu der Zeit unsers Verlöbnisses. Und seid sicher meinsteils, daß ich lieber will den Tod bald leiden, denn mich und mein Herz einem andern bewilligen."[15]

Auf Anraten der Amme halten beide ihre Liebe geheim. Als zu Ehren eines neuen Bewerbers um Magelones Gunst ein großes Turnier veranstaltet wird, erringt der Ritter mit den silbernen Schlüsseln trotz schwieriger Gegner den ersten Preis, und er wird vom König öffentlich geehrt. Trotzdem gibt er sich nicht zu erkennen und bittet auch nicht um die Hand Magelones. Dagegen planen beide, heimlich das Königreich zu verlassen und in die Provence zu flüchten, denn Magelone fürchtet, dass ihr Vater sie bald mit einem

---

[14] Vgl. Noll-Wiemann, Nachwort, 12f.
[15] Conrady, Deutsche Volksbücher, 25f.

fremden Bewerber verheiraten wird. Außerdem möchte Peter seine Eltern nicht durch eine zu lange Abwesenheit beunruhigen. Der Plan gelingt, und trotz intensiver und verzweifelter Suche bleiben die Nachforschungen durch den König von Neapel erfolglos.[16]

Vollkommen übernächtigt von der Flucht legt die schöne Magelone ihr Haupt in des Peters Schoß und schläft ein. Während seine Allerliebste auf seinen Schoß gebettet schläft, kann sich Peter an ihrer Schönheit kaum satt sehen. Und so heißt es: „Da konnte er sich nicht enthalten und schnürte ihre Brust auf, zu besichtigen die schneeweißen Brüstlein, die weißer waren denn ein Kristall. Als er solches tat, ward er von Liebe ganz entzündet und deuchte ihn, er wäre im Himmel."[17] Er entdeckt ein kleines Päckchen mit den drei Ringen, das seine Liebste versteckt an ihrem Herzen trägt, und legt es beiseite. Während er weiter verzückt die schöne Magelone betrachtet, raubt aber ein Vogel die Schmuckstücke.

In seiner Verzweiflung folgt Peter dem Vogel und versucht, ihm die Ringe wieder abzugewinnen. Schließlich wirft dieser sie über dem Meer ab; Peter findet ein Boot, wird dann aber durch ungünstige Winde abgetrieben.[18]

Plötzlich überkommt ihn die Erkenntnis: „,O mein Gott, was habe ich getan. Hätte ich die Ringe liegen lassen an ihrem Orte, da sie wohl und sicher lagen.'"[19] Er fürchtet, dass seine schöne Magelone ohne Hilfe und Rat eines schlimmen Todes sterben wird. So spielt er mit dem Gedanken, sich selbst ins Meer zu werfen, „denn sein edles Herze vermochte nicht mehr zu dulden noch zu erleiden solche großen Schmerzen."[20] Doch Gott wirkt, dass er wieder zu sich kommt: „,O allmächtiger, ewiger, gütiger Gott', betet er, ,ich bitte dich, du wollest mir vergeben alle mein Sünde und was ich je wider

---

[16] Vgl. Noll-Wiemann, Nachwort, 13.
[17] Conrady, Deutsche Volksbücher, 36.
[18] Vgl. Noll-Wiemann, Nachwort, 13f.
[19] Conrady, Deutsche Volksbücher, 37.
[20] Conrady, Deutsche Volksbücher, 37.

dich gehandelt habe. Denn wider dich, o allmächtiger Gott, habe ich gesündigt, also daß ich wohl eines ärgeren Todes schuldig wäre, denn dieses gegenwärtigen. O Gott, erbarme dich mein. Ich will ihn auch gerne leiden und wollte ihn noch lieber leiden, so ich wüßte, daß mein allerliebstes Gemahl keine Schmerzen leidet. Ach wehe, [...] meine allerliebste schönste Magelone [...], was wird euer Leib und Herze leiden mögen, so ihr euch allein [...] findet, ach wehe, bin ich nicht ein falscher und ungetreuer Mensch, daß ich euch fortgeführt habe aus dem Hause euers Vaters und euerer Mutter, da ihr also reichlich und zärtlich gehalten wart. [...] O allmächtiger, ewiger, gütiger Gott, ich befehle sie dir in deinen Schutz und Schirm, du wollest sie bewahren vor allem Übel. O allerliebste Magelone, ich werde euch nicht mehr sehen noch ihr mich; unser Verlöbnis und Ehe hat eine kurze Zeit gewähret.'"[21]

So klagt Peter vor sich hin, auf dem offenen Meer treibend, bis er von Seeräubern an Bord genommen wird. Aufgrund seines vornehmen Äußeren wird er in Alexandria dem Sultan übergeben, der ihn bald sehr lieb gewinnt. Peter dient seinem Herrn voller Fleiß und Achtung; innerlich bleibt er betrübt und traurig, und seine Gedanken gehen fortwährend zu Magelones ungewissem Schicksal. Er bittet Gott, dass es ihm vergönnt sein möge, noch einmal zu Magleone zurückzukehren.[22]

Als die schöne Magelone erwacht, findet sie sich allein vor, und sie erschrickt sehr, denn sie glaubt, ihr Peter habe sie verlassen: „Ach mein allerliebster Peter, habt ihr an mir etwas gefunden, das euch nicht gefallen hat? Fürwahr, ich hab euch zu viel anvertraut. Ich hab solches getan aus großer Liebe, die ich zu euch getragen habe, denn nie kam mir ein Mensch also tief in mein Herze als ihr. Ach, edelster Peter, wo ist euer Adel, wo ist euer edles

---

[21] Conrady, Deutsche Volksbücher, 37.
[22] Vgl. Noll-Wiemann, Nachwort, 14.

„Da entschlief die schöne Magelone im Schoße des Peter."

Herze, wo ist euer Glauben und Zusage. Fürwahr, ihr seid der greulichste Mensch auf Erden."[23]

Da die Pferde aber noch da sind, erkennt sie, dass Peter durch Gewalt fortgeführt worden sein muss: „,Fürwahr, mein allerliebster Peter, ich erkenne jetzt, daß ihr nicht mit Willen von mir geschieden seid, [...] und ich Ungetreue, daß ich euch also geschmäht habe. Darum ist mein Herze betrübt bis in den Tod.'" Und auch sie betet: „,O gütiger Gott, der du bist ein Licht aller Ungetrösteten und Verlassenen, ich bitte dich, du wollest mich arme Jungfrau trösten. Behalt und behüte mir meine Sinne, meinen Verstand und Vernunft, damit ich nicht verliere Leib und Seele. Lasse mich sehen meinen allerliebsten Herren und Gemahl, ehe ich sterbe.'"[24]

Nachdem sie den ganzen Wald ohne Erfolg abgesucht hat, beschließt sie, ihren Liebsten in der Welt zu suchen. Mit einer Pilgerin tauscht sie die Kleider, um nicht erkannt zu werden. Nach einem kurzen Aufenthalt in Rom, wo sie für Peter betet, begibt sie sich in die Provence, weil sie hier am ehesten glaubt, etwas über Peters Schicksal zu erfahren.

An der Küste lässt sie eine Kirche St. Peter von Magelon und ein Spital bauen. Magelones Frömmigkeit zieht bald viele Pilger an, auch Peters Eltern kommen zu ihr und suchen bei ihr Trost.[25]

Eines Tages fangen Fischer einen besonders großen Fisch, den sie im Palast als Geschenk abgeben. Zu ihrem Entsetzen findet die Gräfin in dem Fisch die drei Ringe, die sie ihrem Sohn mitgegeben hatte; damit scheint über das Schicksal Peters kein Zweifel mehr zu bestehen. Magelone hofft und betet weiter zu Gott für eine glückliche Wiederkehr.[26]

Nachdem Peter dem Sultan lange Zeit treu gedient hat, bittet er ihn um Urlaub, um seine Eltern aufzusuchen. Der Sultan gewährt ihm diese Bitte

---

[23] Conrady, Deutsche Volksbücher, 40.
[24] Conrady, Deutsche Volksbücher, 40.
[25] Vgl. Noll-Wiemann, Nachwort, 14.
[26] Vgl. Noll-Wiemann, Nachwort, 14f.

nur ungern, weil er den Ritter lieb gewonnen hat. Er lässt ihn dann aber doch ziehen und gibt ihm einen reichen Goldschatz mit, den Peter in vierzehn Fässern Salz auf dem Schiff verstecken lässt. Während einer Zwischenstation auf einer Insel verliert sich Peter in sehnsüchtigen Gedanken nach Magelone, so dass er die Abfahrt verpasst. Das Schiff segelt ohne ihn in die Provence, aber der Kapitän übergibt dem Spital Magelones die Salzfässer seines verlorenen Passagiers. Von dem Gold, das als Gottesgabe verstanden wird, werden die Kirche und das Spital erweitert. Der von Schmerz und Verzweiflung kranke Peter wird nach einiger Zeit von Fischern auf der Insel gefunden, sie bringen ihn in ein Hospital. Als er sich nach neun Monaten etwas erholt hat, bietet sich ihm die Gelegenheit, in die Provence zu reisen. Während der Fahrt hört er von dem Spital und der Kirche St. Peter von Magelon. Er lässt sich dort absetzen, um hier Heilung zu finden.[27]

Auf einem ihrer Rundgänge durch das Spital hört Magelone den fremden Kranken seufzen, und auf ihre mitleidige Frage hin erzählt ihr Peter seine Geschichte. Magelones Glück ist unbeschreiblich. Sie lässt sich königliche Kleider machen und bestellt Peter zu einem Bad, das ihn wieder erfrischen und gesund machen soll. Hier gibt sie sich ihm zu erkennen:[28]

> „Als nun der Peter von Provence die schöne Magelone ohne Schleier sah, da sah er erst, daß sie die war, die er also lang gesucht hatte; und stand auf, fiel ihr um den Hals und tät sie freundlich küssen in rechter, guter Liebe, und fingen an beide zu weinen vor Freuden. […] Jedoch konnten sie nicht satt werden des Küssens und Erzählens und richteten den ganzen Tag nichts anderes aus denn Küssen und einander zu klagen."[29]

Die schöne Magelone richtet es nun so ein, dass die Eltern des Peter zum Spital hinkommen, und führt sie zu ihrem Sohn, den sie sofort erkennen. Und auch die schöne Magelone gibt sich als seine Braut zu erkennen:

---

[27] Vgl. Noll-Wiemann, Nachwort, 15.
[28] Vgl. Noll-Wiemann, Nachwort, 15f.
[29] Conrady, Deutsche Volksbücher, 55.

„*Da entschlief die schöne Magelone im Schoße des Peter.*"

„Da nun Vater und Mutter das Unglück ihres Sohnes und das der schönen Magelone gehört hatten, daraus ihnen Gott der Allmächtige so geholfen, nahm der Graf seinen Sohn Peter bei der Hand und führte ihn vor den Altar St. Peters in die Kirche, desgleichen tät auch die Gräfin mit der schönen Magelone, und knieten nieder und dankten Gott dem Allmächtigen. [...] Da sprach der Graf zu seinem Sohn: ‚Ich will, dieweil diese Jungfrau deinetwegen alsoviel erlitten hat, daß du sie zur Ehe nehmest.' Und Peter antwortet: ‚Allerliebster Vater, da ich sie aus dem Hause ihres Vaters führte, war es mein Wille, sie zu ehelichen; doch auf euren und meiner Frau Mutter Befehl will ich [sie nun] gerne öffentlich zur Kirche führen.'"[30]

3. Motive – Gründungssage, Ritterromane, orientalische Motive

In der Darstellung der Motive und der historischen Verbreitung des Magelone-Stoffes greife ich auf die Arbeiten der Literaturwissenschaftler Johannes Bolte und Jan-Dirk Müller zurück.

An der Mittelmeerküste Frankreichs liegt etwa zehn Kilometer südlich von Montpellier ein Inselchen mit dem Namen Maguelone. Von der Bedeutung, die dies Fleckchen Erde einst besaß, zeugen noch Teile einer im 11. und 12. Jahrhundert erbauten Kirche. Doch schon im 6. Jahrhundert war der Ort Magalona auf der Insel eine angesehene Hafenstadt und der Sitz eines Bischofs, im 8. Jahrhundert wurde sie eine Zeit lang von den Mauren besetzt und deshalb oft als Heidenport bezeichnet.[31]

Kern der Magelonerzählung ist die Gründungssage dieses Bischofsitzes. Erst 1536 wurde er in das bedeutendere Montpellier verlegt. Der Gründungssage zufolge stiftete eine italienische Königstochter Kirche und Hospiz zum Gedenken an ihren totgeglaubten Geliebten. Ihr heiligmäßiges Leben habe Pilger von nah und fern angezogen. Wie oft bei Gründungssagen ist der Name der Gründerin von dem der Stadt bzw. der Insel abgeleitet, die angeb-

---

[30] Conrady, Deutsche Volksbücher, 57.
[31] Vgl. Die schöne Magelone, 9.

lich nach ihr benannt ist. Auch Peter hat wohl seinen Namen vom Patron der Kirche erhalten, die angeblich zu seinem Gedenken gestiftet ist.

In der vorliegenden Form scheint die Sage nicht sehr alt, denn die politischen Konstellationen in Südwestfrankreich weisen eher ins 12. Jahrhundert als in die Frühzeit der Gründung. Der Roman ist das älteste Zeugnis dieser Gründungssage, aber es muss auch eine Lokalüberlieferung gegeben haben, denn wie der Basler Arzt Felix Platter in seinem Tagebuch belegt, zeigte man ihm auf einer Reise in den 1550er Jahren das Grab der Magelone in der Kathedrale. Offenbar kannte Platter die Geschichte, denn er sah den historischen Wahrheitsanspruch des Romans in den Monumenten bestätigt.[32] Als man im 19. Jahrhundert das angebliche „Grab der Magelone" öffnete, entdeckte man die Gebeine eines *Kardinals*. So viel zum Wahrheitsgehalt der Erzählung.[33]

Die Handlung der Magelone speist sich aus dem Fundus europäischer und orientalischer Erzählliteratur. Die Ausfahrt des jungen Ritters, der in der Fremde Ehre, Frau, oft auch Land gewinnt, ist dem ritterlichen Abenteuerroman entlehnt. Dieser Part findet sich in vielen Ritterromanen dieser Zeit. Doch noch bevor das Schema erfüllt ist und der Ritter vor aller Welt anerkannt und die Liebenden vereint, lenkt die Handlung in ein anderes Schema ein: unglückliche Trennung, lange Entbehrung und glückliches Wiedererkennen. So wird die Unerschütterlichkeit der Liebe in immer neuem Leiden ausgemalt.

Die Motive der Entkleidung der schlafenden Geliebten, der Raub eines Kleinods durch einen Vogel, die ungewollt verzögerte Rückkehr, ein Schatz – das alles sind Motive, die auch aus Erzählungen aus *Tausend und einer*

---

[32] Vgl. F. Platter, Tagebuch, hg. v. V. Lötscher, Basel 1976, 175; 265.
[33] Vgl. Romane des 15. und 16. Jahrhunderts. Nach den Erstdrucken mit sämtlichen Holzschnitten hg. v. J.-D. Müller (Bibliothek der frühen Neuzeit, Bd. 1, hg. v. W. Harms u. F.-J. Worstbrock, Abt. 1.: Literatur im Zeitalter des Humanismus und der Reformation; Bibliothek deutscher Klassiker, Bd. 54), Frankfurt a.M. 1990, 1232–1233.

Nacht bekannt sind und deren Spuren sich seit dem 13. Jahrhundert in europäischen Literaturen beobachten lassen. Wie selbständig der Roman mit überlieferten Motiven verfährt, lässt sich an der Szene beobachten, in der ein Vogel Peter die Ringe der schlafenden Geliebten raubt. Dort, wo dieses Motiv auftaucht, ist es verknüpft mit dem sexuellen Begehren, dessen Ablenkung den Helden in den Wahnsinn oder einen qualvollen Zustand stürzt. Meist rächt sich der Held an dem Tier, das ihn abgelenkt hat. Bei der Magelone ist die erotische Bedeutung noch erkennbar, doch Rache gibt es nicht. Der Vogel ist vielmehr Werkzeug der göttlichen Vorsehung mit dem Zweck, Peter vor ‚unordentlicher Liebe' zu bewahren.[34]

4. Verbreitung des Erzählstoffes

a) Die französische Vorlage

Die Erzählung von der schönen Magelone ist trotz der mannigfachen Abenteuer der Hauptpersonen übersichtlich komponiert. Das Wunderbare drängt sich nirgends übermäßig auf. An der Darstellung ist die Zartheit und Anmut rühmenswert, mit der die Empfindungen der in allen Drangsalen treu ausharrenden Liebenden und der trauernden Eltern des Helden ausgemalt werden. Eine sanfte und selbstverleugnende Frömmigkeit reift in der hart geprüften Königstochter heran, die sich nach dem Verlust des Gatten der Krankenpflege widmet. Aber nicht mönchische Entsagung bildet den Schluss der Geschichte, sondern eine fröhliche Hochzeit.[35] Gegen Ende des Mittelalters war eine solche Erzählung für eine schmale, durch Stand und Bildung ausgezeichnete Schicht bei Hof, im Landadel und in der Stadt entstanden. Vor Erfindung und Verbreitung des Buchdrucks waren nicht allzu viele von Vermögen und Ausbildung her in der Lage, sich volkssprachliche Bücher zu

---

[34] Vgl. Romane des 15. und 16. Jahrhunderts, 1235.
[35] Vgl. Die schöne Magelone, 17.

verschaffen und sie, gemeinschaftlich oder allein, zu lesen. Dem wachsenden Bedürfnis nach Belehrung und Unterhaltung kamen Übersetzungen und Bearbeitungen von Heldenepen, höfischen Romanen und Legenden entgegen. Mittlerweile nicht mehr in Reimversen verfasst, sondern in Prosa.

Seit ihrem Erscheinen – nach Angaben der ältesten Handschriften und Drucke ist sie in den 1450er Jahren geschrieben worden – hat die Magoneerzählung eine außerordentliche Verbreitung nicht nur in Frankreich (30 französische Auflagen bis Ende des 16. Jahrhunderts), sondern auch in den Nachbarländern erfahren.[36] Von den verschiedenen Übersetzungen scheint die um 1510 erschienene niederländische die älteste zu sein. 1519 folgte eine spanische. Schon bevor sich Veit Warbeck mit dem Stoff befasste, gab es eine lange Zeit eine unbekannte, sehr ungelenke deutsche Übersetzung eines recht ähnlichen Stoffes, die im Jahr 1515 in Nürnberg erschienen ist.[37]

b) Veit Warbecks Übersetzung ins Deutsche

Wie kam es dazu, dass Veit Warbeck den Stoff der Magelone ins Deutsche übertrug? Warbeck stammt aus einer reichen Bürgerfamilie aus Schwäbisch Gmünd und wird 1490 geboren. Er wird zur Vorbereitung auf eine diplomatische Laufbahn an die Universität Paris geschickt. Nachdem er dort 1508 den Magister Artium erlangt hat, immatrikuliert er sich 1514 an der Wittenberger Universität. Hier trifft er auf Luther und schließt Freundschaft mit dem kurfürstlichen Geheimsekretär Georg Spalatin. 90 noch erhaltene Briefe Spalatins aus den Jahren 1517–1526 zeugen von dieser Freundschaft. Durch Spalatins Vermittlung wird Warbeck zum Erzieher an den kurfürstlichen Hof bestellt und unterrichtet den Kurprinzen Johann Friedrich auch in der französischen Sprache. Warbeck scheint ebenso wie Spalatin das Vertrauen des Kurfürsten genossen zu haben. Wie sein Freund wird Warbeck Sekretär des

---

[36] Vgl. Die schöne Magelone, 10.
[37] Vgl. Die schöne Magelone, 18.

Kurfürsten und Zeuge vieler reformatorischer Ereignisse. Davon, dass Warbeck mitten in den geistigen Auseinandersetzungen seiner Zeit stand, legen seine Kontakte und sein reger Briefverkehr mit führenden Humanisten, Theologen und Politikern Zeugnis ab. Wie Spalatin wirkte Warbeck teilweise als Mittelsmann zwischen Luther und dem Hof. Warbeck wird Hofmeister und Gesellschafter des Prinzen Johann Friedrich, den er im Herbst 1526 nach Schloss Burg an der Wupper zur Verlobung mit der Prinzessin Sibylle von Cleve begleitet.[38] Die Hochzeit wird am 2. Juni 1527 in Torgau gefeiert. Dieses Ereignis scheint die Übersetzung der Magelone angeregt zu haben. Das Manuskript der Magelone ist auf den 6. November 1527 datiert. Ob es die Reinschrift einer Erzählung ist, die aus diesem Anlass vorgetragen wurde, oder eher zur winterlichen Unterhaltung des Hofes entstand, muss offen bleiben. Bestimmt ist es jedenfalls für einen kleinen Kreis in der Umgebung des Prinzen, dem man nicht einmal auf dem Titelblatt den Namen des Übersetzers nennen muss, weil jeder ihn kennt.[39]

Warbeck hat als Vorlage keinen Druck, sondern eine zierliche Pergamenthandschrift des 15. Jahrhunderts verwendet, der neben dem französischen Text eine lateinische Interlinearversion beigefügt war. Wie Bolte in seiner Ausarbeitung zur Magelone belegt, fand man sie in der Herzoglichen Bibliothek Coburg vor. Warbecks Übersetzergeschick muss man hoch anrechnen. Er gibt seine Vorlage, wie Bolte lobt, treu und richtig wieder, ohne sie sklavisch in Ausdruck und Satzbau nachzuahmen. Abweichungen sind durch das protestantische Bekenntnis des Übersetzers veranlasst. Warbeck setzt für katholisch den Ausdruck christlich ein und tilgt alles, was auf die Heiligenverehrung Bezug nimmt, also die Anrufung der Jungfrau Maria und des heiligen Petrus. Trotz dieser konsequenten Abänderungen im protestantischen Sinne glaubte Spalatin, als er die Erzählung nach Warbecks Tod 1535

---

[38] Vgl. Die schöne Magelone, 30.
[39] Vgl. Romane des 15. und 16. Jahrhunderts, 1238.

bei Heinrich Steiner in Augsburg in den Druck brachte, in seiner Widmungsrede besonders entschuldigen zu müssen, dass in dem lieblichen und züchtigen Büchlein noch von der Messe, von Wallfahrten, Ablass und Anrufung der Heiligen die Rede sei.[40]

Steiner hat den Roman wie auch andere Werke, die bei ihm herauskamen, mit Illustrationen ausgestattet. Er verwendete dazu nach seiner Gewohnheit aber ältere Clichés aus seinem großen Vorrat, die eigentlich gar nicht speziell zur Magelone passen.[41] Für den Druck der Leipziger Auflage der Magelone von 1598 wurden eigens Holzschnitte hergestellt. Die Magelone wurde ein großer Erfolg. Zwischen 1536 und 1545 druckte Steiner die Erzählung noch siebenmal nach. Bis zum Ende des Jahrhunderts brachte sie es auf 24 Auflagen.[42]

c) Die Wirkung des Magelone-Stoffes

Der Stoff wurde 1554 von Hans Sachs und 1566 von Sebastian Wild bearbeitet. Valentin Schumann nahm ihn 1559 in sein Nachtbüchlein auf, eine Sammlung mit beliebten Erzählungen und Geschichten zum Weitererzählen. Auch aus dem 17. und 18. Jahrhundert sind zahlreiche Neudrucke überliefert.[43] Die deutsche Übersetzung bildete die Ausgangsversion für die folgenden Übersetzungen in die skandinavischen und slavischen Sprachen. Warbecks Version behielt im 17. Jahrhundert einen großen Leserkreis, aber nicht mehr wie vorher unter den Höhergebildeten, sondern im niederen Volke. Fliegende Händler boten diesen Lesestoff der Landbevölkerung und der städtischen Unterschicht feil.[44] Besorgte Kritiker wussten zu berichten, dass solche Erzählungen auch von Frauen und Kindern erworben und gelesen

---

[40] Vgl. Die schöne Magelone, 42–49.
[41] Vgl. Die schöne Magelone, 50.
[42] Vgl. Romane des 15. und 16. Jahrhunderts, 1239.
[43] Vgl. Romane des 15. und 16. Jahrhunderts, 1239.
[44] Vgl. Die schöne Magelone, 55.

wurden. Deshalb wurden solche Erzählungen wie die Magelone in dieser Zeit auch häufig als kindische Narrenpossen oder Bauernromane abgetan.[45] Trotzdem wurde die Geschichte in Jahrmarktsdrucken weiter verbreitet. Durch den Eifer der Romantiker kamen die alten verachteten Erzählungen, die Joseph Görres später als Gattung der ‚Volksbücher' festgehalten hat, auch bei den höheren Gesellschaftskreisen wieder zu Ehren, und sie wurden dann im 18. Jahrhundert bewusst als Bildungsmittel eingesetzt und in preiswerten Reihen aufgelegt.[46]

In den Volksbüchern meinten die Romantiker beinahe untergegangene Traditionen ‚aus dem Volke' wiederentdeckt zu haben.[47] Allerdings kann nachgewiesen werden, wie ich es hier ebenfalls exemplarisch an der Magelone versuche, dass sie aus dem Kontext einer schmalen Oberschicht stammen und erst später, begünstigt durch den Buchdruck, einer breiteren Öffentlichkeit zugänglich gemacht und dann dort stark rezipiert wurden. Zu Volksbüchern wurden die Erzählungen dementsprechend erst im Laufe eines jahrhundertelangen Anpassungsprozesses, in dessen Verlauf sie vereinfacht und umgeformt wurden.[48]

1797 erschien die berühmte Bearbeitung der Magelone von Ludwig Tieck in den Volksmärchen. Tieck hatte Lieder in die Handlung eingefügt, die die wechselnden Gefühle der Protagonisten spiegeln. Diese Lieder wurden später von Johannes Brahms vertont. Als ‚Volksbuch' gehört die Magelone noch im 19. und 20. Jahrhundert zu den am häufigsten aufgelegten Titeln.[49]

---

[45] Vgl. Romane des 15. und 16. Jahrhunderts, 989.
[46] Vgl. Romane des 15. und 16. Jahrhunderts, 990.
[47] Vgl. Romane des 15. und 16. Jahrhunderts, 989.
[48] Vgl. Romane des 15. und 16. Jahrhunderts, 992.
[49] Vgl. Romane des 15. und 16. Jahrhunderts, 1239.

5. „Das also billich beide, Eltern und Kinder, durch diese Schrift bewahrt sein sollen"

a) *Bewährung in* constantia *und* patientia *(Beständigkeit und Geduld)*

In der Magelone als ein Beispiel für die Prosaromane des ausgehenden Mittelalters lassen sich literarische Antworten auf tief greifende Veränderungen im mittelalterlichen Denken, in den Lebensformen, den Normen, der gesellschaftlichen Ordnung finden.[50] So vertritt die Magelone den zeitgenössischen Liebesroman, der meist im höfischen Milieu spielt, also unter Ausnahmebedingungen.[51] Die handlungsbestimmenden Elemente des mittelalterlichen Romans – wie das Abenteuer oder eine ritterliche Erlösungstat – werden aber aufgegeben.[52] Die Thematik bleibt mit Liebe und Abenteuer höfisch. Mit der Ausfahrt des jungen Peter scheint ein ritterlicher Abenteuerroman einzusetzen, der jedoch am Hof von Neapel mit der siegreichen Bewährung des Helden rasch zum Ziel kommt. An die Stelle der Bewährung im Abenteuer tritt die Geschichte einer heimlichen Liebe, die nach gemeinsamer Flucht und Trennung in eine Folge von Entbehrungen und Prüfungen mündet, bis die göttliche Vorsehung das Liebespaar wieder, und dann endgültig, zusammenführt.

Die Liebe ist nur noch äußerlich mit dem Abenteuer verbunden. Peter kann die Liebe Magelones erringen, weil er sich im Turnier hervortut, Magelone wird durch das Turnier erst auf ihn aufmerksam. Nachdem sie sich kennengelernt haben, kann Magelone ihre Wahl zwar durch Peters ritterliche Vorzüge stets neu bestätigt finden, doch ist ihr Gefühl von seinen Taten und deren öffentlicher Anerkennung kaum mehr abhängig. Nicht anders die Liebe Peters: Nicht die standesethische Grundlage ritterlicher Minne interessiert ihn, sondern die gesellschaftsabgewandte Seite der Liebe. Unvermittelt,

---

[50] Vgl. Romane des 15. und 16. Jahrhunderts, 1000.
[51] Vgl. Romane des 15. und 16. Jahrhunderts, 1246.
[52] Vgl. Romane des 15. und 16. Jahrhunderts, 1002.

wie sie entsteht, bleibt sie abgetrennt von allen anderen sozialen Beziehungen. Liebe ist hier nur Privatsache. Trotzdem fügt sie sich in die gesellschaftliche Norm. Sie ist darauf aus, als Ehe legalisiert zu werden. Jeder Gedanke der ‚unordentlichen' Liebe wird – nicht erst bei Spalatin in der Widmung – unterdrückt. Passion ist Liebe in dem wörtlichen Sinne des Leidens, der Anfang liegt noch in der Kontrolle erotischer Antriebe, später, nach der Trennung, in der traurigen Gewissheit, die geliebte Person für immer verloren zu haben. Die Erzählung ist eine Kette von Prüfungen, an deren Ende sich das Gefühl, geläutert und bewährt, endgültig in die gottgewollte Ordnung einfügt. Hier zeigt sich also schon die Geduld, die *patientia*, die von den Liebenden in den Prüfungen eingefordert wird, und auch die *constantia*, die Beständigkeit, in der sich ihre Liebe bewähren muss.

Auch das Abenteuer hat seinen Charakter verändert. Peter bricht vom Hof seiner Eltern auf, um sich in der Welt bekannt zu machen. Alle Abenteuer bewältigt er weniger, als dass er sie über sich ergehen lässt. Er ist das Objekt göttlicher Fügung und unvermuteter Zufälle. Ihr Sinn scheint vornehmlich der zu sein, das glückliche Ende hinauszuzögern. Auch hier findet man dieselben Motive für die Bewährung in Geduld und Beständigkeit.

„Die Handlung vollzieht sich in Monologen und Gesprächen zwischen den Liebenden. Sie spiegeln das Maß des Leidens, aber auch der Selbstkontrolle, die noch den stärksten Gefühlsausbruch zügelt. Der inneren Geschichte ist das äußere Geschehen vollkommen untergeordnet. Es kommt auf die Gefühlswelt der Figuren, ihre Reaktionen und Empfindungen an. Teilweise wird die Handlung künstlich erweitert oder verkompliziert: Es bleibt unverständlich, weshalb Peter sich gleich von Anfang an verkleidet und als unbekannter Ritter ausgibt. Von Peters Rivalen beim Turnier geht keinerlei Gefahr aus. Noch rätselhafter bleibt es, daß er nach dem zweiten Turnier das Geheimnis seiner Herkunft nicht preisgibt und um die Hand der Magelone bittet, denn im Anbetracht der großen Wertschätzung, die der König von

Neapel ihm entgegenbringt, könnte er einer positiven Antwort sicher sein. Es gibt keine Konflikte mit der Hofgesellschaft, selbst der Anlaß zur Flucht ist unzureichend motiviert. Peter schiebt den Wunsch vor, seine Eltern wiederzusehen, um Magelone auf die Probe zu stellen. Der angebliche Konflikt zwischen Liebe und Sohnespflicht steigert nur Magelones Liebesbeteuerungen. Nun versichert auch Peter, sie stets bei sich haben zu wollen, was Magelone als Aufforderung zur Flucht versteht. Sie ist dazu bereit, weil ihr Vater, wie man plötzlich erfährt, sie mit einem fremden Fürsten verheiraten wolle. Das ist weder motivierend vorbereitet, noch scheint es ein ernstes Hindernis, wo doch auch Peter ein würdiger Bräutigam wäre. Das Ziel der Erzählung steht von Anfang an fest, denn Peter ist ja schon vor dem Aufbruch nach Neapel von dem Gerücht von der liebreizenden Magelone so betört, daß es für ihn keine andere Frau geben kann. Erst der aus der Handlung völlig unmotivierte Konflikt, der in der Flucht, der Abkehr von der Gesellschaft besteht, erlaubt, eine leidvolle Prüfung herbeizuführen."[53]

„Solch ein Desinteresse an zureichender Motivierung der Gegenkräfte setzt sich im zweiten Teil fort, in der Abfolge von Trennung – Bewährung – Wiedervereinigung des Paares. Die Episoden der Trennung verlaufen in sich recht spannungslos."[54] In der mehrfach verzögerten Rückkehr entfacht sich ständig neuer Trennungsschmerz, doch es droht nie ernsthafte Gefahr: „Äußere Wendungen werden inszeniert, um die Figuren ausführlicher zu schildern und die Intensität ihrer Gefühle zu steigern."[55]

Alles ist der inneren Geschichte, der Bewährung der Liebe, untergeordnet: „Die göttliche Vorsehung greift korrigierend oder rettend ein und richtet sich nach dieser inneren Geschichte aus. Gott verhängt die Trennung der beiden, weil Peter in Gefahr ist, die Grenzen ‚ordentlicher' Liebe zu über-

---

[53] Romane des 15. und 16. Jahrhunderts, 1241–1242.
[54] Romane des 15. und 16. Jahrhunderts, 1242.
[55] Romane des 15. und 16. Jahrhunderts, 1243.

schreiten. Er führt sie wieder zusammen, wenn sie sich seinem Willen unterwerfen und doch unbeirrt an ihrer Liebe festhalten."[56]

Die Erzählperspektive verengt sich auf dieses eine private Geschick. Das zeigt sich auch am Verhältnis der Liebenden zur Gesellschaft: „Die Liebe macht rücksichtslos gegen alle anderen Verpflichtungen, gegenüber den Eltern, der Amme und dem Sultan. Doch die Liebe ist damit weder gesellschafts- noch normwidrig. Von dem einzigen Augenblick der Schwäche abgesehen und von der Vorsehung gleich zur Ordnung gerufen, fügen sich Peter wie Magelone den Schranken, die eine christliche Ehemoral den erotischen Antrieben zumutet. Sie handeln selbst dort noch exemplarisch, wo sie sich den Zwängen der anderen entziehen, weil sie deren Normen längst verinnerlicht haben."[57]

Die Radikalität in der Abkehr von der Gesellschaft und gleichzeitig die Konfliktlosigkeit, was die Bewältigung äußerer Schwierigkeiten und normativer Anforderungen betrifft, scheinen die Verführungskraft der Erzählung ausgemacht zu haben: „Die Geschichte Peters und der Magelone spielt abseits der Gesellschaft, ohne die Gesellschaft in Frage zu stellen. Sie ist verlockend und ungefährlich zugleich."[58] Mit dem Zurücktreten der äußeren Handlung wird der Blick auf die inneren Vorgänge gelenkt, die konfliktlose, dennoch wechselvolle Liebe: der Roman vermittelt eine exklusive Gefühlskultur.

Diese dunklen Seiten der Liebesgeschichte in ihrer Zurückgezogenheit und Abkehr hat schon der französische Roman, stärker dann noch Warbeck, hinter christlicher Geduld und heroischer Standhaftigkeit zurücktreten lassen. Das Paar muss sich bewähren, denn es war trotz Warnung in seiner Liebe zu ungeduldig. Es hat weder den Segen Gottes noch die Einwilligung sei-

---

[56] Romane des 15. und 16. Jahrhunderts, 1243.
[57] Romane des 15. und 16. Jahrhunderts, 1243–1244.
[58] Romane des 15. und 16. Jahrhunderts, 1244.

ner Eltern für diese Beziehung. Vor dem negativen Beispiel wird es in der Bewährung zu einem Vorbild. Das christlich gefärbte Ideal der Geduld und der Standhaftigkeit (*patientia* und *constantia*) ist ein Kern des sich entwickelnden Tugendsystems der aristokratischen Moralistik der Spätrenaissance. Im glücklichen Schluss wird dieses Ethos durch göttliche Fügung bestätigt.[59]

b) Reformatorische Transformation

„Warbeck gelingt eines der seltenen Beispiele ‚höfischer' – d.h. auf den Hof und seinen Verhaltenscodex bezogene – Prosa im 16. Jahrhundert. […] Der kunstvoll gegliederte Satzbau steht humanistischen Übersetzungen nahe, die sich um eine am Latein geschulte Hochsprache bemühen."[60] Warbeck folgt seiner Vorlage sehr genau. Größere inhaltliche Änderungen gibt es nicht. Kleinere betreffen katholische Bräuche, die seinem evangelischen Publikum anstößig sein konnten, er schmückt die Turnierschilderungen aus, und er gestaltet die erotische Szene noch dezenter, als sie ohnehin schon in der französischen Vorlage ist. Er modelliert noch deutlicher als die Vorlage einen Kodex adeligen Wohlverhaltens (da spricht der Lehrer), der sich, was Liebe und Ehe betrifft, an evangelischen Normen ausrichtet.[61] Die Bewährung in Geduld und Beständigkeit spielt reformatorischerseits keine vordergründige Rolle. Da Gott nach reformatorischem Verständnis kein rächender und auch kein mit den Menschen spielender ist, sondern einer, der den Menschen trotz seines Sünderseins annimmt und ihn rechtfertigt, passt dieses Bild der Bewährung vor Gott auch nicht richtig ins Bild der Reformation.

Aber der sächsische Hof hatte mit der Geschichte von der schönen Magelone Gelegenheit, sich in dieser Wunschwelt schöner Gefühle zu spiegeln.

---

[59] Vgl. Romane des 15. und 16. Jahrhunderts, 1244–1245.
[60] Romane des 15. und 16. Jahrhunderts, 1240.
[61] Vgl. Romane des 15. und 16. Jahrhunderts, 1239–1240.

„Da entschlief die schöne Magelone im Schoße des Peter."

Die Erzählung ist in einer höfischen Ausnahmewelt angesiedelt, duldet aber keine höfische Sondermoral. Die Disziplin, der sich die Liebenden unterwerfen, ist nicht ständisch gebunden, sondern gilt allgemein. So kann Warbeck die Liebesgeschichte im Sinne reformatorischer Ehemoral interpretieren, die die Sexualität in der sozialen Institution kanalisiert.[62]

c) Einhaltung des vierten Gebotes und Aufsichtspflicht der Eltern

Wenn Spalatin in seiner der Erzählung vorangestellten Widmungsrede schreibt, man solle diese Geschichte als Beispiel nehmen, Bücher für Frauen und Jungfrauen zu schreiben, diese Erzählung sei kurzweilig, und es ginge von ihr kein Ärgernis aus, dann kann man aus heutiger Sicht vielleicht loben, dass Spalatin Frauen überhaupt als Leser im Blick hatte.

Im Titel der Handschrift stand ursprünglich „der Ritter mit den silbernen Schlüsseln" an erster Stelle. Der Drucker Heinrich Steiner stellte aber allein Magelone als Titelfigur heraus. Möglich, dass er schon mit jenem Rollenklischee rechnete, das Frauen als bevorzugtes Publikum von Liebesgeschichten annahm, und weniger als Spalatin auf den pädagogischen Aspekt setzte als auf die Identifikation mit der unbeirrt liebenden Frau. Durch solch identifikatorisches Lesen sahen Kritiker des Romans im 16. Jahrhundert immer wieder vor allem Frauen im Lesen solcher Romane gefährdet.[63] Aber gerade in der Identifikation mit dieser schon im Titel herausgestellten Person liegt wohl der Jahrhunderte lange Erfolg der Erzählung.[64]

Spalatin schließt aber in der Widmung gleich die Mahnung an, dass sich die jungen Leserinnen nicht täuschen lassen und die Eltern darauf achten sollen, dass sie sich nicht durch die schöne Liebesgeschichte zum Ungehor-

---

[62] Vgl. Romane des 15. und 16. Jahrhunderts, 1246.
[63] Vgl. Romane des 15. und 16. Jahrhunderts, 1246–1247.
[64] Vgl. Romane des 15. und 16. Jahrhunderts, 62.

sam gegen ihre Eltern verleiten lassen. Sowohl die Kinder haben das vierte Gebot zu achten, als auch die Eltern ihrer Fürsorgepflicht nachzukommen.

„Mit dem Schritt, über den exklusiven Zirkel des sächsischen Hofes hinaus die Geschichte durch den Druck zu veröffentlichen, verändert sich auch der Verständnisrahmen der Erzählung, ohne dass sich irgendetwas Wesentliches am Roman änderte. Die untergründige Bedrohlichkeit der Liebesbeziehung tritt trotz der Oberfläche schöner Gefühle und tugendhafter Haltungen deutlicher ins Bewusstsein. Aus Sicht der Wittenberger Reformation scheint man der in der Erzählung vorausgesetzten Harmonie zwischen der leidenschaftlichen Liebe und der Norm misstraut zu haben. Wenn Spalatin die Geschichte einem größeren Lesepublikum bekanntmacht, hebt er die Stelle heraus, an der die Instanzen gesellschaftlicher Ordnung am stärksten herausgefordert werden: Magelone entzieht sich der Aufsicht ihrer Eltern durch Flucht. Für die evangelische Familienordnung ist das ein Skandal, der durch die vorbildliche Haltung des Paares nicht entschuldigt wird. So wird das aristokratische Ideal von Standhaftigkeit und Geduld, das auf die eigenen moralischen Kräfte des Menschen baut, relativiert. Die Kinder, zumal die jungen Mädchen, haben sich dem Wunsch ihrer Eltern zu unterwerfen, die Eltern müssen auf ihre Kinder besser aufpassen."[65] Spalatins einleitende Warnung zeigt, wie man die Verführungskraft einer Liebespassion einschätzte, die sich nur um sich und nicht um andere kümmerte, selbst dann, wenn sie die Grenzen des Anstandes allerorts respektierte.

6. Fazit

An der Erzählung von der schönen Magelone lässt sich exemplarisch zeigen, was man zur Zeit der Reformation las – nämlich höfische Unterhaltungsromane –, und wie schon vorhandene Stoffe unter reformatorischen Ge-

---

[65] Romane des 15. und 16. Jahrhunderts, 1245–1246.

sichtspunkten uminterpretiert, zu einem Exempel christlicher Lebenslehre umgedeutet wurden und als ein literaturpädagogisches Programm große Wirkung durch die Drucklegung entfalteten. Sicherlich wäre es sehr interessant zu sehen, inwiefern auch andere Stoffe der Erzählliteratur solche Umformung erfahren haben. Diese Frage muss an dieser Stelle aber unbeantwortet bleiben.

PHILIPP DAVID

„In-Spuren-Gehen" –
Thomas Manns mythischer Roman Joseph und seine Brüder

1. Chaos und Glück

Welten erlesen kann man sich in den Sprachkunstwerken[1] Thomas Manns (1875–1955). Wie die unverfügbaren Chaosmächte Eros und Thanatos, Liebe und Tod, in das Leben der Romanfiguren eingreifen, lesen wir in der Verfallsgeschichte der Lübecker Kaufmannsfamilie Buddenbrook (1901). Mit Hans Castorp werden wir lesend in der Zeit der Zeit entrückt in die Welt eines internationalen Hochgebirgssanatoriums in Davos, bis die Todesgewalt des Ersten Weltkrieges den tausendseitigen Romanteppich des Zauberbergs (1924) in die Luft sprengt. Anhand der von einem Freunde erzählten Lebensgeschichte des deutschen Tonsetzers Adrian Leverkühn erlesen wir die Wiedererzählung des faustischen Teufelspakts in Thomas Manns Deutschland-, Nietzsche-, Musik- und Faustroman (1947). Oder wir erleben in den Josephsromanen die bekannten biblischen Personen Abraham und Sara, Isaak und Rebekka, Jakob und Esau, Lea und Rahel und schließlich Joseph in neuer und zugleich unvergesslicher und unvergleichlicher Weise.

Seine Werke spiegeln ebenfalls erlebte Welten wider: gespeist aus seinen Erlebnissen und Beobachtungen, seinen sich verändernden lebensorientierenden religiös-weltanschaulichen Konstellationen und ihn anregenden Lektüren, seinen Reisen und Begegnungen mit anderen Menschen sowie aus seinen verliebten Schwärmereien für einige Herren der Schöpfung im Laufe

---

[1] Zitatnachweise aus den Werken Thomas Manns werden, wenn nicht anders angegeben, aus den Gesammelten Werken in 13 Bänden aus dem Jahre 1974 im fortlaufenden Text in Klammern gegeben. Die Abkürzung Sk im Text bezieht sich auf Thomas Mann, Selbstkommentare: ‚Joseph und seine Brüder', hg. v. H. Wysling, Frankfurt a.M. 1999.

seines Lebens. Auch vor den Familienmitgliedern oder öffentlich bekannten Persönlichkeiten machte die literarische Materialjagd bekanntlich nicht Halt. Die vielen Eindrücke hat der Dichter, ein Sonntagskind und Lübecker Kaufmannssohn, zu bis heute faszinierenden Wortwelten mit Lust an detailreicher Darstellung neu zusammengesetzt und eindrücklich komponiert. Dabei pflegte er die „Kunst des höheren Abschreibens", denn er fand viel lieber, als dass er erfand.[2] Seiner Meinung nach mache nicht die Erfindung, sondern die Beseelung der fiktiven Figuren den Dichter aus.[3]

Das Schreiben, die Lust und Freude an der Sprache, an Worten und Sätzen, bedeutete nicht nur, sondern *war* für Thomas Mann sein Leben und zugleich die Suche nach Lebensorientierung für sich selber. Denn was er sich im Schreiben seiner Texte erlaubte, hatte er sich allzu oft in seinem eigenen Leben versagt. Seine zum Teil noch erhaltenen Tagebücher[4] geben davon erhellende Einblicke. Die seit seiner Lübecker Gymnasiastenzeit bis drei Wochen vor seinem Tode sorgfältig geführten Aufzeichnungen dienten ihm auch als Ideensammlung für seine literarischen Werke, aber hauptsächlich konstruierte der auf seine Wirkungsgeschichte bedachte Autor in ihnen seine eigene Identität. Sein gesamtes geschriebenes Werk, seine Tagebücher, Notizbücher, Briefe, Essays, Erzählungen und Romane, kann man unter der Perspektive der Identitätskonstruktion lesen.[5]

Ort dieser künstlerischen Koketterie war sein Lieblingsmöbel: der Schreibtisch. Er war ihm daher eine Stätte von „Kampf" und „Opfer", aber auch von „zungenschnalzendem Glück". Beim Besuch von Thomas Manns

---

[2] H. Kurzke, Thomas Mann. Das Leben als Kunstwerk. Eine Biographie, München (1999) 2006, 20.

[3] Kurzke, Thomas Mann. Das Leben als Kunstwerk, 420.

[4] Nicht alle Tagebücher sind erhalten, da er sich von ihnen in bestimmten Lebensphasen bewusst getrennt hat. Für die Zeit der Entstehung der Josephsromane liegen Tagebücher aus den Zeiträumen 1933–1934; 1935–1936; 1937–1939 und 1940–1943 vor.

[5] Vgl. dazu die Studie von J. Schöll, Joseph im Exil. Zur Identitätskonstruktion in Thomas Manns Exil-Tagebüchern und -Briefen sowie im Roman *Joseph und seine Brüder*, Würzburg 2004.

rekonstruiertem Arbeitszimmer im Zürcher Kleinen Bodmerhaus beschreibt der Konzertpianist Johannes, Ich-Erzähler von Hanns-Josef Ortheils Roman *Das Verlangen nach Liebe*, diese besondere Art von Glück so: „Es ist nämlich ein Glück, das einem etwas auftut oder in dem einem etwas aufgeht, es ist eine Art Ernte-Glück, [...], es ist der blitzhafte Moment der Intuition und einer Empfindung von Stimmigkeit, Richtigkeit [...], mitten im haarsträubendsten Chaos."[6]

In Wahrheit war Thomas Manns Leben ein verzweifelter Kampf gegen das andrängende Chaos innerer und äußerer Art.[7] Daher entwickelte er auch die Neigung, seinem Leben einen Lauf zu geben – eine schöne stimmige Ordnung sollte es haben: „Meine Zeit – sie war wechselvoll, aber mein Leben in ihr ist eine Einheit. Die Ordnung, in der es zahlenmäßig zu ihr steht, erregt mir das Wohlgefallen, das ich in aller Ordnung und Stimmigkeit finde. Als man 1900 schrieb, war ich 25 Jahre alt und mit den ‚Buddenbrooks' fertig. Als das Jahrhundert so alt war, wie ich damals, und ich so alt, wie das Jahrhundert nun ist, nämlich 50, – im Jahre 1925 also, erschien der ‚Zauberberg'." (XI, 314) Thomas Mann „wollte sein Leben geordnet. Ein in sich geschlossenes Lebenskunstwerk"[8] sollte es sein und wurde es, weil er sich äußere lebensdienliche Strukturen suchte wie das gelebte Großbürgertum, das Tagebuchschreiben, das rote Eintragen der Datumszeile des Sonntags, den geordneten Tagesablauf, das „In-Spuren-Gehen" von Goethe und die intellektuelle Kunst der Ironie (X, 353; XI, 801–805), in der sich bei ihm ein Verhältnis zur Welt ausdrückte, das die Wirklichkeit nicht so hinnehmen möchte, wie sie ist.[9] Das ist auch als ein Leitmotiv für den Roman *Joseph*

---

[6] H.-J. Ortheil, Das Verlangen nach Liebe, München (2007) 2009, 249.
[7] Kurzke, Thomas Mann. Das Leben als Kunstwerk, 17.
[8] Kurzke, Thomas Mann. Das Leben als Kunstwerk, 17.
[9] H. Koopmann, Art. Humor und Ironie, in: Thomas-Mann-Handbuch, hg. v. H. Koopmann, Frankfurt a.M. ³2005, 836–853; hier: 836.

und seine Brüder anzusehen, in dem er im „Fest"[10] der dichterischen Erzählung die Heraufkunft eines neuen Verhältnisses des Menschen zu seiner Welt und sich selber zeichnet.

In diesem Riesenwerk mit „siebzigtausend geruhig strömenden Zeilen" (XI, 670) spannt sich der zweitausendseitige Bogen rein äußerlich über eine Familiengeschichte voller Konflikte. Es ist aber nicht nur einfach eine beliebige Familiengeschichte, sondern eine Geschichte, welche die „Urvorkommnisse des Menschenlebens" (XI, 670) erzählt: von Liebe und Hass, Bruderzwist und Vaterleid, Verbrechen und Mord, Träumen und traumhaftem Ergehen, Neid und Missgunst, Leben und Tod, Hunger und Versorgung, Spiel und Ernst, Heimat und Fremde, Gott und Mensch, Glück und Unglück, Eitelkeit und Verantwortlichkeit, Schuld und Tragen von Schuld, Schatten der Vergangenheit und Hoffnung auf eine lichte Zukunft.[11]

Der eigentliche Anlass für Thomas Mann, sich mit der Geschichte dieser „gotterlesenen Familie" (V, 1660) zu beschäftigen, war eher zufällig: Der Maler Hermann Ebers bat ihn im Winter 1923/1924 um einen einleitenden Text zu einer Bildermappe über die biblische Josephsgeschichte.[12] Eine Mittelmeerreise im Jahre 1925 führte ihn nach Kairo, Luxor/Theben und Karnak (Sk, 9). Die Lektüre der Urvätergeschichten in der Familien-Lutherbibel (XI, 654; XIII, 203) und die in der Rückerinnerung hier zugefügten

---

[10] Vgl. I. v. d. Lühe, „Ein Fest der Erzählung". Thomas Manns Romanzyklus Joseph und seine Brüder, in: T. Kleffmann, Das Buch der Bücher. Seine Wirkungsgeschichte in der Literatur, Göttingen 2004, 135–150.

[11] In der biblischen Geschichte taucht Gott auch nicht auf wie ein *deus ex machina*, der plötzlich ins Geschehen eingreift und es wendet. Der Gedanke der vorsorgenden Fürsorge Gottes ist hier vielmehr grundlegende Dimension allen Geschehens. Dennoch werden die handelnden Menschen nicht aus ihrer Verantwortung für ihr eigenes Tun entlassen. Gottes Providenz macht die Ethik nicht überflüssig. Vgl. J. Ebach, Genesis 37–50 (HThKAT), Freiburg i.Br. u.a. 2007, 11.

[12] Vgl. E. Heftrich, Geträumte Taten „Joseph und seine Brüder". Über Thomas Mann. Band III, Frankfurt a.M. 1993, 15–21; T. Sprecher, „Musische Verschmelzungen". Der Maler Hermann Ebers und Thomas Manns *Josephs*-Roman, in: Thomas Mann Jahrbuch 11 (1998), 235–240.

Passagen aus Goethes *Dichtung und Wahrheit* (I, 4: „Höchst anmutig ist die natürliche Geschichte, nur scheint sie zu kurz, und man fühlt sich berufen, sie ins einzelne auszumalen.") ließen zudem in Thomas Mann seine „verschämte Menschheitsdichtung" (XI, 658) über lange Strecken reifen und entstehen. Denn der Reiz, im Geiste der Ironie das Wesen des Menschen in seinen mythischen Anfängen zu erkunden, hat ihn von da an nicht mehr losgelassen: „Es ist die biblische Geschichte selbst, die ich real und humoristisch wiedererzählen will." (Sk, 21) Mit feiner Ironie konnte er auch sagen: „Ich möchte die frommen Historien so erzählen, wie sie sich *wirklich* zugetragen haben oder wie sie sich zugetragen hätten, wenn..." (XI, 627) Und aus dem kleinen Novellenplan wurde sein umfangreichster Roman, der von den anthropologischen Grundfragen geleitet wurde: „Was ist der Mensch?" (Ps 8,5; IV, 47), und welche Stellung kommt ihm zu im Kosmos? Das Schreiben an diesem Romanzyklus sollte Thomas Mann „Stütze und Stab" (XI, 670) werden in Zeiten der weltgeschichtlichen Umbrüche und den damit einhergehenden lebensgeschichtlichen Veränderungen. Als „Zuflucht, Trost, Heimat, Symbol der Beständigkeit" und „Gewähr" seines „eigenen Beharrens" (XI, 670) bezeichnete er seinen Roman, der als ästhetisches Werk nicht nur ein anspielungsreiches sprachliches Kunstwerk ist, sondern zugleich „ethische Äußerungsform" (XII, 105) zur Erfüllung des eigenen Lebens. An ihm kann man aber auch die biographischen Brüche des Autors ablesen. Der Autor des ersten Romans ist nicht mehr dieselbe Person wie der Autor des vierten. Die ersten beiden Romane sind noch vor der Machtergreifung der Nationalsozialisten überwiegend in München geschrieben. Sie erschienen in Berlin (*Die Geschichten Jaakobs* im Oktober 1933 und *Der junge Joseph* im April 1934), der dritte Band *Joseph in Ägypten* wurde 1936 in Wien veröffentlicht. Das Werk ist auch kein Menschheitsepos jenseits des historisch-politischen Kontextes.[13] Gerade an dem vierten Band *Joseph, der*

---

[13] Vgl. zu dieser Annahme die Kritik bei Schöll, Joseph im Exil, 15–17.

Ernährer, der im Dezember 1943 in Stockholm erschienen ist, lässt sich seine Auseinandersetzung mit der Zeitgeschichte demonstrieren. Die Politik des „New Deal" des amerikanischen Präsidenten F.D. Roosevelt wird zur zeitgeschichtlichen Hintergrundfolie der dichterischen Sozialutopie (vgl. IX, 500) des abschließenden Bandes. Und Thomas Mann selber wird zur biographischen Folie für seine Hauptfigur Joseph. Im Medium fiktionaler Literatur vollzieht der Autor die eigenen Selbstentwürfe im amerikanischen Exil nach und idealisiert diese.[14] Hier zeigt sich auch die enge Verflechtung von Autor, Text und Kontext.[15]

Der religiöse Anspielungsreichtum des Romans wie von Autor und Werk insgesamt wurden in theologischen und kirchlichen Kreisen lange Zeit eher mit dem Mantel des Schweigens bedeckt.[16] Thomas Mann galt und gilt trotz

---

[14] So die These der Studie Schöll, Joseph im Exil, 18–28.

[15] Auch wenn sich der gegenwärtige Literaturbegriff der Literaturwissenschaft am Konzept der Sprachkunst orientiert, vom Prinzip der Fiktion bestimmt ist und das sprachliche Kunstwerk als eine souveräne Wortwelt versteht, die eigenen Gesetzmäßigkeiten folgt (vgl. den Beitrag *Im Grenzgebiet* von Maike Schult in diesen Band), darf m.E. im Fall von Thomas Mann das Verhältnis von Text, Kontext und Autor nicht außen vor gelassen werden. Denn der Autor und sein kulturelles Umfeld sind ja maßgeblich am Konstruktionsprozess beteiligt: Der Autor ist der Konstrukteur der textuellen Realität. Literatur wäre demnach als Teil eines umfassenden kulturellen Textes zu verstehen, ohne jedoch ihre fiktionale Eigenart zu vernachlässigen oder biographistisch zu verfahren. Vgl. zur literaturwissenschaftlichen Debatte: Rückkehr des Autors. Zur Erneuerung eines umstrittenen Begriffs, hg. v. F. Jannidis/G. Lauer/M. Martinez/S. Winko, Tübingen 1999; Autorschaft. Positionen und Revisionen, hg. v. H. Detering, Stuttgart u.a. 2002.

[16] Friedemann Golka spricht von einem jahrzehntelangen „Thomas-Mann-Schweigen" in der Theologie: F.W. Golka, Joseph. Biblische Gestalt und literarische Figur. Thomas Manns Beitrag zur Bibelexegese, Stuttgart 2002, 11. Eine erste konstruktive Begegnung findet sich bei G. v. Rad, Biblische Josephserzählung und Josephsroman, in: Neue Rundschau 76 (1965), 546–559. Und dann bei D. Mieth, Epik und Ethik. Eine theologisch-ethische Interpretation der Josephsromane Thomas Manns, Tübingen 1976. Erst seit kurzer Zeit wird Thomas Manns Roman auch von den Wissenschaften in den Blick genommen, bei denen er sich für seine Romane bedient hat: Alttestamentliche Theologie, Judaistik, Assyrologie, Ägyptologie und Religionsgeschichte. So schreibt Jürgen Ebach in seinem Kommentar zur Genesis: „[...] der Kommentar solle [– auf Wunsch des Herausgebers Erich Zenger –] ‚Thomas-Mann-anschlussfähig' werden. [...] Dabei wird übrigens auch deutlich, dass Thomas Mann sich in seiner Josefstetralogie nicht nur als großer Romancier erweist, sondern immer wieder auch als verblüffend versierter Exeget der Texte in ihren biblischen Kontexten und ihrer jüdischen

seiner Bearbeitung des biblischen Stoffes und seiner Nähe zur Sprache Luthers kaum als religiöser Schriftsteller, der eine traditionelle religiöse Botschaft mit seinem Werk vermitteln will. Er selber will es auch gar nicht sein, aber er arbeitet mit religiösen Zeichen, mit Bildern, Begriffen und Mythen aus der Welt der Religionen und greift in seinem Gesamtwerk immer wieder auf religiöse Traditionen zurück,[17] um diese zu einem synkretistischen Universum sprachlich brillant zu verweben.

Bei genauerer Betrachtung ist allerdings festzustellen, dass ihn die religiöse Frage als Frage nach der Stellung des Menschen im Kosmos und damit als Frage des Menschen nach sich selbst (XI, 424) nie ganz losließ. Aber dieses religiöse Interesse ist nicht nur geprägt von Kritik an der bestehenden Christenheit und von ironischer Distanz zum bürgerlichen Kulturprotestantismus seiner Zeit, sondern zeigt sich auch als ein Ringen und Suchen eines durch die Schule Nietzsches gegangenen modernen Menschen, für den alle traditionellen Verbindlichkeiten, Ordnungsstrukturen und Gottesvorstellungen aufgelöst sind. Er erkannte, dass er religiös sein will und eigentlich von einem zustimmenden Verhältnis zum Christentum bestimmt war, doch wusste er nicht, wie das gelingen sollte ohne Verrat an Nietzsche.[18] So ist Thomas Mann Zeit seines Lebens zwar mit Hut, Stock, Schirm, Brille und Bibel ausgerüstet, aber nicht mit Gesangbuch, Gebet und Gottesdienstbesuch. Er ist kein gläubiger Mensch im traditionellen Sinne, sondern ein Künstler, der in ästhetischen Anspielungen lebt, die aber durchaus ethische Interpretationsangebote bereithalten.[19] In der resümierenden Einsicht in das

---

Lektüre." Ebach, Genesis 37–50, 11. Jetzt liegt auch, aus der Sicht eines Systematischen Theologen, eine umfassende Auseinandersetzung vor mit Thomas Manns ästhetischem Gebrauch der religiösen Zeichenwelt in seinem Romanwerk: C. Schwöbel, Die Religion des Zauberers. Theologisches in den großen Romanen Thomas Manns, Tübingen 2008.

[17] Schwöbel, Die Religion des Zauberers, 12.
[18] Vgl. Kurzke, Thomas Mann. Das Leben als Kunstwerk, 266f.
[19] Erhellend dazu Passagen des Vortrags aus dem Jahre 1950 an der Universität Chicago unter dem Titel *Meine Zeit* (XI, 302–324): „Ich las neulich, daß in Deutschland, wo es viel ‚name calling' gibt, ein geistliches Gremium meinem Lebenswerk jede Christlichkeit

Gelingen seines eigenen Lebens kann er schließlich sagen: „Ich kenne die Gnade, mein Leben ist lauter Gnade, und ich bestaune sie."[20]

Diese wenigen biographischen, kulturellen, religiösen und historischen Einblicke und literaturwissenschaftlichen Bezüge können nur eine Ahnung von ihrer umfassenden Vernetzung aufschimmern lassen. Die theologische Erkundung einiger Aspekte und Personen des Romans wird geleitet vom Motiv des „In-Spuren-Gehens", eines vom Autor selbst erwogenen Interpretationsangebots zum annähernden Verstehen eines Grundzugs des Romans und zugleich seines Beitrags zur Deutung unseres Menschseins-in-der-Welt unter den Bedingungen der Moderne.[21]

---

abgesprochen habe. Das ist schon Größeren geschehen, es weckt allerlei Erinnerungen. Aber für den eigenen Fall habe ich besondere Zweifel, – die sich weniger auf den Inhalt meiner Schriften als auf den Impuls beziehen, dem sie ihr Dasein verdanken. Wenn es christlich ist, das Leben, sein eigenes Leben, als eine Schuld, Verschuldung, Schuldigkeit zu empfinden, als den Gegenstand religiösen Unbehagens, als etwas, das dringend der Gutmachung, Rettung und Rechtfertigung bedarf, – dann haben jene Theologen mit ihrer Aufstellung, ich sei der Typus des a-christlichen Schriftstellers, nicht so ganz recht. Denn selten ist die Hervorbringung eines Lebens – auch wenn sie spielerisch, skeptisch, artistisch und humoristisch schien – so ganz und gar, vom Anfang bis zum sich nähernden Ende, eben diesem bangen Bedürfnis nach Gutmachung, Reinigung und Rechtfertigung entsprungen, wie mein persönlicher und so wenig vorbildlicher Versuch, die Kunst zu üben. Vermutlich erachtet die Theologie die künstlerische Bemühung garnicht als ein Rechtfertigungs- oder Erlösungsmittel, und vermutlich hat sie sogar recht damit. Man würde sonst wohl mit mehr Genugtuung, mehr Beruhigung und Wohlgefallen auf das getane Werk zurückblicken. In Wirklichkeit aber setzt der Prozeß der Schuldbegleichung, der – wie mir scheinen will, religiöse – Drang nach Gutmachung des Lebens durch das Werk sich im Werke selbst fort, denn es gibt da kein Rasten und kein Genüge, sondern jedes neue Unternehmen ist der Versuch, für das vorige und alle vorigen aufzukommen, sie herauszuhauen und ihre Unzulänglichkeit gutzumachen. Und so wird es gehen bis zuletzt, wo es mir mit Prospero's Worten heißen wird: ‚And my ending is despair', ‚Verzweiflung ist mein Lebensend''. Da wird, wie für Shakespeares Magier, nur ein Trostgedanke bleiben: der an die Gnade, diese souveränste Macht, deren Nähe man im Leben schon manchmal staunend empfand, und bei der allein es steht, das Schuldiggebliebene als beglichen anzurechnen." (XI, 302f).

[20] Diese Briefzeile an Ida Herz vom 10. September 1951 ist zitiert bei Kurzke, Thomas Mann. Das Leben als Kunstwerk, 584. Vgl. zum Thema: W. Wienand, Größe und Gnade. Grundlagen und Entfaltung des Gnadenbegriffs bei Thomas Mann, Würzburg 2001.

[21] Jan Assmann machte wohl als erster auf dieses insbesondere im Vortrag *Freud und die Zukunft* (IX, 478–501) aus dem Jahre 1936 explizierte Konzept des „In-Spuren-Gehens" bzw. des „Gelebten Mythus" oder eben des „Zitathaften Lebens" aufmerksam: J. Assmann, Zitat-

Die Lektüre verlangt dem Leser nicht nur unbändige Geduld ab, sondern auch etwas, was sich in hektischer Zeit kaum noch gegönnt wird: Muße, oder: eine im besten Sinne verstandene Langeweile. Den „epischen Kunstgeist" sieht Thomas Mann denn auch darin am Werk, dass er „keine Eile" hat, denn „er hat unendliche Zeit, er ist der Geist der Geduld, der Treue, des Ausharrens, der Langsamkeit, die durch Liebe genußreich wird, der Geist der verzaubernden Langenweile." (X, 352) So ist es auch nicht weiter verwunderlich, wenn Thomas Mann im Rückblick kein geringeres Motto für den Josephszyklus nannte: „Ich tat es, um Gott eine Unterhaltung zu bereiten." (Sk, 336) Und dann beginnt der Roman nicht einfach mit der Wiedererzählung einer altbekannten Geschichte, die schon unzählige Male literarisch recycelt wurde,[22] sondern mit einem vierundsechzigseitigen „phantastische[n] Essay" (XI, 659), der in seiner sprachlichen Eloquenz viele Thomas Mann zugeneigte Leser von der weiteren Lektüre eher abgehalten hat, obwohl in ihm die Quintessenz des gesamten „mythopoetischen Themengewebes" (E. Heftrich) des vierbändigen Romans bereits zur Sprache kommt. Dieses Vorspiel gleicht der Ouvertüre zu einer Oper. Die literarische Komposition der *Höllenfahrt* ist denn auch der musikalischen, ebenfalls von Leitmotiven durchwebten Operntetralogie *Der Ring des Nibelungen* von Richard Wagner nach- und entgegengebildet.[23] Loriot beschreibt das Vorspiel zum *Rheingold* in seiner unnachahmlichen Weise folgendermaßen: „Der erste Teil der Tetralogie beginnt mit jener vorgeschichtlichen Zeit, in der es noch möglich war, im Rhein zu baden. Getragen von 136 Takten in Es-Dur versinken wir über den Grund des Flusses an den Ursprung der Welt. Mit dem

---

haftes Leben. Thomas Mann und die Phänomenologie der kulturellen Erinnerung, in: Thomas Mann Jahrbuch 6 (1993), 133–158.

[22] Vgl. J. Assmann, Thomas Mann und Ägypten. Mythos und Monotheismus in den Josephsromanen, München 2006, 9.

[23] Vgl. Heftrich, Geträumte Taten, 22–42; Ders., Thomas Mann und *Der Ring der Nibelungen*, in: Thomas Mann Jahrbuch 21 (2008), 17–25; D. Borchmeyer, „Zurück zum Anfang aller Dinge". Mythos und Religion in Thomas Manns *Josephs*romanen, in: Thomas Mann Jahrbuch 11 (1998), 9–29, bes. 19–22.

Auftauchen der Rheintöchter, drei unbekleideten, passionierten Schwimmerinnen, ist das Ende der Unschuld vorprogrammiert."[24] Überlassen wir die Badenixen und den Fortgang dieser „musikalischen Kosmogonie" in einem „tönende[n] Schaugedicht von der Welt Anfang und Ende" (IX, 512) dargestellten Götter- und Menschengeschichte an dieser Stelle sich selber und folgen dem Erzähler der Josephsromane auf eine „Höllenfahrt" in die unergründlichen und vergangenen Tiefen des menschlichen In-der-Welt-Seins.

2. Mythos und Segen

Suche nach Halt und Orientierung bietet ein Brunnen. Mit den Worten „Tief ist der Brunnen der Vergangenheit. Sollte man ihn nicht unergründlich nennen?" beginnt die Suche in der Zeitentiefe nach einem Anfang aller Dinge. Wie im Märchen von Frau Holle wird der Leser hinabgezogen in den tiefen Schlund auf die „Brunnenwiesen des Märchens" (IV, 55). Der „berühmt angenehme Jüngling" (IV, 10), dem wir dort in heller Mondnacht *Am Brunnen* (IV, 59–120), selbstvergessen den Mond anbetend in epileptischer Entrücktheit, begegnen, ist der „Brunnenknabe" Joseph (IV, 62). Wenn dieser siebzehnjährige Beau (IV, 393) sich nicht dem Zauber der mondhellen Nächte hingibt (IV, 59), sitzt der junge Joseph im „schönen Gespräch" (IV, 116) mit seinem in ihn vernarrten Vater am Brunnen und lauscht dem „geschichtenvollen und versonnenen" Jaakob (IV, 91f), der seine Braut Rahel erstmals an einem Brunnen traf (IV, 225–231; IV, 378). Am Unterweisungsbaum neben dem Brunnen wird er vom ältesten Knechte Eliezer in Wissenschaft und Weisheit unterrichtet. Aus einem Brunnen wird Joseph wie aus einer Mutter entbunden und neu geboren. Der ausgetrocknete Brunnen, in den seine Brüder ihn, den hochmütigen Narziss und Träumer, geworfen haben, wird für ihn der Eingang zur Unterwelt in das „Land der Toten": Ägypten. Das Land am Nil wird ihm zum Ort der inneren Umkehr, der Buße

---

[24] Loriots kleiner Opernführer, Zürich 2003, 63f.

und schließlich der Rettung, aber auch zum Raum des interkulturellen und interreligiösen Austausches. Auch das Gefängnis, in das er nach dem im dritten Band ausgiebig ausgeschmückten Liebesabenteuer mit der Frau des Potiphar (Mut-em-enet) geworfen wird, wird als ein solcher Brunnen verstanden, aus dem er diesmal wegen seiner Fähigkeit des Traumdeutens erlöst wird. Und schließlich zum Vize-König in Ägypten vom Pharao befördert, erfolgt das lange ersehnte Wiedersehen mit seiner Familie. Aus dem jungen Träumer ist ein sozial verantwortlicher Politiker geworden.

„Tief" ist nicht nur das erste Wort des Josephsromans, sondern zugleich auch ein Leitmotiv. Es geht hier nicht in erster Linie um die Tiefe der menschlichen Psyche,[25] sondern um das, was unserer Seele Tiefe und unserem Leben Sinn gibt: die unbewussten Dimensionen, die Prägungen oder Spuren, die seit unvordenklicher Zeit das „kulturelle Gedächtnis" (A. u. J. Assmann) der Menschheit bestimmen: „Das Prinzip dieser anfangslosen oder uranfänglichen vertikalen Verankerung des menschlichen Lebens nennt Thomas Mann ‚Mythos'."[26] Dabei reichen die Mythen, in und aus denen wir

---

[25] In seinem Vortrag *Freud und die Zukunft*, den er anlässlich des 80. Geburtstages des Begründers der Psychoanalyse am 8. Mai 1936 in Wien hält, spielt Thomas Mann mit der chronologischen und psychologischen Bedeutung dieses Wortes: „In der Wortverbindung ‚Tiefenpsychologie' hat ‚Tiefe' auch einen zeitlichen Sinn: die Urgründe der Menschenseele sind zugleich auch *Urzeit*, jene Brunnentiefe der Zeiten, wo der Mythus zuhause ist und die Urnormen, Urformen des Lebens gründet" (IX, 493).

[26] Assmann, Thomas Mann und Ägypten, 80. Thomas Mann wird nur vereinzelt als „Theoretiker und Phänomenologe des Mythos" von Religions- und Kulturwissenschaftlern (v.a. J. Assmann), Philosophen oder gar Theologen wahrgenommen, wohl aber von den Literaturwissenschaftlern. Vgl. zur Theologie: Mieth, Epik und Ethik; H. Deuser, Mythos und Kritik. Theologische Aufklärung in Thomas Manns Josephsroman, in: Mythos und Rationalität, hg. v. H.H. Schmid, Gütersloh 1988, 288–309. Aus den literaturwissenschaftlichen Untersuchungen sind u.a. zu nennen: W. Berger, Die mythologischen Motive in Thomas Manns Roman „Joseph und seine Brüder", Köln/Wien 1971; M. Dierks, Studien zu Mythos und Psychologie bei Thomas Mann, Bern/München 1972; T. Wilhelmy, Legitimitätsstrategien der Mythosrezeption. Thomas Mann, Christa Wolf, John Barth, Christoph Ransmayr, John Banville, Würzburg 2004; W. Jäger, Humanisierung des Mythos – Vergegenwärtigung der Tradition. Theologisch-hermeneutische Aspekte in den Josephsromanen von Thomas Mann, Stuttgart 1992.

leben, in diese unvordenklichen Tiefen herab, die sich bewusster Reflexion entziehen, und dennoch kann das ins Unbewusste Abgesunkene eine lebensformende und schicksalsbestimmende Kraft entfalten. Denn der „Mythos ist Lebensbegründung; er ist das zeitlose Schema [...], in dem es aus dem Unbewussten seine Züge reproduziert" (IX, 493).

Der gegenwärtigen, im Ganzen jedoch unüberschaubar bleibenden Mythosdiskussion[27] ist es wohl gelungen zu verdeutlichen, dass das Mythische nicht mehr aus seiner Gegenstellung zum Logos (so noch die Faustformel W. Nestles: „Vom Mythos zum Logos") verstanden werden muss, sondern mit H. Blumenberg kann man vom Logos des Mythos sprechen und so seine Funktion als rationale Weltbewältigung im Sinne einer Kulturtechnik herausstellen.[28] Der Mythos wird nicht mehr zum Ammenmärchen, zur bloßen Fabel, zum Inbegriff des Unvernünftigen, zur Lüge der Dichter oder zum ideologisch missbrauchten Aberglauben degradiert. Er ist nicht mehr das Irrationale, was von der Aufklärung überwunden werden muss. Zwar bleibt strittig, welche kognitiven Leistungen die mythisch-poetische Weltbildung vollbringt und ob ihr tatsächlich eine rationale Gesamtstruktur eingeschrieben werden kann (E. Cassirer, W.F. Otto, M. Eliade, H. Blumenberg, K. Hübner). Es gilt wohl, dass sowohl dem mythischen wie auch dem wissenschaftlichen Denken ein Bedürfnis nach Ordnung inskribiert werden kann

---

[27] Nun wäre es ein hehres und zugleich unmögliches Unterfangen, hier die Debatte um den Mythosbegriff seit seinem Aufkommen im 18. Jahrhundert in der Romantik darzulegen und insbesondere die Jahre bis 1930, als Alfred Rosenbergs *Der Mythus des 20. Jahrhunderts* erschien, in allen Einzelheiten auszuloten. Aber kleine Schritte zur Verständigung können wir gehen und drei historische Punkte vorab nennen: Alle entscheidenden Werke der Mythosdiskussion sind vor 1933 entstanden. Fast alle Autoren sind Nietzsche-Exegeten. Und der Mythos ist nichts spezifisch Nationalsozialistisches. Wiederum Jan Assmann machte in seinem Aufsatz *Zitathaftes Leben* und in seinem Buch über *Thomas Mann und Ägypten* auf den eigenständigen Beitrag von Thomas Mann zur kulturwissenschaftlichen Mythosdebatte seiner Zeit aufmerksam, die bei Germanisten schon längst gesehen, aber in den anderen Disziplinen und insbesondere auch in der Theologie nicht wahrgenommen wurde. Vgl. H. Kurzke, Thomas Mann, Leben – Werk – Wirkung, München ³1997; ferner die Artikel „Mythos" in TRE und HWPh.

[28] H. Blumenberg, Arbeit am Mythos, Frankfurt a.M. 1979, 18; 38.

(Lévi-Strauss). Unstrittig sollte jedoch sein, dass das Mythische im weitesten Sinne als symbolische Handlung, als Kunstreligion, als stiftendes Dichterwort eine autochthone sprachliche Seinsauslegung zeigt, die unabtrennbar zum Menschen dazugehört.[29] Es wächst zudem die Einsicht, dass sich eine bloß rational-wissenschaftliche Weltdeutung, gegründet auf Logik und Erkenntnistheorie, wichtige Weltbezüge radikal abschneidet. Mythisch-religiöse und poetisch-ästhetische Weltdeutungen haben neben der wissenschaftlich-rationalen jedoch eine bleibende Kraft für das Menschsein-in-der-Welt, weil ihre Sinngebungen und Wahrheiten unser Existieren wirklich und wahr angehen können und unser Leben tief betreffen. Von dieser anthropologischen Warte aus können wir auch den Beitrag von Thomas Mann zur Debatte um den Mythos ausleuchten.

Mit Mythen sind zunächst Sinn gebende Geschichten gemeint, in denen wir die „Gründungsmuster allen Geschehens" zu entdecken suchen. Der Mensch hat sich durch den Mythos aus der völligen Naturhingabe befreit. Von ihm soll die Aufgabe der Angst- und Kontingenzbewältigung durch Weltdeutung erfüllt werden. Mythen erzählen von der Erschaffung der Welt und von ihrem Ende, aber sie verbergen ihren eigenen Ursprung. Sie erzählen von der Verführung, von Lust und Trunkenheit, von Ehebruch, von der Entmannung und vom Inzest, Brudermord, Vatermord und Muttermord, von Tod und Auferstehung, von Himmel und Hölle, Elysium und Hades und davon, wie das Böse in die Welt kam.[30]

Genau diese Motiv-Gemengelage macht es für den Erzähler reizvoll, sich auf die Höllenfahrt in die tiefen Brunnen der Vergangenheit zu begeben. Er will das Wesen des Menschen in seinen mythischen Anfängen erkunden, hinter denen sich aber immer wieder neue Scheinhalte auftun (Atlantis, die große Flut, der große Turm, das Paradies, der Adam qadmon). Erst in der

---

[29] W. Janke, Kritik der präzisierten Welt, Freiburg i.Br./München 1999, 59f.
[30] Vgl. H. Kurzke, Thomas Mann. Ein Porträt für seine Leser, München 2009, 131.

Seele des Menschen ist das „letzte ‚Zurück' erreicht, die höchste Vergangenheit des Menschen gewonnen, das Paradies bestimmt und die Geschichte des Sündenfalls, der Erkenntnis und des Todes auf ihre reine Wahrheitsform zurückgeführt [...]. Die Urmenschenseele ist das Älteste, genauer ein Ältestes, denn sie war immer, vor der Zeit und den Formen, wie Gott immer war und auch die Materie." (IV, 42) Die Erzählung ist für ihn ein „Fest" (IV, 54), auf dem der Mythos zur Gegenwart wird. Der Erzähler macht aber nicht den Fehler, den Moden der damaligen Zeit zu verfallen, und geriert sich antiintellektualistisch oder irrational oder gar mythisierend, sondern gibt sich aufgeklärt und ironisch. Der moderne Leser wird durch einen modernen (Mythen-)Erzähler in die Welt des zweiten vorchristlichen Jahrtausends hineingenommen. Der Erzähler ist mit den Wassern der modernen Bibelkritik, der Religionsgeschichte, Kulturanthropologie, Psychologie, der Altorientalistik und der Ägyptologie gewaschen. Thomas Mann, der kein Abitur hatte und nur kurzzeitig an der Münchener Universität als Gasthörer immatrikuliert war, hatte die Eigenart, für seine Romanprojekte, nicht nur für die Josephsromane, eine umfangreiche Handbibliothek mit Fachliteratur anzulegen und darin ausgiebig zu studieren. Für dieses Projekt sind es über sechzig Bände, sowie unzählige Notizen und Materialien.[31]

Durch das Anziehen des Mythos-Gewandes gelingt es dem Erzähler auf vorzügliche Weise, Ausdrucksformen für das ansonsten Nichtaussprechbare und das Verdrängte der Kultur zu finden.[32] So kann er sich genüsslich des Mythos oder der biblischen Geschichten bedienen, wenn er durch eine scheinbar sittliche Gesellschaft flaniert: Das Alte Testament erzählt nicht nur von den Zehn Geboten und dem Auszug aus Ägypten und dem Einzug in das Gelobte Land, sondern auch von Abraham und seinen zwei Frauen, von Jakobs vier Frauen, vom Betrogenwerden Esaus, von der Vertreibung Ismaels,

---

[31] Vgl. Kurzke, Thomas Mann. Ein Porträt für seine Leser, 141f.
[32] Hier und zum Folgenden vgl. Kurzke, Thomas Mann. Ein Porträt für seine Leser, 131f.

von Noahs Trunkenheit, von Chams Schamlosigkeit, von Ruben, wie er sich mit seines Vaters Nebenfrau einließ usf. Je nach Perspektive möchte man sagen „Sodom und Gomorra" oder einfach „Menschliches, Allzumenschliches" (F. Nietzsche).

Aber die Pointe des Mythos ist, dass es für alle Verfehlungen, auch für die nur gedachten, bindende Muster bzw. Schemata gibt. Der Mythos hält dafür eine ganze Palette von Vorbildern parat, denn er sagt schlicht: Alles Handeln ist lediglich Wiederholung. Jeder Typus sucht seinen Prototypus. Nach den urzeitlichen Gründungen gibt es nichts Neues unter der Sonne (Koh 1,9), allenfalls kleine Variationen und Modifikationen des Altvertrauten. Im Mythos ist alles jederzeit und überall. Das hat für den erlebenden Menschen auch einen großen Vorteil. Der Mythos schafft nämlich eine Art Sicherheit: wenn *er* sein Muster gefunden hat, dann weiß er, ob er Kain oder Abel ist, Isaak oder Ismael, Jakob oder Esau, Jesus oder Judas. Wenn *sie* ihr Muster gefunden hat, weiß sie, ob sie Eva ist oder Maria, Hagar oder Sarai, Lea oder Rahel, Asnath oder die Frau des Potiphar. Klar wird bei diesem Katalog von Hermann Kurzke: auch die Rolle des Bösen muss gespielt werden, auch sie gibt dem Leben Sinn.[33] Überall kann also nur das Bekannte als Wiederkehr des Ewig-Gleichen zum Vorschein kommen. Der Mythos suspendiert die Individualität.

An dem ältesten Knechte lässt sich idealtypisch auch für andere Figuren des Romans (Esau, Laban etc.) dieses mythische Selbstverständnis aufzeigen.[34] Alle ältesten Knechte seit Abrahams Zeiten heißen im Roman, nicht in der biblischen Überlieferung, *Eliezer*. Er ist nicht nur der Lehrer Josephs, sondern repräsentiert das „In-Spuren-Gehen", das Nachleben eines durch die mythischen Geschichten festgelegten Schemas, das aus der Innenperspektive nicht als Wiederholung, sondern als Vergegenwärtigung erlebt wird. Wenn

---

[33] So weiß bspw. Esau genau um seine Rolle, die er in der Geschichte zu spielen hat.
[34] Das Folgende greift immer wieder zurück auf Überlegungen von Wilhelmy, Legitimitätsstrategien der Mythosrezeption, 81–179.

Eliezer, der Knecht Jaakobs, von „sich" sprach, meinte er zu einem Teil auch den Knecht Abrahams, der auch den Namen Eliezer trug. Das nennt der Roman *Mondgrammatik* (IV, 121–123). Sie meint, „dass des Alten Ich sich nicht als ganz fest umzirkt erwies, sondern gleichsam nach hinten offenstand, ins Frühere, außer seiner eigenen Individualität Gelegene überfloß und sich Erlebnisstoff einverleibte, dessen Erinnerungs- und Wiedererzeugungsform eigentlich und bei Sonnenlicht betrachtet die dritte Person statt der ersten hätte sein müssen." (IV, 122f)[35]

Jaakob kann als eine Figur des Übergangs im Umgang mit dem Mythos gedeutet werden. Im Vergleich zu seiner Generation ist ein Zuwachs an religiöser, kultureller und rationaler Einsicht zu verzeichnen. Als „listenreicher" Erschleicher des väterlichen Segens und trickreicher Vermehrer seiner Schafherden, setzt er seine eigenen Interessen in einer Welt aus Macht und Gewalt durch. Jaakob (Jisrael) ist voll von Geschichten. Seine „mehrfach geschichtete und beziehungshaft verschränkte Denkweise" (IV, 99) wird z.B. in seiner Identifizierung mit Abraham deutlich, dem Mondwanderer, der als ein „sinnender und innerlich beunruhigter Mann" (IV, 11) Gott entdeckte (IV, 425–437) und seinen Sohn Isaak opfern sollte, wozu Jaakob aber nicht in der Lage gewesen wäre, um diese *Prüfung* zu bestehen (IV, 103–108). So sagt er: „denn meine Liebe war stärker denn mein Glaube, und ich vermochte es nicht." (IV, 106f) Jaakobs Sorge gilt dem Kommenden (IV, 252), der Zukunft, die eng verbunden ist mit der Sphäre des Geistes und der Ratio. Grund seines „Besorgniskomplexes" ist die Furcht vor einem religiösen Rückfall (IV, 99) in die Zeit vor der Gottesentdeckung. Daher tadelt er in der Eingangsszene am Brunnen auch die Nacktheit seines den Mond anschwärmenden Sohnes und malt Joseph ein Zerrbild von Einseitigkeiten und Übertreibungen vom „äffischen Ägyptenland" (IV, 96–103) vor Augen. Durch diesen Kontrast will er seine eigene, letztlich fragile Identitätskonstruktion

---

[35] Vgl. auch den Vortrag *Freud und die Zukunft* sowie dazu Assmann, Zitathaftes Leben.

heller leuchten lassen. Doch Joseph durchschaut seinen Vater, der „im Leben nicht immer eine würdevolle und heldische Rolle gespielt hatte" (IV, 69f), und weiß geschickt damit umzugehen. Doch hinter dem Paradigma des Rückfalls steckt wohl auch die Beobachtung des Autors in Zeiten des Nationalsozialismus, dass jede hochentwickelte Gesellschaft Gefahr laufen kann, in barbarische Verhaltensweisen zurückzufallen, und zwar zu jeder Zeit der Menschheitsgeschichte – immer und überall.[36]

Jaakob ist allerdings nicht nur von der Leidenschaft für Gott besessen, sondern auch für eine Frau: Rahel (IV, 381). Dazu heißt es klar heraus: „Dies war sein Fehler." Und als er seine Lieblingsfrau, die „Braut vom Brunnen, die mit ihm Wartende der sieben Jahre" (IV, 378), am Wegesrand – nahe des Ortes, an dem er seinen Traum von der Himmelsleiter geträumt hatte (*Die Haupterhebung*) – nach der Geburt ihres zweiten Sohnes Benjamin bestatten muss, wird ihm ihr gemeinsamer Erstgeborener, Joseph, zum einzigen Liebling. Die Tragödie des Todes der im Roman 41-jährigen Rahel im Morgenrot nach der Geburt und der Nacht, in der „die Barke des Mondes silbern heraufgeschwommen war überm Gebirge" (IV, 386), gehört zu den erschütterndsten Passagen des Romans. In dieser Liebe zu Rahel und dann zu Joseph kommt Jaakobs Fremdbestimmtheit und mangelnde Selbstsicherheit zum Ausdruck. Er ist nicht hinreichend genug „Ich" und wird im Grunde seiner Persönlichkeit von Abgöttern dominiert. Sein Gottesverständnis bleibt denn auch hinter der Gottes-Entdeckung zurück, die in ihrem Kern die Grundlegung der Ich-Würde des Menschen darstellt.[37] Und damit gelangen wir in die Spur, um uns Josephs Umgang mit dem Mythos genauer anzusehen.

Joseph durchlebt im Romanzyklus eine Entwicklung vom egoistischen und narzisstischen Mondschwärmer am Brunnen, Träumer, von der Petze,

---

[36] Vgl. Ph. Gut, Thomas Manns Idee einer deutschen Kultur, Frankfurt a.M. 2008, 276.
[37] Wilhelmy, Legitimationsstrategien der Mythosrezeption, 108.

vom Angeber im schönen Kleid (Ketonet) und Lausejungen zum sozial verantwortlichen Ökonom und Politiker. Im Dichtermärchen wird aus dem mondnärrischen jungen Joseph ein segensvoller Ernährer der Völker.

Im ersten Brunnengrund übernimmt der nicht von Fehlern freie Joseph die Verantwortung für den Hass seiner Brüder. In der dunklen Höhle, in der er drei Tage weilte, entwickelt sich sein Geist weiter, da er sich seiner eigenen Verantwortung für sein Handeln bewusst wird. Er ist in der Lage, sich von der gegenwärtigen Situation zu lösen und seine Gefühle zu sortieren. Dieses Eingeständnis der eigenen Schuld macht auch die ethische Differenz Josephs zu Jaakob aus. Jaakob ahnt zwar, dass seine Vernarrtheit in Joseph den Hass der Brüder mitförderte und sie auch zu der Tat fähig werden ließ, die den als Tod erlebten Verlust seines Lieblingssohnes herbeiführte, aber er verdrängte es, weil der Verdacht sonst auf ihn selber gefallen wäre (IV, 642). Genauso wie Joseph im Verhältnis zu seinen Brüdern nicht unbeteiligtes Opfer war, ist er auch in der Liebessache mit Mut-em-enet nicht unbeteiligtes Opfer. Vielmehr fühlt er sich durch die Bewunderung, die ihm die Frau seines ägyptischen Herrn Potiphar zuteil werden lässt, aufs Äußerste geschmeichelt und sucht bewusst ihre Nähe. Nur das Antlitz des Vaters rettete ihn vor dem Begehren der Frau des Potiphar bzw., wie es im Roman heißt: er rettete sich, „indem sein Geist das Mahnbild hervorbrachte": „Was ihn aber vermochte, sich loszureißen und von ihr hinauszufliehen im letzten, äußersten Augenblick, war dies, daß Joseph das Vaterantlitz sah [...]. Es ist so: Als es, all seiner Redegewandtheit zum Trotz, beinahe schon mit ihm dahingehen wollte, erschien ihm das Bild des Vaters. Also Jaakobs Bild? Gewiß, das seine. Aber es war kein Bild mit geschlossen-persönlichen Zügen, das er da oder dort gesehen hätte im Raum. Er sah es vielmehr in seinem Geiste und mit seinem Geiste: Ein Denk- und Mahnbild war es, das Bild des Vaters in weiterem und allgemeinerem Verstande, – Jaakobs Züge vermischten sich darin mit Potiphars Vaterzügen, Montkaw, dem bescheiden Verstorbenen, ähnelte es in einem damit, und viel gewaltigere Züge noch trug es alles in allem und über diese Ähnlichkeiten hinaus. Aus Vateraugen, braun und blank, mit Drüsenzartheiten darunter, blickte es in besorgtem Spähen auf Joseph." (V, 1259; vgl. IV, 68 und IV, 50)

Auch hier folgt das Eingeständnis der eigenen Schuld und die Grube: drei Jahre Gefängnis, und die Wiederauferstehung, als er dreißig Jahre alt war, so dass „alles rein genau im Wahren und Richtigen harmonisch aufgeht!" (IV, 824) Ein erhöhtes Reflexionsvermögen und die gesteigerte Reflexionsbereitschaft sind Kennzeichen des ausgeprägten „Ich". Und dieses „Ich" als ein eigenverantwortlich handelndes Subjekt ist Ziel der Entwicklung des Romans. Es ist eine Utopie des Menschen, dessen Ideal-Bild in Josephs Menschentum aufleuchtet. Daher handelt es sich bei der Josephstetralogie auch nicht um einen historischen Roman, auch wenn er in der Vergangenheit angesiedelt ist, sondern er ist als Zukunftsprojekt gedacht, das durch einen Rationalitätszuwachs gekennzeichnet ist. Diese Verbindung von Vergangenheit und Zukunft kommt im Doppelsinn des Wortes „einst" (IV, 32; 34) zum Ausdruck, in der auch die vertikale Verankerung der Person im Mythos als zeitlose Gegenwart verdeutlicht wird.

In Josephs Persönlichkeit tritt ein fortschrittlicher Umgang mit dem Mythos zutage, der sich zum einen in einem Zugewinn an Ich-Würde bei Joseph ablesen lässt, da er in existentiell signifikanten Situationen in der Lage ist, persönliche Verantwortung zu übernehmen. Er weicht nicht mehr in die bequemen Schemata des Mythos aus, auch wenn sie als Erklärungsmuster des eigenen Versagens bereitstehen. Vielmehr kennzeichnet Joseph eine ästhetische Neuaneignung des Mythos unter einer Zunahme an Selbstreflexivität, deren unmittelbare Folge die „Geburt des Ich" ist. Nicht mehr sentimentale Rückwärtsgewandtheit zeichnet den Umgang mit dem Mythos aus, sondern die Integration des Mythos in die neue Bewusstseinslage des ästhetischen oder „heiteren und unbesorgten" Umgangs mit dem Mythos als einzig legitimer Weise des Umgangs mit ihm. Diese ästhetische Lesart wird zuletzt sogar auf die eigene Tradition angewendet. Mythen der eigenen und fremden

Kulturen werden nicht mehr als lügenhafte Fabeln angesehen, sondern in der ästhetischen Perspektive gelten ihre Wahrheit und ihre Würde gleichermaßen. Die ästhetische Existenz zeichnet also eine kosmopolitisch gebildete Toleranz aus.[38] Daher kommt Josephs spezielle Art des „In-Spuren-Gehens" wohl am besten im Bild eines „Schauspielers des Mythos"[39] zum Ausdruck. Die bewusste Selbstinszenierung des „religiösen Hochstaplerchen[s]" hat als ein Akt höchster Bewusstheit kalkulierende Wirkung. Aus dem würdigen Ernst eines Jaakob wird das täuschende Spiel des Sohnes. Joseph ist Thomas Manns Felix Krull im mythischen Gewande: „Denn das Spielen konnte Jaakobs Sohn [...]. Die lieblichste Form des Spielens war ihm die Anspielung" (V, 1293). Dieser spielerische Bezug zum Mythos ist Zeichen seiner Individualität. Aus einer anfangs zum Narzissmus gesteigerten Subjektivität wird ein sozial verantwortlicher Künstler: So erzählt dieser Roman einerseits die in eine Familiengeschichte eingekleidete Entwicklung der Menschheit als eine Kultur- und Bewusstseinsgeschichte, deren Ideal in Joseph verkörpert wird, und andererseits die Entwicklung eines Individuums, das als „Künstler-Ich" in zentraler Position der gesamten Gesellschaft nützlich sein kann, ohne jedoch eine gewisse Egozentrik und künstlerische Tätigkeit aufgeben zu müssen.

Im märchenhaften Ende des Romanzyklus erscheint Joseph als Ernährer verbürgerlicht und der Gesellschaft nützlich eingegliedert. Zugleich hält er sein mythisches Künstlertum aufrecht. Es liegt in seinem Reflexionsvorsprung in Bezug auf das eigene „In-Spuren-Gehen" begründet, das ihn im Grunde seit Beginn des Romans auszeichnet, denn „Joseph wußte natürlich, warum" (IV, 52) sein Vater die zeltende Existenz der sesshaften vorzog, auch wenn Joseph „nicht ohne Sinn für das weltlich Stattliche, ja Pomphafte war" (IV, 52): „Es mußte so sein, weil man einem Gotte diente, dessen We-

---

[38] Wilhemy, Legitimationsstrategien der Mythosrezeption, 114.
[39] Kurzke, Thomas Mann. Epoche – Werk – Wirkung, 252.

sen nicht Ruhe und wohnhaftes Behagen war, einem Gotte der Zukunftspläne, in dessen Willen undeutliche und große, weitreichende Dinge im Werden waren, der eigentlich selbst, zusammen mit seinen brütenden Willens- und Weltplänen, erst im Werden und darum ein Gott der Beunruhigung war, ein Sorgengott, der gesucht sein wollte und für den man sich auf alle Fälle frei, beweglich und in Bereitschaft halten mußte." (IV, 52; vgl. V, 1719–1724)

Als Symbol für diesen neuen Umgang mit dem Mythos fungiert im Roman die Rede vom doppelten Segen (Gen 49,25), in dem Thomas Manns Vision eines neuen Humanismus aufleuchtet. Im Menschen der Zukunft sind die naturverflochtene Seele und der außerweltliche Geist, also das Prinzip der Vergangenheit und das der Zukunft, eine neue innige Verbindung eingegangen: „Das Geheimnis aber und die stille Hoffnung Gottes liegt vielleicht in ihrer Vereinigung, nämlich in dem echten Eingehen des Geistes in die Welt der Seele, in der wechselseitigen Durchdringung der beiden Prinzipien und der Heiligung des einen durch das andere zur Gegenwart eines Menschentums, das gesegnet wäre mit Segen oben vom Himmel herab und von der Tiefe, die unten liegt." (IV, 48f) Das Motiv des doppelten Segens durchzieht leitmotivisch (XIII, 204) die vier Bände und findet im „großen Religionsgespräch" (V, 1404–1481) zwischen dem siebzehnjährigen Echnaton und dem dreißigjährigen Joseph einen ausdrucksvollen Höhepunkt seiner Verwobenheit mit der Würde des Ich und dem schauspielerischen Umgang mit dem Mythos. Wer lediglich im Mythos lebt, ist an das bindende Muster der Tiefe gebunden. Die Ansprüche des „Seelenuntersten" (X, 261; Es, Wille) überlagern die eigene Freiheit. In Josephs Umgang mit den bindenden Mustern der Tiefe kommt nun die Eigenart der Neuformulierung des In-Spuren-Gehens im Horizont der Moderne zum Ausdruck: „ich bin's und ich bin's nicht, eben weil *ich* es bin, das will sagen, weil das Allgemeine und die Form eine Abwandlung erfahren, wenn sie sich im Besonderen erfüllen" (V, 1421). Joseph führt auf diese Weise die eigene Individualität in das Musterhafte des mythischen Denkens ein und zugleich das zukunftsträchtige Potential der individuellen Freiheit, die einhergeht mit der Bereitschaft, ethische Verantwortung zu übernehmen. Das wird in der anthropologischen „Kernstelle des Romans"[40] ausgesprochen, wenn Joseph zu Echnaton sagt, „daß es ein Ich ist und ein Einzig-Besonderes, durch das die Form und das Überlieferte sich erfüllen, – dadurch wird ihnen meines Erachtens das Siegel der Gottesvernunft zuteil. Denn das musterhaft Überlieferte kommt aus der Tiefe, die unten liegt, und ist, was uns bindet. Aber das Ich ist von Gott und ist des Geistes, der ist frei. Dies aber ist gesittetes Leben, daß sich das Bindend-Musterhafte des Grundes mit der Gottesfreiheit des Ich erfülle, und ist keine Menschheitsgesittung ohne das eine und ohne das andere." (V, 1422)

So führen die Spuren der Vergangenheit in die offene Zukunft und in der gottgewirkten Freiheit des Ich zeigt sich die „Humanisierung des Mythos" (vgl. XI, 658), die nicht nur gegen die Verdunklung der Wahrheit des Mythos im Faschismus steht, sondern zugleich auch gegen das zwanghaft sich selbst reflektierende und von Identitätsverlust bedrohte moderne Ich, das sich als Maß aller Dinge betrachtet und darüber sein eigentliches Menschsein vergisst. So spiegelt der Autor im Brunnen der Vergangenheit zugleich die Krise der Gegenwart.[41]

3. Freiheit und Lachen

Der heutige Leser dieses Sprachkunstwerkes muss sich aber angesichts seiner auch in religiöser Hinsicht unübersichtlichen Lage am Ende dieser beschleunigten Durchwanderung anspielungsreicher Wortwelten nicht mit Tränen niedersetzen wie die Trauernden in der Bachschen Matthäuspassion. Zeitgemäße Religion offenbart sich für diesen modernen Mythenerzähler nur

---

[40] Wilhelmy, Legitimationsstrategien der Mythosrezeption, 128.
[41] Vgl. Gut, Thomas Manns Idee einer deutschen Kultur, 275.

noch im Medium der Kunst und wird darin als Basis der Kultur akzeptiert.[42] Thomas Mann unternahm dieses Projekt in einer Zeit, in der die meisten Deutschen Adolf Hitler und seinem Regime gefolgt sind, und setzt der nationalsozialistischen Ideologie einen humanistisch-religiösen Entwurf entgegen. Er habe den Mythos den faschistischen Dunkelmännern aus den Händen genommen, um ihn ins Humane „umzufunktionieren", schrieb er in einem Brief an Karl Kerényi (Sk, 192 = XI, 651). Widerhall findet diese Aussage mit einer Anspielung auf Hitler in der letzten Szene des Romans, in der die Versöhnung Josephs mit seinen Brüdern geschildert wird: „[...] ein Mann, der die Macht braucht, nur weil er sie hat, gegen Recht und Verstand, der ist zum Lachen. Ist er's aber heute noch nicht, so soll er's in Zukunft sein, und wir halten es mit dieser [...]." (V, 1822) Dem doppelt gesegneten Humanen gehört die Zukunft, da Thomas Mann aus seiner ästhetischen Perspektive die Freiheit und Verantwortung des Einzelnen ernst nimmt, indem er einfach im Sinne einer deskriptiven Ethik[43] die Phänomene des Lebens beschreibt und nicht zu einer ästhetischen Weltflucht aufruft. Kunst versteht Thomas Mann letztlich immer existentiell und entlastet sich zugleich vom Pathos einer normativen Verbindlichkeit. Dadurch, dass Joseph die Rolle des weltlichen, immanenten Ernährers (V, 1686) und nicht die des religiösen Heilsbringers spielt, wendet sich Thomas Mann gegen den Anspruch, im Künstler-Ich eine letztgültige Wahrheit zu formulieren. Er erweist sich damit als resistent gegen Allmachtsphantasien, die seine faschistischen Gegner für sich in Anspruch nehmen. Eine selbstbewusste Bescheidenheit zeichnet diese Haltung aus, die mit den Mitteln der Ironie nicht die Strenge und Ernsthaftigkeit der Wahrheit ausstrahlt, sondern lediglich ein Interpretationsangebot unterbreitet als Alternative zum dumpfen mythischen Aber-

---

[42] W.D. Hartwich, Religion and Culture: *Joseph and his Brothers*, in: The Cambridge Companion to Thomas Mann, Cambridge 2002, 151–167.
[43] Vgl. auch M. Mayer, Thomas Mann ‚Heute'. Ethik und Ironie der Menschlichkeit, in: Thomas Mann Jahrbuch 19 (2006), 9–22.

glauben. Und so kann sie auch Raum lassen für einen transzendenten Messias, also den Heil bringenden Erlöser. Thomas Mann wandelt mit dieser Haltung gleichwohl unbewusst in den Spuren einer sapientialen Theologie, wie sie sich in den biblischen Weisheitsüberlieferungen findet. Denn er verwahrt sich in seinem aufgeklärten und vernünftigen Umgang mit dem Mythos gegen anthropologische Einseitigkeiten und Präzisierungen, da er die mythisch-religiösen, wissenschaftlich-rationalen und ästhetisch-poetischen Strukturen des Menschseins miteinander in Beziehung setzt und sie gleichberechtigt zusammen gelten lässt. Die vorrationalen und unbewussten Strukturen werden in ihrer Wirksamkeit anerkannt. Thomas Manns Theorie einer mythischen Identität bewahrt auch vor einer Überzeugung grenzloser Selbstmächtigkeit des Menschen. Sie ruft eher zu einer Selbstbescheidung auf, wie sie sich insbesondere bei Kohelet finden lässt. Menschen tragen das, was Generationen vor ihnen erlebt und erfahren haben, mit und in sich weiter. Sie sind gewissermaßen immer wieder gezwungen, ihre Erfahrungen zu wiederholen, aber solche Wiederholungen müssen nicht die Wiederkehr des musterhaft Gleichen sein, sondern Modifikationen sind möglich, und es gibt Spielräume für neues Handeln und neues Leben, denn Menschen können sich im Laufe ihres Lebens ändern.[44] Wir finden uns immer nur in einem Ineinander von Selbst- und Fremdbestimmung vor. Im Josephsroman wird deutlich, dass das handelnde Ich und die unverfügbaren Umstände, die Selbstmächtigkeit und die Ohnmacht, das identitätskonstruierende Zitat und das überindividuelle Muster immer zusammengehören. Diese Zusammengehörigkeit verbirgt sich in dem Doppelsegen aus der Tiefe herauf und von oben herab. Ohne ihn ist kein geordnetes, gesittetes Leben möglich.

Es ist allerdings nicht immer klar, welche Dimension beim In-Spuren-Gehen die Oberhand hat, das handelnde Ich oder die unverfügbaren Umstände. Aber deutlich ist, dass der Mensch nicht ohne die Vorstellung von Sinn-

---

[44] Vgl. Ebach, Genesis 37–50, 46.

strukturen und Deutungsmustern leben kann, die beides kennen: das menschliche Bedürfnis nach Anleitung und Entlastung und das Moment des freiheitlichen Handelns. So kann Joseph auch der Begegnung mit seinen Brüdern unter „Tränen und Lachen" entgegensehen, weil die Vergangenheit nicht mehr belastend ist, die Gegenwart sich nicht nebulös entzieht und die Zukunft keine Bedrohung darstellt. Aus dieser klaren Durchsichtigkeit heraus wird der Mensch, der in Spuren geht, zu einem heiteren Menschen. Er weint zwar Tränen, weil er sich seiner Schuld gegenüber seinen Brüdern bewusst ist. Er verliert sich aber nicht in Schuld- und Sinnfragen, „denn ein heilig Spiel war es doch, und du littest und konntest verzeihen." (V, 1804) Und er kann lachen, weil er sich seiner Würde und des Trostes[45] bewusst ist. Zudem hat er die gottgegebene Gabe der Heiterkeit erhalten, die das „verwickelte, fragwürdige Leben zum Lachen bringen kann. Er kann sich einfach über das Wiedersehen mit seinen Brüdern freuen."[46] Dieses „erlösende Lachen" kann man mit P.L. Berger[47] auch in diesem Kontext als ein Signal, mitnichten als einen Beweis, der Transzendenz deuten, dass das Leben für Augenblicke zu erleichtern vermag. Es ist das Zeichen, dass Gott alles gefügt hat im heiligen Spiel (V, 1686), auch wenn er zugleich als Zuschauer dabei bezeichnet werden kann (V, 1676; 1684). Das Lachen ist ein universales Phänomen und ein Wesenszug des Menschseins. Es drückt den Widerspruch zum Erwarteten und Geplanten aus und mehr noch den Widerspruch des Lebens, dass der Mensch beständig glaubt, Herr seines Geschickes zu sein, während er in Wahrheit beständig dem Spiel höherer Mächte ausgeliefert ist. Insofern setzt es dem Menschen auch Grenzen seiner eigensinnigen Weltbemächtigung und seines einseitigen Wissensdrangs. Wie das Lachen

---

[45] F. Nietzsche bezeichnet das Lachen als Kunst des diesseitigen Trostes (KSA 1, 22).
[46] Vgl. zum Folgenden auch T. Dürr, Mythische Identität und Gelassenheit in Thomas Manns Joseph und seine Brüder, in: Thomas Mann Jahrbuch 19 (2006), 125–157; hier: 156.
[47] P.L. Berger, Erlösendes Lachen. Das Komische in der menschlichen Erfahrung, Berlin/New York 1998, 241.

und der Humor will auch der Glaube diese Welt mit einem anderen Blick sehen und sie letztlich überwinden. Insofern kann man den Humor auch als ein Existential des christlichen Lebens[48] bezeichnen und mit Thomas Manns ironischer und humorvoller Weise auch dem Christenmenschen mehr Freude am Leben im Diesseits einflößen, weil es immer wieder die Erwartungen enttäuschen und Neues entstehen lassen kann. Sein Leben und Dasein der Welt mit Heiterkeit, Lebensfreundlichkeit und Gelassenheit zu leben, ist das Angebot dieser Wiedersehensszene für die Humanisierung des eigenen Lebens des Lesers. „[D]ie Fragen, wie sie das Leben stellt" und denen sich der Roman angenommen hat: „Man kann sie im Ernst nicht beantworten. Nur in Heiterkeit kann sich der Menschengeist aufheben über sie, daß er vielleicht mit innigem Spaß über das Antwortlose Gott selbst, den gewaltig Antwortlosen, zum Lächeln bringt." (V, 1597)

Schließlich einen Halt suchend, endet diese theologisch-anthropologische Erkundung auch nicht dort, wo der „Roman der Seele" begonnen hat, am Ort, der den Leser der Josephstetralogie in seine Tiefe zieht: am Brunnen. Denn seine unergründlichen Tiefenschichten führen uns zwar aus unserer Gegenwart nicht nur in die Vergangenheit, wo wir Neues über das Rätselwesen Mensch entdecken können, sondern nehmen uns mit in eine offene Zukunft, in denen diese historischen und kulturellen Schichten präsent bleiben, aber die auch von der Hoffnung eines Fortschritts auf eine soziale und friedvolle Humanisierung der Lebenswelt getragen wird, die sich in Fortführung von S. Freud so formulieren lässt: „Das ‚Wo Es war, soll Ich werden' wird zum ‚Wo Ich bin, sollen wir werden.'"[49] In diesen Spuren zu gehen und dabei Eigenes zu finden, ist das „zungenschnalzende Glück" der Leser dieser erlesenen Welten.

---

[48] K. Hübner, Glauben und Denken. Dimensionen der Wirklichkeit, Tübingen ²2004, 339.
[49] Wienand, Größe und Gnade, 364.

MICHAEL PIETSCH

„Ich habe das Gesetzbuch gefunden im Haus des HERRN."
Anfänge der Buchreligion im Alten Testament?

1. Einführung

Der normative Rückbezug auf eine fest umrissene Sammlung heiliger Schriften ist den drei monotheistischen Weltreligionen Judentum, Christentum und Islam gemeinsam. Sie verkörpern den klassischen Typ einer Buchreligion, dem weiter einige fernöstliche Religionen wie Hinduismus, Buddhismus, Zoroastrismus oder Taoismus zugerechnet werden. Bereits im Koran werden Juden und Christen als „Leute des Buches" bezeichnet (vgl. Sure 9,29; 29,46),[1] worin eine enge Verbindung zum Ausdruck kommt, die durch die Rezeption biblischer Erzählstoffe in einzelnen Suren noch unterstrichen wird.[2]

---

[1] Der Zusammenhang, in dem die Wendung „Leute des Buches" begegnet, deutet jedoch neben mancherlei Gemeinsamkeiten auf grundlegende Differenzen zwischen den drei Gruppen hin, die in der jeweiligen Auffassung von Gott und seinem Propheten begründet sind. „Kämpft gegen diejenigen, die nicht an Gott und nicht an den Jüngsten Tag glauben und nicht verbieten, was Gott und sein Gesandter verboten haben, und nicht der Religion der Wahrheit angehören – von den Leuten des Buches, bis sie von dem, was ihre Hand besitzt, Tribut errichten als Erniedrigte. Die Juden sagen: ‚Uzayr ist Gottes Sohn.' Und die Christen sagen: ‚Christus ist Gottes Sohn.' Das ist ihre Rede aus ihrem eigenen Munde. Damit reden sie wie die, die vorher ungläubig waren. Gott bekämpfe sie! Wie leicht lassen sie sich doch abwenden! Sie nehmen sich ihre Gelehrten und ihre Mönche zu Herren neben Gott, sowie auch Christus, den Sohn Marias. Dabei wurde ihnen doch nur befohlen, einem einzigen Gott zu dienen [...]" (Sure 9,29–31). – „Und streitet mit den Leuten des Buches nur auf die beste Art, mit Ausnahme derer von ihnen, die Unrecht tun. Und sagt: ‚Wir glauben an das, was zu uns herabgesandt und zu euch herabgesandt wurde. Unser Gott und euer Gott ist einer. Und wir sind ihm ergeben.'" (Sure 29,46).
[2] Vgl. H. Speyer, Die Biblischen Erzählungen im Qoran, Hildesheim ³1971; H. Busse, Die theologischen Beziehungen des Islams zu Judentum und Christentum. Grundlagen des Dialogs im Koran und die gegenwärtige Situation, Darmstadt 1988.

Der Begriff Buchreligion tritt dagegen erst im letzten Viertel des 19. Jahrhunderts auf und löst die von Gotthold Ephraim Lessing geprägte, polemische Begriffsbildung „Bibliolatrie" ab. Stand jene im Dienste einer aufklärerischen Kritik an einer orthodoxen Schriftlehre, der eine „abgöttische Verehrung solcher Bücher, welche für heilig oder göttlich gehalten werden", vorgeworfen wurde,[3] so repräsentiert die Bezeichnung Buchreligion im Anschluss an das reformatorische Schriftprinzip (*sola scriptura*) für Max Müller „die höchste Stufe religiöser Entwicklung".[4] Für eine angemessene Erfassung des religionsgeschichtlichen Phänomens ist es hingegen ratsam, den Begriff Buchreligion in einem formal-deskriptiven Sinn, frei von polemischen Untertönen gleich welcher Art zu verwenden. In diesem Sinn soll die Bezeichnung hier gebraucht werden.

Was sind nun die einschlägigen Kennzeichen einer Buchreligion? Folgt man der Darstellung von Bernhard Lang im *Handbuch religionswissenschaftlicher Grundbegriffe*, so lassen sich mehrere konstitutive Elemente dieses Religionstyps benennen, die den Einfluss der heiligen Schrift(en) auf die religiöse Praxis (und das kulturelle Gesamtleben) herausstellen.[5] Bereits Immanuel Kant hatte die „geschriebene Religion" der römischen gegenübergestellt, die „bloß Gebräuche hat",[6] die vielfältigen Veränderungen und Neuerungen unterworfen seien, so dass sie in der Gefahr stünden, sich mit fremden religiösen Strömungen bis hin zum Verlust der eigenen Identität zu vermischen. Im Medium der Schrift werden dagegen die Ursprünge einer Religion verstetigt – die Heilige Schrift wirkt darin über Raum und Zeit hinweg

---

[3] B. Lang, Art. Buchreligion, in: HrwG Bd. 2 (1990), 143–165; hier: 144.

[4] Lang, Buchreligion, 144 (vgl. F.M. Müller, Introduction to the Science of Religion, London 1873).

[5] Vgl. Lang, Buchreligion, 145–152.

[6] I. Kant, Die Religion innerhalb der Grenzen der bloßen Vernunft, Berlin 1968, 136f Anm.: „Aber ein Volk, das eine geschriebene Religion (heilige Bücher) hat, schmilzt mit einem solchen, was (wie das römische Reich – damals die ganze gesittete Welt) keine dergleiche, sondern bloß Gebräuche hat, niemals in einen Glauben zusammen […]".

identitätsstiftend und -bildend. Die Verschriftung der religiösen Überlieferung entreißt sie dem Vergessen und verleiht ihr kritisches Potential und normative Autorität.

Die normative Stellung, die den heiligen Schriften etwa im Protestantismus zugebilligt wird, steht jedoch nicht ungebrochen in Geltung. Judentum, Christentum und Islam kennen neben der schriftlichen eine vielfältige mündliche Traditionsbildung, deren Verhältnis zueinander als das einer wechselseitigen Interpretation und Begrenzung beschrieben werden kann. Weder verdrängt das heilige Buch die mündliche Überlieferung, noch geht diese ganz in jener auf. Stattdessen kommt es zu einem nicht immer störungsfreien Nebeneinander beider Überlieferungsbestände, das von dem doppelten Bemühen bestimmt ist, die schriftliche Tradition als Inspiration und Relationspunkt der mündlichen herauszustellen und Letztere als fortlaufende Auslegung und Weiterbildung der Ersteren zu erweisen. Dieses eigentümliche Wechselverhältnis schützt die Religion vor der Gefahr der Erstarrung, die mit der Verstetigung ihrer Ursprünge im Medium der Schrift gegeben ist, insofern die heiligen Schriften aus ihrem kulturellen Entstehungszusammenhang herausgelöst und in den Status einer zeitlosen Gegenwart erhoben werden, ohne dass sie jedoch ihre kulturelle Prägung verlieren würden.[7]

Um der zwiefachen Gefahr zu wehren, dass die Stiftungsurkunden der Religion unter veränderten kulturellen Vorgaben nicht mehr verstanden werden oder ihre wirklichkeitserschließende und handlungsorientierende Kraft einbüßen, bedarf es ihrer fortwährenden Interpretation und Aktualisierung,

---

[7] Der hermeneutischen Aufgabe, die sich angesichts des Problems von Identität und Wandel in der Geschichte des Christentums stellt, weiß sich in der Neuzeit die historisch-kritische Bibelauslegung verpflichtet. Das Problem „der Geschichtlichkeit der Vergegenwärtigung des Offenbarungsgeschehens" kann nur auf dem Wege der Schriftauslegung bearbeitet werden, vgl. G. Ebeling, Die Bedeutung der historisch-kritischen Methode für die protestantische Theologie und Kirche, in: ZThK 47 (1950), 1–46.

für die im Verlauf der Zeit verschiedene Regeln ausgebildet wurden. Umgekehrt erleichtert das „heilige Buch" als eine Art transportables Heiligtum, das nicht an feste Orte oder ein kulturell geprägtes Brauchtum gebunden ist, die transkulturelle Verbreitung der Religion und im Medium der mündlichen Überlieferung ihre Inkulturation in ihr ursprünglich fremde Welten und Kulturen. Dabei wirken die heiligen Schriften sowohl ihrerseits kulturbildend und -schaffend, wie es umgekehrt ihrer „Übersetzung" in veränderte kulturelle Bezugssysteme bedarf.

Als weiteres Merkmal einer Buchreligion gilt die „Entritualisierung" oder „Intellektualisierung" des Kultbetriebs. Die verbreitete, aber irreführende Gegenüberstellung von Buch- und Kultreligion sei jedoch dahin zu präzisieren, dass der Kult in der Buchreligion nicht etwa eingeschränkt oder gar aufgehoben werde, sondern das Ritual gegenüber der Heiligen Schrift in seiner wirklichkeitserschließenden Funktion zurücktrete.[8] Hier ist allerdings Vorsicht geboten, dass nicht unter der Hand ein vornehmlich westliches, protestantisch gefärbtes Verständnis des Kultes als Wortgeschehen zum religionswissenschaftlichen Paradigma erhoben wird.[9] Weder kann für den synagogalen Wortgottesdienst des Judentums in der Zeit des Zweiten Tempels eine Vorordnung gegenüber dem Tempelkult und seiner Opferpraxis behauptet werden,[10] noch lassen sich die römisch-katholische Messfeier oder

---

[8] Vgl. B. Lang, Art. Kult, in: HrwG Bd. 3 (1993), 474–488; hier: 482f; J. Assmann, Text und Ritus. Die Bedeutung der Medien für die Religionsgeschichte, in: Ders., Religion und kulturelles Gedächtnis. Zehn Studien, München 2000, 148–166; hier: 162–166.

[9] Vgl. das berühmte Votum, mit dem Karl Barth die Idee des protestantischen Gottesdienstverständnisses umrissen hat: „Die Predigt ist der eigentliche Kultusakt." (K. Barth, Credo. Die Hauptprobleme der Dogmatik dargestellt im Anschluß an das Apostolische Glaubensbekenntnis, München 1935, 171).

[10] Der synagogale Gottesdienst blieb während der Zeit des Zweiten Tempels stets auf den Tempelkult bezogen und war auf diesen hin orientiert. Es ist daher problematisch, wenn Jan Assmann behauptet: „Es ist eine der merkwürdigsten Koinzidenzen der Geschichte, daß der jüdische Tempel genau in dem Moment zerstört wird, als er aus der inneren Entwicklung der Religion heraus überflüssig geworden war. Die Schrift hatte sich bereits an seine Stelle gesetzt und den Sinn der Rituale von innen heraus ausgehöhlt, als Titus den Tempel im Jahre 70

die heilige Liturgie der orthodoxen Kirchen des Ostens bruchlos dem Paradigma einer intellektualisierten Kultpraxis zuordnen. Nicht zuletzt in der Lehre von den Sakramenten treten die Mächtigkeit des Rituals und seine Kohärenz stiftende Funktion für die christliche Religion sichtbar zutage.[11] Die Hochschätzung des Buches als Medium der Gottespräsenz soll damit nicht bestritten werden, sie bedarf jedoch jeweils der Verortung im Gesamtzusammenhang des religiösen Lebens.

Jan Assmann hat für die Wende von der Kult- zur Buchreligion den Begriff des *scriptural turn* geprägt und diesen Prozess als Übergang „von der primären zur sekundären Religionserfahrung" beschrieben.[12] Kennzeichen dieses Übergangs ist nach Assmann die „mosaische Unterscheidung". Darunter versteht er eine regulative Idee, die den Unterschied zwischen „wahr" und „falsch", zwischen dem „wahren Gott" und den „Götzen", in die Reli-

---

zerstörte. […] Der Tempel war gewissermaßen überfällig, denn der Kult hatte seinen Tod längst in der Schrift gefunden." (Assmann, Text und Ritus, 164). – Erst nach der Zerstörung des Zweiten Tempels tritt die Tora an die Stelle des Opferkultes. Zwar zeigen die Textfunde aus Qumran, dass eine religiöse Praxis in kritischer Distanz zum Jerusalemer Tempel und seiner Priesterschaft im palästinischen Judentum bereits seit hellenistischer Zeit möglich war, doch liegen die Gründe dafür gerade im Ringen um eine torakonforme Opfer- und Kultpraxis und nicht in ihrer Ablösung (vgl. 4QMMT).

[11] Im Ganzen wird man in der protestantischen Gottesdiensttheorie geradezu von einer Wiederentdeckung des Rituals sprechen müssen, vgl. M. Josuttis, Der Weg in das Leben. Eine Einführung in den Gottesdienst auf verhaltenswissenschaftlicher Grundlage, Gütersloh ²1993, und die einschlägigen Beiträge in P. Stolt (Hg.), Kulte, Kulturen, Gottesdienste. Öffentliche Inszenierung des Lebens (FS P. Cornehl), Göttingen 1996.

[12] J. Assmann, Die Mosaische Unterscheidung oder der Preis des Monotheismus, München/Wien 2003, 145–151. Die Kategorie von „primärer" und „sekundärer" Religion übernimmt Assmann von dem Heidelberger Religions- und Missionswissenschaftler Theo Sundermeier, der diese Begrifflichkeit zur Beschreibung des Wechsels von einer nichtchristlichen zur christlichen Religion in die missionswissenschaftliche Forschung eingeführt hat, vgl. T. Sundermeier, Art. Religion/Religionen, in: Ders./K. Müller (Hg.), Lexikon missionstheologischer Grundbegriffe, Berlin 1987, 411–423, und zur Diskussion der Anwendung dieses Konzepts auf die israelitische Religionsgeschichte die Beiträge in A. Wagner (Hg.), Primäre und sekundäre Religion als Kategorie der Religionsgeschichte des Alten Testaments, Berlin/New York 2006.

gion einführt.[13] Im Alten Testament werde dieser Übergang vom Poly- zum Monotheismus als ein „revolutionärer Akt" erinnert, der seinen paradigmatischen Niederschlag in der Erzählung vom Goldenen Kalb gefunden habe (vgl. Ex 32–34).[14] Dabei sei das Alte Testament selbst ein „Vexierbild" zweier Religionen: Der Typus der altorientalisch gewöhnlichen, polytheistischen Kultreligion, in der die Kohärenz der Wirklichkeit rituell dargestellt und vergewissert wird, werde vor allem durch die priesterliche Kultgesetzgebung repräsentiert, die nur oberflächlich monotheistisch überformt worden sei. Ihr stehe die Gesetzesreligion des Deuteronomiums gegenüber, in der die Unterscheidung zwischen Jahwe und den fremden Göttern ein konstitutives Element bilde und die Gottespräsenz vom Kult in die schriftlich fixierte Mosetora übergegangen sei. Der Opferkult werde durch das Torastudium ersetzt, die textliche Kohärenz des Gesetzes trete an die Stelle der rituellen Kohärenz des Tempelkults.[15]

Die folgenden, notwendig skizzenhaften Überlegungen widmen sich der Rückfrage nach den historischen und religionsgeschichtlichen Haftpunkten des Übergangs von der Kult- zur Buchreligion im Alten Testament. Dabei

---

[13] Nicht eine historische Person (Mose), sondern eine regulative Idee, die im Laufe der Religionsgeschichte zeitweise stärker hervortreten, zeitweise zurücktreten kann, stünde mithin an der Wiege des Monotheismus (vgl. J. Assmann, Moses der Ägypter. Entzifferung einer Gedächtnisspur, München/Wien 1998, 17–23; Ders., Die Mosaische Unterscheidung, 12–14).

[14] Zwischen Buchreligion und Monotheismus besteht nach Assmann eine (unheilige) Allianz, die sich nur mittels einer gewaltsamen Distanzierung von älteren Religionsformen abgrenzen könne und diesen einen Status der Unrechtmäßigkeit zuweisen müsse. Die Semantik der Gewalt sei den biblischen Erzählungen eingeschrieben und müsse als fester Bestandteil der Gedächtnisgeschichte des Monotheismus ernst genommen werden (vgl. Assmann, Die Mosaische Unterscheidung, 28–37, besonders 35–37). Assmann bestreitet weder die ideologische Übermalung der biblischen Überlieferung, noch deren historisierende Relativierung, wie sie die historisch-kritische Forschung herausgearbeitet hat, vgl. dagegen die Kritik an Assmann bei K. Koch, Monotheismus als Sündenbock?, in: ThLZ 124 (1999), 873–884, und E. Zenger, Was ist der Preis des Monotheismus? Die heilsame Provokation von Jan Assmann, in: HerKorr 55 (2001), 186–191.

[15] Vgl. J. Assmann, Das kulturelle Gedächtnis. Schrift, Erinnerung und politische Identität in frühen Hochkulturen, München 1992, 212–228; Ders., Die Mosaische Unterscheidung, 19–23.

„Ich habe das Gesetzbuch gefunden im Haus des HERRN.*"*

wird nicht zuletzt zu klären sein, ob der textliche Befund hinreicht, das Alte Testament als Dokument eines solchen Übergangs zu erweisen oder wie das Verhältnis von schriftlicher Tora und Opferkult im Alten Testament genauer zu bestimmen ist.

2. Die josianische Reform und die Anfänge der Buchreligion im Alten Testament

a) Der geschichtliche Nährboden der Buchreligion

Der Leipziger Ägyptologe Siegfried Morenz hat in seinem programmatischen Aufsatz *Entstehung und Wesen der Buchreligion* aus dem Jahr 1950 die These aufgestellt: „Die Buchreligion als Form [*sc.* als Strukturprinzip von Religion] ist die Gabe des Judentums an die Welt, und es ist eine Gabe, die sich kraft ihrer umfassenden, vielfältigen, tiefen Bedeutung messen kann mit den größten Gaben eines Volkes an die Menschheit."[16] Morenz setzt in seiner Untersuchung mit der Feststellung ein, dass das Christentum eine Buchreligion sei. Diese Charakterisierung hebe die frühchristlichen Gemeinden „aus dem Kreise der kaiserzeitlichen und spätantiken Religionsbildungen [heraus]",[17] in denen der Vollzug des Kultus, das um das Opfer gruppierte Ritual, im Mittelpunkt stehe. Die heiligen Texte, die in diesem Zusammenhang rezitiert werden, enthielten vorwiegend Ritualanweisungen, die „als bloßer Inbegriff szenischer Bemerkungen [...] wesenlos geworden [seien]".[18] In seiner Bestimmung als Buchreligion sei das Christentum jedoch nicht autochthon, sondern trage das Erbe des Judentums in sich: „Das Christentum ist ein Kind der jüdischen Buchreligion",[19] deren inneres Form-

---

[16] S. Morenz, Entstehung und Wesen der Buchreligion, in: Ders., Religion und Geschichte des alten Ägypten. Gesammelte Aufsätze, Weimar 1975, 383–394; hier: 389.
[17] Morenz, Entstehung, 388.
[18] Morenz, Entstehung, 384.
[19] Morenz, Entstehung, 388.

prinzip Morenz im Vorrang des Hörens vor der göttlichen Schau erblickt, wie es sich vor allem in der Forderung nach der Bildlosigkeit der israelitischen Religion Ausdruck verschaffe.[20]

Die Rückfrage nach den Anfängen der Buchreligion in der altisraelitischen Religionsgeschichte führt Morenz in die „Epoche vom Deuteronomium bis zu Esra".[21] Damit ist ein Zeitraum von annähernd zweihundert Jahren umrissen, in dem sich die Transformation von der Kult- zur Buchreligion in Juda vollzogen haben soll. Dieser Prozess ist Morenz zufolge vor allem durch zwei Faktoren angestoßen beziehungsweise begünstigt worden: zum einen durch die „Drosselung des Kultus", wie sie in der programmatischen Forderung nach einer zentralen Kultstätte in Dtn 12 ausgesprochen und in der Zerstörung der judäischen Landheiligtümer unter Josia politisch durchgesetzt worden sei.[22] Ihr trete die „Allmacht der [heiligen] Schrift" zur Seite, die bereits in der Selbstverpflichtung Josias und des Volkes auf das deuteronomische Gesetzbuch (vgl. 2Kön 23,1–3) angelegt sei und mit der Promulgation des Gesetzes des Himmelsgottes durch Esra vollendet werde (vgl. Neh 7,72b–8,12). „Esra, der Verkünder des Gesetzes, verpflichtete die jüdische Gemeinde auf dessen Gebote und erhöhte es zu der religiös veran-

---

[20] Vgl. Morenz, Entstehung, 389f. Den Vorrang des Hörens vor dem Sehen in der alttestamentlichen Gottesauffassung betont im Anschluss an Morenz auch S. Herrmann, Kultreligion und Buchreligion. Kultische Funktionen in Israel und Ägypten, in: F. Maass (Hg.), Das ferne und nahe Wort (FS L. Rost), Berlin 1967, 95–105; hier: 102f Anm. 22. Diese Sicht ist jedoch angesichts der jüngeren Forschung zum Bilderverbot und zur Religionsgeschichte Israels zu revidieren (vgl. C. Dohmen, Das Bilderverbot. Seine Entstehung und seine Entwicklung im Alten Testament, Bonn 1985, und S. Schroer, In Israel gab es Bilder. Nachrichten von darstellender Kunst im Alten Testament, Fribourg/Göttingen 1987). Eine aufschlussreiche Neubewertung der alttestamentlichen Rede vom „Sehen" Gottes in ihrer Bedeutung für eine theologische Ästhetik hat jüngst F. Hartenstein, Vom Sehen und Schauen Gottes. Überlegungen zu einer theologischen Ästhetik aus der Sicht des Alten Testaments, in: E. Gräb-Schmidt/R. Preul (Hg.), Marburger Jahrbuch Theologie XXII. Ästhetik, Leipzig 2010, 15–37, unternommen.
[21] Morenz, Entstehung, 385.
[22] Vgl. Morenz, Entstehung, 385f.

kerten Lebensmacht, die das Gesetz fortan für das Judentum gewesen ist."[23] Die Anfänge dieser Entwicklung, die im perserzeitlichen Juda ihren Endpunkt gefunden habe, reichten also bis in die spätvorexilische Zeit zurück und wären untrennbar mit der Entstehung des Deuteronomiums verbunden, das Morenz mit der Mehrheit der alttestamentlichen Forschung seiner Zeit mit dem „Gesetzbuch" der josianischen Reform gleichsetzt. „Mit alledem ist der geschichtliche Ort ausgemacht, in dem die Buchreligion entstand. Es ist die Kette der Ereignisse von Josias Werk bis zu Esras Sendung."[24]

Für eine Überprüfung der von Morenz entwickelten These scheint es ratsam, sich die biblischen Texte, die im Mittelpunkt seiner Argumentation stehen, etwas genauer anzusehen. Dies kann im vorgegebenen Rahmen nur exemplarisch geschehen, weshalb ich mich im Weiteren auf den Anfang der von Morenz umrissenen Zeitspanne beschränken werde und ihren Endpunkt lediglich in einigen summarischen Schlussbemerkungen streifen kann.

b) Der Bericht über die Kultreform des Königs Josia (2Kön 22–23)

Der biblische Bericht über die Regierungszeit des Königs Josia, in dessen Mittelpunkt die Erzählung von der Auffindung eines „Gesetzbuches" und die daran anschließende Kultreform stehen, ist im zweiten Buch der Könige, in den Kapiteln 22–23 nachzulesen. Im achtzehnten Jahr des Königs – vermutlich im Jahr 622 v. Chr. – taucht im Jerusalemer Tempel auf mysteriöse Weise ein Schriftstück auf, das für den weiteren Verlauf der Ereignisse von maßgebender Bedeutung ist. Ohne weitere erzählerische Vorbereitung teilt der Oberpriester Hilkia Schafan, einem hohen Beamten der königlichen Palastverwaltung, mit, dass er im Tempel *das* „Gesetzbuch" (*sepær hattôrāh*) gefunden habe (vgl. 2Kön 22,8). Über die näheren Umstände des Fundes schweigt sich der Bericht aus. Meist wird angenommen, dass das Dokument

---

[23] Morenz, Entstehung, 386.
[24] Morenz, Entstehung, 387.

bei Renovierungsarbeiten im Tempelbezirk zutage getreten sei, auf die zuvor angespielt werde (vgl. V.3–7).²⁵ Die Erzählung stellt diesen Zusammenhang selbst jedoch nicht ausdrücklich her, so dass die Herkunft des Schriftstücks einigermaßen im Dunkeln bleibt.²⁶

Dagegen scheint die Bedeutung des Fundes unter den Protagonisten unstrittig zu sein. Der Oberpriester übergibt es unverzüglich dem königlichen Beamten, der es nach kurzer Lektüre dem König zuspielt: „und der Schreiber Schafan ging zum König hinein und erstattete ihm Bericht [...], und er fügte hinzu: ‚Der Priester Hilkia gab mir ein Buch.' Und Schafan verlas es vor dem König." (2Kön 22,9–10).²⁷ Nachdem der König den Inhalt des Doku-

---

[25] Eine literarische Verarbeitung dieses Motivs findet sich in dem Roman *Höret die Stimme* von Franz Werfel: „Da sich der priesterliche Sinn nur schwer dazu entschließt, notwendige Erneuerungen am Tempel vorzunehmen, so hatte Josijah selbst den Befehl gegeben, alle im Laufe der Jahrhunderte in den heiligen Häusern entstandenen Baufälligkeiten ehestens zu beheben. [...] Während der Bauarbeiten wurde unter den vermorschten Zederntafeln der Vorhalle eine verborgene Nische aufgedeckt, in der man unter allerlei Moder eine wohlverwahrte und wohlerhaltene Schriftrolle fand. Sie enthielt die neue Offenbarung oder besser die alte Offenbarung, denn nichts Geringeres stand in ihr geschrieben als Gottes höchsteigenes Wort an Mose. Es war das längst verlorengeglaubte Buch der Lehre, die große Sammlung der Satzungen, die sich nur in verfälschter und lückenhafter Überlieferung erhalten hatten." (F. Werfel, Höret die Stimme, Frankfurt a.M. 1994, 52f). Die typologische Rezeption biblischer Themen und Gestalten im Werk von Franz Werfel hat V. Hartmann, Religiosität als Intertextualität. Studien zum Problem der literarischen Typologie im Werk Franz Werfels, Tübingen 1998, ausführlich untersucht.

[26] Vgl. die kritische Beurteilung durch E. Würthwein, Die Bücher der Könige. 1Kön 17–2. Kön. 25, Göttingen 1984, 447f. Das Motiv des Buchfundes ist aus der antiken Literatur von Ägypten bis ins Zweistromland breit bezeugt, vgl. T. Römer, Transformations in Deuteronomistic and Biblical Historiography. On ‚Book-Finding' and Other Literary Strategies, in: ZAW 109 (1997), 1–11. Die Berichte dienen in der Regel dazu, das hohe Alter und die besondere Autorität der jeweiligen Überlieferung zu dokumentieren. Dass bei königlichen Bauvorhaben (etwa bei Tempelrenovierungen oder -neubauten) in den Fundamentmauern Gründungsurkunden deponiert wurden, ist für den mesopotamischen Raum archäologisch nachgewiesen.

[27] In der Schilderung der Ereignisse bei Franz Werfel studiert Schafan das Dokument über mehrere Tage hinweg, bevor er es dem König überbringt: „Als Schaffan, der Schriftmeister in Jehuda, den er [*sc.* der Oberpriester Hilkia] sogleich entbot, zu ihm trat, da zitterte die Rolle in den fassungslosen Händen des alten Mannes. Binnen dreien Tagen entzifferte, erkannte, entschied der gelehrte Schaffan, Azaljahs Sohn, die Wahrheit: Gott hatte diesem Geschlechte

ments vernommen hat, zerreißt er seine Kleider als Zeichen der Umkehr und der Demütigung unter die Autorität der vernommenen Worte.[28] Über den Inhalt des Schriftstücks bleiben die Leser bis hierhin im Unklaren. Dies ändert sich erst, als der König eine Delegation damit beauftragt, eine Gottesbefragung durchführen zu lassen, die zum Ziel hat zu erkunden, ob der göttliche Zorn, der gegen König und Volk entbrannt ist, noch einmal besänftigt werden könne. Aus den Worten des Königs ist zweierlei zu erschließen: Einerseits kündigt das Dokument offenbar ein göttliches Zorngericht für den Fall an, dass die darin niedergelegten Bestimmungen missachtet werden, andererseits waren diese bereits den „Vätern", das heißt den früheren Generationen, bekannt, die ihnen jedoch keine Folge leisteten. Mit anderen Worten, es handelt sich bei dem aufgefundenen Schriftstück in der Perspektive der Erzählung nicht um eine literarische Novität, sondern um ein Dokument aus altehrwürdiger Zeit, das in Vergessenheit geraten war und erst jetzt wiederentdeckt wurde.

Obwohl die Gottesbefragung eine zwiespältige, im Resultat negative Antwort zeitigt,[29] ruft der König die Repräsentanten des Volkes aus der

---

die verlorene Lehre wiedergeschenkt." (Werfel, Höret die Stimme, 53). Werfel setzt vermutlich mit der Mehrheit der Exegeten seiner Zeit voraus, dass es sich bei dem gefundenen Schriftstück um ein umfangreiches Textcorpus gehandelt habe, etwa das Deuteronomium oder gar den Pentateuch, dessen Studium einen längeren Zeitraum beansprucht. Der biblische Text äußert sich zum Umfang des Dokuments nicht – die Knappheit der Darstellung und die anzunehmende zeitliche Nähe zwischen der Auftragserteilung in V.3 und der Berichterstattung vor dem König in V.9 legen jedoch die Annahme nahe, dass ein kürzerer Text vorausgesetzt wird.

[28] Zur symbolischen Handlung des Kleiderzerreißens vgl. C. Bender, Die Sprache des Textilen. Untersuchungen zu Kleidung und Textilien im Alten Testament, Stuttgart 2008, 148–162.

[29] Das so genannte Hulda-Orakel (2Kön 22,15–20) besitzt einen zweiteiligen Aufbau und setzt sich aus einem Gerichtswort gegen das Volk (V.15b–17) und einem Heilsorakel für den König zusammen (V.18–20a). Das Heilswort für den König impliziert jedoch keine Aufhebung des zuvor angekündigten Unheils, sondern bestätigt es und terminiert sein Eintreffen für die Zeit nach dem Tode des Königs, vgl. zur literarischen Integrität und hermeneutischen Funktion des Hulda-Orakels M. Pietsch, Prophetess of Doom. Hermeneutical Reflections on

Landschaft Juda und Jerusalem zusammen und lässt das „Gesetzbuch" vor der im Tempel versammelten Menge verlesen. Nachdem der König dem Volk den Inhalt des „Gesetzbuches" bekannt gemacht hat, verpflichtet er sich, die darin niedergelegten Bestimmungen und Anordnungen zu befolgen, und das Volk tut es ihm nach (vgl. 2Kön 23,1–3). Das „Gesetzbuch" wird zur Grundlage der Selbstverpflichtung von König und Volk gegenüber Jahwe – es wird zur „Bundes- oder Verpflichtungsurkunde" (*sepær habb$^{\partial}$-rît*). Der anschließende Bericht über weitgreifende Reformen des Kultes in Jerusalem und den Städten Judas (und Samarias) liest sich in diesem Licht wie eine notwendige Folge aus dem vorangegangenen Verpflichtungsakt, obwohl sich in diesem Abschnitt (vgl. 2Kön 23,4–20) nirgends ein ausdrücklicher Rückbezug auf das „Gesetzbuch" und seine Bestimmungen findet. Die Neuordnung des kultischen Lebens in Juda und Jerusalem wird am Ende durch eine gemeinsame Passafeier beschlossen (vgl. 2Kön 23,21–23).[30]

Bereits aus dieser knappen Skizze des textlichen Befundes wird ersichtlich, dass die Identität des „Gesetzbuches" und sein Inhalt eigentümlich unbestimmt bleiben. Das Dokument wird lediglich nach seiner formalen Seite hin näher charakterisiert. Es hat fast den Anschein, als sei seine *Funktion* im Erzählgefüge wichtiger als sein *Inhalt*. Dies hat in der alttestamentlichen Wissenschaft die Frage aufgeworfen, ob und mit welchem Textbereich des Alten Testaments dieses Schriftstück identifiziert werden könne.

c) Die Identität des „Gesetzbuches"

Seit den bahnbrechenden Untersuchungen von Wilhelm Martin Leberecht de Wette (1806) besteht in der alttestamentlichen Forschung ein breiter Kon-

---

the Huldah Oracle (2 Kings 22), in: M. Leuchter/K.P. Adam (Hg.), Soundings in Kings. Perspectives and Methods in Contemporary Scholarship, Minneapolis 2010, 71–80.182–187.

[30] Vers 24 klappt im kompositionellen Gefüge des Reformberichts deutlich nach und wird meist als spätere Erweiterung beurteilt (vgl. H. Spieckermann, Juda unter Assur in der Sargonidenzeit, Göttingen 1982, 137f).

sens darüber, dass das josianische „Gesetzbuch" mit dem Deuteronomium gleichgesetzt werden könne.[31] Dieser Auffassung hatte sich, wie bereits erwähnt, auch Siegfried Morenz vorbehaltlos angeschlossen. Strittig bliebe allenfalls, welchen Umfang das Deuteronomium zur Zeit Josias besaß – die Endgestalt des Buches ist kaum vor der frühen Perserzeit anzusetzen.[32] Für die Identifikation des „Gesetzbuches" mit dem Deuteronomium werden mehrere Beobachtungen angeführt: Die Fluch- und Segensformeln in Dtn 28–29, die für den Fall der Übertretung der deuteronomischen Gesetze drakonische Strafen seitens der Gottheit ankündigen, böten einen passenden Hintergrund für die Reaktion des Königs auf die Verlesung des Schriftstücks. Sodann ist das Deuteronomium als das literarische Vermächtnis des Mose an Israel im Ostjordanland stilisiert, das heißt, es kleidet sich im Gewand der Frühzeit Israels (vgl. den Bezug auf die „Väter" in 2Kön 22,13). Schließlich begegnet im Deuteronomium mehrfach die Selbstbezeichnung als „dieses Gesetzbuch" (*sepær hattôrāh hazzæh*),[33] die in der Terminologie des Reformberichts anklinge (vgl. 2Kön 22,8.10 *sepær hattôrāh*). Die Verknüpfung dieser beiden Größen lag vor allem unter der forschungsgeschichtlichen Voraussetzung eines deuteronomistischen Großgeschichtswerks, das die Bücher Deuteronomium bis 2.Könige einschloss, auf der Hand.[34] Das „Gesetzbuch", das unter Josia im Jerusalemer Tempel (wie-

---

[31] Vgl. H.D. Preuss, Deuteronomium, Darmstadt 1982, 5f.

[32] Bereits de Wette hatte vermutet, dass „damals keineswegs bereits das gesamte uns heute vorliegende Dtn gefunden worden sein musste" (Preuss, Deuteronomium, 6). Vgl. zur neueren redaktionsgeschichtlichen Forschung am Deuteronomium den Literaturbericht von T. Veijola, Deuteronomismusforschung zwischen Tradition und Innovation (I), in: ThR 67 (2002), 273–327; hier: 298–320.

[33] Vgl. Dtn 28,61; 29,20; 30,10; 31,26 (vgl. Jos 1,8). Außerhalb des Deuteronomiums wird der Ausdruck stets durch den expliziten Rückbezug auf Mose erweitert, vgl. Jos 8,31 (34); 23,6; 2Kön 14,6 (*sepær tôrat mošæh*) und 1Kön 2,3 (*tôrat mošæh*).

[34] Diese Hypothese wurde von Martin Noth in die alttestamentliche Forschung eingeführt (vgl. Ders., Überlieferungsgeschichtliche Studien. Die sammelnden und bearbeitenden Geschichtswerke im Alten Testament, Halle 1943) und findet mit verschiedenen Modifikationen bis heute zahlreiche Anhänger, vgl. zuletzt C. Hardmeier, König Joschija in der Klimax des

der)entdeckt wurde, war kein anderes als das altehrwürdige literarische Erbe des Mose. Damit ist der weite Bogen deuteronomistischer Historiographie von den Anfängen Israels bis zum Ende der Königszeit gespannt, deren Darstellung sich an den Prinzipien der deuteronomischen Tora orientiert.

So beeindruckend die literarische Kohärenz dieser Konzeption auf den ersten Blick anmutet, so brüchig erscheint sie bei einer genaueren Überprüfung ihrer Voraussetzungen. Nicht nur ist die Hypothese eines deuteronomistischen Großgeschichtswerks im Gefolge der jüngsten Pentateuchforschung nachhaltig in Frage gestellt[35] und ein josiazeitlicher Grundbestand des Deuteronomiums verschiedentlich bestritten worden.[36] Es sprechen auch eine Reihe von Textbeobachtungen gegen eine Gleichsetzung des josianischen „Gesetzbuches" mit dem Deuteronomium: Die häufig notierten Querverbindungen des Reformkatalogs mit Vorschriften der deuteronomischen Tora[37] beschränken sich auf gemeinsame traditionsgeschichtliche Bezüge, die keine literarische Abhängigkeit des Reformberichts vom Deuteronomium zu begründen vermögen, wie umgekehrt jegliche Verknüpfung einzelner Maßnahmen der josianischen Reformtätigkeit mit den Vorschriften des „Ge-

---

DtrG (2Reg 22f.) und das vordtr Dokument einer Kultreform am Residenzort (23,4–15*). Quellenkritik, Vorstufenrekonstruktion und Geschichtstheologie in 2Reg 22f., in: R. Lux (Hg.), Erzählte Geschichte. Beiträge zur narrativen Kultur im alten Israel, Neukirchen-Vluyn 2000, 88–145; hier: 91–95.104f.

[35] Vgl. den Überblick über die jüngste Forschungsdiskussion bei T. Veijola, Deuteronomismusforschung zwischen Tradition und Innovation (III), in: ThR 68 (2003), 1–44; hier: 24–41, und A. Scherer, Neuere Forschungen zu alttestamentlichen Geschichtskonzeptionen am Beispiel des deuteronomistischen Geschichtswerks, in: VuF 53 (2008), 22–40.

[36] Vgl. R.G. Kratz, Die Komposition der erzählenden Bücher des Alten Testaments. Grundwissen der Bibelkritik, Göttingen 2000, 135–138, und den Forschungsüberblick bei E. Otto, Das Deuteronomium. Politische Theologie und Rechtsreform in Juda und Assyrien, Berlin/New York 1999, 6–14.

[37] Vgl. die Auflistung bei Preuss, Deuteronomium, 4. Die angeführten Übereinstimmungen erweisen sich bei genauerer Betrachtung jedoch allenfalls als traditionsgeschichtliche Parallelen, die neben gemeinsamen Motiven oder Begriffen ebenso signifikante Unterschiede erkennen lassen. Ein Einzelnachweis kann hier nicht geführt werden und muss einer ausführlicheren Untersuchung vorbehalten bleiben.

setzbuches" unterbleibt (vgl. 2Kön 23,4–20). Das Vokabular, mit dem in Kapitel 22 der Zorn Gottes und das nahende Unheil beschrieben werden, zeigt überdies weitaus engere Berührungen mit der Unheilsverkündigung des Jeremiabuches als mit den deuteronomischen Fluchreihen – der Gottesbescheid der Prophetin Hulda ist fast vollständig in (deutero-)jeremianische Phraseologie gekleidet.[38] Die Szenerie der Selbstverpflichtung von König und Volk auf das „Gesetzbuch" schließlich unterscheidet sich sprachlich wie konzeptionell grundsätzlich von der deuteronomistischen Bundestheologie, insoweit hier nicht von einer Verpflichtung seitens der Gottheit die Rede ist.[39] Vor allem fehlt jedoch im Bericht über die *res gestae* Josias die Herleitung des „Gesetzbuches" von Mose, wie dies für die übrigen Belege dieses Ausdrucks im deuteronomistischen Geschichtswerk konstitutiv ist.[40] Lässt man die Hypothese eines ursprünglich intendierten, durchgängigen Leseablaufs von Dtn 1 bis 2Kön 25 einmal beiseite, dann spricht im Text von 2Kön 22–23 nichts für die Annahme, dass das „Gesetzbuch" mit dem Deuteronomium zu identifizieren sei.

Diese Beobachtungen haben in der Forschung Anlass dazu gegeben, nach Alternativen für die Identität des „Gesetzbuches" Josias Ausschau zu halten. Ein geeigneter Kandidat schien mit dem so genannten „Bundesbuch", einer älteren, vorexilischen Sammlung von Kult- und Sozialgesetzen rasch gefun-

---

[38] Vgl. die Übersicht über die terminologischen Parallelen bei Pietsch, Prophetess of Doom, 186 n. 26.

[39] In 2Kön 23,1–3 handelt es sich um einen Akt der *Selbstverpflichtung von König und Volk*, der seine nächste Parallele in Jer 34,8–22 hat. Die deuteronomistische Bundestheologie formuliert das Verpflichtungsverhältnis zwischen Israels Gott und seinem Volk charakteristisch anders, nämlich als *Verpflichtung des Volkes durch Jahwe* (vgl. Dtn 4,23; 5,2f; 9,9; 29,11.13.24; 31,16), vgl. Preuss, Deuteronomium, 197f. Das Deuteronomium spricht nur von einer *Selbstverpflichtung Jahwes* – im Zusammenhang mit seiner eidlichen Zusage der Landgabe an die „Väter" (Dtn 7,9.12; 8,18, vgl. Dtn 4,31).

[40] Siehe oben Anm. 33. Für die Belege im Deuteronomium ist der Bezug auf die Mosetora aus dem narrativen Zusammenhang evident; in Jos 1,8 ist der Rekurs auf die mosaische Tora durch den vorangehenden Vers 7 gesichert.

den (vgl. Ex 20,23–23,33*).⁴¹ Der Vorschlag knüpft an die Bezeichnung des „Gesetzbuches" als „Buch des Bundes" (*sepær habbᵊrît*) im Zuge der Verpflichtungszeremonie in 2Kön 23,1–3 an (V.2, vgl. 23,21) und stellt mittels einer Stichwortverbindung eine Verknüpfung mit der Erzählung vom Bundesschluss zwischen Jahwe und dem Volk Israel am Sinai her (vgl. Ex 24,1–11). Dort ist ebenfalls von einem „Buch des Bundes" die Rede, dessen Bestimmungen Mose dem Volk vorträgt und zu deren Einhaltung sich das Volk daraufhin verpflichtet: „Und er [*sc.* Mose] nahm das Buch des Bundes und verlas es vor den Ohren des Volkes. Und sie sprachen: ‚Alles, was der HERR gesagt hat, wollen wir tun und darauf hören.'" (Ex 24,7). Genauere Angaben über die Identität oder den Inhalt dieses „Bundesbuches" macht der Text jedoch nicht, weshalb es teils mit dem Dekalog (vgl. Ex 20,2–17), teils mit der in der literarischen Endgestalt des Textes unmittelbar vorangehenden Sammlung von Kult- und Sozialgesetzen identifiziert wurde, die von daher ihren Namen, „Bundesbuch", erhalten hat.

Über die gleich lautende Terminologie hinaus lassen sich jedoch keine tragfähigen Verbindungen zwischen den beiden Textbereichen ausmachen, so dass die Identifikation des josianischen „Gesetzbuches" mit dem „Bundesbuch" auf tönernen Füßen steht. Dies umso mehr als der Verdacht nahe liegt, dass der Wechsel in der Bezeichnung des Dokumentes im Reformbericht narratologisch motiviert ist und kaum einen Rückbezug auf die Sinaitheophanie beabsichtigt.⁴² Der Vorschlag muss daher als Verlegenheitslö-

---

[41] Vgl. zuletzt E. Reuter, Kultzentralisation. Entstehung und Theologie von Dtn 12, Frankfurt a.M. 1993, 248–250.255–258.

[42] Es ließe sich allenfalls erwägen, ob die Darstellung in Ex 24,3–8 literarisch auf 2Kön 23,1–3 Bezug nimmt und das „Buch der Verpflichtung" sekundär mit der Mosetora, das heißt mit dem „Bundesbuch" (vgl. V.7), identifiziert, wie dies L. Schwienhorst-Schönberger, Das Bundesbuch (Ex 20,22–23,33). Studien zu seiner Entstehung und Theologie, Berlin/New York 1990, 411–413.417, im Rahmen der von ihm angenommenen deuteronomistischen Enneateuchredaktion vorgeschlagen hat. Unter dieser Voraussetzung könnte wahlweise Josia als *Mose redivivus* konzipiert und/oder Mose mit königlichen Farben gemalt worden sein. Für die

sung beurteilt werden, die ebenso wenig zu überzeugen vermag wie die Gleichsetzung des „Gesetzbuches" mit dem Deuteronomium. Da sich im Alten Testament keine weiteren Überlieferungen ausmachen lassen, die für eine Identifikation mit dem josianischen „Gesetzbuch" in Frage kämen,[43] scheint es ratsam zu sein, seine literarische Identität einstweilen offen zu lassen und stattdessen nach seiner Funktion im Erzählgefüge zu fragen.

d) Die Funktion des „Gesetzbuches" im josianischen Reformbericht

Als erstes ist die herkömmliche Wiedergabe des hebräischen Ausdrucks *sepær hattôrāh* durch „das Gesetzbuch", an die sich bestimmte Assoziationen anschließen, die nicht nur die Identifikation dieses „Buches" mit dem Deuteronomium begünstigt, sondern auch der These, wir stünden hier vor den historischen Anfängen der Buchreligion, Vorschub geleistet haben, einer kritischen Überprüfung zu unterziehen. Der Begriff „Gesetzbuch" ist in zweierlei Hinsicht irreführend: Zunächst ist die Übersetzung von hebräisch *sepær* durch das deutsche Wort „Buch" tendenziös und einseitig. *sepær* bezeichnet im Hebräischen allgemein ein Schriftstück bzw. ein schriftliches Dokument. Dabei kann es sich sowohl um Gebrauchstexte, wie Briefe oder Listen, oder um Literatur im engeren Sinne handeln. Darüber hinaus ist der Semantik des Begriffs keine Einschränkung hinsichtlich des Schreibmaterials zu entnehmen: geschrieben werden konnte sowohl auf Stein, Ton (Ostraka, Tafeln), Leder oder Papyrus (in der Spätzeit auch auf Pergament). Ein „Buch" im Sinne eines Codex bezeichnet *sepær* vermutlich im ganzen

---

Rückfrage nach der ursprünglichen Identität des im Reformbericht genannten Dokuments wäre damit allerdings nicht viel gewonnen.

[43] In der Forschung wurde vereinzelt noch an das so genannte Privilegrecht Jahwes in Ex 34* oder gar an den Pentateuch gedacht (vgl. Preuss, Deuteronomium, 5; Reuter, Kultzentralisation, 257 Anm. 342). In jüngster Zeit hat Eckart Otto für das „Bundesbuch" in Ex 24,7 einen Bezug auf Ex 34* vermutet (vgl. Ders., Die Ursprünge der Bundestheologie im Alten Testament und im Alten Orient, in: ZAR 4 [1998], 1–84).

Alten Testament an keiner Stelle.⁴⁴ Die deutsche Wiedergabe von *sepær* durch „Buch" engt mithin die semantische Weite des hebräischen Wortes sehr stark ein und lenkt die Vorstellung der Leser in eine bestimmte Richtung, die in der Gefahr steht, etwas in den Text hineinzulesen, was er selbst gar nicht sagt.⁴⁵

Ein weiteres, gewichtigeres Missverständnis unterliegt der Qualifikation des Dokuments als „*Gesetz*buch", bei der die Gleichsetzung von Tora mit „Gesetz" vorausgesetzt ist, wie sie in der christlichen Theologie über lange Zeit vorherrschend war. Während unter „Gesetz" im Deutschen meist ein fest umrissener Bestand von Einzelvorschriften verstanden wird, trifft dies für das hebräische Wort *tôrāh* in dieser Form nicht zu. *tôrāh* ist ein Formal- kein Materialbegriff; er bezeichnet ursprünglich den *Vorgang* der mündlichen Belehrung, der die Adressaten zu einem bestimmten Verhalten veranlassen will. *tôrāh* in diesem Sinne ist nicht auf ein soziales Milieu festgelegt, sondern findet sich alttestamentlich im Zusammenhang der elterlichen Unterweisung (vor allem seitens der Mutter), in der Prophetie, im weisheitlichen Lehrvortrag oder in den kultischen Auskünften der Priester.⁴⁶ „Nicht auf dem Lerninhalt und auf dem Lernziel liegt also der Akzent, sondern auf dem Vorgang als solchem, auf der autoritativen Unterweisung, [...] auf der im Lehr- und Lernvorgang sich abspielenden Interaktion zwischen Unter-

---

⁴⁴ Dies wird für gewöhnlich durch den Umstand verschleiert, dass in den einschlägigen Wörterbüchern und Lexika für Textsammlungen unterschiedlicher Gattung und Provenienz (königliche Annalen, Rechtstexte, prophetische Überlieferungen) meist das deutsche Äquivalent „Buch" gewählt wird, vgl. C. Dohmen/E. Reuter/F.L. Hossfeld, Art. ספר *sepær*, in: ThWAT Bd. 5 (1986), 929–944; hier: 933–943, und jüngst W. Gesenius, Hebräisches und Aramäisches Handwörterbuch über das Alte Testament, bearb. und hg. v. R. Meyer und H. Donner, Heidelberg ¹⁸2007, 899f.

⁴⁵ Vgl. zuletzt I. Willi-Plein, Lehrbuch oder Gesetzestext? Zum Verständnis von II Kön 22,8, in: J. Luchsinger/H.-P. Mathys/M. Saur (Hg.), „...der seine Lust hat am Wort des Herrn!" (FS E. Jenni), Münster 2007, 405–416; hier: 407–409.

⁴⁶ Vgl. F. Garcìa Lòpez, Art. תורה *tôrāh*, in: ThWAT Bd. 8 (1995), 597–637; hier: 603f.

weisendem und Unterwiesenen."[47] Mit *tôrāh* ist also die Vorstellung eines dynamischen Prozesses verbunden, nicht die eines statischen Lehrgebäudes, das zeitlose Gültigkeit beansprucht. Daraus folgt aber, dass auch das erste Glied des deutschen Kompositums „Gesetzbuch" den Blick auf den ursprünglichen Sinn des Textes eher verstellt, so dass der Ausdruck „Gesetzbuch" am besten ganz vermieden und etwa durch „Toradokument" ersetzt werden sollte.[48]

Dem Charakter des Dokuments als schriftliche Tora entspricht die Reaktion des Königs, der dessen Autorität anerkennt und sein Handeln daran ausrichtet. Es liegt auch ganz auf der Linie des dynamischen Prinzips von *tôrāh*, wenn die einzelnen Akte des königlichen Reformprogramms zwar als Folge des Toravortrags und seiner handlungsorientierenden Funktion charakterisiert werden, ihre Rückführung auf einzelne Bestimmungen des Toradokuments jedoch unterbleibt. – Welche Funktion kommt aber in diesem Zusammenhang dem Aspekt der *Schriftlichkeit* der Tora zu, den die Erzählung in 2Kön 22–23 mit dem Deuteronomium teilt[49] und der im Vergleich zur ursprünglich mündlichen Toraerteilung eine Novität darstellt? Die Schriftform leistet für das narratologische Gefüge des Textes ein Doppeltes: Einerseits schlägt sie einen Bogen in die Vergangenheit. Die Tora, die dem König vorgelesen wird, reicht weit in die Geschichte des Volkes Israel zurück. Sie

---

[47] Vgl. T. Willi, Juda – Jehud – Israel. Studien zum Selbstverständnis des Judentums in persischer Zeit, Tübingen 1995, 91–101: Zitat: 99.

[48] Es bleibt die Schwierigkeit der angemessenen Wiedergabe der hebräischen Nominalbildung תורה in der Verbindung ספר התורה, die mit „Schriftstück/Dokument der Unterweisung" umschrieben werden kann, was als Übersetzung im Deutschen jedoch hölzern wirkt. Daher wird hier vorgeschlagen, den Begriff תורה in dieser Wendung unübersetzt zu lassen und behelfsweise von „Toradokument" oder „Toraschriftstück" zu sprechen.

[49] Vgl. zum Schriftcharakter des Deuteronomiums J. Schaper, Tora als Text im Deuteronomium, in: L. Morenz/S. Schorch (Hg.), Was ist ein Text? Alttestamentliche, ägyptologische und altorientalistische Perspektiven, Berlin/New York 2007, 49–63, und B. Ego, „In der Schriftrolle ist für mich geschrieben" (Ps 40,8). „Mündlichkeit" und „Schriftlichkeit" im Kontext religiösen Lernens in der alttestamentlichen Überlieferung, in: J. Schaper (Hg.), Die Textualisierung der Religion, Tübingen 2009, 82–104; hier: 91–93.

ergeht nicht auf eine aktuelle Befragung hin, gleichwohl sie gegenwärtige Missstände aufdeckt und zu deren Beseitigung Anlass gibt. Die kultreformerischen Akte des Königs erscheinen in diesem Licht nicht als „Neuerungen", die leicht unter den Verdacht geraten konnten, die seit alters bestehenden kultischen Ordnungen aufzulösen, sondern der König zieht lediglich die längst überfälligen Konsequenzen aus der Tora Jahwes, die bereits den „Vätern" bekannt gemacht, aber von ihnen nicht beachtet worden war. Das Medium der Schrift hat unter diesem Gesichtspunkt vor allem legitimierende Funktion.[50] Andererseits ermöglicht es die Schriftform, dass das Toradokument im weiteren Verlauf der Erzählung zur „Bundesurkunde" wird, auf die sich König und Volk verpflichten. Erst hier treten die Einzelbestimmungen, in denen sich der Toravortrag niedergeschlagen hat und die allein als Grundlage für die Selbstverpflichtung von König und Volk dienen konnten, in den Vordergrund (der Begriff *tôrāh* begegnet hier nicht!), ohne dass nähere Angaben zu ihrem Inhalt gemacht würden (vgl. 2Kön 23,3). Der Erzähler zeigt offensichtlich kein Interesse am Lerninhalt bzw. an den Einzelbestimmungen des Dokuments, stattdessen liegt ihm daran, die Reformpolitik des Königs als *torakonform* zu erweisen und ihr einen normativen Rang zuzuerkennen. Die Identität des Toradokuments tritt dagegen ganz in den Hintergrund; der Schriftlichkeit der Tora kommt in erster Linie *textpragma-*

---

[50] Dem „Altersbeweis" kam in der Antike eine hohe legitimatorische Bedeutung zu, wie sich an vielen Beispielen zeigen ließe (siehe Anm. 26). Stellvertretend sei hier das ägyptische *Buch vom Tempel* genannt, das in seiner historischen Einleitung auf den Fund eines Dokumentes aus uralter Zeit rekurriert, mit dessen Hilfe „ein ‚ordnungspolitischer Grundsatztext' legitimiert werden soll. Es handelt sich um eine Art Kodifizierung, die durch ein literarisches Stilmittel inszeniert wird – die Autorität des hohen Alters und die Rückführung auf prominente Figuren der ägyptischen Geschichte. [...] In der Komposition des Buches vom Tempel hat dieser Bezug die Funktion, die Königsdekrete über Tempelbau und -erneuerung als uralte Weisung der Herrscher aus dem Alten Reich auszuweisen." (B.U. Schipper, Israel und Ägypten. Erkenntnisse und Perspektiven, in: ThLZ 134 [2009], 1153–1164; hier: 1163).

tische Funktion zu, was jeglichen Rückschluss auf ein dahinter liegendes literarisches Werk erschwert, wenn nicht unmöglich macht.[51]

3. Schlussfolgerungen

a) Anfänge der Buchreligion unter Josia?

Welche Folgerungen ergeben sich aus den Textbefragungen für die These, die geschichtlichen Anfänge der Buchreligion seien in der Reformpolitik des Königs Josia zu greifen? Zweifellos kann die Zentralisierung des „offiziellen" Kultbetriebs am Staatsheiligtum in Jerusalem unter Josia – unbeschadet der Frage nach der Durchschlagskraft und Dauer dieser Maßnahme[52] – in gewisser Weise als „Drosselung des Kultus" bezeichnet werden. Weniger günstig ist es dagegen um die Identifikation des Toradokuments mit dem Deuteronomium bestellt, für die sich keine textliche Evidenz beibringen ließ, und für die sich daraus ableitende Vorrangstellung der „Heiligen Schrift". Mehr noch, von einer „Heiligen Schrift", geschweige denn von einem josianischen „Staats- oder Religionsgesetz", findet sich im biblischen Bericht über die Kultreform Josias keine Spur.[53] Aber auch andere Kriterien für eine

---

[51] Vgl. zur Mehrdeutigkeit der Erzählung die rezeptionsästhetischen Bemerkungen bei E. Ben Zvi, Imagining Josiah's Book and the Implications of Imagining in early Persian Yehud, in: I. Kottsieper/R. Schmitt/J. Wöhrle (Hg.), Berührungspunkte. Studien zur Sozial- und Religionsgeschichte Israels und seiner Umwelt (FS R. Albertz), Münster 2008, 193–212; hier: 202–208.

[52] Vgl. Morenz, Entstehung, 385f.

[53] Anders urteilen E. Reuter und F.L. Hossfeld: „Der Begriff des *sepær hattôrāh* setzt voraus, daß das Gesetz als genau abgegrenzter Text verstanden wird. Bei der Entstehung dieser Vorstellung eines abgeschlossen niedergelegten JHWH-Willens muß ein als kanonisch angesehener Text vorliegen." (Dohmen/Reuter/Hossfeld, ספר, 938). – Ebenso wenig sollte mit Blick auf die Erzählung in 2Kön 22–23 von einem „return to the book" oder „back-to-the-book-movement" gesprochen werden, wie dies jüngst J. Schaper, „Scriptural turn" und Monotheismus. Überlegungen zu einer (nicht ganz) neuen These, in: Ders., Die Textualisierung der Religion, Tübingen 2009, 275–291; hier: 285f, unter Verweis auf einen unauflöslichen soziopolitischen Zusammenhang von Schriftlichkeit und Reform getan hat. Letzterer ist für die alttestamentliche Überlieferung jedoch nicht zwingend, wie bereits ein kurzer Seitenblick auf die Notiz über die Kultreform des Königs Hiskia in 2Kön 18,4 lehrt.

Buchreligion lassen sich, wenn überhaupt, nur sehr eingeschränkt in Anschlag bringen: Der Reformbericht besitzt zwar monotheistische Züge, insofern Kulteinrichtungen, die der Verehrung „fremder Götter" dienen, beseitigt werden – worin zweifellos ein gewalttätiger Zug liegt –, doch scheint es sich bei den kritisierten Praktiken überwiegend um Elemente des Jahwekultes gehandelt zu haben, und die Stoßrichtung der Reform im Ganzen ist eher als eine religionsinterne Erneuerungsbewegung zu bestimmen, die der Jahwereligion ihre torakonforme Gestalt geben will. Von einer „Intellektualisierung" des Kultus oder gar einer Ersetzung der rituellen Kohärenz des Opferkultes durch die textliche Kohärenz des Gesetzes kann mit Blick auf den Bericht in 2Kön 22–23 nicht entfernt die Rede sein. Im Gegenteil, die königliche Reformpolitik zielt gerade auf eine Reinigung und Erneuerung des Opferkultes am Jerusalemer Tempel! Das Religionskonzept des Reformberichts bewegt sich gänzlich in den Vorgaben einer altorientalischen Kultreligion – ein Übergang von „primärer" zu „sekundärer" Religion im Sinne Assmanns ist im Text nicht aufweisbar. Die Schriftlichkeit der Tora ist nicht im Sinne einer Buchreligion misszuverstehen, sondern in ihrer oben skizzierten textpragmatischen Funktion wahrzunehmen. Wo immer die Anfänge der Buchreligion historisch zu verorten sein mögen, in der Religionspolitik Josias[54] sind sie es nicht.

---

[54] Joachim Schaper hat für das Deuteronomium in seiner Endgestalt von einer „Textualisierung des Offenbarungsgeschehens" gesprochen. „Der Gott Israels tritt nicht mehr visuell in Erscheinung, sondern in der (gesprochenen und geschriebenen) Sprache und ganz besonders im schriftlichen Text der Tora, der im Deuteronomium und darüber hinaus ins Zentrum des Offenbarungsgeschehens tritt und selbst zum Ort der Gottespräsenz wird. [...] Damit steht das Deuteronomium am Anfang jener Entwicklung hin zur ‚Buchreligion', die mit der Durchsetzung des Monotheismus Hand in Hand ging." (Ders., „Scriptural turn", 291). Es fragt sich jedoch, ob die Torakonzeption des Deuteronomiums angesichts ihrer unverkennbaren Rückbindung an den Tempelkult mit dieser Klassifikation hinreichend erfasst ist.

b) Die Promulgation der Tora durch Esra

Wie aber steht es mit dem von Morenz angenommenen Endpunkt der Entwicklung, der Promulgation der Tora durch Esra? Nach dem Bericht in Neh 8 verliest Esra, der Schriftgelehrte und Bevollmächtigte des persischen Großkönigs, nach seiner Ankunft in Jerusalem am ersten Tag des siebten Monats „die Tora des Mose, die Jahwe geboten hatte" (vgl. V.1–3). Es ist unstrittig, dass es sich bei der „Tora des Mose" um eine fest umrissene, kodifizierte literarische Größe gehandelt haben muss,[55] weniger sicher ist dagegen die verbreitete Annahme, dass im Bericht über die Volksversammlung in Neh 8 „eine reguläre gottesdienstliche Versammlung am Neujahrstag" geschildert werde bzw. die Darstellung einer gottesdienstlichen Begehung nachempfunden sei.[56] Nicht nur fehlt in Neh 8 das für ein antikes Gottesdienstverständnis konstitutive Element des Opfers, das Volk versammelt sich auch auf einem der großen öffentlichen Plätze der Stadt vor dem Wassertor, und nicht im Tempelareal. Esra, der auch den Priestertitel trägt, und die Leviten agieren hier in einem politischen, nicht im kultischen Rahmen.[57] Thomas Willi hat vorgeschlagen, das Geschehen in Neh 8, im narrativen Zusammenhang des Esra-Nehemiabuches gelesen, als Konstituierung der persischen Provinz Jehud zu interpretieren. Diese vollzog sich „auf der Basis einer neuen und legitimierten Anwendung der תורה, die ganz Israel galt und die stellvertretend für dieses Gesamtisrael gehört, verstanden und anerkannt wurde von der am Wassertor versammelten Volksversammlung (קהל V.2) als dem beschlußfähigen öffentlichen Gremium dieser Provinz und ihrer

---

[55] Zur möglichen Identifikation des Textes mit dem Deuteronomium vgl. Ego, Schriftrolle, 94f mit Anm. 64.
[56] Vgl. S. Mowinckel, Studien zu dem Buche Ezra-Nehemia. III: Die Ezrageschichte und das Gesetz Moses, Oslo 1965, 132; T. Hieke, Die Bücher Esra und Nehemia, Stuttgart 2005, 193; Ego, Schriftrolle, 95f.
[57] Vgl. bereits H.G.M. Williamson, Ezra, Nehemiah, Waco 1989, 282, und C. Körting, Der Schall des Schofar. Israels Feste im Herbst, Berlin/New York 1999, 250–254.

Hauptstadt. Es handelt sich also nicht so sehr um einen ‚Gottesdienst' als um die Ratifizierung der תורה durch den versammelten קהל, und zwar als der vom König sanktionierten und von Esra zur Anwendung interpretierten Religions-, Rechts- und Bildungsgrundlage der neuen Provinz."[58]

Die schriftliche Tora ist hier zur Quelle sakral-, straf- und zivilrechtlicher Bestimmungen geworden, die von Esra und den Leviten in der Form eines mündlichen Auslegungsvorgangs der *bürgerlichen* Gemeinde mitgeteilt werden. Die Schriftform der Tora setzt die mündliche Toraerteilung aus sich heraus – sie generiert das Recht in seiner jeweils zeit- und situationsgemäßen Gestalt. Dieses Konzept unterscheidet sich grundlegend von dem Gedanken einer systematisierten und fixierten Rechtsnorm, wie ihn Morenz formuliert hatte: „Alles, was in der religiösen Literatur Israels an gesetzlichen Bestimmungen und Weisungen überliefert war, und vieles Neue dazu, rückte in die Lebensmitte des nachexilischen Judentums. Esra, der Verkünder des Gesetzes, verpflichtete die jüdische Gemeinde auf dessen Gebote und erhöhte es zu der religiös verankerten Lebensmacht, die das Gesetz fortan für das Judentum gewesen ist. Schon in dem Bericht vom Sinai-Bund und stärker dann in der Bundesverpflichtung, die Josia samt dem Volke auf das Deuteronomium einging, war das Thema der Gesetzlichkeit aufgeklungen. Jetzt aber schwoll es zum mächtigen Akkord."[59]

So wenig wie zur Zeit Josias trat die schriftliche Tora in der mittleren Perserzeit an die Stelle des um das Opfer gruppierten Tempelkultes. Dies geht nicht nur aus der breiten Schilderung des Wiederaufbaus des Jerusalemer Tempels in Esr. 1–6 hervor, sondern findet seine Bestätigung auch in den detaillierten Bestimmungen der priesterlichen Opfergesetze des Penta-

---

[58] Willi, Juda, 116.
[59] Morenz, Entstehung, 386.

"Ich habe das Gesetzbuch gefunden im Haus des HERRN."

teuchs, die überwiegend der persischen Epoche entstammen und nach Assmann geradezu den klassischen Typ der Kultreligion repräsentieren.[60]

Weder an ihrem Anfang noch am Endpunkt der von Morenz skizzierten Entwicklung, die zur Ausbildung des Konzepts der Buchreligion in der israelitischen Religionsgeschichte geführt haben soll, ist diese Idee in den alttestamentlichen Quellen selbst nachweisbar. Sie gibt sich stattdessen als ein Deutemuster zu erkennen, mit dessen Hilfe sehr viel spätere religionsgeschichtliche Entwicklungen in die Texte eingetragen werden. Die Verschriftung der Tora markiert ohne Zweifel einen wichtigen Einschnitt innerhalb der Religionsgeschichte Israels, die Anfänge der Buchreligion müssen jedoch an einem anderen Ort gesucht werden.

---

[60] Vgl. oben Seite 147f. Im Unterschied zu Assmanns Einschätzung wird man jedoch festhalten müssen, dass die priesterliche Kultgesetzgebung im Pentateuch keineswegs nur oberflächlich monotheistisch überformt worden sei, sondern durchgängig dem Alleinverehrungsanspruch Jahwes verpflichtet ist.

SIGNE VON OETTINGEN

„Was steckt wohl in dem Schrank?"
Theologie in C.S. Lewis' Universum

Wenn man in Dänemark den Namen C.S. Lewis (1898–1963) nennt, verbinden viele ihn mit dem Film *Narnia* und den sieben Narnia-Büchern. Einige werden wissen, dass Lewis ein Pionier für das Fantasy-Genre war und ein enger Freund von J.R.R. Tolkien (1892–1973), dessen Romanzyklus *Der Herr der Ringe* er entscheidend angestoßen hat. Wenige werden andere Werke kennen. Und den wenigsten sind in Dänemark und Deutschland seine wissenschaftlichen Publikationen bekannt. Das steht im krassen Gegensatz zu seinem Bekanntheitsgrad in der englischsprachigen Welt. Hier ist die Bedeutung von C.S. Lewis' Erzählungen so groß wie etwa die der Erzählungen von Astrid Lindgren in den skandinavischen Ländern.

Große Fantasy-Erzählungen wie *Herr der Ringe, Harry Potter* und *Narnia* sind aber dabei, in der gesamten westlichen Welt zu einem kulturellen Allgemeingut zu werden. Die Nachfrage nach solchen Filmen und Büchern stieg in den letzten Jahren rekordartig an. Beim Googeln des Begriffs „Narnia" kam ich auf über neun Millionen Treffer. Dies besagt zwar nichts über inhaltliche Konsistenz, aber ein wenig über die Größe dieser kulturellen Bewegung, die unter der Sammelbezeichnung „Fantasy" dem heutigem Leser Magie, Mystik, andere Welten, fremde Wesen und metaphysische Denkmuster vermittelt.[1]

„Theologie und Literatur sind in unterschiedlichen Wortwelten zu Hause und mühen sich in verschiedenen Sprachen, die Welt zu deuten", steht am Anfang dieser Ringvorlesung. Diese beiden Wortwelten finden einen ge-

---

[1] Vgl. M.T. Højsgaard, Gudstro i den danske offentlighed efter Grosbøll, in: Ders./H.R. Iversen (Hg.), Gudstro i Danmark, Kopenhagen 2005, 183–206; hier: 188.

meinsamen Fixpunkt in dem literarischen Universum von C.S. Lewis. Für Lewis gibt es keinen Unterschied: Literatur ist Verkündigung des Christentums, und seine Verkündigung geschieht durch seine Literatur.

Genau diese Kombination, die Verbindung von Literatur mit Verkündigung, wird im Zentrum dieses Beitrags stehen. Deshalb werden ausgewählte Werke einseitig thematisch mit Blick auf diese grundlegende Struktur in C.S. Lewis' literarischem Werk gelesen, um relevante Textpassagen hervorzuheben. Unweigerlich werden dadurch andere Aspekte nicht genannt oder zu kurz kommen. Jedoch ermöglicht diese Strategie, dass ein Zusammenhang gesehen wird, der sonst verloren gehen würde.

Die Struktur dieses Beitrags ist folgendermaßen aufgebaut: Nach einer kurzen Einführung in die Biographie von C.S. Lewis folgt eine Darstellung ausgewählter Erzählungen mit Analyse seiner implizit formulierten Verkündigungsstrategie. Zum Schluss wird kritisch gefragt, warum diese verkündigende Literatur, die eine so große Durchschlagskraft besitzt, so wenig Anklang findet in der theologischen Fachwelt.

C.S. Lewis und die Prüfungen seines Glaubens

Einige werden den Oscar-nominierten Film *Shadowlands* (1993) von Richard Attenborough mit Anthony Hopkins in der Hauptrolle als C.S. Lewis gesehen haben. Dieser Film entspricht nicht in allen Details dem Leben Lewis', aber er gibt einen ersten Eindruck. Und der Film ist noch herzbewegend dazu! Die Geschichte des Universitätslehrers, des weltberühmten Schriftstellers, des tief Gläubigen, des überzeugten Junggesellen C.S. Lewis, der die große Liebe trifft. Helen Joy Gresham (1915–1960) war jüdische Dichterin – noch dazu Kommunistin und Amerikanerin, die durch die Literatur von Lewis zum Christentum konvertierte. Sie zieht mit ihren beiden Söhnen bei Lewis ein und bringt seinen Haushalt total durcheinander. In vielerlei Hinsicht! Doch als sie heiraten, war Joy bereits unheilbar an Krebs erkrankt. Es war die Liebe seines Lebens, und nach ihrem Tod kümmerte er sich um die beiden Jungen. Er selber hatte mit neun Jahren ebenfalls seine Mutter an Krebs verloren.

1940 schrieb er das Buch *The Problem of Pain*[2] (*Über den Schmerz*). In seinem Vorwort erklärt er, dass das einzige Ziel des Buches sei, die intellektuellen Probleme zu lösen, die mit der Erfahrung von menschlichem Leid entstehen. Die Hauptfrage, die er im Buch verfolgt, ist: Wie kann ein guter Gott zulassen, dass es Leid gibt? Methodisch versucht Lewis, die Theodizee-Frage zu beantworten:

> „Bei allen Erörterungen über die Hölle müssen wir uns ständig vor Augen halten, dass sie *wahrhaft* möglich ist – nicht für unsere Feinde, nicht für unsere Freunde, nein: für uns selbst."[3]

Lewis schreibt radikal, und seine Radikalität entspringt den Antworten seiner theologischen Fragen. Das letzte Kapitel in *The Problem of Pain* heißt *Über den Himmel* und fängt mit einem Zitat von Paulus an:

> „Ich halte dafür, dass die Leiden dieser Zeit nicht zu vergleichen sind mit der Herrlichkeit, die an uns offenbar werden wird" (Röm 8,18).

Nach diesem Zitat wendet sich Lewis gleich dem gängigen und zu erwartenden Einwand zu „Christsein bedeutet Jenseitsvertröstung" und stellt hier die alles entscheidende Frage nach der Wahrheit:

> „Wir sind heutigentags sehr schüchtern, den Himmel auch nur zu erwähnen. Wir fürchten uns vor dem Spott, über ‚die Kuchen im Himmel'. Wir hören sehr ungern den Vorwurf, wir suchten uns zu drücken vor der Pflicht, hier und jetzt eine bessere Welt zu schaffen, und träumten stattdessen von einer glücklichen Welt anderswo. Aber entweder gibt es die Kuchen im Himmel oder nicht. Wenn nein, dann ist der christliche Glaube falsch, denn sein ganzes Gefüge ist von dieser Lehre durchwirkt. Wenn aber ja, dann muss ich mich dieser Wahrheit stellen […]."[4]

---

[2] C.S. Lewis, The Problem of Pain, London 1940.
[3] Lewis, The Problem of Pain, 116. Übersetzungen aus dem Dänischen und Englischen, sofern nicht anders angegeben, von der Verfasserin.
[4] Lewis, The Problem of Pain, 132.

Wie Lewis sich zu dieser Wahrheit stellt, verändert sich. In der Trauer um Joy erlebt er schmerzlich die Wandelbarkeit von Glaubensfragen. 1961, ein Jahr nach dem Tod von Joy, veröffentlichte Lewis dann ein ganz anderes Buch: *A Grief Observed (Über die Trauer)*[5]. Es kreist aber um dieselbe Thematik: die Theodizee-Frage. Sein persönliches Tagebuch über seine eigene Trauer ist ein sehr bewegendes und erschütterndes Zeugnis. Lewis lässt seinem Schmerz freien Lauf, klagt über Gott und klagt ihn an, versinkt in Zweifel und grübelnde Fragen. Seine Religiosität wird in ihren Grundfesten erschüttert. Am Anfang des Buches schreibt er:

> „Ich komme mir vor, als ob ich an Gottes Haustür klopfe und schreie und bettle um Trost – und man schlägt mir die Tür vor der Nase zu".[6]

Die verlorene Beziehung zu Gott kehrt dann langsam wieder, aber in einem Glauben in völlig anderer Gestalt. Erstens stellt Lewis irgendwann mit großem Erstaunen fest: Diese verloren geglaubte Beziehung zu seiner Frau stellt sich auf wundersame Weise wieder her. Freilich als eine Beziehung im Geiste. Denn er hat den Eindruck, sie sei wieder da, in seinem Kopf, in seinem Herzen. Und er fühlt auch, dass das der Heilige Geist sein könnte: Diese Verbindung zwischen Menschen auch über den Tod hinaus. Und zweitens: Lewis erkennt, dass er kurz nach dem Tod seiner Frau für „himmlischen Trost" überhaupt nicht empfänglich gewesen ist:

> „Ich habe damals gebettelt und geschrien, eigentlich wollte ich einfach nur meine Frau wiederhaben. Aber so ist das Leben nicht gemacht. Jetzt kann ich Gott wieder hören."[7]

Die Wandlungen seines Glaubens spielen eine große Rolle für seine Erzählungen, da sie seiner impliziten Verkündigungsstrategie Kraft, Stärke und Radikalität geben. Er hat in seiner eigenen Biographie das Schmerzlichste und Trostschenkende durch den christlichen Glauben erfahren. Und er er-

---

[5] C.S. Lewis, En sorgens dagbog, Kopenhagen 1984 (in der Übersetzung von Lene Mott).
[6] Lewis, En sorgens dagbog, 11.
[7] Lewis, En sorgens dagbog, 61.

lebte, dass es keine Kompromisse gibt: In Zeiten der Zweifel und Anfechtungen gab es für ihn kein Verhältnis zu Gott. Nicht weil Gott es nicht wollte, sondern weil er sich selber für Gottes Hilfe nicht öffnen konnte. Er selber konnte sie nicht annehmen. Ein immer wiederkehrendes Thema in den Erzählungen bei Lewis, die gespickt sind mit kämpferischen Bildern. Der Glaube wird ein Kampf und ein Ringen. Somit wird die Verbindung zu Gott bei Lewis eine Frage des Seins oder Nichtseins.

C.S. Lewis – ein moderner „Dinosaurier"

Nachdem Lewis 1955 die Professur für Literatur des Mittelalters und der Renaissance in Cambridge erhalten hat, präsentiert er sich selber in seiner Festrede als einen „Dinosaurier".[8] Dinosaurier sind eine ausgestorbene Tierart – Wesen, die in einer ganz anderen Welt lebten. So ist also das Selbstverständnis von Lewis. Er dachte und schrieb anders als die meisten seiner Zeit. Er definierte sich selbst bewusst in Opposition zur Moderne.

Auf welche Weise das Antimoderne das Denken von Lewis durchdringt, beschreibt er in seiner Vorstellung vom Raum und dem Universum. In der Moderne wird der Raum oft mit Sinnleere, Zersplitterung und Tod beschrieben.[9]

---

[8] C.S. Lewis, De Descriptione Temporum, in: Ders., Selected Literary Essays, hg. v. W. Hooper, Cambridge 1969, 1–14.
[9] Die Bilder von Max Beckmann (1884–1950) legen davon Zeugnis ab. Auf einem seiner berühmtesten Bilder, *Die Nacht* (1918/1919), wird der Raum folternd und quälend dargestellt. Dazu wird die Perspektivität des Bildes zerrissen. Bei Beckmann gibt es nicht die eine Perspektive, und das endet in einer grauenvollen Hoffnungslosigkeit. Er glaubte nicht daran, dass im Dasein des Raumes und im Universum ein Sinn verborgen liegen könnte. Zur Metaphysik von Beckmanns Ikonographie siehe K.E. Løgstrup, Schöpfung und Vernichtung: Religionsphilosophische Betrachtungen, Tübingen 1990, 225ff.

Das ist bei Lewis ganz anders. Er bekennt sich zum mittelalterlichen Weltbild und ist davon fasziniert. So schreibt er in *The Discarded Image*[10] (*Das verworfene Bild*):

> „Das Universum in der modernen Astronomie kann Schrecken und Verwirrung auslösen oder vage Träumerei; das alte (Weltbild) präsentiert die Sphären wie ein Objekt, an dem die Sinne ruhen können – zufriedengestellt in ihrer Harmonie […]."[11]

Und weiter schreibt er:

> „Was ein moderner Mensch auch fühlt, wenn er den Sternenhimmel betrachtet – dann fühlt er mit Sicherheit, dass er rausguckt. Aber wenn man das mittelalterliche Modell akzeptiert, dann würde man fühlen, dass man hineinschaut."[12]

Das Hineinschauen ist eine feste Grundidee bei Lewis, denn sie gründet in einer Interaktion zwischen zwei Welten. Es gibt Übergänge von der realen menschlichen Welt zur Märchenwelt von Narnia. Hier liegt auch der Hauptunterschied zu den Werken von Tolkien, der eine absolut in sich geschlossene Welt schuf. Wir werden später auf diesen Konflikt zurückkommen.

Präsentation der modernen Märchen

Im Universum von Lewis gibt es viele Sterne, die wundervoll leuchten. Ich habe mir drei Sterne ausgewählt, die besonders eindrücklich sind. Diese drei Romane sind *The Lion, the Witch and the Wardrobe*[13] (*Der König von Narnia*) aus dem Jahre 1950, *The Great Divorce*[14] (*Die große Scheidung oder zwischen Himmel und Hölle*) von 1945 und *The Screwtape Letters*[15] (*Dienstanweisung für einen Unterteufel*) von 1942.

Zum ersten Stern: Die sieben Narnia-Geschichten entstanden 1950 bis 1956. Als erstes die Geschichte *The Lion, the Witch and the Wardrobe*. Hier

---

[10] C.S. Lewis, The Discarded Image. An Introduction to Medieval and Renaissance Literature, Cambridge 1964.
[11] Lewis, The Discarded Image, 99.
[12] Lewis, The Discarded Image, 119.
[13] Vgl. C.S. Lewis, Løven, Heksen og garderobeskabet, Valby 1982.
[14] Vgl. C.S. Lewis, Die große Scheidung, Freiburg i.Br. 2008.
[15] Vgl. C.S. Lewis, Dienstanweisung für einen Unterteufel, Freiburg i.Br. 2009.

wird die Geschichte von vier Geschwistern erzählt, die durch einen Wandschrank in das Land Narnia kommen. In Narnia müssen sprechende Tiere und mythologische Gestalten unter der Knechtschaft der weißen Hexe einen ewigen Winter ertragen. Sie sehnen sich nach der Ankunft des Löwen Aslan, der als Erlösergestalt fungiert.[16]

Nun möchte ich auf die zwei anderen Sterne, *The Great Divorce* und *The Screwtape Letters*, eingehen. Sie gehören zu den apologetischen Schriften, weil hier implizit eine Absicherung der christlichen Religion und des Glaubens zum Ausdruck kommt. Und dann sind sie auch noch didaktisch – sie *belehren* den Leser. Lewis selber mochte diese Aussage nicht, aber wie der dänische Literaturprofessor Hans Hauge sagt: „Es ist besser, der Erzählung zu trauen als dem Verfasser."[17] Beide Erzählungen sind explizit christlich, da sie in Form und Inhalt ein direktes christliches Wirklichkeitsverständnis zum Ausdruck bringen. Somit wirkt der verkündigende Appell sehr stark.

The Great Divorce beginnt an einer Bushaltestelle und schildert die Busfahrt einer Gruppe von Menschen, die aus der Hölle zu einer Heide unterwegs sind, eine Art Vorhof des Himmels. Von hier aus beginnt die Wanderung zum eigentlichen Himmel. Bei der Ankunft taumeln sie aus dem Bus und werden sogleich von den Bewohnern des Himmels begrüßt, die den langen Weg vom Himmel bis zur Heide gemacht haben. Sie strahlen eine *leuchtende* Wirklichkeit aus, so dass die Personen der Reisegruppe in ihrer Gegenwart als Schattenwesen beschrieben werden. Nicht nur die Einwohner des Himmels sind *leuchtender*, auch die gesamte Umwelt und die Natur. Das Gras ist so hart und scharf, dass sich die Schattenwesen ihre Füße aufschneiden. Der Ich-Erzähler war von Anfang an als ein Entdeckungsreisender Mitglied der höllischen Reisegruppe. Er hört Gesprächen zu, in denen die

---

[16] M. Mühling, Gott und die Welt in Narnia, Göttingen 2005, 12.
[17] H. Hauge, Fantasy som religion. J.R.R. Tolkien, C.S. Lewis, J.K. Rowling, in: M. Burchard/P.R. Böwadt (Hg.), Den gamle nyreligiøsitet. Vestens glemte kulturarv, Kopenhagen 2003, 267–283; hier: 267.

Leuchtenden versuchen, die Schatten zu überreden, die Wirklichkeit des Himmels zu akzeptieren und ihnen über die Heide zu folgen auf die Bergzinnen des Himmels.

Der verstorbene schottische Autor Georg MacDonald (1824–1905) – der Lieblingsautor von Lewis – tritt als der Reiseführer des Icherzählers auf. Zusammen erleben sie, wie alle Schatten – bis auf einen einzigen – lieber die Hölle wählen als den Himmel. Sie halten fest an ihrer eigenen Kränkung, Wut und ihren akademischen Ambitionen.

Zwei Kollegen treffen sich – beide waren Professoren –, der eine kommt gerade aus der Hölle „als ein Schatten" –, der andere kommt als „ein Leuchtender" gerade vom Himmel, um seinen alten Freund abzuholen:

> „‚Denn ich will dich in das Land der Antworten bringen, nicht der Fragen, und du sollst das Antlitz Gottes schauen.' [sagt der Leuchtende]
>
> ‚Ja, aber wir müssen all diese schönen Worte in unserer Weise interpretieren. Für mich gibt es nichts dergleichen wie eine endgültige Antwort. Der freie Wind der Forschung, nicht wahr, der darf nicht aufhören, durch unser Gemüt zu wehen. Prüfe jeglich Ding [...]. In Hoffnung wallen ist besser als ankommen.' [erwidert der Schatten]
>
> [Der Leuchtende antwortet:] ‚Wenn das wahr wäre und als wahr bekannt, wie könnte dann jemand in Hoffnung wallen? Gäbe es doch nichts, was sich hoffen ließe.'
>
> [Darauf der Schatten:] ‚Aber du musst doch selbst fühlen, dass etwas Erstickendes um die Idee von Endgültigkeit ist. Geistiger Stillstand, mein lieber Junge, was ist seelenzerstörender als geistiger Stillstand?'"[18]

Der Ich-Erzähler diskutiert die Frage der menschlichen Wahl zwischen Himmel und Hölle, Heil und Verdammnis, Wirklichkeit und Unwirklichkeit mit MacDonald. Das Gespräch gipfelt in folgender Aussage:

> „‚Alle, die es wünschen, kommen dorthin. Hab keine Angst. Zum Schluss gibt es nur zwei Gruppen Menschen – die, die zu Gott sagen: Dein Wille geschehe, und die, zu denen Gott sagt: Dein Wille geschehe.'"[19]

Das Zitat drückt die theologische Botschaft des Buches aus, dass Himmel und Hölle sich nie vereinen können. Nachdem er Einblick in zahlreiche

---

[18] Lewis, Die große Scheidung, 48.
[19] Lewis, Die große Scheidung, 78.

Schicksale der Schattenwesen bekommen hat und auch eine längere Lektion über das Geheimnis der Entscheidung, die Wahl und die Bedeutung der Ewigkeit durch MacDonald, wacht der Ich-Erzähler aus seinem Traum auf und entdeckt, dass er am Schreibtisch eingeschlafen war.

Der dritte Roman *The Screwtape Letters* ist ein Briefroman – genauer eine teuflische Satire in 31 Briefen. Er unterscheidet sich von einem typischen Briefroman, indem er einen Einblick in einen „wirklich seltenen" Briefwechsel zwischen dem Seniorteufel Screwtape und seinem Neffen, dem Juniorteufel Wormwood, gibt. (Ins Deutsche übersetzt könnte „to screw" bedeuten „jemanden täuschen" und „to tape" „jemanden festkleben". Wormwood bedeutet auf Deutsch „Wermut"). Der Seniorteufel Screwtape hat in der höllischen Beamtenhierarchie Rang und Namen, im Gegensatz zu dem Juniorteufel Wormwood, seinem „geliebten" Neffen. Der jüngere Teufel Wormwood hat gerade seinen Schulabschluss am Seminar der Verführungen absolviert. Er hat nun seine erste Aufgabe erhalten, nämlich seine erste Menschenseele für den „großen Vater" („Our Father Below") in der Hölle zu fangen und ihn wegzulocken „away from the Enemy" (also Gott). Doch der junge Mann, der Patient, der seinen Körper für diese Sache hergeben soll, wird (so wie es der inneren Logik des Briefwechsels entspricht) ein Christ. Screwtape muss deshalb Wormwood gute Ratschläge geben, wie er die Menschenseelen betrügen kann. Anstatt den Patienten zu großen, spektakulären Sünden zu verführen, solle Wormwood die alltäglichen menschlichen Schwächen ausnutzen.

Die Methoden, mit denen der Teufel arbeitet, sind natürlich das genaue Gegenteil von klassischen Tugenden wie Freundlichkeit, Mut und Reinheit. Gleichzeitig ist es die Aufgabe jeder guten teuflischen Strategie, die Wirklichkeit, wie sie in Wahrheit ist, zu verschleiern.

Die äußere Kulisse dieser teuflischen Korrespondenz ist der Ausbruch des Zweiten Weltkriegs. Der junge Mann stirbt durch ein Bombardement.

Wormwood hat es nicht geschafft, dass sich der junge Mann vom Christentum abwendet. Im Augenblick des Todes sieht der junge Mann plötzlich die Klarheit aller Dinge und geht ins Ewige Leben ein:

> „Wie gut weiß ich doch, was in dem Augenblick geschah, als sie ihn Dir entrissen! Es war, wie wenn ihm plötzlich die Augen aufgegangen wären (oder war es nicht so?), als er Dich zum ersten Mal sah und die Rolle erkannte, die Du in seinem Leben gespielt hattest, und wusste, dass das vorüber sei."[20]

In der Hölle gibt es natürlich keine Gnade, und der junge Teufel Wormwood muss nun mit seinem eigenen Leben für seine Schandtat büßen.

Soweit eine kurze inhaltliche Wiedergabe und ein Einblick in die Erzählstrukturen der ausgewählten Romane. Um der Verkündigungsstrategie C.S. Lewis' auf der Spur zu bleiben, wird in einem nächsten Schritt kurz auf die Metaphysik der Erzählungen eingegangen.

Christliche Metaphysik als Rettung und Wiederverzauberung

Ich nehme in den folgenden Betrachtungen ein weites Verständnis von Metaphysik an. Ganz in der Tradition der klassischen *metaphysica generalis*:

> „Metaphysik ist die Lehre der Wirklichkeit, die außerhalb, hinter (wie das griechische meta) und über der physischen und mit den Sinnen erfahrbaren Welt liegt."[21]

Die Metaphysik, die in den Erzählungen von *Narnia*, *The Great Divorce* und *The Screwtape Letters* zum Ausdruck kommt, ist Zentrum des dramatischen Geschehens. In der Letzteren fängt Screwtape damit an, dem Debütanten Wormwood gute Ratschläge zu geben. Er betont, dass es das Ziel der Versuchung sei zu verhindern, dass der Mensch die Welt so sieht, wie sie wirklich ist.[22]

Hinter der unmittelbaren physischen Welt ist also die wirkliche Welt. Der Mensch darf für diese kein Gefühl bekommen. Denn es ist die Wirklichkeit

---

[20] Lewis, Dienstanweisung für einen Unterteufel, 137.
[21] J. Lindhardt/C. Bach-Nielsen (Hg.), Kirke og kristendom. Leksikon, Kopenhagen 2001, 258.
[22] Lewis, Dienstanweisung für einen Unterteufel, 10.

Gottes und die der wahren Offenbarung. Es ist somit das Resultat einer langwierigen teuflischen Strategie, dass es für den Menschen fast unmöglich ist, die Augen abzuwenden von der Welt, die sich vor ihren Augen abspielt.

Genau diese nichtformulierte Aufgabe ist es, die Lewis sich mit seinen Erzählungen stellt. Durch die fiktive teuflische Briefkorrespondenz versucht er, neues metaphysisches Licht auf die Existenz der Menschen zu werfen. Lewis verkündet die Metaphysik als die Rettung der Menschen. Dafür eignet sich das Fantasy-Genre sehr gut.

Hinter der sich frei entfaltenden Phantasie steckt die Aussage, dass diese Fiktion ein Wissen über eine andere Welt vermittelt, die wirklicher ist als alle anderen. Die markante Präsenz der Metaphysik in den Werken von C.S. Lewis kann im Zusammenhang mit den Begriffen von „Entzauberung" und „Wiederverzauberung" beschrieben werden. Der Soziologe Max Weber (1864–1920) nimmt an, dass die Rationalität der modernen Zeit die Welt entzaubert hätte.[23] Natur und Mensch seien fortan nicht mehr heilige Elemente mit Mystik und mystischem Status, sondern physische Größen, die untersucht und rationalisiert werden könnten. Damit konnte das religiöse Paradigma nicht mehr die Essenz der Welt erklären und verlor seine Kraft und Bedeutung.[24]

In der Begegnung mit dem rationalen Paradigma wirkt die Metaphysik von Lewis wie eine Wiederverzauberung: Religiöser Status wird der Natur, den Elementen und den Menschen wieder verliehen. So zum Beispiel, wenn die Erde, der Wald und das Wasser in *The Great Divorce* einen Freudengesang anstimmen. Mit einem *archaischen und unorganischen Laut*, als Reaktion darauf, dass sich die Schattenwesen für das Leben und die Wirklichkeit des Himmels entscheiden. Die innere Essenz der Welt wird in Verbindung

---

[23] Vgl. U. Beck, Der eigene Gott. Von der Friedensfähigkeit und dem Gewaltpotential der Religionen, Frankfurt a.M. 2008, 36f.
[24] Vgl. Beck, Der eigene Gott, 13.

mit einer Metaphysik gebracht, die mit der Rationalisierung bricht. Damit verabschiedet sich Lewis von der Vernunft als Richtschnur in systematisch-theologischen Fragen.[25] Lewis' guter Freund Tolkien betont, nur als *enchanted* (verzaubert) hätte der Mensch Zutritt zu der Welt, geschaffen aus dem Fantasy-Genre.

Der in Nottingham am „Centre of Theology and Philosophy" lehrende Theologe John Milbank ist davon überzeugt, dass es gar keiner „Wiederverzauberungsstrategie" bedürfe. Milbank bezeichnet seine eigene Position als postsäkular. Er fragt nach, ob die christlichen Elemente in der Fantasy-Literatur wirklich Resultat einer generellen Entchristlichung seien oder auch eine neue a-religiöse Art und Weise, sich mit religiösen Traditionen zu beschäftigen. Christentum in der Fantasy-Welt sei nicht Ausdruck eines religiösen Retreat oder allegorischer Pädagogik, sondern sie sei vielmehr eine Erneuerung, in der viele zentrale christliche Elemente in einem gewandelten Kontext neue Formen erhielten und die zu guter Letzt zu einer authentischeren Darstellung des Christentums führten.[26]

Mit welcher metaphysischen Darstellung versucht Lewis den Leser wiederzuverzaubern?

Praeparatio evangelica: *Den Weg für das Evangelium vorbereiten*

Wie schon eingangs erwähnt, hat das Bekenntnis zum Evangelium bei Lewis etwas Kämpferisches an sich. Oft ist die Welt in seinen Erzählungen Schauplatz einer bösen Invasion. Die Inkarnation der Erlösergestalt wie Aslan in *Narnia* ist auf der anderen Seite auch wie eine Invasion.[27] Der rechtmäßige

---

[25] Vgl. G. Urang, Shadows of Heaven. Religion and Fantasy in the Writing of C.S. Lewis, Charles William and J.R.R. Tolkien, London 1971, 145ff.
[26] Vgl. J. Milbank, Fictioning Things: Gift and Narratives, in: Religion & Literature 37 (2005), N°. 3, 1–35; hier: 2; 30f.
[27] Das zweite Kapitel seines Buches *Mere Christianity* (*Über das Christentum*), nennt Lewis *Invasion*. Vgl. C.S. Lewis, Det er kristendom, Kopenhagen 1996, 49ff.

König landet (verkleidet) auf der Erde. Er ruft alle seine Jünger auf, an der Befreiung teilzunehmen. Diese fängt mit Sabotage gegen die Unwahrheit an. Lewis versteht seine Verkündigung des Christentums wortwörtlich als einen Befreiungsakt durch einen Kampf – und nicht als neutrale Darlegung von Glaubenssätzen. Hinter der äußeren Welt herrsche ein kosmischer Kampf um menschliche Seelen. Dem entgegnet Lewis aktiv mit seinen Romanen im Fantasy-Stil.

Lewis selber wuchs in einem religiösen Elternhaus auf, distanzierte sich aber in seinen Jugendjahren von Religion und Christentum. Viele Jahre lebte er als erklärter Atheist und beschreibt seine Bekehrung wie das Heimgehen des verlorenen Sohnes: nicht freudig, sondern widerwillig, aber auf eigenen Füßen:

> „Im Trinity Term 1929 lenkte ich ein und gab zu, dass Gott Gott war, und kniete nieder und betete; vielleicht in jener Nacht der niedergeschlagenste und widerwilligste Bekehrte in ganz England."[28]

Die persönliche Lebensgeschichte von Lewis mit dem Christentum hat ebenso wie in seinen Erzählungen den Charakter eines Ringens um ein Wissen von der guten Macht. Es ist aber kein Glaube an einen Dualismus, in dem zwei gleichstarke Mächte um die Herrschaft kämpfen.[29] Das ist für Lewis kein christliches Weltbild.[30] Die Welt ist gut, weil sie von einem guten Gott geschaffen worden ist. Leider hat sie den geraden Weg des Guten verlassen, und nur eine Erinnerung der Sinnhaftigkeit ist zurückgeblieben. Es ist nun die Verantwortung der einzelnen Gläubigen, diese Erinnerung wach zu halten: Es ist eine gute Welt!

---

[28] *Surprised by Joy*. Vgl. C.S. Lewis, Überrascht von Freude. Eine Autobiographie, Gießen 2007, 274.

[29] Mühling, Gott und die Welt in Narnia, 75f.

[30] Obwohl Lewis zu diesem Thema nicht ganz eindeutig ist. Das Christentum ist dem Dualismus näher, als man glaubt, schreibt er in *Mere Christianity*: C.S. Lewis, Det er kristendom, 53.

Lewis' Weltbild scheint mir an diesem Punkt durchaus mit dem Luthers vergleichbar zu sein. In dem bekannten Zitat aus *De servo arbitrio* von 1525 beschreibt Luther den Menschen als mitten in einem Kampf stehend, an dem Gott und die gottfeindlichen Mächte teilnehmen.[31] Der Mensch werde entweder von Gott oder vom Teufel geritten.[32] Und auch wenn Lewis die beiden Teufel Wormwood und Screwtape literarisch benutzt, scheint den Teuflischen doch etwas Reales anzuhaften. In der Widmung am Anfang von *The Screwtape Letters* schreibt Lewis ein Lutherzitat: „Das beste Mittel, den Teufel auszutreiben, wenn er der Schrift nicht weichen will, ist, ihn zu verspotten, denn Verachtung kann er nicht ertragen."

Lewis will mit seiner Literatur den Weg frei machen für das Evangelium: *Praeparatio evangelica*. Er nimmt selber Bezug auf diese altkirchliche Tradition von Eusebius von Caesarea. Lewis verändert den Ausdruck so, dass die Vorbereitung auf das Evangelium bei etwas allgemein Menschlichem und Sehnsuchtsvollem anfängt. Diese unbestimmte Erlebnisform liegt noch vor einer christlich geprägten. Genau diese unbestimmte Sehnsucht ist der Anknüpfungspunkt für Lewis' Verkündigung. Er möchte neues Leben einhauchen in Ahnungen und Gefühle, die allen Menschen gemein sind. In *The Screwtape Letters* betont der Oberteufel, wie wichtig es sei, diese Sehnsucht, die die Gemüter bewegt, zu ersticken und den ersten Keim für das Aufblühen der christlichen Religion zu verhindern.

Fantasy – ein umgekehrter Bildersturm

Mit Bildern versucht Lewis, die religiöse Sehnsucht zu wecken, und dieser Bilderreichtum ist eines der markantesten Merkmale seiner Theologie. Beide Romane *The Great Divorce* und *The Screwtape Letters* sind gespickt mit

---

[31] Vgl. B. Lohse, Luthers Theologie in ihrer historischen Entwicklung und in ihrem systematischen Zusammenhang, Göttingen 1995, 270.
[32] WA 18, 635, 17–22 (*De servo arbitrio* 1525).

sprachlichen Bildern von zentralen Elementen des christlichen Glaubens. Lewis' Pointe ist, dass der Bildersturm der letzten Jahrhunderte das Begriffliche und das Kognitive einseitig hervorgehoben habe. Dies sei auf Kosten der Erzählung und des Bildes geschehen. Deshalb wäre das Christentum nun ohne Saft und Kraft.[33]

Lewis würde wahrscheinlich dem bereits erwähnten John Milbank recht geben: Die drastisch zurückgehende Mitgliedschaft in christlichen Kirchen sei ein Resultat des Bilderverlustes. Die abstrakte Vernunft könne nicht allein den innersten Kern der christlichen Doktrin und Praxis begreifen. Milbank unterstreicht in seiner Theologie: „at the center of Christianity [...] stand narratives and symbols".[34]

Lewis hätte dem voll zugestimmt. Dass Lewis dem Fantasy-Genre so treu ist, hat deshalb eine theologische Pointe: Er möchte mit einem umgekehrten Bildersturm den christlichen Bildern neue Kraft schenken. Dafür setzt er ein wirksames Mittel ein.

Mit einem Schuss Transzendenz

Da die Menschen wie Geiseln gehalten werden in einer rationalen Welt ohne Gespür für Metaphysik, versprechen seine Erzählungen eine Kur: Nämlich einen ordentlichen Schuss Transzendenz.

Traditionell wird Transzendenz aufgefasst als das, was unsere allgemeinen Erfahrungen überschreitet. In der Gedankenwelt von Lewis kann eine Seele, die sich dem Materiellen unterworfen hat, sich nicht selbst wieder freimachen. Sie braucht Hilfe. Mit einem neuen Gefühl von und für Transzendenz. Lewis versucht dem Leser Geschmack für das Himmlische zu ge-

---

[33] Vgl. B. Bjerring-Nielsen, Mytens sandhed, Kopenhagen 1999, 34f.
[34] Milbank, Fictioning Things, 3.

ben.[35] Konkret versucht er das zu beschreiben in *The Great Divorce* als ein ganz reales und nachvollziehbares Zusammentreffen dieser beiden Welten. Hier *trifft* man das Gefühl der transzendierten Wirklichkeit, verkörpert durch himmlische Wesen mit prachtvollen Leibern, ohne Alter und mit einer phantastischen Melodie, einem Universalmittel gegen Alter und Krankheit.[36]

In *The Screwtape Letters* nimmt der Leser auch eine ordentliche Dosis Transzendenz während des Lesens ein: Die Grenzen der Wirklichkeit werden immerzu von der teuflischen Perspektive *unter-* und damit auch implizit *über*schritten. Damit möchte Lewis ein Gefühl für *otherness* hervorrufen.[37] Man könnte hier den Verdacht schöpfen, dass Lewis der Transzendenz höhere Priorität schenkt als der Immanenz – dem Übernatürlichen mehr als dem Natürlichen. Man könnte auch meinen, dass Lewis ein so ausgeprägter Platoniker sei, dass er wenig von der Natürlichkeit des Menschen und seiner Ebenbildlichkeit Gottes hält. Der starke Gegensatz zwischen den Schattenmenschen und den *leuchtenden* Menschen in *The Great Divorce* könnte diese Meinungen unterstreichen.[38]

Der große Unterschied zwischen Schattenmenschen und leuchtenden Menschen ist nicht nur als ein Unterschied zwischen Irdischem und Himmlischem zu verstehen. Er ist vielmehr ein Unterschied in der Frage, wie man sich existentiell entscheidet in der Wahl der Wirklichkeit. Mehr davon im nächsten Abschnitt.

---

[35] Es liegt auch etwas Romantisches in den Erzählungen von Lewis. Rüdiger Safranski zitiert die Definition des Romantischen von Novalis: „Indem ich dem Gemeinen einen hohen Sinn, dem Gewöhnlichen ein geheimnisvolles Ansehen, dem Bekannten die Würde des Unbekannten, dem Endlichen einen unendlichen Schein gebe, so romantisiere ich." R. Safranski, Romantik. Eine deutsche Affäre, München 2007, 13.
[36] Vgl. Urang, Shadows of Heaven, 12.
[37] Vgl. Urang, Shadows of Heaven, 29.
[38] Vgl. L. Tjalve, Om det opbyggelige i C.S. Lewis' forfatterskab, Helsingør 1990, 24.

„Was steckt wohl in dem Schrank?"

Die ursprüngliche Gabe,
zwischen zwei gegensätzlichen Mächten zu wählen

In Lewis' Theologie hat die Wahl eine entscheidende Bedeutung. Gegensätzliche Kräfte versuchen die menschliche Seele in Besitz zu nehmen. Und die Wahl oder Entscheidung des Menschen macht den großen Unterschied. In *The Great Divorce* benutzt Lewis das Fantasy-Genre. Die himmlische Strategie dient dazu, die Menschen vor der Hölle zu bewahren. Die zwei Kräfte, die sich streiten, können sich nie vereinen. Sie sind unvereinbar:

> „Es bleibt bei ‚entweder-oder'. Wenn wir durchaus die Hölle behalten wollen, werden wir den Himmel nicht schauen, wenn wir den Himmel annehmen, werden wir nicht imstande sein, auch nur die geringsten und heimlichsten Erinnerungen der Hölle zu behalten."[39]

Dieses Thema taucht in verschiedenen Variationen in seinen Werken immer wieder auf. Es ist tief in seinem Verständnis der Welt verankert. In einer Welt von feindlichen Mächten besetzt, gibt es nur *ein* Existentielles von Bedeutung: Die Wahl zwischen Gut und Böse. Speziell in einer Konfliktsituation spitzt sich diese existentielle menschliche Frage deutlich zu. Es gibt – nach Lewis – keinen neutralen Ort, an dem man sich verstecken könnte. Man muss sich diesem „entweder-oder" stellen.

Der Mensch hat ursprünglich eine natürliche Gabe, sich für das Richtige zu entscheiden. Lucy, das jüngste Kind in den *Narnia*-Erzählungen, hat diese besondere Gabe noch. Sie symbolisiert eine spontane und souveräne Art, das Gute zu sehen und auch das Gute zu tun.[40] Spontan und souverän bedeutet, dass sie das Gute durchsetzt, ohne zu relativieren und ohne zu zögern. Schon ein Zögern bedeutet Uneindeutigkeit.

---

[39] Lewis, Die große Scheidung, 8.
[40] Hier sehe ich eine deutliche Nähe zu K.E. Løgstrups Rede von den souveränen Lebensäußerungen. Løgstrup beschreibt besonders zwei souveräne Lebensäußerungen: Vertrauen und die Offenheit der Sprache. Vgl. K.E. Løgstrup, Opgør med Kierkegaard, Gyldendal 1968, 112f.

Eine Episode aus den *Narnia*-Erzählungen zeigt dieses sehr schön: Die Kinder sind alle zusammen durch den Wandschrank nach Narnia gelangt. Sie entdecken, dass der Faun Tumnus festgenommen worden ist, weil er Lucy helfen wollte. Die Kinder werden mit Tatsachen konfrontiert und müssen nun Stellung dazu nehmen, was sie tun sollen. Sie diskutieren. Wie könnten sie Tumnus helfen? Alle reagieren spontan positiv, alle außer Edmund. Ihm ist schon das Böse in Gestalt der weißen Hexe begegnet. Und das hat seinen Urteilssinn zerstört. Er ist skeptisch. Die klaren Trennlinien von Gut und Böse werden verwischt.[41] Edmund relativiert: Wie können wir eigentlich wissen, ob Tumnus Gutes wollte und die Hexe böse ist? Edmund hat die böse Seite gewählt in dem definitiven „entweder-oder" der unvereinbaren Kräfte. Und das wirkt leider negativ nach![42] Deshalb ist der Mensch auf die erlösende Botschaft des Evangeliums angewiesen.

Sub-Creation *als systematisch-theologische Grundlage*

In der Nacht zum 19. September 1931 spazierten Lewis und Tolkien – nach einem schönen Dinner – durch Oxford und diskutierten eifrig über Mythen und Metaphern. Lewis war der Meinung, dass Mythen und Metaphern plötzlich („in one step") von der Realität weggerissen werden. Durch den menschlichen Intellekt geschaffen, hätten sie fortan ihr eigenes Leben mit einer eigenen Realität.[43] Sie seien ja nicht von Gott! Tolkien erwiderte prompt: Das sehe er ganz anders und viel einfacher: Wenn der Mensch eine Schöpfung Gottes sei, dann ist alles, was der Mensch erschaffen würde, ob abstrakter Gedanke oder mythologische Erzählung, eine Schöpfung Gottes.

---

[41] Mühling, Gott und die Welt in Narnia, 44.

[42] Lewis schreibt in seinem Vorwort zu *The Great Divorce*, dass er die Möglichkeit, etwas Böses in Gutes zu verkehren, ohne sich definitiv zu entscheiden, als einen verhängnisvollen Irrtum sieht: Lewis, Die große Scheidung, 7.

[43] Vgl. B. Bjerring-Nielsen, En anden verden. En praesentation af C.S. Lewis' forfatterskab, in: Bogens Verden 5 (1994), 1–10; hier: 3.

Wenn auch nur in einer unvollkommenen Gestalt. Damit war der Begriff *Sub-Creation* geboren und fortan ein fester Bestandteil der theoretischen Diskussionen von Fantasy-Literatur.[44]

Tolkien formulierte weiter, dass jede Fantasy-Erzählung ihre eigene Welt mit einem inneren Zusammenhang schaffen müsse. Als „Sub-Creator" werde jeder Verfasser zu einem untergeordneten Schöpfer, der Gottes Schöpferkraft benutze, um neue Welten zu erschaffen. Der erzählende Mensch könne durch das gute Ende des Märchens ein Abbild des höchsten „guten Endes" erschaffen: der Auferstehung Christi.

Es ist keineswegs von Lewis und Tolkien blasphemisch gemeint, wenn sie das Evangelium mit Märchen vergleichen. Der Unterschied zwischen Evangelium und Märchen läge darin, dass Gott als Erzähler des Evangeliums durch seine Kraft der Erzählung *Sein* geben kann. Und genau dies trennt den göttlichen Creator von dem menschlichen Sub-Creator.

Aber zwischen Tolkien und Lewis gibt es in Bezug auf die Bedeutung von Sub-Creation auch Unterschiede. Tolkien war in einem Punkt *nicht* mit seinem Freund Lewis zufrieden. Er warf ihm vor, dass er gerade nicht eine in sich geschlossene Welt schüfe, sondern dass es bei ihm immer einen Übergang gibt zur Welt der Phantasie – sei es ein Schrank wie in *Narnia* oder ein Traum wie in *The Great Divorce*.

Die neuen Welten können deshalb als Übergang dienen zu der wahren Wirklichkeit, die sich hinter der unmittelbaren Welt versteckt. Dadurch wird der Begriff Sub-Creation ein zentrales Element in der Art und Weise, wie Theologie vermittelt wird, mit Verankerung in der Schöpfungstheologie und in der Auferstehung Christi.[45]

---

[44] Vgl. G. Knight, The Magical World Of The Inklings, Dorset 1990, 13.
[45] Vgl. Urang, Shadows of Heaven, 29.

Das wird in seinen Erzählungen in einem relationalen Zugehörigkeitsverhältnis zwischen Mensch und Gott oft ausgedrückt. In *The Screwtape Letters* betont der Seniorteufel:

> „Gegenwärtig ist es der Feind, der von allem und jedem sagt, es ist mein, allein auf Grund der pedantisch-gesetzlichen Feststellung, dass Er alles erschaffen hat."[46]

Die Vorstellung, dass zwei Welten nebeneinander existieren, versucht Lewis so weiterzuentwickeln, dass die zweite Welt die erste beeinflussen könne.[47] Die zweite Welt nennt er die Welt des Geistes. Allein diese Welt können und müssen wir dazu benutzen, um neue Welten zu schaffen. Denn die Welt des Geistes sei die einzige wirkliche andere Welt, die wir kennen.[48] Für die schwedische Literaturwissenschaftlerin Ying Toijer-Nilsson ist das der Schlüssel zur gesamten Literatur von Lewis: Die Interaktion der verschiedenen Welten durch den Geist. Diese macht die Theologie von Lewis noch direkter und appellativer.[49]

Die Interaktion zwischen den Welten ist jedoch nicht genau erkennbar, wie das folgende Beispiel aus *Narnia* zeigt: Die Kinder können nicht durch den Wandschrank kommen, wenn sie selber möchten. Sie gelangen nur nach Narnia, wenn es regnet. Das ist aber keine Garantie dafür, dass sie nach Narnia gelangen können. Es gibt in den anderen Büchern noch andere Wege

---

[46] Lewis, Dienstanweisung an einen Unterteufel, 93.

[47] Es ist schwer, hier nicht eine Nähe zu F.D.E. Schleiermachers frühromantischem Werk *Über die Religion. Reden an die Gebildeten unter ihren Verächtern* zu sehen. Hier redet Schleiermacher auch über Übergange in eine andere Welt: „Es giebt in dem Verhältniß des Menschen zu dieser Welt gewiße Übergänge ins Unendliche, durchgehauene Aussichten, vor denen jeder vorübergeführt wird, damit sein Sinn den Weg finde zum Universum [...]". Auch gibt es bei Schleiermacher eine Beeinflussung der zweiten Welt durch die erste, denn es dreht sich darum, dass der Sinn den Weg findet zum Universum: F.D.E. Schleiermacher, Über die Religion. Reden an die Gebildeten unter ihren Verächtern (1799), hg.v. G. Meckenstock, Berlin/New York 2001, 124.

[48] In diesem Zusammenhang würde Schleiermacher von einem „höhern Realismus" sprechen: Schleiermacher, Über die Religion, 81.

[49] Vgl. Y. Troijer-Nilsson, Fantasins Underland – Myt och die i den fantastistiska berättelsen, Stuttgart 1981, 78.

nach Narnia. Narnia bleibt deshalb letztlich immer unverfügbar.[50] Denn es wird immer die Entscheidung der Erlösergestalt Aslan bleiben, ob und wie die Kinder nach Narnia kommen. Das sagt etwas Zentrales über religiöse Erfahrungen aus: Der Mensch hat selber Gefühle für etwas Transzendentes und eine Sehnsucht nach Sinn oder Antworten des menschlichen Daseins, aber religiöse Erfahrungen sind nicht von der Art, die wir berechnen können. Wir werden vielmehr angesprochen, und es bleibt stets etwas Unverfügbares wie in *Narnia*.

Mythen

Lewis ist bekannt geworden durch das Dictum: „Myth became fact." Zu finden ist dieser Satz in der Überschrift eines kurzen Essays. Dort formuliert er die Auffassung über Mythen stellvertretend für eine ganze Gruppe von Schriftstellern, die sich *The Inklings* (engl.: *Die Ahnungsvollen*, oder auch *Die Tintenkleckser*) nannten. Diese Gruppe traf sich in den 1930er Jahren wöchentlich in Oxford, um Literatur zu lesen und zu diskutieren. Hauptkräfte dieser Gruppen waren Lewis und Tolkien. *Alle* Mitglieder der Gruppe waren christlich geprägt.

Natürlich war das Mythenverständnis bei den *Inklings* weit entfernt von unserem alltagssprachlichen Gebrauch. Der Ausgangspunkt für Lewis und *The Inklings* ist, dass alle Mythen wahre und wirkliche Elemente beinhalten. Lewis selber fand in seiner atheistischen Phase erneutes Interesse am Christentum durch das Lesen von nordischer und griechischer Mythologie. Für Lewis ist die Bibel die beste Fantasy. Die biblischen Geschichten versteht Lewis als die ursprüngliche Spiegelung der Wahrheit. Sie hätte allerdings durch die Inkarnation etwas von ihrem ursprünglichen Glanz verloren.

---

[50] Vgl. Mühling, Gott und die Welt in Narnia, 39.

Der Christusmythos sei die Mutter aller Mythen. Und dieser unterscheide sich von allen anderen Mythen dadurch, dass er wirklich stattfand. Das ist entscheidend und wird von Lewis in *Myth became fact* so formuliert:

> „Das Herz des Christentums ist ein Mythos, der gleichzeitig eine Tatsache ist. Der alte Mythos von dem sterbenden Gott kommt, ohne damit aufzuhören, ein Mythos zu sein, hinab von dem Himmel der Vorstellungen und Legenden zur geschichtlichen Erde. Es geschieht – zu einer bestimmten Zeit – an einem bestimmten Ort, mit definitiven geschichtlichen Folgen."[51]

Der Mythos träfe die tiefste Sehnsucht des Menschen. Durch den Mythos erlebten wir nicht nur abstrakte Wahrheit, sondern Wirklichkeit:

> „Truth is always about something, but reality is that about which truth is."[52]

Der Mythos hat eine Kraft, die Lewis selber *mytho poetic power* nennt.[53] Sie ist und hat die wahre Kraft der Verkündigung. Der eigentliche Wert der Mythen sei es, den Menschen zu helfen, die Wirklichkeit neu zu entdecken.

Lewis und *The Inklings* wollten neue Mythen schreiben. Durch die Neuschöpfung von christlichen Mythen versuchten sie, alte und verschlissene christliche Assoziationen abzulösen. Sie wollten die Erzählkraft der Mythen ausnutzen, um Menschen zu Christus zu führen. Dazu muss die Kraft der Phantasie die religiöse Sehnsucht wecken. Eine religiöse Sehnsucht, die im Menschen tief verankert ist: eine *conditio humana*. Lewis benennt diese Sehnsucht mit dem Namen seiner Frau *Joy*, kurz und knapp: *Freude*.

Lewis ist dafür kritisiert worden, in die allegorische Falle getappt zu sein. Die Allegorie, definiert als die bildliche Darstellung abstrakter Begriffe, sei nicht gerne gesehen in literarischer Gesellschaft, so der Kopenhagener Theologieprofessor für Systematik Svend Bjerg. Die *Narnia*-Bücher seien allegorisch und programmatisch, da die einzelnen Elemente sich zu leicht

---

[51] C.S. Lewis, Myth Became Fact, in: Ders., God in the Dock. Essays on theology and ethics, hg. v. W. Hooper, London 1971, 43f.
[52] Lewis, Myth Became Fact, 43.
[53] C.S. Lewis, Preface, in: Ders., Of this and other Worlds, hg. v. W. Hooper, London 1982, 95.

übersetzen ließen in die christliche Geschichte: der Weihnachtsmann als ein Vorläufer Christi, das Essen des Türkischen Honigs als Sündenfall, der Löwe Aslan als Christus usw.[54]

„Magere Mythen und dicke Allegorien sind bei Lewis zu finden", bemerkt auch Gunnar Urang, der in den 1970ern einen Klassiker über die Fantasy-Literatur schrieb. Die Mythen seien ohne Kraft, weil die dogmatische Überzeugung zu stark hervortrete. Damit werde die dialektische Spannung zerstört und die Erzählung unglaubwürdig. Urang kritisiert weiter: „Eine mißglückte Fantasy-Erzählung wird immer auf die Allegorie zurückfallen und damit stereotyp werden."[55]

Persönlich kann ich die Kritik von Gunnar Urang nur teilweise nachvollziehen, vielleicht weil schon 30 Jahre Rezeptionsgeschichte dazwischen liegen. In den beiden Werken *The Great Divorce* und *The Screwtape Letters* sehe ich die Allegorien nicht so deutlich hervortreten wie im *Narnia*-Werk. Hier sehe ich natürlich die *allegorische Falle*, würde sie heute aber nicht als *Falle* bezeichnen, sondern *Narnia* eher als tragfähige moderne christliche Erzählung beschreiben. Sie könnte eine neue Plattform werden, die ich als Theologin positiv nutzen kann.

Zum Schluss: Der Elefant im Porzellanladen

Hat die Verkündigungsstrategie von C.S. Lewis aus heutiger Sicht noch eine aktuelle Relevanz? Lewis schrieb und lebte in einer anderen Zeit als seine Leser heute. Er war ein Kind der Moderne, wandte sich aber demonstrativ von ihr ab. Und er wandte sich nicht leise ab, sondern er war wie ein wild gewordener Elefant in einem Porzellanladen. Er legte sich mit allen an, auch

---

[54] Vgl. S. Bjerg, Litteratur og teologi, Kopenhagen 1988, 23.
[55] Urang, Shadows of Heaven, 27.

mit der akademischen Theologie.⁵⁶ Das lag wohl vornehmlich daran, dass der Literat und Laie einen komplett anderen Weg ging als die meisten Theologen.⁵⁷

Religion und Unterhaltung können heute Hand in Hand gehen und lassen sich auch sehr gut verkaufen, da Magie für viele Menschen die religiöse Dimension wiederherstellt.⁵⁸ Damit lässt sich die christliche Verkündigung bei Lewis als hochaktuell beschreiben. Nicht nur als eine in sich geschlossene Verkündigung, die wiedergedruckt und wiederverfilmt werden könnte, sondern als eine mit neuen Ansätzen für eine Erneuerung der christlichen Verkündigung.

Wenn man aber Lewis' Verkündigung ernst nehmen möchte, muss man sein dualistisches Bibel- und Mythenverständnis ernst nehmen. Und beides zusammen ist ein Stolperstein in einem spätmodernen Kontext. Lewis hält an einer dogmatischen Orthodoxie fest und ist in moralischen Fragen sehr konservativ, was auf viele Leser und auch Theologen damals wie heute fremdartig wirkt.⁵⁹

Trotzdem haben die Erzählungen von Lewis es geschafft, die christliche Verkündigung aus dem engen kirchlichen Kontext in die Kultur hinein zu transformieren. Und das ist ein großer Gewinn.⁶⁰

---

⁵⁶ P. Tillich, K. Rahner und K. Barth kollidieren alle mit den theologischen Gedanken von Lewis. Dabei wollten doch Lewis und Barth beide „restore transcendence Christianity". Barth bekam epochale Bedeutung in der akademischen Fachwelt, und Lewis ist *der* Schriftsteller und Theologe für evangelikale Kreise. Vgl. dazu L. Woodhead, Religions in the modern World. Traditions and Transformations, London 2002, 173.

⁵⁷ R. Bultmann wollte die Evangelien entmythologisieren, damit die existentielle Botschaft Jesu den modernen Menschen erreichen könne. Lewis fängt damit an, das christliche Weltbild zu remythologisieren.

⁵⁸ Vgl. B. Alver, Myte, magi og mirakel i møte med det moderne, Oslo 1999, 104.

⁵⁹ Vgl. L. Tjalve, Om det opbyggelige i C.S. Lewis forfatterskab, Helsingør 1990, 24.

⁶⁰ Anders sieht es der Literaturprofessor Hans Hauge aus Århus. Er bemerkt triumphierend: „Wenn man ins Kino geht, um Narnia zu sehen, geht man in die Kirche – nur ohne es zu wissen." Hauge, Fantasi som religion, 267.

Dieser Transformationsprozess spielt besonders für die Religionspädagogik eine große Rolle. Hier bieten sich die Erzählungen von C.S. Lewis an. Theologie und Kirche haben heute ein Übersetzungsproblem mit der christlichen Tradition. Religiöses Gedankengut, christliche Erzählungen und Rituale werden nicht mehr natürlich von der einen Generation zur nächsten Generation weitergegeben. Das hat u.a. damit zu tun, dass die Familie nicht mehr der primäre Ort der religiösen Praxis ist. In der Religionspädagogik hat das verheerende Folgen: Das, was Kinder und Jugendliche in kirchlichen Kreisen über das Christentum und den Glauben lernen, kann an nichts in ihrer sonstigen Lebenswelt anknüpfen. Wenn in der faktischen Lebenswelt der Kinder nicht mehr gebetet wird, dann haben Kinder ernsthafte Verständnisschwierigkeiten mit dem Gebet. Sie können mit dem Wort *Gebet*, seinem Inhalt und den damit verbundenen Ritualen nichts Sinnvolles mehr verbinden.[61] Hier könnte die Erzählwelt von Lewis dazu genutzt werden, den Kindern christliche Inhalte und Rituale näher zu bringen. Kinder und Jugendliche gehen „durch den Schrank" und erleben eine religiöse Dimension der Wirklichkeit auf eine neue und andere Weise. So können sie diese vielleicht eher mit ihrer Lebenswelt verknüpfen. Bei Lewis hat die religiöse Dimension die Gestalt der christlichen Verkündigung, jedoch nicht auf eine indoktrinierende Art und Weise. Denn seine Literatur fängt nicht mit Botschaften an, sondern mit Bildern:

> „Ich sagte nicht zu mir selbst: Komm – lasst uns Jesus darstellen, wie er wirklich ist in unserer Welt – wie ein Löwe in Narnia. Ich sagte: Lasst uns annehmen, dass es ein Land wie Narnia gibt. Und dass Gottes Sohn dort ein Löwe geworden ist – so wie er hier Mensch geworden ist – und lasst uns dann sehen, was geschieht."[62]

---

[61] In der Pädagogik spricht man davon, dass die Inhalte, die gelernt werden sollen, pädagogisch legitim transformiert werden müssen. Jedoch muss dieser Inhalt auch wieder zurücktransformiert werden, damit das zu Lernende Anklang in der Lebenswelt findet. Vgl. D. Benner, Allgemeine Pädagogik. Eine systematisch-problemgeschichtliche Einführung in die Grundstrukturen pädagogischen Denkens und Handelns, Weinheim u.a. ^{4}2001, 105ff.

[62] C.S. Lewis, Letters to Children, New York 1986, 44f.

Katja Kretschmar

Zwischen Profession und Projektion:
Pfarrerbilder in der Literatur

Don Camillo, der Hungerpastor, Bruder Tuck und Pater Brown, das sind wohl die bekanntesten literarischen Geistlichen – doch bilden sie nur die Spitze eines Eisbergs. Seit Jahrhunderten treten Pfarrer und Priester in Romanen und Erzählungen auf: als namensgebende Hauptfigur wie Don Camillo, als zentrale Nebenfigur wie die Pfarrer in den Romanen der Brontës oder in kurzen Episoden wie der Priester bei Robinson Crusoe.

Aus der Fülle von Pfarrerbildern in der Literatur kann hier nur ein ganz kleiner Ausschnitt vorgestellt werden. Um die vorgenommene Auswahl zu begründen, ist es notwendig, zunächst zu schauen, warum sich Schriftsteller seit Jahrhunderten immer wieder gerade mit dem Pfarrberuf befassen. Warum hat sich keine explizite Tischlerliteratur entwickelt, warum gibt es auch in der Moderne in dieser Breite keinen Wirtschaftingenieur als Roman-Helden, dessen Beruf für die Handlung ebenso wichtig ist wie seine Person?

Mag dies in der Vergangenheit noch dadurch – aber auch nicht unbedingt tragfähig – erklärt worden sein, dass die hohe gesellschaftliche Bedeutung und große Präsenz des Pastors bzw. des Priesters ihn auch literarisch hervorhob, so kann dies in der Gegenwart kein Argument mehr sein: selbst von den Kirchenmitgliedern in Deutschland hat nur noch die Hälfte schon einmal Kontakt mit ihrem Ortspfarrer gehabt.[1] Ist der Beruf Pfarrer damit in Zukunft am Ende seiner literarischen Inszenierung?

---

[1] Vgl. I. Lukatis und W. Lukatis, Auf den Pfarrer kommt es an...? Pfarrerinnen und Pfarrer als Schlüsselpersonen in der Volkskirche, in: J. Matthes (Hg.), Fremde Heimat Kirche – Erkundungsgänge. Beiträge und Kommentare zur dritten EKD-Untersuchung über Kirchenmitgliedschaft, Gütersloh 2000, 186–232.

Katja Kretschmar

Beruf und Film

Dass das Interesse an diesem Beruf noch nicht verblasst ist, wird durch einen Blick auf das (noch) Leitmedium unserer Zeit, das Fernsehen, sofort deutlich. Auch im Fernsehen spielt weder ein Fliesenleger, noch eine Steuerberaterin, eine Informatikerin oder ein Ökotrophologe die Hauptrolle im Abendprogramm. Sollte es doch einmal der Fall sein, wird der ausgeübte Beruf nur beiläufig erwähnt. Für den Plot des Films trägt er nichts aus – obwohl in jedem Berufsalltag doch unweigerlich auch Dinge geschehen, die unterhalten. Warum werden sie *nicht* verfilmt?

Denn es gibt sie ja, die Serien, die Filme, in denen nicht allein eine Person und ihr Privatleben, sondern zugleich auch ihr Beruf im Mittelpunkt steht. Drei Gruppen sind hier zu nennen: Ärzte, Juristen und Pfarrer.[2] Jede Berufsgruppe hat dabei ihre Hoch-Zeiten und Trendsetter. In den 1980er Jahren setzte mit der *Schwarzwaldklinik* ein Boom für Krankenhaus- und Arztserien in der deutschen Fernsehlandschaft ein, und auch im Ausland erreichten Serien wie *Emergency Room* mit George Clooney Kultstatus.

In *Ein Fall für zwei* steht neben dem in der Serie gealterten Privatdetektiv Matula seit fast 30 Jahren immer auch ein Rechtsanwalt als Hauptrolle im Mittelpunkt. Ally McBeal sorgte in fünf Staffeln als Rechtsanwältin für Recht und Ordnung, in *Für alle Fälle Amy* sorgt Amy Gray als Familienrichterin für Gerechtigkeit, und Ben Matlock bringt als Anwalt in den Verhandlungen vor Gericht doch die Wahrheit ans Licht.

Was die Zunft der Pastoren betrifft, so entwickelte sich Ende der 1980er Jahre und im Laufe der 1990er Jahre der Trend des Pfarrerfilms mit Serien wie *Oh Gott, Herr Pfarrer* mit Robert Atzorn als Pfarrer Hermann Wiegandt und Günter Strack als Pfarrer Adam Kempfert in *Mit Leib und Seele*. In den

---

[2] Als vierte Gruppe könnten evtl. auch Lehrer hier genannt werden. Auch sie treten in Literatur und Film häufig als zentrale Figuren auf. Vgl. K. Ulich, Beruf: Lehrer/in. Arbeitsbelastungen, Beziehungskonflikte, Zufriedenheit, Weinheim/Basel 1996, 27–34.

letzten Jahren ist es vor allem der skandinavische Film, in dem Pastoren tragende Rollen spielen: *Italienisch für Anfänger* (Dänemark 2000), *Wie im Himmel* (Schweden 2004) und *Adams Äpfel* (Dänemark 2005).

Ärzte, Anwälte, Pastoren: Was unterscheidet sie von anderen? Was macht sie so interessant für Film, Fernsehen und auch die Literatur?

Die Professionen

Friedrich Schleiermacher bezeichnet die dazugehörigen Wissenschaften, also die Medizin, Jurisprudenz und Theologie, als *positive Wissenschaften*. Sie sollen, mit seinen Worten, „nicht blos ein Seyn *darstellen*, sondern eines *hervorbringen*".[3] Anders ausgedrückt: In den positiven Wissenschaften geht es nicht um eine Idee von Wissen, sondern es geht um die Anwendung des Wissens auf das, was den Menschen ausmacht.

Der Soziologe Rudolf Stichweh bietet mit seinem Modell der Professionen – das sind bei ihm ebenfalls Medizin, Jurisprudenz und Theologie – eine Übertragung der Schleiermacherschen Klassifizierung auf die Gegenwart.[4] Als ein entscheidendes Kennzeichen merkt Isolde Karle an: „Alle Professionen beziehen sich auf zentrale menschliche Fragen und Probleme wie Krankheit, Schuld und Seelenheil."[5] Daraus resultiert die besondere gesellschaftliche Bedeutung, die ihnen zugesprochen wird[6] – und es kann ergänzt werden: die sie auch in der Gegenwart in den Unterhaltungsmedien besonders präsent sein lässt.

Einer letzten Zuspitzung bedarf es noch. Denn es wird in den folgenden Beispielen ja nicht um die Professionsberufe in der Literatur, sondern nur

---

[3] F. Schleiermacher, Theologische Enzyklopädie (1831/32). Nachschrift David Friedrich Strauß, hg. v. Walter Sachs, SchlAr 4, Berlin/New York 1987, 1.
[4] Vgl. R. Stichweh, Wissenschaft, Universität, Professionen. Soziologische Analysen, Frankfurt a.M. 1994, 362.
[5] I. Karle, Der Pfarrberuf als Profession. Eine Berufstheorie im Kontext der modernen Gesellschaft, Gütersloh ²2001, 31.
[6] Vgl. Stichweh, Wissenschaft, Universität, Professionen, 363.

um einen Berufsstand gehen: um die Pfarrer. Denn tatsächlich ist er auch in der Literatur noch einmal besonders hervorgehoben und präsent.

Fragt man nun, woran *das* liegt, lautet – zumindest für die Außenperspektive – die entscheidende Antwort: Der Pastor hat die Religion zu seinem Beruf gemacht.[7] Und Religion ist etwas durch und durch Persönliches. Das heißt: Der Pastor hat das, was bei den meisten Menschen zum Privaten, Intimsten gehört, den eigenen Glauben, zu etwas Öffentlichem gemacht. In der Konsequenz heißt dies für die Wahrnehmung des Pfarrers: Die Individualität des Pastors, wie er als Person ist, kann nicht getrennt werden von seiner Amtsführung.[8] Jeder Pastor muss sich zu dieser Frage ins Verhältnis setzen: Wie stehe ich als Person in meinem Beruf? Was ist privat? Was ist dienstlich? Bin ich externer Dienstleister? Bin ich *primus inter pares*? Bin ich Mitglaubender?

Genau diese Spannung zwischen Privatem, *Menschlichem*, auf der einen Seite, und dem öffentlich Religiösen, *Göttlichen*, auf der anderen Seite, ist es, die den Pastor als Romanfigur qualifiziert.

Die Voraussetzungen der Spannung zusammengefasst:

1. Der Pfarrberuf ist eine Profession: Der Pastor setzt sich mit den entscheidenden Fragen und Problemen des menschlichen Lebens auseinander –, und wir trauen ihm Antworten zu. Und:

2. Der Pfarrer hat die Religion zum Beruf gemacht. Unsere – sonst privaten, ja intimen – Überzeugungen und Ansprüche werden in ihm öffentlich.

Aus diesen Voraussetzungen folgt:

1. Der Pastor dient als Projektionsfläche: Wir erwarten, dass der Pastor unsere sittlich-moralischen Idealvorstellungen einhält. Er soll anders, ein Repräsentant des Göttlichen sein. Wir erhoffen von ihm Weisheit, Problemlösung, ja: das Suchen nach einem neuen Sein. Gleichzeitig erwarten wir,

---

[7] Vgl. W. Steck, Die Privatisierung der Religion und die Professionalisierung des Pfarrberufs. Einige Gedanken zum Berufsbild des Pfarrers, in: PTh 80 (1991), 306–322; hier: 309.

[8] Zur praktisch-theologischen Diskussion vgl. Karle, Der Pfarrberuf als Profession, 14–24.

2. dass er sich ganz auf uns und unsere Probleme einstellt und sie versteht, also ganz bei uns ist. Er ist gerade *kein* Anderer, sondern ganz Mensch, ganz Mitglaubender.

Als Letztes sei angemerkt: Diese Spannung ist nicht nur eine externe, sondern auch eine, die sich in jedem Pfarrer selbst abspielt.

Damit ist nun auch das Kriterium für meine Auswahl an Pfarrern in der Literatur benannt, die ich im Folgenden vorstellen möchte. Es sind besonders typische Beispiele für Varianten dieser Spannung zwischen Fremd- und Selbstwahrnehmung, zwischen Amt und Person, dieser Mischung aus Menschlichem und Göttlichem. Manchmal sind es kurze Auftritte, manchmal sind die Pfarrer die eigentlichen Helden oder Antihelden des Romans. Dabei möchte ich mich in erster Linie nicht auf die bekannten Pfarrerfiguren beziehen, sondern einige weniger berühmte Vertreter dieser Zunft zur Sprache bringen.

Bilder zur Jobsiade

Nach diesen Vorüberlegungen zu Pfarrerbildern steige ich nun in die Literatur mit einer Bildergeschichte ein. Sie zeigt einen, der am Ende zwar gar kein Pastor wurde, aber als solcher auf der Kanzel agierte.

Wilhelm Busch hat ihm in den *Bilder[n] zur Jobsiade* von 1872 ein Gesicht verliehen. Basierend auf dem in Knittelversen gereimten Text des Bochumer Arztes Karl Arnold Kortum zeichnet Wilhelm Busch hier das Bild des Hieronymus Jobs. Seine Eltern glauben aufgrund einer Weissagung, er sei für die geistliche Laufbahn bestimmt. Hieronymus scheitert aber nicht nur am Theologiestudium – das er, anstatt zu studieren, damit verbracht hat, das Geld seiner Eltern mit Sauferei und Völlerei zu verprassen –, sondern er erfährt einen steilen Abstieg zunächst noch als Gutssekretär, dann Dorfschulmeister, später als Theaterschauspieler, bis er schließlich als Nachtwächter in seiner Vaterstadt anheuert und dort auch stirbt.

Wir sehen nun in Wort und Bild eine Situation, in der Hieronymus noch Student ist: Sein Vater kann ihm kein Geld mehr für das Studium schicken, und Hieronymus wird bedrängt, nach Hause zu kommen. Seine Eltern sind immer noch in dem Glauben, dass er fleißig studiert habe und bald ein ordentlicher Pfarrer sein werde. Er soll daheim schon einmal „Probepredigen". Auf diese Situation ist Hieronymus gut vorbereitet und hat in weiser Voraussicht die Predigt eines Kommilitonen in der Tasche. Wilhelm Busch gelingt es in der zeichnerischen Umsetzung des Textes, den Gestus des Predigers besonders einzufangen:[9]

*Schon am nächsten Sonntag betrat
Hieronymus die Kanzel als Kandidat.*

---

[9] Zitiert nach: http://www.zeno.org/Literatur/M/Busch,+Wilhelm/Bildergeschichten/Bilder+zur+Jobsiade/Fünftes+Kapitel (17.10.2010).

Pfarrerbilder in der Literatur

Er sagt es klar und angenehm,
Was erstens, zweitens und drittens käm.

„Erstens, Geliebte, ist es nicht so?
Oh, die Tugend ist nirgendwo!

*Zweitens, das Laster dahingegen
Übt man mit Freuden allerwegen.*

*Wie kommt das nur? So höre ich fragen.
Oh, Geliebte, ich will es Euch sagen.*

Pfarrerbilder in der Literatur

*Das machet, drittens, die böse Zeit.
Man höret nicht auf die Geistlichkeit.*

*Wehehe denen, die dazu raten;
Sie müssen all in der Hölle braten!!*

Zermalmet sie! Zermalmet sie!
Nicht eher wird es anders allhie!

Aber Geduld, geliebte Freunde!
Sanftmütigkeit ziert die Gemeinde!"

Pfarrerbilder in der Literatur

*Als Hieronymus geredet also,
Stieg er herab und war sehr froh.*

*Die Bürger haben nur grad geschaut
Und wurde ein großes Gemurmel laut:*

*„Diesem Jobs sein Hieronymus,
Der erregt ja Verwundernus!"*

Hieronymus Jobs, der zwar nie Pfarrer wird, aber als solcher meint, hier auf der Kanzel recht zu agieren, ist eine wunderbare Persiflage. Und sie ist ein eindrückliches Beispiel für eine – die erste Spielart – der Spannungen des Pfarrberufs. Kurz gesagt: Hieronymus macht alles falsch.

Zum einen: Statt über Religion redet er nur über Moral, begründet das dann jedoch mit der von ihm erwarteten Autorität des Religiösen, also mit der Würde des Amtes – alles Übel rühre nur daher, dass nicht auf die Geistlichkeit gehört würde.

Zum anderen: Schafft er es schon nicht, den Anspruch der Religion glaubhaft wiederzugeben, so gelingt es ihm noch weniger, sich auf der Seite der Gemeinde einzufinden – statt Hilfe, statt neuem Sein, endet seine Predigt in der sich selbst widersprechenden Aussage: Zermalmet sie, aber seid nachgiebig.

Begründet ist dies (auch) darin, dass Hieronymus die Spannungen des Amtes gar nicht reflektiert: Er, der Taugenichts und Säufer, will hier als moralisierender, würdevoller Pastor agieren. Nicht als bewusste Provokation, nein: Er merkt nicht, dass er durch sein eigenes Leben und Handeln diesem Anspruch ganz zuwiderläuft. Und: Er merkt nicht, dass er seine Gemeinde nicht erreicht – mit gewölbter Brust, stolz über das Vollbrachte, steigt er von der Kanzel.

Selbstgerecht, weltfremd, unreflektiert: Kortums und Buschs Hieronymus ist sich der feinen Nuancen seines Berufsstandes nicht bewusst.

Handauflegen

Anders sieht das bei meinem zweiten Beispiel aus: In Alan Bennetts Kurzroman *Handauflegen* soll Pater Jolliffe durch einen Gedenkgottesdienst führen. Auch hier findet sich die Diskrepanz zwischen dem Anspruch an das Amt und dem eigenen Lebenswandel, mit einem entscheidenden Unterschied: Diese Spannung spielt sich in Pater Jolliffe selbst ab. Seine Gemeinde schätzt ihn sehr. Auch die Kirchenoberen betrachten ihn mit Wohlwollen. Wie Bennett schreibt: „Er war zugänglich, gesellig und rundlich und der weite Mantel, den er gewöhnlich trug, stand ihm gut: ein Pfarrer mit dem gewissen schwungvollen Etwas."[10] Er war Anglikaner, hatte aber eine Neigung zum Römisch-Katholischen, er nannte das Abendmahl „Heilige Messe" und sich selbst „Pater".[11] Kollegen, die meinten, er trage etwas zu dick auf, hielt er entgegen, es gebe „viel zu wenig ‚zu dick' heutzutage", und da er mitreißend predigen konnte und ansonsten in Lied und Liturgie eher altmodischen Geschmack zeigte, hielt es seine große und treue Gemeinde anscheinend gut mit ihm aus."[12]

Eines aber vermied Jolliffe – ob vor der Gemeinde oder vor der Kirchenleitung: zu erwähnen, ja, zuzugeben, dass er eine homosexuelle Neigung hat und diese – hier wird nun der Gedenkgottesdienst interessant – mit dem Verstorbenen ausgelebt hatte, einem bekennend promiskuitiven und bisexuellen Masseur. Zahm hatte er sie ausgelebt, ja, man könne kaum von Sex sprechen, schreibt Bennett, aber es hätte ihm genügt.[13]

Jolliffe selbst schämte sich nicht seiner Homosexualität, er erwähnte sie auch in der regelmäßigen Ohrenbeichte, vermutete aber, dass Gemeinde und Kirchenleitung darin ein Problem sähen. Zumindest bei der Kirchenleitung zu Unrecht: Ein gestrenger Erzdiakon, der die Gedenkfeier besucht, um Jolliffes Beförderung zu bewerten, „hatte seit jeher angenommen, daß Jolliffe homosexuell war, ohne darin einen Grund zum Tadel oder auch nur ein Hindernis für eine mögliche Beförderung zu sehen."[14] Wie gesagt: Jolliffe weiß das nicht. Und so erzählt der Roman nun bissig und mit viel britischem Humor, wie der Gottesdienst langsam, aber sicher entgleitet: Schon zu Beginn

---

[10] A. Bennett, Handauflegen, Berlin 2009, 18; engl. The Laying on of Hands, London 2001.
[11] Vgl. Bennett, Handauflegen, 18.
[12] Bennett, Handauflegen, 18.
[13] Vgl. Bennett, Handauflegen, 31.
[14] Bennett, Handauflegen, 34.

ist Jolliffe nervös, da er immer wieder befürchtet, zu viel von sich und seiner Beziehung preisgegeben zu haben. Vollends verliert Jolliffe die Kontrolle über die Veranstaltung, als er zum Ende eine offene Aussprache zulässt: Jeder und jede dürfe sagen, was ihn mit dem Verstorbenen verbindet. Als ein Mann aufsteht und behauptet, der Masseur sei an Aids gestorben, kippt die Stimmung, da – ob Mann oder Frau – die halbe Gemeinde sich zu sorgen beginnt, ob sie sich auch bei dem allen Menschen so zugewandten „Handauflieger" angesteckt habe.

Lebt die Gestalt des Hieronymus durch den von der Gemeinde wahrgenommenen, vom Geistlichen aber ignorierten Widerspruch zwischen Amt und Person, so lebt nun Bennetts Pastorengestalt von der Spannung zwischen der, von ihm ja nur vermuteten, Erwartung an das Amt, und seinem eigenen Leben. Anders ausgedrückt: Er erwartet einen religiös-sittlichen Anspruch seines Gegenübers, der so nicht existiert.

Tage der Kindheit

Kommen wir zu einem dritten Buch. Noch einmal nehmen wir dabei eine andere Perspektive ein. Von der Frage Jolliffes *Welches Bild hat die Gemeinde von mir?* zu *Welches Bild macht sich der Pastor von seiner Gemeinde?* Als Beispiel dient mir *Tage der Kindheit* von Waldemar Bonsels. Der Autor der *Biene Maja* erzählt hier von seiner Kindheit in Kiel. Ein unglaublich eindrückliches und facettenreiches Bild von einer bürgerlichen, liberalen Familie im Kaiserreich entsteht. Viele Personen treten auf – auch der Pastor. Bonsels erinnert sich an seine Konfirmandenzeit folgendermaßen: „Der Konfirmandenunterricht gefiel mir anfänglich ganz gut, man wurde freundlicher behandelt als in der Schule, weniger gefragt und brauchte keine schriftlichen Arbeiten zu machen. Alles Mündliche erwies sich als leicht, wenn man in der Stunde einen guten Platz innehatte, weil der Pfarrer gewöhnlich nur die Knaben fragte, die ihm gerade gegenüber saßen und die sich meldeten. Besonders das Melden überwältigte ihn, man mußte nur recht mit der Hand flattern, er konnte dann nicht anders, er mußte nachgeben."[15] Innerlich recht distanziert verfolgt Bonsels den Unterricht mit wohlwollendem Schweigen. Der Pfarrer schloss ihn daher in sein Herz. Und der Konfirmand wollte das Bild nicht zerstören, das der Geistliche von ihm hatte, er benahm sich weiterhin anständig – scheinbar: „Um nun diesen gutmütigen Pfarrer auf keinen Fall zu kränken, nahm ich meinen Karl-May-Band nicht im Urzustand mit in die Bibelstunde. Ich überklebte den Einband sehr sorgfältig mit schwarzem Papier, sogar die Ränder, und vergoldete den oberen Schnitt mit Goldstaub und Lack [...]. Es sah sehr fromm aus, wenn ich während der Stunde in diesem Buche las."[16]

Lange geht das gut, bis er, Bonsels, eines Tages gefesselt von der Tapferkeit Old Shatterhands, nicht merkt, dass seine Mitkonfirmanden längst aufgebrochen waren. Der Pastor überrascht ihn, das Wohlwollen war dahin: „Ich konnte noch beobachten, wie sein Ausdruck von Ergriffenheit, Zustimmung und Teilnahme sich in bleichen Widerspruch verkehrte [...]. Dann traf mich sein entsagender Blick schmerzlich empört, er übersah völlig, wie gut ich es bei meiner Maßnahme mit ihm gemeint hatte."[17]

Ernüchtert stellt Bonsels fest: „Dieser brave Mann kannte die Menschen nicht, er liebte nur die Bilder, die er sich von ihnen erschuf, und verzieh deshalb niemandem, der ihn enttäuschte. Ich fühlte mich aber, wie alle Kinder, mehr zu solchen Erwachsenen hingezogen, die nicht die Tugend schätzten, sondern die gütig waren [...]."[18]

Nicht der Pastor ist hier ganz bei der Gemeinde, die Gemeinde ist ganz bei dem Pastor. Nicht er hilft, ein Neues zu schaffen, sondern sie täuschen für ihn ein Neues vor. Die Spannung zwischen Selbst- und Fremdanspruch,

---

[15] W. Bonsels, Tage der Kindheit, München/Wien 1985, 111f.
[16] Bonsels, Tage der Kindheit, 113.
[17] Bonsels, Tage der Kindheit, 113.
[18] Bonsels, Tage der Kindheit, 113.

die Spannung zwischen erwartetem Sittlichen und tatsächlicher Welt wird hier so gelöst: Der Pastor malt sich eine liebenswerte Gemeinde. Das ist nicht hilfreich im Sinne einer positiven Wissenschaft, im Sinne einer Profession. Aber – das kommt auch bei Bonsels immer wieder durch – es ist sympathisch.

Die Geschichte von Gösta Berling

Ein vierter Versuch, ein viertes Beispiel. Von dem Pastor, der auf seine Gemeinde ein Ideal projiziert, nun zum Pastor, der ganz bei seiner Gemeinde, genauer vielleicht: zu sehr bei seiner Gemeinde ist. So sehr, dass diese erschrickt, wenn sie ihn auf der Kanzel sieht. Ein ungewohnter Anblick, sie kennen ihn sonst eher betrunken, aus dem Wirtshaus torkelnd. „Er" ist Gösta Berling, Pfarrer und Hauptfigur in Selma Lagerlöfs Erstlingswerk *Die Geschichte von Gösta Berling*. Ein schöner Pastor war er und gewiss auch im Grunde ein anständiger – das zeigt sich immer wieder in diesem dicken Roman. Nur: Gösta Berling war ein Trinker – geworden muss man sagen.

Geworden in der Einsamkeit des dunklen Pfarrhauses, geworden in der Kargheit der Landschaft. Und so empfindet er es als schmerzlich ungerecht, dass seine Gemeinde den Bischof zur Visitation gerufen hatte, weil er drei Wochen hintereinander den Gottesdienst ausfallen ließ. In diesem, seinem ja vermutlich letzten Gottesdienst wächst sein Zorn auf seine Gemeinde, auf den Bischof, auf alle Gottesdienstbesucher: „Er dachte, dass er genau der Pfarrer gewesen war, den sie verdient hatten. Sie tranken doch alle. Warum sollte er sich als Einziger mäßigen? Der Mann, der seine Frau beerdigt hatte, betrank sich beim Leichenschmaus, der Vater, der sein Kind getauft hatte, lud anschließend zum Trinkgelage. Die Kirchgänger tranken auf dem Heimweg von der Kirche, weshalb die meisten betrunken waren, wenn sie zu Hause ankamen. Es geschah ihnen nur recht, wenn sie einen versoffenen

Pfarrerbilder in der Literatur

Pfarrer hatten."[19] So zornig schreitet Berling auf die Kanzel – und wächst über sich hinaus. Sein Scheitern vor Augen, vergisst er „Schnaps und Bischof. Er dachte, dass er die Gelegenheit nutzen und Zeugnis von der Ehre Gottes ablegen musste. Er hatte das Gefühl, dass der Kirchenboden mit allen Zuhörern tief, tief hinabsank und das Dach von der Kirche gehoben wurde, so dass er in den Himmel blickte. Er stand allein, ganz allein auf seiner Kanzel, sein Geist schwang sich in den geöffneten Himmel über ihm hinauf, seine Stimme wurde kraftvoll und mächtig, und er verkündete die Ehre Gottes."[20]

Der Gottesdienst ist vorbei, die Anhörung der Gemeinde beginnt, Gösta Berling fürchtet sich vor allem, was nun dem Bischof über ihn erzählt wird. Aber: Die Gemeinde schweigt. Dann sagt ein Kirchenältester: „‚Ich finde, wir haben einen herzensguten Pfarrer.' [...] ‚Sie haben ja selber gehört, wie er predigt, Hochwürden', warf der Küster ein."[21] Der Bischof hakt nach: Die ausgefallenen Gottesdienste? Kein Problem mehr. Sein Suff? Er sei ein grundsolider Pastor. „Sie verteidigten ihn einhellig."[22] schreibt Selma Lagerlöf, „Ihr Pfarrer war noch so jung, es war nichts Falsches an ihm. Nein, wenn er nur immer so predigte wie heute, wollten sie ihn nicht einmal gegen den Bischof persönlich eintauschen. Es gab keine Kläger, es konnte keinen Richter geben."[23]

Leider ist das nicht das Happy End des Romans. Es ist der Anfang. Gösta Berling verlässt die Gemeinde, irrt umher, bestiehlt ein Mädchen, wird Anführer der Kavallerie auf Gut Eckeby, einem bunten Trupp, der seine Tage mit Musizieren, Liebesabenteuern und Kartenspielen verbringt. Doch das Wesen Berlings, das fängt Lagerlöf in diesem Gottesdienst ein: Er ist

---

[19] S. Lagerlöf, Die Geschichte von Gösta Berling. Aus dem Schwedischen von P. Berf, München 2007, 6 (schwedisch: Gösta Berlings saga, Stockholm 1891).
[20] Lagerlöf, Gösta Berling, 8f.
[21] Lagerlöf, Gösta Berling, 9.
[22] Lagerlöf, Gösta Berling, 10.
[23] Lagerlöf, Gösta Berling, 10.

kein fester, stabiler, sondern im Grunde ein wirklich herzensguter, ein anständiger, aber verführbarer Charakter. Die Spannung des Pfarrberufs zerreißt ihn förmlich: Die Einsamkeit, auch die Erwartung, anders zu sein. Er zerbricht daran, wird gesellig, wird wie sie, ein Trinker. Aber: Wie sie zu sein, das ist nicht die Erwartung der Gemeinde. Der Pastor steht für das Sittliche, das Religiöse, ja eben auch: für das Göttliche. Und weil ihm in seiner Predigt dies gelingt, das Andere in die Kirche zu holen, diese Erwartung der Gemeinde zu befriedigen, ist aller Groll vergessen. Also: Der Suff ist nicht das Problem, es ist nicht das Problem, dass er auch wie die Gemeinde ist – er soll ja ganz bei ihr, bei ihren Problemen sein –, das Problem ist, dass er nicht mehr auch ganz anders ist, Projektionsfläche für ihre religiösen Sehnsüchte und Erwartungen.

In Selma Lagerlöfs Roman treten die Spannungspole des Pfarrberufs deutlich hervor. Es sind Extreme, die keinen Alltag zulassen, die keinen Vorbildcharakter haben können. Es ist kein Beispiel für eine Profession – obwohl Gösta Berling nahe an den entscheidenden Fragen des Menschen ist, obwohl er die Religion zum Beruf gemacht hat. Es ist kein Beispiel für eine Profession, denn es fehlt ganz einfach das Professionelle.

Der Stechlin

Solch ein positives Beispiel will ich mit meinem fünften Pfarrerbild aus der Literatur geben. Es ist wohl mit das bekannteste der hier erwähnten. Der Pfarrer ist nicht die Hauptfigur, aber sie ist für diese wichtig. Im Mittelpunkt des Romans *Der Stechlin* von Theodor Fontane steht der Baron Dubslav von Stechlin. Die Handlung ist kurz erzählt, denn nach Fontanes selbstironischer Äußerung gibt es sie eigentlich nicht: „Zum Schluß stirbt ein Alter und zwei

Pfarrerbilder in der Literatur

Junge heiraten sich; – das ist so ziemlich alles, was auf 500 Seiten geschieht."[24]

Alt und Jung, genauer: Alt und Neu, ist nun auch das beherrschende Thema des Romans. An der Schwelle zum 20. Jahrhundert geschrieben, befasst er sich mit dem Wert des Althergebrachten und den Stärken und Schwächen des Neuentstehenden in der damaligen deutschen Gesellschaft. Steht der Baron dabei für das Alte, der Sohn für das Neue, so wird dem Pfarrer, Lorenzen ist sein Name, eine Mittlerrolle zugeschrieben. Das Zitat von ihm – „Nicht so ganz unbedingt mit dem Neuen. Lieber mit dem Alten, soweit es irgend geht, und mit dem Neuen nur, soweit es muß."[25] – gilt als eine der Kernaussagen des Romans. Und er macht auf eine interessante weitere Dimension des Pfarrberufs aufmerksam: Die Spannung zwischen Tradition und Innovation, die in der Theologie in ihrer Beschreibung als positive Wissenschaft ja auch enthalten ist. Doch sei das hier nur am Rande erwähnt. Die vermittelnde Haltung von Pastor Lorenzen mag hier auch schon als Beispiel seiner Professionalität gelten, doch würde man ihm Unrecht tun, wenn man ihn als Leisetreter charakterisieren würde. Pastor Lorenzen ist verhalten, aber klar in seiner Position. Und diese Mischung bringt ihm den Respekt des Barons ein. Als dieser im Sterben liegt, darf nur noch sein Pastor zu ihm kommen.

Stechlin beschwert sich scherzhaft, der Pfarrer würde ja nur kommen, wenn man ihn rufe: „Sterben und verderben kann man. Und das heißt dann Seelsorge."[26] Lorenzen antwortet ihm darauf: „„Herr von Stechlin, Ihre Seele macht mir, trotz dieser meiner Vernachlässigung keine Sorge, denn sie zählt zu denen, die jeder Spezialempfehlung entbehren können. Lassen Sie mich

---

[24] Es heiraten Woldemar, der Sohn des Barons, und seine Frau Armgard: Th. Fontane, Werke, Schriften und Briefe, hg.v. W. Keitel/H. Nürnberger, Abteilung IV, Briefe, Bd. 4, München 1982, 650.
[25] Th. Fontane, Der Stechlin, hg.v. K.-P. Möller (Große Brandenburger Ausgabe, Abt. 1, Das Erzählerische Werk, Bd. 17), Berlin 2001, 34.
[26] Fontane, Der Stechlin, 403.

sehr menschlich, ja für einen Pfarrer beinah lästerlich sprechen. Aber ich muß es. Ich lebe nämlich der Überzeugung, der liebe Gott, wenn es mal so weit ist, freut sich, Sie wiederzusehen.'"[27] Ganz unprätentiös lässt Fontane seinen Pastor hier beides sagen und beides sein: Er redet von Gott und vom Menschen her. Er ist ganz beim Stechlin und ganz das religiöse Gegenüber. Er verweist auf das Neue und bleibt in der verhaltenen, freundlichen Art, in der einleitenden Entschuldigung ganz in dem, was der Lebenswelt des alten Barons entspricht. Die Spannung des Pfarrberufs: Meisterhaft zusammengefasst in diesen wenigen Sätzen. Professionell und nicht beliebig.

Der Scheinheilige

Professionell ist auch der nun folgende – sechste – Pfarrer bzw. Priester. Interessant bei ihm ist sein Versuch, die Spannung des Pfarrberufs aufzulösen, indem er einen der Pole löscht: Den Glauben, das Göttliche.

In Paul Burkes Roman *Der Scheinheilige* steht Frank Dempsey, ein katholischer Priester, im Mittelpunkt. Er hütet ein ungewöhnliches Geheimnis: Er glaubt gar nicht an Gott. Theologie hat er studiert, weil es das einzige Studienfach in Oxford ohne Numerus clausus war. Trotz – oder gerade wegen – seines Glaubensmangels ist er ein unglaublich erfolgreicher Pastor. Seine Gemeinde verehrt ihn, denn er hat viele Talente: Er ist ein großartiger Redner, ein einfühlsamer Zuhörer – und zum Wohl der Gemeindekasse auch ein eifriger Taxifahrer.

In der folgenden Szene befindet sich Dempsey in einem Streitgespräch mit einem Kardinal: „Frank begann sich von der Zentnerlast zu befreien, die ihn schon so lange drückte: ‚Das ist doch sowieso alles ein Haufen Schwachsinn', fuhr er fort. ‚Was ist ein Haufen Schwachsinn?', fragte der Kardinal ruhig. ‚Ach, das wissen Sie doch ebenso wie ich, der ganze Quatsch, an den wir glauben sollen. Die Transsubstantiation, die Unfehlbarkeit des Papstes,

---

[27] Fontane, Der Stechlin, 403.

das Alte Testament, die Evangelien, diese ganzen Dinge sind einfach nicht wahr. [...]' ‚Wie lange denken Sie schon so?' ‚Seit ich zehn oder elf war.' ‚Und trotzdem haben Sie sich für den Priesterberuf entschieden. Warum?' ‚Weil ich diesen Beruf liebe.'"[28] „‚Wenn ich, wie Sie sagen, ein außergewöhnlicher Priester bin, werde ich wahrscheinlich als Bischof enden. Und das zeigt erst richtig, was für ein Quatsch das Ganze ist, weil ich in Wahrheit an nichts von dem glaube, was ich vertrete. Und macht mich das irgendwie schlechter als Mensch? Oder weniger tüchtig als Pfarrer?' ‚Nein, Frank, das tut es nicht', stimmte ihm der Kardinal traurig zu, ‚aber nach Ihrem eigenen Eingeständnis hängen Sie einer Lüge nach. Das Priesteramt ist nicht wie andere Jobs. Sie können es nicht einfach an den Nagel hängen, bloß weil es Ihnen nicht mehr gefällt.'"[29]

Für Dempsey gibt es keine Spannung zwischen Selbst- und Fremdanspruch, keine Überforderung durch die Erwartung, ganz anders zu sein. Er ist Dienstleister. Professioneller und guter Dienstleister, mit Erfolg. Und dennoch benennt der Kardinal den Punkt, warum auch Dempsey sich nicht aus dem Feld der Profession lösen kann: Durch das Ausblenden der Spannung wird sie nicht aufgehoben. Er mag der geschicktere Schauspieler als Wilhelm Buschs Hieronymus sein, doch fehlt auch ihm die Distanz zu sich selbst, um die Lüge seiner Gemeinde gegenüber zu problematisieren: Er ist eben nicht ganz bei ihnen, wenn er als Schauspieler agiert. Im Rückgriff auf Schleiermacher: Er schafft eben kein neues Sein. Denn er befasst sich nicht mit den essentiellen Fragen des Menschen, er bietet kein Sein, sondern nur Schein, indem er an ihn herangetragene Erwartungen bedient, ohne sie nachzuvollziehen.

Sechs Pfarrerbilder habe ich vorgestellt. Sechs verschiedene Beschreibungen und Konstellationen der Spannungen zwischen Selbst- und Fremd-

---

[28] P. Burke, Der Scheinheilige, Bergisch Gladbach ³2006, 278; engl. Father Frank, London 2001.
[29] Burke, Der Scheinheilige, 280.

bild, zwischen Privatem und Öffentlichem, zwischen Weltlichem und Göttlichem.

Flächenbrand

Ein Pfarrerbild aus der Literatur soll noch folgen. Mit ihm, dem siebten und letzten, will ich aus dem bisher behandelten Spannungsfeld heraustreten. Auch in dem Roman *Flächenbrand* von Max von der Grün kommt es vor, auch hier wird der Pastor genau dadurch zur interessanten Romanfigur. Doch thematisiert der Pastor das Pfarrerbild hier selbst, als er anerkennend gefragt wird: „‚Warum sind eigentlich gerade Sie Pastor geworden, mit Ihren ungewöhnlichen Ansichten, Ihrer freien Art?'"[30] Die Antwort des Pastors: „‚Ich weiß nicht, was Sie unter Ansichten verstehen, Herr Steingruber, der Pastor aus dem vorigen Jahrhundert ist längst tot, der noch Untertan des deutschen Kaisers war, weil der Kaiser auch das Oberhaupt der Kirche gewesen ist, wie der Papst in Rom über die Katholiken, [...] ja, dafür gibt es viele Gründe.'"[31] „‚Einer ist sicher der, daß unser System bald so erstarrt sein wird, daß keiner mehr wagt, gegen den Stachel zu löcken, um hier mal biblisch zu sprechen, aus Angst, er könnte irgendwo anecken. Dann werden es nur noch die Pastoren sein, die sich erlauben können, nicht zu heucheln, die die einzigen sind, die noch die Wahrheit sagen, weil die anderen gebrochen sind, und weil Gottes Wort die Wahrheit ist und bleibt ... und warum sind sie gebrochen ... weil sie keinen Halt mehr haben ... und glauben Sie um Gottes willen nicht, daß die an Gott glauben, die jeden Sonntag in die Kirche laufen, die könnten ebenso in die Kneipe gehen ... man will althergebrachte Gepflogenheiten nicht aufgeben, solange man keine neuen oder bessere gefunden hat.'"[32] Sein Gesprächspartner antwortet ihm: „‚Ich glaube

---

[30] Vgl. M. von der Grün, Flächenbrand, Hamburg 1982, 108.
[31] Von der Grün, Flächenbrand, 109.
[32] Von der Grün, Flächenbrand, 135.

nicht an Gott [...], und ich fühle mich ganz wohl dabei, weil ich weiß, daß alles von Menschen gemacht wird. Sie dagegen, Herr Pfarrer, müssen immer prüfen, ob es von Menschen kommt oder vom lieben Gott.'"[33]

Am Anfang des Beitrags habe ich zwei Voraussetzungen benannt:

1. Der Pfarrberuf ist eine Profession, das heißt, der Pastor setzt sich mit den entscheidenden Fragen und Problemen des menschlichen Lebens auseinander. Und: Der Pfarrer hat die Religion zum Beruf gemacht, das heißt unsere – sonst privaten, ja intimen – Überzeugungen und Ansprüche werden in ihm öffentlich. Aus den Voraussetzungen habe ich gefolgert:

2. Der Pastor dient als Projektionsfläche für unsere sittlich-moralischen Idealvorstellungen, er soll der ganz Andere sein. Und:

3. Wir erwarten von ihm, dass er sich ganz auf uns und unsere Probleme einstellt und sie versteht, also ganz einer von uns ist.

Diese Spannung macht ihn zur interessanten Romanfigur.

Bei von der Grün reflektiert der Pastor diese Spannung selbst und bricht sie damit auf, wenn er die Erwartungen seines Gegenübers als Projektion einer bestimmten Vorstellung von pastoralem Amt und sittlichem Ideal benennt. Er ist sich bewusst, dass auch seine Gemeinde in ihm und den kirchlichen Ritualen das Gewohnte, die „althergebrachte Gepflogenheit", sucht.

Schafft der Pastor den einen Schritt nach außen, so fällt er im nächsten Schritt gleich wieder ganz hinein in das Spannungsfeld: Der Selbstanspruch, nur sein Berufsstand könne noch Halt geben, noch mutig die Wahrheit sagen, ist zu hoch, lässt ein Scheitern fast schon ahnen. Und auch sein atheistischer Gesprächspartner stellt an ihn, den Pastor, uneinholbare Ansprüche, wenn er behauptet, der Pastor müsse zwischen vom Menschen und von Gott Gemachtem unterscheiden. Es ist erneut ein Anspruch von außen, ein neuer, nachdem sich gezeigt hat, dass die erste Projektion nicht stimmt. Es ist ein

---

[33] Von der Grün, Flächenbrand, 135.

Anspruch, an dem der Pfarrer scheitern muss – er kann nicht zwischen von Gott und vom Menschen Gemachtem unterscheiden.

Und so bringt Max von der Grün in diesem kurzen Dialog noch einmal auf den Punkt, was den Pfarrberuf für die Literatur so interessant macht. Mit den Pfarrerbildern kann gespielt werden, sie können, ja: sie wollen gebrochen werden. Und doch: Ein bisschen anders soll er immer bleiben, ein bisschen etwas von dem zeigen, was die menschlichen Sehnsüchte widerspiegelt.

Auch der Atheist hat sein Bild, auch der Kirchenfremde hat seine Vorstellung, und seien es nur Klischees. Für die Zukunft heißt das: Die Spannung bleibt, vielleicht sogar: Die Spannung nimmt zu. Zwischen Amt und Person. Zwischen Fremd- und Selbstanspruch, zwischen Menschlichem und Göttlichem. Denn je mehr die Gesellschaft sich individualisiert, desto fremder und exotischer erscheint das Amt. Und desto größer wird die Fallhöhe zwischen Projektion und Realität. So lange es ein gesellschaftliches Bild vom Pfarrer gibt, so lange der Pfarrberuf sich mit den zentralen Fragen des menschlichen Lebens befasst und die Theologie als die dazugehörige Wissenschaft eine positive Wissenschaft bleibt mit dem Anspruch, nicht nur historisch beschreibend, sondern neues Sein schaffend zu wirken, so lange wird der Pfarrer in der Literatur präsent bleiben. In kurzen Gastauftritten, als Hauptfigur, als Detektiv oder Seelsorger. Nicht obwohl, sondern weil auch der Pfarrer nur Mensch ist. Mit den Worten Selma Lagerlöfs: „stärkster und schwächster unter den Menschen"[34] zugleich.

---

[34] Lagerlöf, Gösta Berling, 63.

MATTHIAS R. HOFFMANN

Zauberspruch und Scharlatan:
Magie und Zauber in der Literatur

„Jeder große Zaubertrick besteht aus drei Akten: Der erste Akt heißt ‚Das Versprechen': Der Zauberer zeigt Ihnen etwas Gewöhnliches, ein Kartendeck, einen Vogel oder einen Mann. Er zeigt Ihnen das Objekt. Vielleicht fordert er Sie auf, das Objekt genau zu betrachten, ob es wirklich real ist, unverändert, normal. Aber in Wirklichkeit ist es natürlich alles andere als gewöhnlich. Der zweite Akt nennt sich ‚Die Wendung': Der Zauberer lässt sein gewöhnliches Etwas etwas Ungewöhnliches tun. Wenn Sie jetzt nach dem Geheimnis suchen, werden Sie es nicht finden, weil Sie nicht wirklich hinsehen. Sie wollen es nicht wirklich wissen. Sie wollen reingelegt werden. Aber Sie applaudieren noch nicht – denn etwas verschwinden zu lassen ist noch nicht genug, man muss es auch zurückbringen. Deshalb gibt es bei Zaubertricks den dritten Akt, ‚Das Prestige' genannt. Dies ist der Teil mit den Drehungen und Wendungen, in dem Leben auf dem Spiel stehen, und Sie werden etwas Schockierendes sehen, was Sie noch nie zuvor gesehen haben".
[Christopher Priest – *The Prestige*[1]]

Betrachtet man „Magie und Zauberei" als ein literaturgeschichtliches Phänomen innerhalb mehrerer Jahrhunderte bzw. sogar Jahrtausende, so ist dies natürlich ein anmaßendes Unterfangen. Dies liegt nicht allein an der Fülle der Literatur, die man bei Betrachtung des Phänomens zu sichten hat. Daher sollen hier nur ein paar ausgewählte Texte näher betrachtet werden. Ein kompletter Überblick über das Thema „Magie und Zauberei in der Literatur" kann also hier nicht gegeben werden. Andererseits kann es als problematisch empfunden werden, Magie und ähnliche Phänomene in literarischen Texten

---

[1] Das hier angegebene Zitat ist in Christopher Priests Roman *The Prestige* nicht zu finden, sondern nur im Prolog der Verfilmung (Warner Bros. Pictures und Touchstone Pictures 2006, Regie: Christopher Nolan). Dennoch stammt es aus der Feder von Priest, der sich an den Dreharbeiten und dem Drehbuch zu diesem Film beteiligt hat.

einwandfrei zu identifizieren, denn in vielen Erzählungen, Geschichten und vor allem Märchen sind uns wundersame Elemente überliefert, die vielleicht nur vermuten lassen, dass auf Magie und Zauberei angespielt wird.

Es scheint also sinnvoll, den Begriff „Magie" etwas genauer zu betrachten: Dafür soll – ähnlich wie bei den oben angeführten „Bestandteilen eines Zaubertricks" – einfach zunächst das vielleicht eher „Gewöhnliche" gezeigt und geklärt werden, wo die sprachgeschichtlichen Wurzeln des Wortes „Magie" liegen. Ferner soll dann ein kurzer Blick auf einige – exemplarisch ausgewählte – antike Zaubersprüche geworfen werden, um zu zeigen, was man mit Magie und Zaubersprüchen zu erreichen versuchte und in welcher Form solche Zaubersprüche überhaupt überliefert wurden.

In einem zweiten Teil soll anhand einiger ausgewählter Beispiele betrachtet werden, wie Magie und Zauberei (und Zaubersprüche) in antiker Erzählliteratur und in biblischen Texten dargestellt werden. Wir werden also sehen, ob das „Gewöhnliche" dann auch eher ungewöhnliche Züge annimmt und wie es in narrativen Texten dann zu einer Art „Wendung", einem „Verschwinden", d.h. einer regelrechten Abwendung von Magie kommt. Zudem soll kurz darauf eingegangen werden, wie religiöse Motivation die verschiedenen Darstellungen von Zauberei und Zaubersprüchen beeinflusst hat.

Analog zum „Prestige" des Zaubertricks soll dann in einem dritten Teil ein Blick darauf geworfen werden, wie in ausgewählten Beispielen „jüngerer" Literatur Zauberei dargestellt wird. Magie und Zauberei begegnen in vielen alten und neuen Erzähltexten, ein Interesse an dieser Thematik ist aber zu bestimmten Zeiten sehr gering bzw. die Bedeutung von Magie wird geradezu heruntergespielt, während in anderen, gerade in neueren Erzählungen ein regelrechter Boom an der Darstellung von Zauberei und Magie (bzw. Trick-Magie) zu beobachten ist. Doch vor einer Spurensuche nach Darstellungen von Magie und Zauberei in den Abschnitten „Versprechen",

"Wendung" und "Prestige", soll nun kurz der Bedeutungshorizont des Begriffes "Magie" abgesteckt werden.

1. Das Versprechen:

a) Sprachgeschichtliche Wurzeln des Begriffes "Magie"

MACBETH: How now, you secret, black and midnight hags! What is't you do?
THE HAGS: A deed without a name.
[Shakespeare – *Macbeth*, Act 4, Scene 1]

Wie bereits angedeutet, stellt sich bei dem Thema "Magie und Zauberei in der Literatur" natürlich zunächst die Frage: Wie ist eigentlich Magie zu bestimmen?[2] Denn dieser Begriff sollte eben für uns nicht, so wie für Macbeth, eine "Tat ohne Namen" bleiben.

Der Begriff "Magie" (griechisch: μαγεία) lässt sich sprachlich zurückführen auf die Praxis eines μάγος und demnach auf einen altpersischen Begriff, der im eigentlichen Sinne die Angehörigen einer bestimmten Priesterkaste bezeichnet.[3] Während dieser Begriff also zunächst an priesterliche Aktivitäten gebunden ist und somit eigentlich streng genommen eine religiöse Konnotation aufweist, tritt eine solche Interpretation in späteren An-

---

[2] Ferner wären an dieser Stelle auch Begriffe wie "Zauberei" oder "Hexerei" zu definieren. Eine ausführliche Untersuchung kann hier jedoch nicht durchgeführt werden, es sei daher zu den sprachgeschichtlichen Wurzeln von "Zauberei" und "Hexerei" verwiesen auf W. Rummel/R. Voltmer, Hexen und Hexenverfolgung in der Frühen Neuzeit, Geschichte Kompakt, Darmstadt 2008, 4; R. Decker, Hexenjagd in Deutschland, Geschichte Erzählt, Darmstadt 2006, 40; G. Schormann, Art. Hexen, in: TRE 15 (1986), 297–304; hier: 298; H. Birkhan, Magie im Mittelalter, Beck'sche Reihe 1901, München 2010, 154 und J. Dillinger, Hexen und Magie. Eine historische Einführung, Historische Einführungen 3, Frankfurt a.M./New York 2007, 19.

[3] Siehe hierzu auch G. Delling, Art. μάγος, μαγεία, μαγεύω, in: ThWNT 4 (1942), 360–363; hier: 360; D. Collins, Magic in the Ancient Greek World, Malden (MA) u.a. 2008, 54; oder R. Jost, Zauberei und Gottesmacht. Überlegungen zu Gender, Magie und Hexenwahn im Zusammenhang von Ex 22,17, in: M. Nieden (Hg.), Hexenwahn. Eine theologische Selbstbestimmung, TA 5, Stuttgart 2004, 11–32; hier: 12, Anm. 6.

schauungen antiker Texte deutlich in den Hintergrund.[4] Anstelle eines konkreten Bezuges auf ein Phänomen scheint der Begriff „Magie" dann entweder als Besitz und Ausübung generell übernatürlicher Kräfte zu gelten[5] oder gar als pejorativer Ausdruck[6] (mit einem Zusammenhang von Betrug und Scharlatanerie) verwendet zu werden. Zunächst wird die gräzisierte Form des persischen Lehnwortes *magos* in antiken griechischen Texten bezeugt, dies allerdings relativ selten, wobei ein Bezug zu „magischen Praktiken" dann auch nicht immer hergestellt wird.[7] Heraklit zum Beispiel bezeichnet Magier (neben Nachtschwärmern, Bakchen, Mänaden und Mysten) als Menschen, die die Mysterien unheilig feiern (Fragment B 14). Eine ähnlich negative Wertung von „Magiern" als Scharlatane – noch ohne Bezug zu dezidierten Praktiken – erfolgt auch bei Sophokles (*Oedipus* 387–389), wo der Seher Theiresias als ränkeschmiedender *magos* bezeichnet wird. Ferner wird der Begriff auch noch in der Hippokrates zugeschriebenen Schrift *De morbo sacro* (c2) eingeführt: Auch hier werden die *magoi* unter die Scharlatane und Bettelpriester eingereiht, ein Bezug auf Betätigung von Zauberei wird auch hier nicht hergestellt. Unkonkret bleibt auch Aischylos, der in seinem Stück über die Perser (*Persai* 317) den Magier Arabos (*Magos Arabos*) erwähnt. Der Terminus *magos* dürfte vielleicht unter Persern nicht

---

[4] Vgl. Delling, Art. μάγος, μαγεία, μαγεύω, 360–361, und v.a. F. Graf, Gottesnähe und Schadenszauber. Die Magie in der griechisch-römischen Antike, München 1996, 24–31.

[5] Vgl. H.G. Kippenberg, Art. Magie, in: H. Cancik/B. Gladigow/K.-H. Kohl (Hg.), Handbuch religionswissenschaftlicher Grundbegriffe, Stuttgart u.a. 1998, 85–98; hier: 85.

[6] Vgl. D.E. Aune, Magic in Early Christianity, in: Ders. (Hg.), Apocalypticism, Prophecy and Magic in Early Christianity. Collected Essays, WUNT 199, Tübingen 2006 (= Grand Rapids 2008), 368–420; hier: 379–380.

[7] Vgl. hierzu und zum Folgenden J.N. Bremmer, The Birth of the Term ‚Magic', in: Ders./J.R. Veenstra (Hg.), The Metamorphosis of Magic from Late Antiquity to the Early Modern Period, Groningen Studies in Cultural Change 1, Leuven u.a. 2002, 1–11; und K.B. Stratton, Naming the Witch. Magic, Ideology, and Stereotype in the Ancient World, New York 2007, 26–38.

ungewöhnlich gewesen sein, allerdings wirft der Bezug auf Arabia die Frage auf, inwiefern Aischylos wirklich über persische *magoi* und persische Religion informiert ist.[8]

Einen konkreteren literarisch belegbaren Zusammenhang zwischen Magierterminologie und Zauberhandeln stellt dann allerdings Euripides her: In *Iphigenie auf Tauris* (1338) wird der Opfergesang Iphigenies mit dem barbarischen Gesang eines *magos* verglichen, und in *Orestes* (1497) wird die Flucht Helenas durch Zauberei und die Tricks der *magoi* erklärt. Der Magiebegriff rückt also erst hier in einen engeren Zusammenhang mit zauberndem Handeln. Weitere Belege für ein Zusammenwachsen des Begriffes *magos* mit Sachverhalten, die „magisches Handeln"[9] darstellen, finden sich dann auch in philosophischen Texten[10] und in der Geschichtsdarstellung des Herodot (in *Hist.* 7.114 werden die *magoi* als φαρμακεύσαντες beschrieben) und bei Xenophon (*Kyropaidia* 8.1.23, 3.11), wobei sie dort allerdings überwiegend mit wahrsagerischen und priesterlichen Fähigkeiten ausgestattet sind (*Hist.* 1.107–188, 120, 128, 132, 140; 7.37, 43, 113–114, 191).[11] Eine positivere Bewertung der „Magier" findet sich dann in der Metaphysik des Aristoteles (*Metaphysik* 1091 b8–10), in der die *magoi* unter diejenigen eingereiht sind, die „das Gute" als den Ursprung aller Dinge ansehen.[12]

Eine erste Tendenz bei der Verwendung des Begriffes „Magie" lässt sich also hier bereits erkennen: Beim klassischen Gebrauch des „Magier-Be-

---

[8] Vgl. Bremmer, The Birth of the Term ‚Magic', 3.

[9] Ein weiterer Hinweis auf μαγεία (zusammen mit γοητεία) findet sich in der Rede des Aischines *Gegen Timarchos* c. 10, vgl. ebd., 3–4.

[10] Siehe Platon, *Politeia* 572e und *Politikos* 280e. Siehe zu weiteren magischen Ausdrücken für Magie bei Platon J. De Romilly, Magic and Rhetoric in Ancient Greece, Cambridge (MA)/London 1975, 23–43.

[11] Vgl. Bremmer, The Birth of the Term ‚Magic', 5–6.

[12] Ähnlich positive und z.T. beinahe apologetische Ansichten zu den *Magoi* finden sich im Umfeld der Schüler des Aristoteles, vgl. ebd., 6.

griffs" muss eine Entwicklung der Terminologie vorausgesetzt werden. Während in Tragödien, rhetorischen Texten[13] und früheren philosophischen Texten der *magos* eher negativ beurteilt wird, wird er in historischen und späteren philosophischen Texten mitunter auch positiv bewertet.[14] Neben diesem Wechsel in der Bewertung von Magie und dem sich langsam etablierenden Gebrauch einer Terminologie, die den Magier-Begriff mit gewissen Formen von Tätigkeit verbindet, findet ein Paradigmenwechsel statt: Denn die *magoi* waren nicht immer als „zaubernde Magier" verstanden worden. Diese Identifikation verdanken sie wohl einerseits den ihnen im griechischen Kulturraum zugeschriebenen wechselnden Aufgaben und andererseits einer schleichenden Entwicklung einer Gleichsetzung des μάγος mit dem Zauberer (γόης).[15]

Es lässt sich also eine tendenzielle Übertragung vom Bedeutungsgehalt mehrerer Begriffe auf ein Phänomen vermuten, das nun ferner mit dem einen Wort „Magie" bezeichnet wird, was sich in antiker griechischer Literatur dadurch abzeichnet, dass auch weitere Begriffe zur Umschreibung dessen dienen, was nun phänomenologisch vereinheitlicht als „Magie" wahrgenommen wird. So werden einerseits bestimmte Begriffe mit dem Wort μαγεία in Verbindung gebracht und phänomenologisch gleichgesetzt, andererseits bilden sich vom Begriff des μάγος bzw. der μαγεία dann auch weitere Derivate. Neben den wohl älteren Begriffen γόης bzw. γοητεία (also „Zauberei"), dem auch religös konnotierten ἀγύρτης (Bettelpriester, Gaukler), ἐπῳδός (bzw. ἐπῳδή, also „Beschwörer" bzw. „Zauberer") und den Derivaten von

---

[13] Zum Verhältnis zwischen Magie und Rhetorik siehe auch de Romilly, Magic and Rhetoric in Ancient Greece, passim.

[14] Vgl. Bremmer, The Birth of the Term ‚Magic', 6–7 und S. Garrett, The Demise of the Devil: Magic and the Demonic in Luke's Writings, Minneapolis 1989, 12.

[15] Vgl. zur Entwicklung des Magieverständnisses im griechischen Kulturraum auch Graf, Gottesnähe und Schadenszauber, 24–36.

φάρμακον (bzw. φαρμακεία und φαρμακεύς, also „Heil-" bzw. „Zaubermittel" und „Quacksalber" bzw. „Zauberer")[16] wird der Begriff der μαγεία weitgehend synonym gebraucht.[17]

Eine religiöse Konnotation des Begriffes „Magie" scheint in den klassischen griechischen und lateinischen Texten nicht ganz in Vergessenheit geraten zu sein.[18] Vermutlich bleibt gerade wegen dieses Bestehenbleibens einer religiösen Bedeutung von μαγεία trotz des häufigen Gebrauchs im griechischen Kulturraum die Terminologie um das Wort γοητεία mindestens ebenso bedeutend.[19] Ein einheitliches Konzept „Magie" gab es jedenfalls nicht.[20] Dass sich das Wort „Magie" dennoch als übergeordneter Begriff für die verschiedenen o.a. „magischen" Praktiken etablierte – auch wenn in Griechenland goetische Ausdrücke als „attischer" empfunden worden sein mögen und latent gebräuchlicher waren[21] –, dürfte sich in römischer Zeit er-

---

[16] Vgl. zu den Begriffen auch F. Graf, Excluding the Charming: The Development of the Greek Concept of Magic, in: M. Meyer/P. Mirecki (Hg.), Ancient Magic and Ritual Power, BGRW 129, Leiden u.a. 1995, 29–42; hier: 30–35; J. Scarborough, The Pharmacology of Sacred Plants, Herbs, and Roots, in: Ch.A. Faraone/D. Obbink (Hg.), Magika Hiera. Ancient Greek Magic and Religion, New York/Oxford 1991, 138–174; I. Chirassi, Il Magos e la Pharmakis: Excursus attraverso il lessico storico in ottica di genere, in: C. Bonnet/J. Rüpke/ P. Scarpi (Hg.), Religiones orientales – culti misterici, PAwB 16, Stuttgart 2006, 163–179; und M. Rücker, Pharmakeía und crimen magiae: Untersuchungen zu Frauen und Magie in der griechisch-römischen Antike. Dissertation an der Fakultät für Geschichte, Kunst- und Orientwissenschaften der Universität Leipzig, Leipzig 2008.

[17] Vgl. auch M.W. Dickie, Magic and Magicians in the Greco-Roman World, London/ New York 2003, 15.

[18] Dies mag sich auch in der Verteidigungsrede des Apuleius niedergeschlagen haben, da er den Vorwurf, Magie zu betreiben, u.a. damit abwehren möchte, dass Magier priesterliche Funktionen haben (*De Magia* 25,9–10). Vgl. dazu Graf, Excluding the Charming, 31, und Garrett, The Demise of the Devil, 12.

[19] Vgl. Bremmer, The Birth of the Term ‚Magic', 10 und M. Martin, Magie et magicians dans le monde gréco-romain, Paris 2005, 65–66.

[20] Vgl. Dickie, Magic and Magicians in the Greco-Roman World, 33.

[21] Vgl. Dickie, Magic and Magicians in the Greco-Roman World, 29–31 und Bremmer, The Birth of the Term ‚Magic', 11.

eignet haben und durch ein mitunter durchaus positives Verständnis des Magier-Begriffes begünstigt worden sein.[22]

In dieser Hinsicht wäre also die Umschreibung der angeführten Begrifflichkeiten als „Magie" als nachträgliches Reflexionsprodukt zu verstehen, dessen innerer Zusammenhang vielleicht bereits latent in den jeweiligen verschiedenen Darstellungen angelegt war, deren Bedeutung im Fortschreiten einer Entwicklung der entsprechenden Begriffe auch weiter zusammenwächst, wobei die spezifische Nuance der einzelnen Begriffe allerdings nicht notwendigerweise verloren geht.

Korrekterweise wäre demnach also eigentlich von Magie, Zauberei, Hexerei, Pharmazie, Mantik, Alchemie und Exorzismus[23] sowie weiteren verwandten Phänomenen im Umfeld antiker Texte zu sprechen. Auch wenn einzelne magische Praktiken konsequent mit bestimmter Terminologie dargestellt werden,[24] bleibt allerdings eine gewisse Synonymität, mit der „Magie" beschrieben werden kann, im Rahmen antiker Texte bemerkenswert. In späteren Beschreibungen magischer Praktiken jedenfalls sind die verschiedenen Aspekte von Magie, Zauberei und verwandten Phänomenen dann sicher nicht mehr alle akribisch voneinander unterschieden worden. Denn im deutschen oder englischen Sprachgebrauch treten „Magie, Zauberei und Hexerei" oder „magic, sorcery, wizardry and witchcraft" als synonyme Ausdrücke für zauberndes Handeln auf. Und von diesem synonymen Gebrauch ausgehend werden dann auch entsprechend verschiedene Phänomene mit „Magie und Zauberei" assoziiert und identifiziert.

---

[22] Vgl. Bremmer, The Birth of the Term ‚Magic', 11. Vgl. ferner Dickie, Magic and Magicians in the Greco-Roman World, 96–201.

[23] Für eine Aufstellung von Bezeichnungen für magische Praktiken und denen, die sie ausüben, vgl. auch The Birth of the Term ‚Magic', 12–17.

[24] Vgl. Bremmer, The Birth of the Term ‚Magic'.

Daher wäre *eigentlich* bei der Betrachtung von als „magisch" angesehenen Phänomenen in Texten verschiedener Epochen, die zudem noch in verschiedenen Sprachen verfasst wurden (und also einen Begriff analog zu „Magie" mit völlig unterschiedlichen Vokabeln darstellen) zu fragen, ob eine Interpretation der verschiedenen literarisch dargestellten Aspekte als Magie eher „unserem" synonymisierenden Sprachgebrauch entspricht oder ob tatsächlich ein gänzlich anderer Sachverhalt dargestellt werden soll. Mit anderen Worten: Wenden wir eine Interpretation von Magie an, die auf Grundlage unserer eigenen kulturell gewachsenen Terminologie entstanden ist – man spricht hier von einer „etischen" Definition –, oder versuchen wir Magie und Artverwandtes zu verstehen gemäß dem jeweils kulturell zu Grunde liegenden Verständnis, also „emisch"?[25]

Eine genaue Analyse nach diesem Gesichtspunkt scheint hier allerdings nicht zwingend von Nöten zu sein, denn wir werden zum einen in Hinblick auf Literatur, in der Magie thematisiert wird, einen großen Zeitraum betrachten, in dem die Synonymisierung magischer Phänomene immer weiter fortschreitet, und zum anderen werden wir in literarischen Texten auch speziell fiktive Darstellungen von Magie betrachten. Demnach können wir davon ausgehen, dass vielen Autoren nicht an einer spezifisch definierten Aussage zu Magie gelegen war.

Entsprechend können wir Magie ansehen als System von verschiedenen Vorstellungen, derer Menschen sich bedienen wollen, um in ihrer erfahrbaren und wahrnehmbaren Welt ein konkretes, auf konventionellem Weg nicht zu erreichendes Ziel zu verwirklichen mit Hilfe des Außerweltlichen

---

[25] Zur Prägung der Begriffe „emisch" (*emic*) und „etisch" (*etic*) vgl. K.L. Pike, Language in Relation to a Unified Theory of the Structure of Human Behaviour, The Hague u.a. ²1971, passim. Die Begriffe wurden ferner in der so genannten „neuen Ethnologie" aufgenommen, vgl. M. Harris, The Rise of Anthropological Theory: A History of Theories of Culture, Walnut Creek (CA) 2001, 568–604.

und Nicht-Wahrnehmbaren oder Übersinnlichen. Die Wirksamkeit (bzw. die erhoffte Wirkung) wird mittels Ritual (zum Beispiel mit einem Zauberspruch) und/oder Substanz (d.h. mit Verwendung bestimmter Materialien) angestrebt.[26] Abläufe und Verhaltensweisen sind dabei fixiert, aber nicht institutionalisiert.

Wie solche Versuche, mittels Magie Ziele zu erreichen, ausgesehen haben, welche Abläufe bei Ausübung von Zauberei zu beachten sind und welche Worte und auch Substanzen hierfür bedeutsam waren, also, was einen Zauber letztlich konstituiert, soll nun anhand einiger antiker Zaubertexte gezeigt werden. Doch vor einer Betrachtung dieser „echten" Zaubersprüche soll an dieser Stelle auch ein kurzer Blick auf solche „Zaubersprüche" geworfen werden, die uns vertraut erscheinen.

b) Bekannte „Zaubersprüche"

Den meisten von uns fallen sicherlich beim ersten Nachdenken über Zaubersprüche diejenigen ein, die geradezu sprichwörtlich geworden sind, also etwa „Hokus Pokus", „Simsalabim" oder „Abrakadabra". Jedoch handelt es sich bei den meisten dieser Worte nicht wirklich um Zaubersprüche.

1. Hokus Pokus: So leitet sich der Ausdruck „Hokus Pokus" wahrscheinlich von den lateinischen Einsetzungsworten beim Abendmahl ab, also *„hoc est enim corpus meum"* („Dies ist nämlich mein Leib"). Da der Priester beim Sprechen dieser Worte nun auch Brot zu Fleisch wandeln will, ist es vielleicht umso verständlicher, dass Zuhörer, die des Lateinischen nicht mächtig waren, hier eine Art Zauberhandeln vermuteten. Mitunter wird hinter „Hokus Pokus" auch ein im englischen Sprachraum bei Taschenspielertricks verwendeter „Zauberspruch" vermutet, nämlich *„Hax Pax Max Deus Adimax"*,

---

[26] Vgl. Dillinger, Hexen und Magie, 13.

Zauberspruch und Scharlatan

der keine übersetzbare Bedeutung hat.[27] Auch dieser Pseudozauberspruch dürfte jedoch letztlich auf die lateinischen Einsetzungsworte zurückgehen.[28]

2. *Simsalabim:* Eine ähnliche Fehlinterpretation liegt im Fall von „Simsalabim" vor: Dieses Wort geht vermutlich auf den fast alle Suren des Koran einleitenden arabischen Ausspruch *„Bismi Allah rahman i rahim"* zurück[29] und bedeutet so viel wie „Im Namen Allahs, des Allbarmherzigen". Dieser Ausspruch von Muslimen vor wichtigen Tätigkeiten wurde von Europäern im Mittelalter schlicht falsch verstanden. Vielleicht war eine Deutung dieser Worte begünstigt durch den technologischen Vorsprung der muslimischen Welt gegenüber den europäischen Ländern – denn wie könnte man diesen Vorsprung besser erklären als durch Zauberei?!

3. *Abrakadabra:* Beim Wort „Abrakadabra" verhält es sich allerdings latent anders. Zwar liegt hier der etymologische Ursprung im Dunkeln, es ist nämlich weitgehend unklar, auf welche Sprache der Begriff überhaupt zurückzuführen ist (möglich wären Aramäisch, Latein oder Arabisch[30]). Belegt ist „Abrakadabra" in jedem Falle recht früh, ab dem 2. Jahrhundert im *Liber medicinalis* des Quintus Serenus Sammonicus, der den Spruch als Heilmittel gegen Fieber empfiehlt. Anwendung sollte dieser Ausdruck auf Amuletten finden, wobei das Zauberwort dann in einer so genannten „Schwindeformel" aufgeschrieben wurde: Das Wort wurde mehrfach untereinander geschrie-

---

[27] Die Worte *hoc est* sind dann wohl auch in entstellter Form in dem Ausdruck *hoax* (Schwindel) zu sehen. Vgl. dazu auch Birkhan, Magie im Mittelalter, 117.
[28] Vgl. D. Harmening, Wörterbuch des Aberglaubens, Stuttgart ²2009, 218.
[29] Vgl. Birkhan, Magie im Mittelalter, 117.
[30] Aramäisch könnte der Ausdruck auf אברא כדברא zurückzuführen sein, was so viel wie „ich werde erschaffen, während ich spreche" bedeuten könnte, eine mögliche lateinische Bedeutung wäre *„abra cadaver"* („öffne den Tierkadaver"), und aus dem Arabischen könnte der Wortlaut von *„abreq ad habra"* abgeleitet sein, was angeblich „den Donner, der tötet" herbeiruft. Vgl. hierzu auch Harmening, Wörterbuch des Aberglaubens, 23. In leicht veränderter Form (*Avada Kedavra*) wird diese Formulierung auch in den *Harry-Potter*-Romanen verwendet.

ben, wobei in der jeweils folgenden Zeile je ein Buchstabe weggelassen wurde. Die Krankheit oder ein anders Übel, das so besprochen wurde, sollte dann genauso verschwinden wie das Wort:[31]

ABRACADABRA
ABRACADABR
ABRACADAB
ABRACADA
ABRACAD
ABRACA
ABRAC
ABRA
ABR
AB
A

4. *Sator-Arepo-Quadrat:* Eine Kombination von angeblichen „Zauberworten" findet sich dann im so genannten Sator-Arepo-Quadrat, in dem die Worte „Sator Arepo Tenet Opera Rotas" in einem Quadrat angeordnet sind.[32] In dieser Anordnung geben die Worte ein mehrfaches Palindrom, d.h. die Worte können von links nach rechts, von oben nach unten und von hinten nach vorne gelesen werden:

S A T O R
A R E P O
T E N E T
O P E R A
R O T A S

Diese Wortschöpfung ist ab Mitte des 1. Jahrhunderts belegt (und zwar in Pompeji), die Bedeutung der Worte ist allerdings wieder unklar. Man interpretierte sie als „Der Sämann Arepo lenkt mit seiner Arbeit die Räder" oder

---

[31] Vgl. A. Önnerfors (Hg.), Antike Zaubersprüche. Zweisprachig, Stuttgart 1991, 62 und Birkhan, Magie im Mittelalter, 43–44.

[32] Dieses Quadrat wird auch in Herbert Rosendorfers Roman *Der Ruinenbaumeister* (1969) erwähnt, wo es Bestandteil eines fiktiven koptischen Zaubers ist.

las eine Variation der Worte „Satan, ter oro te, reperato opes" („Satan, dreimal bitte ich dich, gib mir mein Vermögen wieder"). Die plausibelste Lösung besteht wohl in einer Zickzacklesung der Worte, also Sator Opera Tenet, Tenet Opera Rotas („Der Schöpfer erhält seine Werke, erhalten tut seine Werke der Schöpfer").[33] Doch worin bei diesem Quadrat[34] nun genau ein wirklicher Zusammenhang mit Zauberei besteht, bleibt unklar. Vielleicht haben wir hier eher eine Form des antiken Sudoku vor uns. Widmen wir uns nun aber weniger solchen Wortspielereien und werfen einen Blick auf einige uns erhaltene antike Zaubersprüche.

c) Zaubersprüche aus der Antike

Uns ist eine große Zahl an magischen Relikten ab der Antike erhalten geblieben, und zwar unter anderem Amulette, Zauberschalen, Divinationsgeräte oder Gemmen.[35] Zu den Funden alter Zauberutensilien kommt eine imposante Menge an Zaubersprüchen und anderen Zaubertexten hinzu. Zaubersprüche sind uns quasi aus allen alten Hochkulturen erhalten geblieben.

Einen großen Korpus dieser Zauberliteratur nehmen die so genannten PGM, also die Papyri Graecae Magicae, ein, die Karl Preisendanz in den 1930er Jahren zusammengestellt hat.[36] Hierbei handelt es sich um Zauber-

---

[33] Vgl. Önnerfors, Antike Zaubersprüche, 28–29.

[34] Zu einem möglichen Vorgänger für dieses „Zauberquadrat" vgl. H.-P. Mathys, Das Astarte-Quadrat, Zürich 2008. Für ähnliche „magische" Quadrate vgl. ferner Birkhan, Magie im Mittelalter, 39–43. Auch in alchemistischen Zusammenhängen spielten solche Quadrate eine gewisse Rolle, vgl. dazu C. Priesner, Geschichte der Alchemie, Beck'sche Reihe 2718, München 2011, 48–49.

[35] Siehe dazu auch S. Doering-Manteuffel, Okkultismus. Geheimlehren, Geisterglaube, magische Praktiken, Beck'sche Reihe 2713, München 2011, 15.

[36] Siehe K. Preisendanz (Hg.), Papyri Graecae Magicae. Die Griechischen Zauberpapyri I–III, Leipzig/Berlin 1928–1941. Die zitierten PGM sind dort entnommen, die Zauberworte sind ergänzt aus H.D. Betz. (Hg.), The Greek Magical Papyri in Translation, Including the Demotic Spells, Chicago/London ²1992.

sprüche und andere Zaubertexte, die etwa aus der Zeit zwischen dem 2. und 6. Jahrhundert stammen. Die Texte sind größtenteils in Ägypten gefunden worden und entweder auf Griechisch oder Demotisch bzw. Koptisch verfasst.

Inhalt und Aufbau solcher Zauber, die darin enthaltenen Zauberworte und die Ziele sind völlig unterschiedlicher Natur. Manche Zauber scheinen uns vielleicht sogar nachvollziehbar zu sein, andere hingegen entziehen sich komplett unserer Logik. Die meisten dieser Zaubersprüche bestehen nicht nur aus „Zauberworten", sondern stellen quasi eine Art Gebrauchsanweisung dar, wie der jeweilige Zauber denn nun auszuführen ist.

So heißt es etwa in einem Liebeszauber (PGM VII, 974–981):

„Nimm einen Sonnenskarabäus, koch ihn in schönem Myrrhenöl und nimm den Skarabäus, zerstoß ihn zusammen mit der Pflanze Katananke (Zwangskraut) und wirf das in ein Gefäß aus Glasfluß und sprich das folgende Gebet zweimal: Thōbarrabau Michael Michael Osiris Phor Phorba Arriel Seseggenbarpharagges, zwingt die NN, Tochter des NN, mir zu folgen, wenn ich sie berühre."

Aus diesem Zusammenwirken verschiedener Substanzen und dem Aussprechen verschiedener Worte sollte also die Liebe einer Frau für den Ausübenden des Zaubers entfacht werden. Auffällig sind hier sicher vor allem die Zauberworte, von denen uns einige bekannt vorkommen. Dass zum Beispiel der Engel[37] Michael zusammen mit der ägyptischen Gottheit Osiris erwähnt wird, mag verwunderlich wirken. Solche Vermischung von Figuren aus verschiedenen Religionen ist in den antiken Zaubersprüchen allerdings keine Seltenheit: Der Synkretismus verschiedener Religionen macht eben auch vor Zaubersprüchen nicht Halt. Es mag sogar als Garantie für die Wir-

---

[37] Zu Engelnamen in Zauberpapyri vgl. auch T.J. Kraus, Angels in the Magical Papyri. The Classic Example of Michael, the Archangel, in: F.V. Reiterer/T. Nicklas/K. Schöpflin (Hg.), Angels. The Concept of Celestial Beings – Origins, Development and Reception, Deuterocanonical and Cognate Literature Yearbook 2007, Berlin/New York, 2007, 611–627.

kung eines Zauberspruches gegolten haben, wenn darin verschiedene „Autoritäten" angerufen werden.

Die anderen Worte bleiben leider oft unverständlich. Es gibt bei einigen solcher Zauberworte Erklärungsversuche, jedoch sind die Möglichkeiten einer Identifizierung nicht immer einwandfrei. Der Versuch, hier etwas mit Etymologie erklären zu wollen, stellt sich leider allzu oft eher als „Ety-Mogelei"[38] heraus. Ein vielleicht ehemals vorhandener Sinn hinter diesen Worten, den es einmal gegeben haben kann, ist dem Zaubernden selbst jedenfalls oft nicht mehr zugänglich, falls überhaupt ein Sinn hinter solchen Worten vermutet werden darf. Zauberworten ohne erkennbaren Sinn begegnen wir in solchen Zaubersprüchen häufig, wie auch im Zauberspruch um „Beim Würfeln zu gewinnen" (PGM VII, 423–428):

> „Therthenithōr Dyagōthere Therthenithōr Syapothereuo Kōdochōr,
> lass mich beim Würfeln gewinnen, Herrscher Adriel. In die (würfelnde) Hand sprich: Nicht einer (der Mitspieler) soll mir gewachsen sein; denn ich bin Therthenithōr und werfe, was ich will. Und sprich das dauernd, und du wirst glücklich. Sonst kannst du auch sagen: Keiner von denen, die hier mit mir spielen, soll mir gewachsen sein, und ich soll werfen, was ich will."

Hier sind nicht nur die Zauberworte in ihrer Bedeutung unklar, es ist ebenso mysteriös, wer „Adriel" ist. Es könnte ein uns unbekannter Engel gemeint sein. Verschiedene Engelsnamen begegnen uns dann beispielsweise in einem Unterwerfungszauber, dem „Unterwerfungsmittel des Apollon" (PGM X, 38–51). Es heißt dort:

> „Nimm eine bleierne Tafel von einem Maultiergespann, schreib die untenstehenden Namen auf und leg die Zunge eines Frosches hinein. Sprich, wenn das Blatt mit der Froschzunge in deine rechte Sandale gelegt wird: Wie diese heiligen Namen getreten werden, ebenso sei auch der NN, der Bedränger, niedergehalten."

---

[38] Vgl. hierzu H.J. Thissen, Etymogeleien, in: Zeitschrift für Papyrologie und Epigraphik 73 (1988), 303–305.

Unter dem Zauber sind dann diverse Zauberworte angegeben, die zum größten Teil keinen Sinn ergeben, es sind ferner aber auch die Namen von Engeln (Michael, Raphael und Gabriel) enthalten und sogar die hebräische Gottesbezeichnung „Adonai".[39]

Nicht nur ägyptische, griechische oder römische Gottheiten und sogar die hebräischen Gottesbezeichnungen Jahwe und Adonai haben Eingang in Zaubertexte gefunden.[40] Im so genannten „Exorzismus nach Pibechis" (PGM IV, 3007–3086) begegnen wir einer weiteren Person, die wir wohl nicht unbedingt erwartet hätten: Um einen Patienten vom Befall durch einen Dämon zu befreien, soll der Zaubernde zuerst ein Amulett bauen, bei dessen Herstellung wieder diverse Zauberworte zu sprechen sind, und es dem Geplagten umhängen. Danach soll der Dämon ausgetrieben werden im Namen von einem gewissen *„Jesus, dem Gott der Hebräer"*.[41] In seinem Wortlaut scheint dieser Text überarbeitet worden zu sein, denn „dem Gott der Hebräer" werden anschließend diverse Taten nachgesagt, wie zum Beispiel die Erschaffung der Welt, das Erscheinen im Feuer oder die Rettung der Israeliten aus ägyptischer Knechtschaft. Der Exorzismus dürfte jüdischen Ursprungs sein, und der Gottesname wurde von einem späteren, möglicherweise christlichen Benutzer umgearbeitet in den Namen Jesu.

Verblüffend ist – neben der Vielzahl angerufener Gottheiten – sicherlich auch die Menge an Substanzen, die man teilweise bei der Zauberei verwen-

---

[39] Unter dem Zauberspruch befindet sich zudem noch die Illustration eines Fußes. Vgl. dazu Betz, The Greek Magical Papyri in Translation, 150.

[40] Vgl. A. Mastrocinque, From Jewish Magic to Gnosticism, STAJ 24, Tübingen 2005, 58–60.

[41] Siehe hierzu R. Merkelbach (Hg.), Abrasax. Ausgewählte Papyri religiösen und magischen Inhalts. Exorzismen und jüdisch/christlich beeinflusste Texte, Papyrologica Coloniensia XVII.4, Kleve 1996, 29–44.

det hat, was in einem Zauberspruch gegen Empfängnis[42] (PGM XXXVI, 320–332) noch mal besonders deutlich wird:

> „Mittel gegen Empfängnis, das einzige (mit Wirkung) in der Welt. Nimm Kichererbsen, beliebig viele, entsprechend der Anzahl der Jahre, damit du solang unempfänglich bleibst, feuchte sie an im Monatsfluss eines menstruierenden Weibes; feuchte sie an in ihrer Scham. Und nimm einen lebenden Frosch, tu ihm die Erbsen ins Maul, damit er sie verschluckt, und lass den Frosch lebendig dahin weg, woher du ihn nahmst. Dann nimm Bilsenkrautsamen, feuchte ihn an mit Stutenmilch, nimm Schleim einer Kuh, tu ihn mit Gerste in Hirschhaut, und bind es von außen her mit Eselshaut, und häng es um, wenn der Mond abnehmend in einem weiblichen Zeichen steht, am Tage des Kronos oder Hermes. Menge zu den Gerstenkörnern auch Schmutz vom Ohr einer Mauleselin."

In einer kleinen Sammlung von Zaubersprüchen aus Ägypten, die aus dem 10. oder 11. Jahrhundert stammt, sehen wir hingegen, dass man auch mit erfreulich wenig Mitteln effektiv „zaubern" kann:

> „(Mittel,) ‚Einer Frau ein faltiges Gesicht zu machen':
> Nimm Affenkot und Rosenöl, reibe [ihr] Gesicht [damit] ein."[43]

Um die vielfältigen Ziele, die man mit Magie in solchen Sprüchen erreichen wollte, noch weiter zu demonstrieren, sei hier noch ein lateinischer Zauberspruch aus dem 4./5. Jahrhundert erwähnt, der uns von Marcellus in seinem Buch *De medicamentis* überliefert wurde:

> „Am 13. Tage nach Neumond, zur 9. Stunde, bevor noch die Blätter des Maulbeerbaumes hervorgekommen oder aufgebrochen sind, nimmst du mit dem Ringfinger und dem Daumen der linken Hand drei Knospen und sprichst in jeder von diesen die Worte: ABSI ABSA PHEREOS; danach tust du sie in galatische rote Farbe, bindest sie mittels eines purpurroten Leinenfadens mit einer purpurfarbenen Purpurschnecke zusammen und sagst: ‚Hämorrhoide, ich nehme dich gänzlich von hier fort, ABSIS

---

[42] Vgl. für die verschiedenen Substanzen und deren Bedeutung auch S. Michel, Die Magischen Gemmen. Zu Bildern und Zauberformeln auf geschnittenen Steinen der Antike und Neuzeit, Studien aus dem Warburg-Haus 7, Berlin 2004, 181.

[43] Der Text ist entnommen aus H.-W. Fischer-Elfert, Altägyptische Zaubersprüche, Stuttgart 2005, 126–129.

PAPHAR.' Der zu Heilende ist nackt mit diesem vorn angehängten Amulett zu gürten."[44]

Wenn nun auch nur auf einige wenige Beispiele eingegangen werden konnte, so sollte dennoch deutlich geworden sein, dass man für diese alten Zaubersprüche nur schwerlich eine einheitliche Struktur annehmen kann. Alleine die Ziele, die man mit ihrer Hilfe erreichen wollte, sind zahllos: Es konnte eben darum gehen, sich gesund zaubern zu wollen (und so etwa Hämorrhoiden zu entfernen), aber ebenso wollte man andere Menschen krank werden lassen. Man versuchte selbst, im Glücksspiel unbesiegbar zu werden oder andere zu verfluchen, dass sie eben nicht gewännen. Mit Liebeszaubern trachtete man danach, sich andere Menschen gefügig zu machen, aber ebenso konnte es ein Anliegen sein, andere unattraktiv zu machen oder anderweitig aus dem Wege zu räumen. Auch um Schutz vor Dämonen oder anderen Gefahren bemühte man sich mit solchen magischen Mitteln.[45] Der menschlichen Fantasie sind hier scheinbar keine Grenzen gesetzt – es gibt eigentlich nichts, was man mit solchen Zaubersprüchen nicht versucht hat bzw. auch heute noch versucht.[46]

Elementarer Bestandteil bei diesen Versuchen ist sicherlich nicht nur die Anrufung höherer Wesen, etwa Götter, Engel oder mitunter sogar Dämonen. Auch die Verwendung von gewissen Substanzen und als magisch empfundenen Worten ist oft essentiell. Häufig wird dabei in Hinsicht auf Substanzen mit Analogien gearbeitet, d.h. die verwendeten materiellen Mittel stehen in einem gewissen Zusammenhang mit dem Zauber, der gewirkt

---

[44] Siehe Önnerfors, Antike Zaubersprüche, 32–33.
[45] Zu einer thematischen Zusammenstellung von Zaubersprüchen der Antike siehe ferner J.G. Gager, Curse Tablets and Binding Spells from the Ancient World, New York/Oxford 1992.
[46] So werden in einigen afrikanischen Ländern Magie und Hexerei dazu eingesetzt, um zu versuchen, Fußballspiele zu beeinflussen. Vgl. dazu O.G. Becker, Voodoo im Strafraum. Fußball und Magie in Afrika, Beck'sche Reihe 1673, München 2010, 55–190.

werden soll. Entsprechend soll es dann etwa – analog zur Substanz – auch dem Verzauberten ergehen: Er soll beispielsweise – wie eben beim „Unterwerfungsmittel des Apollon" gesehen – niedergehalten werden, wie auf Papier geschriebene Namen in einer Sandale. Eine Wirksamkeit der Zaubersprüche soll natürlich auch mit den erwähnten „magischen Worten" erzielt werden, wobei die Bedeutung dieser Worte nur selten erklärbar ist, falls es überhaupt je eine Bedeutung solcher Worte gegeben hat. Tradiert werden die Zauber und Zauberworte dennoch, und zwar mit der Prämisse, dass diese Formeln ja „schon immer" wirkmächtig waren. Und das ist selbst dann der Fall, wenn der Zaubernde selbst nichts mehr versteht. Dass magische Formeln quasi unreflektiert benutzt werden, ist häufig belegbar, so beispielsweise auch auf einem mittelalterlichen skandinavischen Bleistreifen,[47] der wohl eine gewisse (nicht näher definierte) Schutzwirkung haben sollte. Dort heißt es:

+ aaa · þþþþþ þþþþ ... aaaaa + agla + mikael · gabr
iel · rafael + raguel + omnes angeli æþar
kangeli + pantaseron + gunlaug + pna

Der Träger dieses Plättchens, wohl ein gewisser „Gunlaugr", soll demnach geschützt sein durch Michael, Gabriel, Raphael, Raguel und alle Engel und Erzengel.[48] Daneben werden formelhafte Elemente hier eingearbeitet, die aus unterschiedlichen Sprachen kommen: Der Text ist eine Mischung skandinavischer (altnordischer) und lateinischer Elemente. Hinzu kommt das griechisch anmutende Wort *pantaseron*, was vermutlich „all-liebend" bedeuten

---

[47] Der Text ist als *Florida lead strip* bei J. McKinnel/R. Simek (Hg.), Runes, Magic and Religion. A Sourcebook, SMS 10, Wien 2004, 157 abgedruckt.
[48] Eine Parallele zu diesem Fund hinsichtlich einer erhofften apotropäischen Wirkung könnte das silberne Scheidenmundblech von Eichstetten aus der 2. Hälfte des 6. Jahrhunderts darstellen: Auf dem oberen Stück der Schwertscheide sind Runen eingelassen, die dem Träger eventuell Schutz geben sollen durch die Asen (Wotan) und Jesus. Die Deutung dieser Runen als „Ansuz – Jesus, Schutz, wie vortrefflich" ist jedoch sehr unsicher. Vgl. hierzu auch Th. Birkmann/M. Dieke, Runen in Südbaden, Freiburg i.Br. 2005, 19–20.

soll. Auffällig sind dann noch die Formeln „AGLA" und „PNA": Letzteres ist eine Abkürzung von „*pater noster amen*", also eine Formulierung des Vaterunsers, während der Ausdruck „Agla" vielleicht sogar eine Abkürzung des hebräischen *ʾattāh gibbôr ləʿôlām ʾăḏōnāy* darstellt, also sinngemäß „du Gott bist auf ewig mächtig".[49] Dass im Mittelalter ein skandinavischer Schreiber dieses Gemisch aus Formeln und Sprachen gänzlich verstanden hat, darf sicherlich hinterfragt werden. Wir müssen vermuten, dass die formelhaften Elemente als traditionelle Floskeln eingeflossen sind.

Wenn wir also feststellen konnten, dass es in dieser Zauberliteratur und in Zaubersprüchen auch sehr auf formelhafte Wendungen und auch auf den Gebrauch der „richtigen Worte" und Substanzen ankommt, fragen wir uns nun, ob diese Worte und Praxis des Zauberns uns auch außerhalb solcher „magischen Texte" überliefert sind.

2. Die Wendung: Vom „Verschwinden" der Magie

Um es ohne Umschweife zu sagen: Magische Formeln und Zaubersprüche finden wir in Erzähltexten – zumindest in alten Texten der Antike und des Mittelalters – nicht. Auch die detaillierte Darstellung vom Tun eines Zauberers oder einer Hexe begegnet uns auffällig selten. Ursächlich ist hierfür sicherlich eine grundsätzliche Skepsis gegenüber Magie und Zauberei. Dass man Zauberei als etwas Schädliches angesehen hat, ist nicht erst in biblischen Texten zu beobachten. So sind beispielsweise Gesetze gegen Zauberei bereits im Codex Hammurapi (aus dem 18. Jahrhundert vor Christus) verankert (§2). Auch in den mittelassyrischen Gesetzen (aus dem 11. Jahrhundert vor Christus) ist das Ausüben von Zauberei untersagt (§47).[50] Im römischen

---

[49] Vgl. zu dieser Möglichkeit McKinnel/Simek, Runes, Magic and Religion, 155.
[50] Siehe zu Codex Hammurapi und den mittelassyrischen Gesetzen O. Kaiser (Hg.), Rechts- und Wirtschaftsurkunden. Historisch-chronologische Texte, TUAT 1, Gütersloh

12-Tafelgesetz[51] (aus dem 5. Jahrhundert vor Christus) wird Zauberei abgelehnt und Schadenszauber sogar mit der Todesstrafe belegt.[52] Auch später unter dem Herrscher Diokletian (284–305) sollten Schadenszauberer lebendig verbrannt werden.[53]

Für das, was dem, der auch nur vermeintlich Magie betreibt, geschieht, finden wir in antiker Literatur zahlreiche abschreckende Beispiele. Hier sei allein auf die Prozesse hingewiesen, die gegen Apuleius und Cresimus geführt werden.[54] Zwar enden die Prozesse beider Angeklagter in einem Freispruch, wie von Apuleius (in *De Magia*)[55] bzw. Plinius (in *Historia Naturalis* 18,41–43) berichtet wird, jedoch dürfte es damalige Leser schon beeindruckt haben, dass zwei positiv bewertete Figuren mit dem Vorwurf der Magieausübung angeklagt wurden.

Doch natürlich haben biblische Darstellungen und vor allem die Interpretation dieser Texte aus dem Alten und Neuen Testament eine skeptische Haltung gegenüber der Zauberei sicherlich gefördert. Denn Hinweise auf eine ablehnende Haltung zu Magie und Zauberei finden wir dort reichlich. Jedoch müssen wir uns vergegenwärtigen, dass in biblischen Texten Magie aus einer bestimmten Binnenperspektive heraus abgelehnt wird. Mit anderen

---

1982–1985. Vgl. auch M.-L.Thomsen, Zauberdiagnose und Schwarze Magie in Mesopotamien, CNI Publikations 2, Kopenhagen 1987.

[51] Siehe zum Text D. Flach, Das Zwölftafelgesetz. Leges XII Tabularum, Darmstadt 2004.

[52] Zu juristischen Vorbehalten gegenüber der Magie in griechisch-römischen Texten vgl. auch Collins, Magic in the Ancient Greek World, 132–165 und Graf, Gottesnähe und Schadenszauber, 41–57.

[53] Berichte über Magier, Zauberer und Hexen lassen sich in römischen Texten dennoch häufig finden, vgl. dazu etwa die zahlreichen Beispiele bei D. Ogden (Hg.), Magic, Witchcraft and Ghosts in the Greek and Roman Worlds. A Sourcebook, Oxford 2002 und G. Luck, Hexen und Zauberei in der römischen Dichtung, Zürich 1962.

[54] Vgl. auch Graf, Gottesnähe und Schadenszauber, 58–82.

[55] Vgl. dazu auch J. Rüpke, Die Religion der Römer. Eine Einführung, München ²2006, 169–170.

Worten: Es werden bestimmte Praktiken als „Magie und Zauberei" dargestellt, ohne dass das, was im Einzelnen angegriffen wird, objektiv Magie sein muss. Problematisch ist ferner auch die Tatsache, dass wir als Ausleger solcher Literatur immer geneigt sind, Magie oder Zauberei etisch zu bestimmen. Wir übertragen also unsere eigenen synonymisierten Vorstellungen von Magie auf alte Texte, die eine höchst eigene Interpretation von dem aufweisen, was wir nun leichtfertig als „magisch" umschreiben.

Als Musterbeispiel dafür, dass Magie und Zauberei abzulehnen sind, gilt eine Passage aus dem Alten Testament, nämlich Ex 22,17: „Eine Zauberin sollst du nicht leben lassen!" Es wird hier also Zaubern als Fehlverhalten (vielleicht in Form von Schadenszauber) und als sozial unverträglich gedeutet. Die Interpretation dieses Verses ist daher auch zu Zeiten der Hexenjagd entsprechend relevant gewesen. Diese Aussage ist viel diskutiert worden, und hier sei nur so viel gesagt, dass der Vers sicherlich nicht das aussagen soll, was man zu Zeiten der Hexenverfolgung daraus gemacht hat.[56]

Eine Ablehnung des Ausübens von Zauberei ist auch in Dtn 18,9–11 zu sehen. Dort wird besonders die Rolle des gottgesandten Propheten hervorgehoben – ihm darf man vertrauen; dem, der Wahrsagerei, Mantik oder Nekromantie betreibt, hingegen nicht. Betont wird also für den Propheten ein positives Verhältnis zu Gott. Demgegenüber ist der, der Zauberei und Divination betreibt, nicht als Prophet anzuerkennen.[57]

---

[56] Vgl. auch Jost, Zauberei und Gottesmacht, 11–32; R. Decker, Hexenjagd in Deutschland, 14–15; R. Voltmer, Hexen. Was stimmt? Die wichtigsten Antworten, Freiburg i.Br. u.a. 2008, 52–53. Zu Martin Luthers Deutung dieses Verses siehe v.a. J. Haustein, Martin Luthers Stellung zum Zauber- und Hexenwesen, MKS 2, Stuttgart u.a. 1990, 123–126.
[57] Vgl. zur Bedeutung von Dtn 18,9–11 besonders G. Bohak, Ancient Jewish Magic. A History, Cambridge 2008, 14–15 und P. Schäfer, Magic and Religion in Ancient Judaism, in: Ders./H.G. Kippenberg (Hg.), Envisioning Magic. A Princeton Seminar and Symposium, SHR 75, Leiden u.a. 1997, 19–43; hier: 27–28. Siehe ferner A. Jeffers, Magic From Before the Dawn of Time. Understanding Magic in the Old Testament. A Shift in Paradigm (Deuteronomy 18:9–14 and Beyond), in: M. Labahn/B.J.L. Peerbolte (Hg.), A Kind of Magic.

Zauberspruch und Scharlatan

Auch in Ex 7–9 wird Zauberei abgelehnt. Hier sollen sich ägyptische Zauberer im Auftrag des Pharao den Protagonisten der Erzählung, Moses und Aaron, entgegenstellen, die diverse Plagen über Ägypten heraufbeschwören. Dabei sind Moses und Aaron ihrerseits durch Gott bevollmächtigt, und entsprechend ist ihre Macht größer als die der ägyptischen Zauberkundigen. Dies wird bereits in Ex 7,10–12 deutlich, denn zwar können die Zauberer genau wie Moses und Aaron ihre Stäbe in „Schlangen" verwandeln, aber die „Schlange" aus Aarons Stab vermag es, die Stäbe der Zauberer zu verschlingen. Und auch wenn die Zauberer einige Plagen imitieren können (Verwandlung von Wasser in Blut in Ex 7,22 und das Herbeirufen von Fröschen in Ex 8,3), so bleiben sie dennoch deutlich unterlegen: Mücken können sie als Plage nicht hervorbringen (Ex 8,14), und von den Blattern werden sie selbst geschlagen (Ex 9,11) und können dem Pharao anschließend nicht mehr zu Diensten sein.[58] Es ist auffällig, dass die ägyptischen Zauberer mehrmals das Gleiche hervorbringen können, wie Moses und Aaron, und dies mit den gleichen Mitteln, wobei sie zweimal sogar einen ähnlichen Erfolg erzielen. Letztlich sind sie aber unterlegen. Durch diesen Handlungsverlauf wird verdeutlicht, dass – obwohl Zauberei und Wundertätigkeit scheinbar Analogien aufweisen können – der gravierende Unterschied in der Legitimation der Ausführenden besteht:[59] Auch wenn Moses und Aaron das

---

Understanding Magic in the New Testament and its Religious Environment, Library of New Testament Studies 306, London 2007, 123–132.

[58] Vgl. hierzu auch weiter M. Bauks, Das Dämonische im Menschen. Einige Anmerkungen zur priesterschriftlichen Theologie (Ex 7–14), in: A. Lange/H. Lichtenberger/ K.F.D. Römheld (Hg.), Die Dämonen. Die Dämonologie der israelisch-jüdischen und frühchristlichen Literatur im Kontext ihrer Umwelt [Demons. The Demonology of Israelite-Jewish and Early Christian Literature in Context of their Environment], Tübingen 2003, 239–253, besonders 247–250.

[59] Jedenfalls erlaubt die Endgestalt des Textes, die dann in späteren Texten interpretiert wird, eine solche Analyse, wenngleich literarkritische Beobachtungen darauf hindeuten, dass Gott alle aufgeführten Wunder zulässt, um sich durch seine Bevollmächtigten als wahren

Gleiche bewirken wie die Zauberer, so sind sie doch durch Gott dazu bevollmächtigt worden. Somit scheint ihr Handeln, wenngleich es ähnliche Züge trägt wie die Handlungen der Zauberer, ein akzeptables Tun darzustellen.

Einer dieser ägyptischen Zauberer begegnet uns übrigens sowohl in neutestamentlicher als auch in frühjüdischer Literatur erneut. In 2Tim 3,8 werden zwei Personen namens Jannes und Jambres erwähnt, die dem Moses widerstanden hätten. Wer diese beiden Personen genau sind, erfahren wir aus der frühjüdischen Schrift *Jannes und Jambres*: Der Text ist leider nur sehr fragementarisch erhalten, er ist aber in zahlreichen jüdischen und christlichen Texten in einer Vielzahl von Anspielungen und Zitaten bezeugt.[60] Es scheint also angesichts dieser breiten Bezeugung beinahe so, als wären Jannes und Jambres zu Paradigmen geworden, was diejenigen, die Magie betreiben (und sich Gottes Vertretern in den Weg stellen) zu erwarten haben. Denn die Erzählung schildert weitere Ereignisse um die Magier Jannes und Jambres, die im biblischen Bericht nicht zu finden sind. Jannes wird, als er im Auftrag des Pharao Recherchen betreibt, von zwei weiß gekleideten Gestalten angesprochen, die ihm im Auftrag des „Herrn der Erde und des Aufsehers des Universums"[61] mitteilen, er solle in den Hades verbracht wer-

---

Herrscher über alle Kreatur zu erweisen. Vgl. dazu weiter R. Schmitt, Magie im Alten Testament, AOAT 313, Münster 2004, 97–100.

[60] Anspielungen auf Jannes und Jambres sind etwa bei Plinius (*Hist.Nat.* 30.2.11), Apuleius (*Apologia* 90), in Qumrantexten (CD 5,15), im Testament Salomos (TestSal 25,4) und diversen rabbinischen Texten oder bei Kirchenvätern (Origenes, *Contra Celsum* 4.51) zu finden. Siehe hierzu ferner M. Öhler, Jesus in Ägypten, in: W. Pratscher/M. Öhler/M. Lang (Hg.), Das ägyptische Christentum im 2. Jahrhundert, SNTU (N.F.) 6, Wien/Münster 2008, 59–79; hier: 76–77. Vgl. zur fragmentarischen Überlieferung und den Traditionen in anderen Texten A. Pietersma, The Apocryphon of Jannes and Jambres the Magicians, P. Chester Beatty XVI (with New Edition of Papyrus Vindobonensis Greek inv. 29456 + 29828 verso and British Library Cotton Tiberius B. v f. 87), edited with Introduction, Translation and Commentary with full Facsimile of all Three Texts, RGRW 119, Leiden u.a. 1994, passim, besonders 24–42. Vgl. auch Bohak, Ancient Jewish Magic, 136–137.

[61] So in der Fassung von Chest. Beatty 25a.

den. Jannes bekommt allerdings noch einen Aufschub von 14 Tagen. Er gibt daraufhin seinem Bruder Jambres ein (magisches?) Buch und warnt ihn davor, an der anstehenden Kampagne gegen die Hebräer teilzunehmen. Danach kommt es – der biblischen Vorlage aus dem Exodusbuch zum Teil folgend – zu dem Kampf zwischen Jannes und Moses und „seinem Bruder", bei dem Jannes die Wundertaten des Moses nachahmen kann, aber die Vollmacht Gottes, die seinem Gegner innewohnt, doch anerkennen muss. Der Fall des Jannes erfolgt dann durch ein Geschwür (vgl. Ex 9,11). Nach dessen Beisetzung – hier muss der Inhalt dieser Schrift sehr rekonstruiert werden – nimmt Jambres das Buch, das ihm sein Bruder zuvor gegeben hat, und wirkt (vermutlich mit Hilfe eben dieses Buches) einen nekromantischen Zauber, so dass der Geist seines Bruders Jannes ihm erscheint und ihn eindringlich davor warnt, den gleichen Weg einzuschlagen wie er selbst. Denn der Umgang mit Götzen und Götzenverehrern führe unweigerlich zu einem Ende wie seinem eigenen, wobei er die Schrecken der Hölle, in der er nun ist, genau beschreibt.

Der Sinn, die biblische Vorlage an dieser Stelle so auszugestalten, besteht offensichtlich darin, vor Zauberei und Magie eindringlich zu warnen, denn diese Form der Tätigkeit wird in einen unmittelbaren Zusammenhang mit Götzendienst gestellt. Doch auch durch die anderen narrativen Elemente sollte ein Leser dieses Textes sicher schon von Zauberpraktiken abgehalten werden, denn das unrühmliche Ende des Jannes alleine ist schon mahnendes Beispiel, hinzu kommt noch, dass das Betreiben von Zauberei mit einer Strafe in der Hölle von Gott geahndet wird. Vor dem Gebrauch von Magie und Zauberei wird hier also deutlich gewarnt.

Fraglich bleibt, warum so kontinuierlich vor Magie gewarnt werden muss. Doch rufen wir uns die Vielzahl an christlichen und jüdischen Belegen dafür in Erinnerung, dass man auch in diesen Gruppen Magie ausgeübt hat, so scheint die große Anzahl an Warnungen doch eher angemessen.

Auch in weiteren Texten des Neuen Testaments wird Magie negativ beurteilt. Zum einen ist dies darauf zurückzuführen, dass sich neutestamentliche Autoren dem Alten Testament und somit auch dessen ablehnender Haltung verpflichtet sahen. Zum anderen galt es wohl auch, Jesus als Wundertäter von Magiern deutlich zu unterscheiden. Deutliche Hinweise für eine eher negative Einstellung zur Magie liefert uns besonders Lukas: In Act 8,4–25 berichtet er von der Begegnung des Apostels Philippus, der bei der Missionierung Samarias dem Magier Simon begegnet. Dieser hat zuvor das Volk mit seiner Magie beeindruckt, doch die großen Taten, die Philippus mit dem Geist Gottes bewirken kann, imponieren ihm so sehr, dass er sich sogar taufen lässt. Später versucht er, Philippus die Gabe abzukaufen, den Heiligen Geist per Handauflegen weiterzugeben. Philippus droht daraufhin Simon, da diese Gabe Gottes eben nicht käuflich sei. Dass die geistgewirkten Tätigkeiten der Apostel mächtiger als Magie sind, scheint also deutlich.[62]

Über das weitere Schicksal des anschließend reuigen Simon erfahren wir übrigens an dieser Stelle nichts. Doch spätere christliche Schriftsteller haben diesen Simon Magus als „den Magier schlechthin" angesehen und weitere Geschichten über ihn verfasst. So wird Simon in den apokryphen *Petrusakten* (aus dem 2. Jahrhundert) erneut zum Gegner der Apostel: In dieser Erzählung trifft er in Rom auf Petrus, und es kommt zu einem regelrechten Wettkampf zwischen Simon und Petrus, bei dem Simon Wunder mit Magie bewirkt, während Petrus durch Gebete Wunder bewirkt. Als sich schließlich Simon mit Zauberei in die Luft erhebt, lässt Petrus diesen durch ein Gebet

---

[62] Vgl. P. Roosimaa, Magier im Neuen Testament, in: Th.R. Kämmerer (Hg.), Studien zu Ritual und Sozialgeschichte im Alten Orient (Studies on Ritual and Society in the Ancient Near East), Tartuer Symposien 1998–2004, BZAW 374, Berlin/New York 2007, 315–323; hier: 317–320. Vgl. zur Darstellung des Simon auch J.D.M. Derrett, Simon Magus (Act 8,9–24), in: ZNW 73 (1982), 52–68.

abstürzen.⁶³ Diese Erzählung war unter Christen wohl besonders beliebt, sie findet sich auch in einer späteren Sammlung von christlichen Legenden, der sogenannten *Legenda Aurea*. Auch in den so genannten *Pseudo-Klementinen* (aus dem 4. Jahrhundert) wird von einem Aufeinandertreffen von Simon und Petrus begegnet: Hier ist Simon ein zaubernder Gnostiker, der von Petrus vor allem argumentativ geschlagen wird und schließlich flieht. Auch bei verschiedenen Kirchenvätern wie Justin (*Apologia* 1,26), Irenäus von Lyon (*Haer.* 1,23,1–4) oder Hippolyt von Rom (*Refutatio* 6,18,2–4)⁶⁴ wird der Magier Simon zum Begründer der Gnosis, zum Häretiker und Erzschurken erklärt.

Doch zurück zur lukanischen Darstellung, in der noch Weiteres zur Magie berichtet wird: In Act 13,4–12 trifft Paulus auf der Insel Zypern den jüdischen Magier Barjesus, der ihn von einer Missionierung des Statthalters Sergius Paulus abhalten will. Doch durch göttlichen Beistand ist Paulus mächtiger als der Magier, der zur Strafe für die antimissionarische Tätigkeit von Paulus geblendet wird.

Der völlige Triumph des Glaubens über die Magie kommt dann in Act 19,13–20 zum Ausdruck. Dort berichtet Lukas von jüdischen Beschwörern aus Ephesus, die mit dem Namen Jesu einen bösen Geist exorzieren wollen. Der böse Geist aber erkennt die pure Verwendung des Namens nicht an, und der Besessene stürzt sich auf die Beschwörer, bis sie nackt und verwundet aus dem Haus fliehen. Daraufhin wird von allen Bewohnern von Ephesus der Name Jesu gelobt, und diejenigen, die Zauberei betrieben hatten, brach-

---

⁶³ Siehe hierzu auch G.P. Luttikhuisen, Simon Magus as a Narrative Figure in the Acts of Peter, in: J.N. Bremmer (Hg.), The Apocryphal Acts of Peter. Magic, Miracles and Gnosticism. Studies in the Apocryphal Acts of the Apostles 3, Leuven 1998, 39–51 und T. Adamik, The Image of Simon Magus in the Christian Tradition, in: Bremmer (Hg.), The Apocryphal Acts of Peter, 52–64.

⁶⁴ Siehe Adamik, The Image of Simon Magus in the Christian Tradition, 58–61 und G. Lüdemann, Untersuchungen zur simonianischen Gnosis, GTA 1, Göttingen 1975, 57–62.

ten ihre Zauberbücher zusammen und verbrannten sie, und das Wort Gottes breitete sich aus. Durch diese Darstellung macht Lukas also endgültig deutlich, dass Magie als solche abzulehnen ist.[65] Doch der Vollständigkeit halber muss auch erwähnt werden, dass Magie nicht überall abgelehnt wird: Im Matthäusevangelium etwa kommen bei der Geburt Jesu auch Magier hinzu, um das Jesuskind zu verehren. Wenn hier überhaupt eine Wertung der Magier stattfindet, dann ist diese nicht negativ gehalten.[66]

Eine latent positivere Wertung von Magie im weiteren Sinne ist dann noch im frühjüdischen Tobitbuch festzuhalten: Dort hilft der Engel Raphael Menschen, aus Fischgalle Heilmittel (φαρμακεία) für eine Augenkrankheit

---

[65] Vgl. auch H.-J. Klauck, Magie und Heidentum in der Apostelgeschichte des Lukas, SBS 167, Stuttgart 1996; S.E. Porter, Magic in the Book of Acts, in: Labahn/Peerbolte (Hg.), A Kind of Magic, 107–121; hier: 115–120 und O. Wischmeyer, Gottesglaube, Religionen und Monotheismus in der Apostelgeschichte, in: W. Popkes/R. Brucker (Hg.), Ein Gott und Herr, BThSt 68, Neukirchen-Vluyn 2004, 9–40; hier: 21–24. Auch in anderen neutestamentlichen Texten wird Magie zumeist abgelehnt. Vgl. zur Darstellung von „Magie" im Neuen Testament auch P. Busch, Magie in neutestamentlicher Zeit, FRLANT 218, Göttingen 2006; M. Aubin, Beobachtungen zur Magie im Neuen Testament, in: ZNT 7 (2001), 16–24; M. Becker, Μάγοι – Astrologers, Ecstatics, Deceitful Prophets. New Testament Understanding in Jewish and Pagan Context, in: Labahn/Peerbolte (Hg.), A Kind of Magic, 87–106 und B. Kollmann, Jesus und die Christen als Wundertäter. Studien zu Magie, Medizin und Schamanismus in Antike und Christentum, FRLANT 170, Göttingen 1996. Eine ablehnende Haltung gegenüber Magie spiegelt sich auch in Aufzählungen von Lastern wie im Galaterbrief (Gal 5,20, vgl. etwa R.N. Longenecker, Galatians, WBC 41, Nashville 1990, 255) oder der Johannesoffenbarung (Apk 9,21 und 21,8, vgl. zur Darstellung von „Magie" in der Johannesoffenbarung auch D.E. Aune, The Apocalypse of John and Graeco-Roman Revelatory Magic, in: Ders. [Hg.], Apocalypticism, Prophecy and Magic in Early Christianity, 347–367; Ders., Revelation 1–5, WBC 52A, Dallas 1997, 190–191; Ders., Revelation 6–16, WBC 52B, Nashville 1998, 544–545; Ders., Revelation 17–22, WBC 52C, Nashville 1998, 1132; R.L. Thomas, Magical Motifs in the Book of Revelation, Library of New Testament Studies 416, London/New York 2010, und M.R. Hoffmann, The Destroyer and the Lamb. The Relationship between Angelomorphic and Lamb Christology in the Book of Revelation, WUNT 2.203, Tübingen 2005, 129–132) wider.

[66] Siehe hierzu auch Th. Holtmann, Die Magier vom Osten und der Stern: Mt 2, 1–12 im Kontext frühchristlicher Traditionen, MTS 97, Marburg 2005. Siehe zur Interpretation dieses Abschnitts bei christlichen Autoren auch Haustein, Martin Luthers Stellung zum Zauber- und Hexenwesen, 69–74.

herzustellen. Ebenso zeigt der Engel, wie man aus der Fischleber ein Bannmittel gegen den Dämon Asmodäus gewinnt. Da das Wissen um die heilende Wirkung der Fischorgane bzw. deren dämonenabwehrende Wirkung von Gott durch den Engel Raphael vermittelt wird, ist dieses „Wissen" entsprechend positiv bewertet.[67] Eine ähnlich positive Beurteilung von exorzistischen Fähigkeiten begegnet dann auch im Testament Salomos, das christlichen Ursprungs sein dürfte. In diesem Text vermag es Salomon, mit göttlicher Hilfe Dämonen zu bannen und sie dann zu zwingen, den Jerusalemer Tempel zu bauen.

Große Wirkung auf das Magiebild sollten dann aber auch zahlreiche christliche Theologen[68] entfalten. So entwirft beispielsweise Augustin in seiner Schrift *De Doctrina Christiana* eine Magietheorie: Wer Magie betreibt, versucht unmögliche Dinge, die man nur mit Hilfe des Teufels erreichen kann. Somit wird das Betreiben von Magie – wenngleich diese nicht als reale Größe existieren muss – zu einem Instrument, das Erscheinen des Teufels hervorzurufen.[69] Schärfer noch formulierte dann Thomas von Aquin in der Schrift *Summa contra gentiles* seine Ansichten zu Magie und Hexerei: Magische Handlungen, Gegenstände oder Worte werden zu Hexentaten erklärt, die mit Hilfe des Teufels auch tatsächlich ausgeführt werden konnten.[70] Ausgehend von solchen negativen Ansichten zur Magie, seien sie religiös oder auch nur juristisch bedingt, sollte man erwarten können, dass Ma-

---

[67] Vgl. auch B. Kollmann, Göttliche Offenbarung magisch-pharmakologischer Heilkunst im Buch Tobit, in: ZAW 106 (1994), 289–299 und L.T. Stuckenbruck, The Book of Tobit and the Problem of ‚Magic', in: H. Lichtenberger/G.S. Oegema (Hg.), Jüdische Schriften in ihrem antik-jüdischen und urchristlichen Kontext, JSHRZ Studien 1, Gütersloh 2002, 258–269.

[68] Siehe z.B. die Aufstellung magischer Praktiken bei Irenäus von Lyon in *Haer.* 1,23,4. Vgl. dazu auch Busch, Magie in neutestamentlicher Zeit, 48–55. Vgl. ferner D. Sawicki, Magie, Fischer Wissen Kompakt 15568, Frankfurt a.M. 2003, 53.

[69] Vgl. dazu auch W. Behringer, Hexen. Glaube, Verfolgung, Vermarktung, Beck'sche Reihe 2082, München [4]2005, 24.

[70] Vgl. Behringer, Hexen. Glaube, Verfolgung, Vermarktung, 25.

gie also tatsächlich eher verschwindet. Doch wie bei dem eingangs erwähnten Zaubertrick ist das, was man „verschwinden lässt", natürlich nicht wirklich weg. Denn alleine die Menge an gefundenen Zaubersprüchen zeigt doch, dass Magie – trotz aller Verbote – weiter praktiziert wurde, und zwar in recht großem Umfang. Und Magie wurde dann sogar auch von Christen und Juden praktiziert. Hinweise darauf liefern alleine diverse Sammlungen von Zaubertexten, beispielsweise die *Merseburger Zaubersprüche*,[71] „Magische Bücher", die Instruktionen zum Zaubern geben wollten,[72] die Sammlung von „Sprüchen und Segen" bei Jacob Grimm[73] oder das jüdische *Sepher ha-Razim* (vermutlich im 4. oder 5. Jahrhundert nach Christus entstanden).[74]

In literarischen Texten werden Magier, Zauberer oder Hexen dann zwar noch erwähnt, sie nehmen aber meistens eine zwielichtige Rolle ein und sind entweder Bösewichte oder Betrüger und Scharlatane. Einige Beispiele dafür hatten wir ja bereits gesehen. Doch dies lässt sich auch weiter belegen. Vor den Gefahren von Magie warnt so beispielsweise Apuleius in seinen *Metamorphosen*: Hier wird der Protagonist Lucius durch eine Zaubersalbe in einen Esel verwandelt und muss vor seiner Rückverwandlung in einen Menschen allerlei Gefahren überstehen. Eine ähnliche Geschichte erzählt auch Lukian in seiner Fassung dieses Romans *Lukios* oder *Der Esel*. Deutlich

---

[71] Siehe dazu auch H. Bausinger, Formen der „Volkspoesie", Grundlagen der Germanistik 6, Berlin ²1980, 82–83; H.D. Schlosser, dtv-Atlas Deutsche Literatur, München ¹⁰2006, 37 und Harmening, Wörterbuch des Aberglaubens, 473–474.

[72] Vgl. hierzu Birkhan, Magie im Mittelalter, 103–114.

[73] Vgl. J. Grimm, Deutsche Mythologie. Vollständige Ausgabe, Wiesbaden 2007, 893–911 und 1180–1194. Siehe ferner Bausinger, Formen der „Volkspoesie", 79–83.

[74] Siehe hierzu B. Rebiger/P. Schäfer (Hg.), Sefer ha-Razim I und II. Band 2: Einleitung, Übersetzung und Kommentar, TSAJ 132, Tübingen 2009; P. Schäfer/S. Shaked (Hg.), Magische Texte aus der Kairoer Geniza. Bd. 1, TSAJ 42, Tübingen 1994; M. Morgolioth (Hg.), Sepher ha-Razim. A Newly Recovered Book of Magic from the Talmudic Period. Collected from Genizah Fragments and other Sources, Jerusalem 1966 (Hebräisch) und M.A. Morgan, Sepher Ha-Razim. The Book of Mysteries, SBL Texts and Translations 25, Pseudepigrapha Series 11, Chico 1983.

kritischere Worte findet Lukian dann in seinem Werk *Die Lügenfreunde* (Φιλοψευδής).[75] Der Protagonist Tychiades (wohl stellvertretend für Lukian selbst) nimmt an einem Gespräch teil, in dem sich andere Männer von angeblich wahren Zaubereien, Wunderheilungen, Exorzismen und Spukerscheinungen berichten. Nachdem argumentative Versuche scheitern, diese doch erwachsenen Männer zur Vernunft zu bringen, verlässt Tychiades angewidert den Gesprächskreis, da er nicht versteht, wie bei erwachsenen Menschen jegliche Form von logischem Denken fehlen kann.

Auch bei christlichen Autoren ist dann das Thema „Magie" – wenn es überhaupt erwähnt wird – meistens negativ dargestellt. Hier sei noch einmal auf die *Legenda Aurea* hingewiesen, die darstellt, wie Petrus den Magier Simon besiegt. Als Ausnahmeerscheinung ist noch die *Vita Apollonii* zu nennen, denn in dieser Darstellung Philostrats werden Leben und Wirken des Apollonius von Tyana gepriesen. Dieser wird dort allerdings auch nicht als Magier bezeichnet, im Gegenteil, diese Bezeichnung wird dort scheinbar geradezu peinlich gemieden. Dass diese quasi biographischen Beschreibungen des Apollonius inhaltlich häufig Analogien zum Leben Jesu aufweisen – denn auch Apollonius lehrte vor seinen Jüngern, wirkte Wunder und trieb böse Geister aus – rief bei einer Reihe christlicher Autoren massiven Widerstand hervor.[76] Ansonsten aber suchen wir nach Magie, zumal nach positiven Magiedarstellungen und Magiern als Protagonisten in literarischen Werken, lange Zeit vergebens.

---

[75] Zum Text siehe M. Ebner (Hg.), Lukian. Die Lügenfreunde oder: Der Ungläubige, SAPERE 3, Darmstadt ²2002.

[76] Eine Ablehnung von Apollonius sehen wir bereits bei Lukian (*Alexandros* oder *Der Lügenprophet*). Besonders heftige Reaktionen zeigen die Kirchenväter Eusebius von Caesarea und Laktanz.

3. Das Prestige:
„Magie und Zauberei" in neuerer Literatur

Es ist schwer möglich, einen genauen Zeitpunkt zu bestimmen, ab dem Magiedarstellungen in der Literatur wieder häufiger zu finden sind. Als literarische Figur, die als Magier beispielsweise früh genannt wird, ist hier die Figur des Merlin zu nennen, die uns ja vor allem aus verschiedenen Erzählungen um den berühmten englischen König Artus bekannt ist.

Zu finden ist Merlin allerdings nicht erst ab der berühmten Darstellung von Sir Thomas Mallory aus dem 15. Jahrhundert, sondern Merlin begegnet uns literarisch bereits ab der lateinisch verfassten Chronik *Historia Regum Brittaniae* des Geoffrey of Monmouth aus dem Jahre 1135. Der Ursprung dieser Erzählstoffe, die dort gesammelt sind, ist unklar. Enthalten sind biblische, antike und walisische Traditionen. Merlin ist in dieser Darstellung Sohn eines Incubus (also eines Dämons) und hat gewisse seherische Fähigkeiten. Er vermag es, dem König Vortigern die Schwächen seiner Burg zu offenbaren, was dessen Magier („magicians") nicht konnten. Ferner hilft er Uther Pendragon, dem Vater von Artus, sich mit einem Trank („drugs") äußerlich zu verwandeln, um mit der verheirateten Ygerna in Gestalt ihres Mannes verkehren zu können – diese Liaison führt zur Zeugung von Artus, den Merlin in dieser Darstellung allerdings nie trifft.

In den frühesten Artusromanen, den fünf Werken des Chrétien de Troyes (aus der 2. Hälfte des 12. Jahrhunderts), tritt Merlin dann allerdings nicht wirklich in Erscheinung. Chrétien war vermutlich mehr an der Beschreibung der christlichen Ritter, deren Tugenden und Abenteuer gelegen. In den späteren Prosaromanen, die ebenso ihren Anfang in Frankreich hatten, wird Merlin dann auch zum Ratgeber des Artus. Diese Romane werden dann von Mallory verkürzt zusammengefasst: In dessen *Morte D'Arthur* wird von Merlin aber etwas umfangreicher berichtet. Dabei nimmt Merlin zum Teil etwas christlichere Züge an: So hilft er auch hier König Uther beim Ehebruch, lässt diesen aber zuvor bei den vier Evangelisten schwören, dass er das Kind dieser Vereinigung anschließend erhält. Auch lässt Merlin Artus später sogar taufen. Ansonsten ist er auch in dieser Darstellung eher mit seherischen Fähigkeiten ausgestattet: Er warnt beispielsweise Artus davor, dass Lancelot sich in Guenever verlieben wird.

Merlin wird also in wenigen Episoden als Zauberer beschrieben, er ist eher ein „Wizard". Dennoch wird in diesen Artusdarstellungen auch gewissermaßen „Magisches" beschrieben, zumeist in Form von Gegenständen. Diese werden für gewöhnlich nicht als „magisch" bezeichnet, sondern einfach in ihrer Funktion erwähnt. So erklärt Merlin zum Beispiel, dass der Träger der Scheide des Schwertes Excalibur nie einen Tropfen Blut verliert.[77] Magie ist also ein Bestandteil der Artusliteratur, allerdings liegt darauf nicht der Fokus. Wichtiger sind den verschiedenen Autoren spirituelle Elemente sowie die Darstellung ritterlicher Heldentaten.[78]

Ein gewisses Interesse gilt der Hexerei dann auch in Shakespeares *Macbeth*, in dem Hexen den Protagonisten durch eine Prophezeiung ins Unglück stürzen.[79] Die Voraussage an Macbeth, er werde König von Schottland wer-

---

[77] Zum Thema Magie in mittelalterlicher Literatur Englands siehe auch C. Saunders, Magic and the Supernatural in Medieval English Romance, Studies in Medieval Romance 13, Cambridge 2010.

[78] Ritterliche Tugenden stehen dann beispielsweise auch bei den Geschichten um den Ritter Roland der italienischen Autoren Matteo Maria Boiardo (1441–1494) und Ludovico Ariosto (1474–1533) im Mittelpunkt. In den Werken *Orlando Innamorato* und *Orlando Furioso* gibt es zahlreiche Belege für Magie und magische Artefakte, die mitunter hilfreich sind, oftmals aber Hindernisse für die Protagonisten der Erzählungen darstellen. (Bei Ariosto ist Magie bzw. Nekromantie zudem auch in der Komödie *Il Negromante* thematisiert worden.) Bei diesen beiden Autoren ist Magie jedenfalls nicht grundsätzlich negativ interpretiert worden. Vgl. auch J.M. Kisacky, Magic in Boiardo and Ariosto, Studies in Italian Culture. Literature in History 25, New York u.a. 2000, besonders 7–33.41–82 und 105–140.

[79] Generell sind bei Shakespeare viele Anspielungen auf Übernatürliches zu sehen, vgl. dazu A. Assmann, Geister, Gespenster, Dämonen bei Shakespeare und Milton, in: J. Assmann/H. Strohm (Hg.), Magie und Religion, Lindauer Symposien für Religionsforschung 1, München 2010, 159–178.

den, treibt ihn und seine Frau zu ihren Taten an. Und durch eben dieses eigene Handeln, seine Ziele zu verwirklichen, kommt Macbeth tragischerweise erst zu Fall. Zwar sind es Macbeths Taten, die ihn ins Verderben stürzen; Auslöser für dessen Handeln bleiben aber die prophezeienden Worte der Hexen.

Ende des 18. Jahrhunderts setzt dann ein größeres Interesse an der Darstellung des Übernatürlichen ein, wie beispielsweise in den so genannten „gothic novels" der Englischen Romantik. Besonders erfolgreich waren der Skandalroman *The Monk* von Matthew Lewis, sowie die Werke von Ann Radcliffe, die zum Beispiel mit *The Italian* ihre Leserinnen gruselte. Und auch im deutschen Sprachraum setzt das Interesse an solchen Themen ein, so zum Beispiel in den Werken E.T.A. Hoffmanns. Zu nennen sind hier *Die Elixiere des Teufels* (1814/1815) und vor allem die Erzählung *Der Goldene Topf* (1814), in der der Protagonist Anselmus einen ihm unverständlichen Text abschreibt, der auf eigentümliche Art auf sein Leben Einfluss nimmt. Tintenkleckse und Schreibfehler, so wird Anselmus von seinem Mentor Lindhorst gewarnt, würden großes Unglück herbeiführen können. Entsprechend stellt Hoffmann also eine „magische Korrespondenz" zwischen Abschrift und Lebenswelt dar.[80]

Beschreibungen von Magie, Hexerei oder Zauberei sind auch in vielen Volks-, Kunst- und Zaubermärchen zu finden: Zu nennen sind hier sicherlich die Sammlung von Volksmärchen *Kinder- und Hausmärchen* der Gebrüder Grimm aus dem Jahr 1812 oder die *Volksmärchen der Deutschen* von Johann Karl August Musäus aus den Jahren 1782–1786.[81]

---

[80] Vgl. auch M. Schmitz-Emans, Einführung in die Literatur der Romantik, Darmstadt ²2007, 39–40.

[81] In Frankreich wurde eine Sammlung von Märchen durch Charles Perrault (*Histoires ou Contes du temps passé avec des moralités*) bereits 1697 zusammengestellt. Siehe zu Märchen, den Sammlungen verschiedener Volksmärchen und Kunstmärchen sowie in ihnen enthaltenen

An Darstellungen von Magie traut man sich auch durch den Einfluss Christoph Martin Wielands: Nicht nur hat Wieland selbst die Märchensammlung *Dschinnistan* (1786–1789) zusammengetragen mit einem hohen Anteil an von ihm selbst geschriebenen Märchen, in denen auch Magie und Zauberei vorkommen, sondern er hat auch die Erzählung *Agathodämon* (1795–1799) verfasst. Darin geht es um eine Begegnung des Protagonisten Hegesias mit keinem Geringeren als dem eben erwähnten Apollonius von Tyana. Hegesias und Apollonius unterhalten sich in dieser Erzählung über Themen wie Glauben, Sinn und Zweck von Täuschung der Menschen und schließlich das Christentum. Anstelle eines bösen Zauberers übernimmt Apollonius geradezu die Rolle eines humanitären Weltverbesserers.[82]

Wieland übersetzte zudem auch das eigentlich geschmähte Werk *Die Lügenfreunde* des Lukian (1788), das 1590 sogar noch auf dem Index stand.[83] Und besonders die darin erzählte Episode des Eukrates hatte einen wirkungsgeschichtlichen Erfolg: Eukrates berichtet hier (*Lügenfreunde* 34–36) von seinem Lehrer Pankrates, einem Magier, der allerlei Wunder bewirken und sogar auf Krokodilen reiten kann. Die Fähigkeit, mit einem Zauberspruch einen mit Kleidung behängten Besen oder Stößel in einen Diener zu verwandeln und anschließend mit einem Zauber zurückverwandeln zu können, begeistert Eukrates besonders. Und so versucht er, als er einmal allein zu Hause ist, diesen Zauber nachzuahmen. Er kann zwar den Stößel in einen

---

Ideen von Magie und Zauberei S. Neuhaus, Märchen, UTB 2693, Tübingen/Basel 2005; P.-W. Wührl, Das deutsche Kunstmärchen. Geschichte, Botschaft und Erzählstrukturen, Hohengehren 2003 und L. Petzold, Art. Magie, in: R.W. Brednich u.a. (Hg.), Enzyklopädie des Märchens. Handwörterbuch zur historischen und vergleichenden Erzählforschung 9, Berlin/New York 1998, 2–14.

[82] Vgl. K. Schaefer, Christoph Martin Wieland, SM 295, Stuttgart/Weimar 1996, 161–164.

[83] Siehe E. Ribbat, „Die ich rief, die Geister...". Zur späten Wirkung einer Zaubergeschichte Lukians, in: M. Ebner/H. Gzella/H.-G. Nesselrath/E. Ribbat (Hg.), Lukian. Die Lügenfreunde oder: Der Ungläubige, SAPERE 3, Darmstadt ²2002, 183–194; hier: 185.

wasserschöpfenden Diener verwandeln, scheitert dann aber daran, den Diener auch wieder zurückzuverwandeln, so dass das ganze Haus schon unter Wasser steht, bis Pankrates heimkehrt und – im wahrsten Sinne des Wortes – dem Zauber ein Ende macht. Die Geschichte wird vielen bekannt vorkommen, sie wurde nämlich als Gedicht von einem anderen übernommen. Die Rede ist natürlich von Goethe, der – wohl durch die Übersetzung Wielands inspiriert – diesen Stoff in seinem Gedicht *Der Zauberlehrling* (1797)[84] aufnahm. Noch bekannter ist Goethe natürlich durch die Darstellung „magischer Ideen" in seinen verschiedenen Faust-Versionen geworden. In diesem Werk beschwört Faust einen Erdgeist, zwingt mit magischen Handlungen und Symbolen einen Pudel, sich als Teufel Mephisto zu erkennen zu geben, geht einen Teufelspakt ein und trinkt einen Zaubertrank aus der Hexenküche. In dieser Darstellung geht es dann aber vor allem um das Scheitern von Faust: Magie ist zwar in der erzählten Welt präsent, aber sicherlich nicht das probate Mittel, Probleme zu lösen. Doch trotz der Warnung vor Magie und Teufelspakt bleibt eines auffällig: Faust lässt sich zwar auf magische Handlungen ein und wird so auch zu einer Figur am Rande der Gesellschaft. Dennoch ist er in gewisser Hinsicht auch Sympathieträger.

Bei Thomas Mann finden wir „Zauberei" nicht nur als eine Adaption des Faust-Stoffes in *Dr. Faustus* (begonnen 1941),[85] sondern natürlich auch in seinem Buch *Der Zauberberg* (1924)[86] und in *Mario und der Zauberer*

---

[84] Überhaupt scheint Goethe in dieser Zeit ein gewisses Interesse an Magie und dem Übernatürlichen zu haben, wie sich auch an der Adaption der Erzählungen von Phlegon von Tralleis in seinem Gedicht *Die Braut von Korinth* (1797) zeigt.

[85] Den Teufelspakt deutet Mann in seinem Roman *Dr. Faustus* passend als Pakt mit dem Nationalsozialismus um.

[86] Eine Rezeption des Zauberberg-Stoffes findet sich auch in dem Roman *Tim und Struppi in der Neuen Welt* (1994) von Frederic Tuten, der die Comic-Helden Tim und Struppi (und Kapitän Haddock) zusammen mit den wichtigsten Personen aus Manns *Zauberberg* in einem Hotel in den Anden zusammenführt. Dem Protagonisten Tim werden dort gewisse seherische Qualitäten zugeschrieben.

(1929). Im Vordergrund von Manns genannten Werken steht die Kritik an Gesellschaft bzw. auch am aufkommenden Faschismus. Überhaupt erfahren „Zauberei und Magie" als Thema der Literatur ab 1900 verstärkt Interesse, wie sich beispielsweise in William Sommerset Maughams *The Magician* (1908), Solomo Friedländers *Graue Magie* (1922) oder Hermann Brochs *Die Verzauberung* (1935) zeigt.[87]

Dass ein Magier gesellschaftlich an den Rand gedrängt wird, sehen wir auch noch in jüngerer Literatur. In Daniel Kehlmanns Roman *Beerholms Vorstellung* (1997) übernimmt der Trick-Magier Arthur Beerholm ebendiese Rolle. Beerholm ist eigentlich Theologiestudent, bricht aber sein Studium ab, um sich ganz seiner Leidenschaft, der Trick-Magie, widmen zu können. So erscheint Beerholm hier bereits wie ein neuer Faust. Schnell entwickelt sich Beerholm zum größten Trick-Magier seiner Zeit. Allerdings leidet darunter seine ohnehin geringe soziale Kompetenz so sehr, dass er sich von der Welt letztlich komplett isoliert und an seinem Größenwahn zerbricht. Dabei ist schon der Titel Kehlmanns fast so etwas wie ein Zaubertrick: Beim Lesen fragt man sich unwillkürlich, ob *Beerholms Vorstellung* eben die Selbstvorstellung des Ich-Erzählers ist oder ob es um dessen Zaubervorstellung geht oder darum, dass er sich, durch fast autistische Züge gezwungen, Umwelt und Freundin lediglich vorstellt. Als Beerholm erkennt, dass er zwischen Realität und Illusion nicht mehr unterscheiden kann, will er sich durch einen Sprung vom Fernsehturm Gewissheit verschaffen. Ob Beerholm bei seinem Sprung wirklich fällt, erfahren wir nicht – aber den Leser beschleicht sicher eine dunkle Vorahnung.

Eine ähnlich tragische Geschichte von Trick-Magiern erzählt uns Christopher Priest in seinem eingangs zitierten Werk *The Prestige* (1997): Die

---

[87] Vgl. dazu auch R. Stockhammer, Zaubertexte. Die Wiederkehr der Magie und die Literatur 1880–1945, LiteraturForschung, Berlin 2000, besonders 3–53.

Bühnenzauberer Alfred Borden und Rupert Angier liefern sich – nachdem es bei einer Aufführung, an der beide beteiligt waren, zu einem tödlichen Unfall gekommen ist – einen erbitterten Kampf. Sie sabotieren jeweils die Aufführung des anderen und entlarven die angebliche Magie als einfach zu durchschauenden Schwindel. Hierin ist übrigens eine Anspielung auf den berühmten Bühnenzauberer Harry Houdini (1874–1926) zu sehen, der in Verkleidung wohl gerne die Zaubertricks seiner Kollegen sabotierte.

Borden präsentiert eines Tages einen ungewöhnlichen Trick, nämlich den „Transportierten Mann", bei dem es ihm gelingt, an dem einen Ende der Bühne zu verschwinden und am anderen Ende wieder aufzutauchen. Der eifersüchtige Angier kann diesen Trick nicht nachvollziehen, sämtliche rationalen Erklärungsversuche scheitern, und so folgert er, dass es sich um so etwas wie „echte Magie" handeln müsse. Um seinem Widersacher die Stirn bieten zu können, lässt sich Angier vom Physiker Nikola Tesla ein Gerät bauen, mit dessen Hilfe man sich angeblich teleportieren kann. Und trotz eindringlicher Warnung Teslas, diese „Büchse der Pandora" nicht zu öffnen, siegt Angiers Ehrgeiz. Angier setzt seine Maschine ein, mit schlimmen Folgen. Zwar kann Angier scheinbar auf der Bühne verschwinden und irgendwo im Publikum wieder auftauchen. Doch muss er bei jeder Darbietung einen hohen Preis zahlen. Und als Borden schließlich versucht, Angiers Trick zu verstehen, kommt es zur Katastrophe mit Todesfällen. Hier wird offenbar, dass Angier – besessen vom Ehrgeiz – schon „viel von sich selbst" geopfert hat, während Bordens ganzes Leben als ein einziger gelebter Zaubertrick offenbar wird.

In literarischer Fiktion bricht die Katastrophe allerdings nicht immer nur über die herein, die Magie und Hexerei ausüben. In Arthur Millers Bühnenstück *The Crucible* (*Hexenjagd*) ist es der Bauer John Proctor, der durch angebliche Hexerei an Leib und Leben bedroht ist. Die Handlung spielt im 17. Jahrhundert in Salem. Nachdem Kinder dort verbotenerweise im Wald gespielt und dabei einen Trank gebraut haben, werden sie von den Eltern erwischt, und um eine Bestrafung zu vermeiden, behaupten sie, unter dem Einfluss von Hexerei gestanden zu haben. Als Schuldige benennen sie andere, die sofort von den lokalen Autoritäten verhaftet werden. Im Verhör und zum Teil unter Folter, zum Teil aber auch freiwillig gestehen dann die Verhafteten und zeigen ihrerseits auf andere Schuldige. Es kommt so zu einer regelrechten Welle der Verfolgung, der schließlich auch John Proctor ausgesetzt ist. Dieser muss sich dann entscheiden, in einem falschen Geständnis auch andere zu diffamieren und seinen guten Namen für diese Verfolgung herzugeben oder hingerichtet zu werden. Miller will aber nicht nur aufzeigen, wie es im Salem des 17. Jahrhunderts zu Hexenverfolgungen gekommen ist, er rechnet mit der Gesellschaft *seiner* Zeit ab: Denn Miller ist in der McCarthy-Ära selbst Opfer einer Diffamierung geworden und hat als angeblicher Kommunist ein Berufsverbot erteilt bekommen. Und so zeigt er in diesem Stück, dass Diffamierung so lange gut funktioniert, wie es Menschen gibt, die für ihren eigenen Vorteil bereit sind, andere zu opfern. Um eine solche Botschaft zu vermitteln, eignet sich das Bild von angeblich ausgeführter Hexerei sicherlich gut.

Ein völlig anderes und eigenes Konzept von Magie ist dann in einem anderen Werk zu finden, das hier natürlich zu nennen ist, nämlich das berühmte Werk *Der Herr der Ringe* von John Ronald Reuel Tolkien.

Die Handlung dieses wohl meistgelesenen Buches der Welt ist nicht ganz leicht zusammenzufassen: In alter Zeit hat der böse Herrscher Sauron mehrere Zauberringe geschmiedet, um sie verschiedenen Völkern zu geben und die Träger damit zu korrumpieren. Diese Ringe und deren Träger konnte er mit einem Meisterring beherrschen, den er heimlich schmiedete. Doch durch Zufall gerät der Ring in die Hände eines völlig Unbeteiligten, nämlich des Hobbit Frodo, der über die wahre Identität des Ringes lange Zeit nicht Bescheid weiß. Für Frodo ist der Ring einfach ein „Zauberring", der seinen

Träger unsichtbar macht. Erst der Zauberer Gandalf findet heraus, welche Bedeutung der Ring hat.

Man mag beim *Herrn der Ringe* unzählbar viele Hinweise auf Magie und Zauberei vermuten, doch bei genauerem Hinsehen wird zum Thema Magie dort gar nicht so viel erwähnt. So werden in dem gesamten Roman nur fünf Zauberer erwähnt, und nur drei davon (Gandalf, Saruman und Radagast) überhaupt namentlich. Ferner wird von diesen „Wizards" nicht viel gezaubert: Saruman kann mit seiner Stimme andere in den Bann ziehen, und Gandalf zaubert zur Abwehr von Wölfen mit Feuer und wehrt die Schergen Saurons (die Ringgeister) mit einem Lichtstrahl ab. Gandalf ist sonst wie Merlin eher Ratgeber als ein wirklicher Magier. Doch auch wenn er nicht fortwährend zaubert, ist Gandalf eine mächtige Figur in *Der Herr der Ringe*: Er ist weise und dazu noch quasi unsterblich. Magie zeigt sich in Tolkiens Welt eher in den Dingen. So gibt es neben Saurons Ringen und den Ringen der Elben andere Gegenstände: Schwerter, die leuchten, wenn Feinde in der Nähe sind; Seile, die von selbst einen Knoten lösen können; Mäntel, die einen Träger tarnen können; Kristallkugeln, mit denen man über große Distanz etwas sehen kann, und vieles mehr. Ein Gegenstand verdient hier sicher noch besondere Bedeutung, nämlich der Spiegel der Elbenkönigin Galadriel, der dem, der hineinsieht, zeigt, was in Zukunft passieren kann. Bei diesem Spiegel zeigt sich, dass Tolkien sich über das Thema Magie durchaus Gedanken gemacht hat. Denn der Hobbit Sam, der gerne einmal Elbenmagie sehen möchte, bekommt von Galadriel diesen Spiegel gezeigt, und sie sagt ihm:

> „For this is what your folk would call magic, I believe; though I do not understand clearly what they mean; and they seem also to use the same word of the deceits of the enemy. But this, if you will, is the magic of Galadriel. Did you not say that you wished to see Elf-magic?"
>
> [*The Lord of the Rings*, Bd. 1, Buch 2, Kapitel 7]

Hobbits scheinen also quasi eine etische Definition von Magie zu haben, während die Elben selbst mit dieser Wortschöpfung nicht viel anfangen können und nicht alles Ungewöhnliche als „Magie" bezeichnen. Diese Episode illustriert vielleicht, dass eine Interpretation von Magie im *Herrn der Ringe* nicht unbedingt einfach ist.[88] Für Tolkien als Philologen waren natürlich sprachgeschichtliche Zusammenhänge und mythologische Aspekte[89] wichtiger als eine Magiedefinition: Denn mit seinem Werk wollte er Sprachgeschichte rekonstruieren und eine Mythologie Englands schreiben. Doch gilt Tolkien durch dieses Werk als Vater der Fantasy-Literatur, einem neuen Genre der Literatur, in dem Handlungen in alternativen Welten spielen und in der quasi alles möglich ist, auch die Geschichte vom „guten Zauberer", der eben nicht notwendigerweise am Rande der Gesellschaft stehen muss.

Und nun gelangen auch Magier, Zauberer und Hexen verstärkt in Kinder- und Jugendliteratur, sei es Jadis (*Die Chroniken von Narnia*), Petrosilius Zwackelmann (*Der Räuber Hotzenplotz*), *Die kleine Hexe*, *Krabat*, *Artemis Fowl* oder *Bibi Blocksberg*. Und eine weitere Figur ist natürlich zu nennen: Harry Potter!

In Joanne K. Rowlings Romanen – immerhin beachtliche sieben Bände – geht es um den Waisenjungen Harry Potter, dem an seinem 11. Geburtstag mitgeteilt wird, dass er ein Zauberer ist und ein Internat besuchen darf, in dem er die Zauberei erlernen kann. Statt also Mathematik oder Latein lernen zu müssen, lernt Harry nun in der Zauberschule Hogwarts „Verteidigung gegen die Dunklen Künste" oder „Tränke brauen". Zudem erfährt Harry, dass seine Eltern vom bösen Zauberer Voldemort umgebracht worden sind. Beim Versuch, auch Harry zu töten, fiel seinerzeit der Fluch auf Voldemort selbst zurück, der anschließend als eine Art Geistwesen existiert und versucht, seinen Körper wiederzuerlangen. Harry will die Rückkehr Voldemorts

---

[88] Vgl. zu diesem Thema auch H. Gee, Die Wissenschaft bei Tolkien, Weinheim 2009, 214–230.
[89] Siehe dazu R. Simek, Mittelerde. Tolkien und die germanische Mythologie, Beck'sche Reihe 1663, München 2005, passim.

natürlich verhindern und erlebt bei diesem Versuch mit seinen Freunden vielerlei Abenteuer, die nicht immer gut enden.

Das Rezept der Romane erscheint denkbar einfach: Eine Internatsgeschichte wird in eine Zauberschule verlegt, und die Protagonisten sind statt normaler Schüler und Lehrer nun Zauberer, wenngleich manche Charaktere eben erst den Gebrauch der Zauberei und Zaubersprüche erlernen müssen. Doch es wäre zu einfach, Rowlings Bücher als simpel darzustellen. Abgesehen davon, dass sich die Handlung sehr detailliert entwickelt und bis zum siebten Band fast jede Einzelheit wichtig bleibt, ist Rowling gerade bei der Erschaffung ihrer Zauberwelt eine galante Lösung eingefallen: Denn unsere „normale" Welt und die Welt der Zauberer existieren bei ihr nebeneinander, und durch Magie verschleiern die Zauberer die Existenz ihrer Welt, die Außenstehende daher nicht wahrnehmen können. Die Zauberer haben ihre ganz eigenen Gesetze und sogar ein „Ministerium für Magie", das stets darum besorgt ist, die Welt der Zauberer geheim zu halten. Und so scheint es fast ein bisschen, dass auch in der Welt Harry Potters die Zauberer diejenigen sind, die außerhalb der Gesellschaft stehen. Doch man wird sagen müssen, dass hier eher ein Akt der Selbstisolation stattfindet, denn die Zauberer verstecken sich und ihre Welt zum Schutze der Menschen. Und die wenigen Menschen, die dennoch von den Zauberern wissen und sie schmähen (wie etwa Harrys Pflegefamilie), werden so dargestellt, dass sie das gute Wesen der Zauberer nicht verstanden haben.

Während in Deutschland die *Harry-Potter*-Romane sogar in Unterrichtsentwürfen an Schulen eingeplant werden,[90] sehen wir andernorts mitunter heftige Ablehnung dieser Bücher. Besonders in religiös-fundamentalisti-

---

[90] Siehe hierzu und auch zum Folgenden z.B. J. Knobloch, Die Schule der Magier. Ein Leseförderungsprojekt zu „Harry Potter" für die ganze Schule, in: Deutschunterricht 6 (2003), 17–20.

schen Kreisen besteht nicht nur die Forderung, sie aus Schulen zu verbannen, sondern die Ablehnung wird in ganz anderem Ausmaß betrieben: Am 31. Dezember 2001 fanden in den Vereinigten Staaten an mehreren Orten Bücherverbrennungen statt, bei denen unter anderem dazu aufgerufen wurde, J.K. Rowlings Bücher zu vernichten, da ihre Werke Kinder angeblich zu Satanismus und Magie verführten.[91] Diese Form der „Kritik" an Magie lehnt sich vermutlich bewusst an die Beschreibung der Verbrennung von Zauberbüchern in Ephesus an, wie sie Lukas in Act 19,17–20 beschreibt. Ob Lukas einem solchen Protest und der Verbrennung von Kinderbüchern zustimmen würde, scheint zumindest sehr fraglich.[92] Und dass Rowling ihrerseits mit ihren Büchern nicht in Konflikt mit christlicher Botschaft geraten wollte, scheint auch deutlich, denn religiöse Komponenten – oder gar religionskritische Andeutungen – hat sie in ihren Romanen nicht offensichtlich erwähnt.[93] Doch wenngleich Rowling nicht wie C.S. Lewis in seinen Chroniken von Narnia theologische Motive kindgerecht verarbeitet hat,[94] so werden theologische Spuren in den *Harry-Potter*-Romanen als *implizit* vorhanden interpretiert: Theologisch bedeutsame Begriffe wie „Heilung und Vergebung",

---

[91] Vgl. http://news.bbc.co.uk/2/hi/entertainment/1735623.stm [abgerufen am 3.11.2008]. Siehe auch Ch. Drexler/N. Wandinger, Theologische Spuren in „Harry Potter"?, in: Dies. (Hg.), Leben, Tod und Zauberstab. Auf theologischer Spurensuche in Harry Potter. Mit Beiträgen von Ch. Drexler, T. Peter, A. Walser und N. Wandinger, Literatur – Medien – Religion 11, Münster 2004, 11–24, besonders 14–16.

[92] Vgl. dazu auch Klauck, Magie und Heidentum in der Apostelgeschichte des Lukas, 116–117: Die Verbrennung der Bücher in Ephesus geschieht auf freiwilliger Basis, nicht etwa unter Zwang. Zudem werden die Zauberbücher dort verbrannt, weil sie als Alternative zur Jesusnachfolge interpretiert wurden.

[93] Vgl. auch die ausführliche Diskussion bei Ch. Drexler/N. Wandinger, Theologische Spuren in „Harry Potter"?, 13–24 und Ch. Drexler/N. Wandiger, Die implizite Theologie „Harry Potters". Eine dogmatisch-religionsdidaktische Perspektive auf J.K. Rowlings Romane, in: Dies. (Hg.), Leben, Tod und Zauberstab, 25–78; hier: 78.

[94] Vgl. auch den Beitrag von Signe von Oettingen in diesem Band und M. Mühling, Gott und die Welt in Narnia. Eine theologische Orientierung zu C.S. Lewis' „Der König von Narnia", Göttingen 2005.

„Gnade und Erbsünde" oder „Opfer" ließen sich anhand von *Harry Potter* also im Religionsunterricht erklären, auch wenn diese in den Romanen selbst sicherlich nicht thematisiert werden.[95] Doch nicht nur die *Narnia*-Chroniken oder die *Harry-Potter*-Romane werden in theologischen Beiträgen gewürdigt, sondern auch Tolkiens *Der Herr der Ringe*.[96] Doch sind vielleicht hier eher die Popularität der genannten Bücher und die Vielzahl an Möglichkeiten, in ihnen nach theologisch relevanten Themen suchen zu können, eine Ursache für das Interesse seitens einiger Theologen. Das Thema Magie steht jedenfalls nicht im Fokus solcher Untersuchungen.

Zusammenfassung

Magie und Zauberei werden also in den Texten verschiedener Epochen zwar erwähnt, dabei aber in vielen Fällen abgelehnt. Juristische und vor allem religiöse Motive werden dabei eine gewisse Rolle gespielt haben. In mittelalterlichen Romanen sind Beschreibungen von Magie, magischen Artefakten oder Zaubermitteln enthalten, doch stehen in solchen Texten meist die moralischen Werte und ritterlichen Tugenden im Vordergrund. Erst ab dem Ende des 18. Jahrhunderts sind literarische Beschreibungen häufiger anzutreffen, in denen Magier und Zauberer zum Teil auch Sympathieträger sind, wenngleich viele dieser Protagonisten scheitern.[97] Oft bleiben eben die Zau-

---

[95] Vgl. Ch. Drexler/N. Wandinger, Die implizite Theologie „Harry Potters", 29–73. Es gibt auch Untersuchungen zu philosophischen Themen in den *Harry-Potter*-Romanen. Vgl. dazu etwa die Diskussion des Begriffes „Seele" bei S. Sehon, Die Seele bei Harry Potter, in: G. Bassham (Hg.), Die Philosophie bei Harry Potter, Weinheim 2010, 57–71.

[96] Vgl. z.B. K. Backhaus (Hg.), Der Herr der Ringe. Fantasy – Mythologie – Theologie? Salzburg 2006 und S.A. Davison, Tolkien und die Natur des Bösen, in: G. Bassham/E. Bronson (Hg.), Der Herr der Ringe und die Philosophie. Klüger werden mit dem beliebtesten Buch der Welt, Stuttgart 2009, 133–155.

[97] Es mag noch erwähnenswert sein, dass es vom Autor Jakob Arjouni einen Roman namens *Magic Hoffmann* gibt, in dem es auch um einen Außenseiter geht. Doch befindet sich die literarische Figur hier nicht am Rande der Gesellschaft, weil sie gezaubert hätte oder

bernden Scharlatane, die gesellschaftlich nicht akzeptiert werden oder am Gebrauch der Magie zerbrechen. Eine Wendung zu einem positiveren Magierbild sehen wir vielleicht im Ansatz schon ab der literarischen Figur des Merlin und Goethes Figur Faust. Spätestens aber ab Tolkiens *Der Herr der Ringe* können Zauberer als wirkliche Sympathieträger gelten, vor allem dann, wenn die literarische Handlung in eine Fantasy-Welt übertragen wird, in der unsere alten Normen nicht gelten müssen.

Auffällig ist auch, dass Themen wie Magie und Zauberei in einigen Romanen als „Alternative" zur Religion, speziell dem Christentum beschrieben werden. Dies zeigt sich nicht nur in Goethes Faust, dessen Protagonist ehemals Theologie studierte, sich später aber auf einen Pakt mit dem Teufel einlässt. Auch die Romanfigur Arthur Beerholm scheint auf Fausts Spuren zu gehen, denn auch er bricht sein Theologiestudium ab, um sich seiner Leidenschaft, der Bühnenzauberei, widmen zu können. Doch während Schriftsteller das Verhältnis von Magie und Theologie thematisieren, wird die Beziehung bzw. die Spannung zwischen Magie und Theologie in literarischen Werken theologischerseits bislang kaum untersucht. Werke wie die *Narnia*-Chroniken, die *Harry-Potter*-Romane oder *Der Herr der Ringe* werden erstaunlich oft auch von Theologen betrachtet und auf ihren theologischen Gehalt hin befragt. Aber das Thema Magie und ihr ambivalentes Verhältnis zur Theologie in literarischen Werken wurde bisher kaum beachtet und stellt somit derzeit noch ein forschungsgeschichtliches Desiderat dar.

---

womöglich sogar, weil sie Hoffmann heißt, sondern schlicht, weil der Held dieses Romans ein Bankräuber ist.

IRMELIN HEYEL

Antike Erzählweisen:
Der Liebesroman Kallirhoe *und die Evangelien*

Im Rahmen des Themas „Theologie und Literatur" möchte ich auf einen Nebenschauplatz der Forschungsgeschichte führen. Es geht um die Frage, wie die Theologie mit ihrer eigenen Literatur, in diesem Fall den Evangelien, und antiken paganen Texten umgegangen ist. Im Zuge dessen möchte ich den antiken Liebesroman[1] *Kallirhoe* von Chariton bekannt machen und seine Erzählweise mit den Evangelien vergleichen. Dazu gehe ich im Folgenden in vier Schritten vor:

1. Eine kurze Einleitung in die Diskussion über die Gattungsfrage der Evangelien.

2. Eine Nacherzählung von Charitons *Kallirhoe*.

3. Einleitungsfragen zu Charitons Erzählung und ein kleiner Vergleich mit den Evangelien.

4. Abschließend stellt sich die Frage nach dem Gewinn dieses Vergleichs.

1.

Versetzen Sie sich einmal in die Situation der Evangelisten: Wie würden Sie vorgehen, wenn Sie eine ganz besondere und das Leben der Menschen existentiell betreffende, alles verändernde Botschaft – die Geschichte Gottes und seines Sohnes Jesus Christus – an den Mann oder die Frau bringen wollten? Würden Sie sich eher einer altbekannten und beliebten Literaturform bedienen, damit Ihre Adressaten „nur" durch den revolutionären Inhalt, nicht aber auch noch von seiner neuartigen Form abgeschreckt werden? Oder würden

---

[1] Roman wird hier nicht im modernen Sinn benutzt, der Begriff „Erzählung" wäre für Charitons Werk neutraler und geeigneter, doch ich schließe mich dem allgemeinen Sprachgebrauch in Bezug auf Charitons *Kallirhoe* an.

Sie gerade versuchen, eine neue Form zu entwickeln, die Ihre spezielle und so bedeutsame Botschaft erst Recht zur Geltung bringt? Etwas, das so noch nie da gewesen ist, braucht doch wohl auch eine solche Form? Wie mögen sich die Evangelisten entschieden haben?

Dieser Frage gehen die Neutestamentler im Blick auf die Gattung der Evangelien seit mehr 250 Jahren nach.[2] Und der Forschungsstreit ist noch zu keinem Ende gekommen. Immer wieder schlug das Pendel mal zu der einen, mal zur anderen Seite aus. Lange Zeit verstand man die Evangelien als eigene Gattung ohne Parallelen in der Antike. Schließlich erzählen sie eine ganz eigene Geschichte mit der einmaligen Botschaft von Jesus Christus, von seinem Leben, Sterben und Auferstehen, von Gottes Gnade an den Menschen. Die Evangelien galten als eine Gattung *sui generis*, als Form, die es vorher nicht gegeben hat und die ihresgleichen sucht. Doch inzwischen steht die Forschung für Parallelen in der antiken Literatur ein. Eine völlig neue Form könne nicht, so die Argumentation, einfach entwickelt worden sein und würde auch nicht ohne weiteres verstanden. Die früher gern getroffene Feststellung, das Christentum habe mit den Evangelien etwas Eigenes und Analogieloses geschaffen, kann so nicht mehr stehen bleiben. So ist etwa die Sprache der Evangelien keine Sondersprache, sondern lässt sich auch in zahlreichen Papyrusfunden nachweisen – auch Chariton schreibt seinen Roman in diesem einfachen Koine-Griechisch.

Spätere christliche Autoren lehnten sich zwar gern an andere antike Gattungen wie etwa die Märtyrerakten an, berühmtes Beispiel ist hier die Acta des Polykarp. Doch bei den Evangelisten ist die Sache nicht ganz so leicht zu klären – trotz der vor allem im Einzelnen vorhandenen Parallelen wie

---

[2] Die Forschungsliteratur zur Gattungsfrage der Evangelien ist zahlreich. Daher gebe ich hier nur einige exemplarische Hinweise: D. Frickenschmidt, Evangelium als Biographie. Die vier Evangelien im Rahmen antiker Erzählkunst, TANZ 22, Tübingen/Basel 1997; M. Reiser, Die Stellung der Evangelien in der antiken Literaturgeschichte, in: ZNW 90 (1999), 1–27; G. Theißen, Die Entstehung des Neuen Testaments als literaturgeschichtliches Problem, Heidelberg 2007.

Freude am Wunder und an der Anekdote, Schwerpunkt bei der Passionsgeschichte oder geringes chronologisches Interesse. Denn sie setzen sich auch von anderen antiken Texten ab, indem beispielsweise ihre Intention weit über die einer Darstellung vorbildhaften Verhaltens, wie man es in einer antiken Biographie finden kann, hinausgeht.

Und so stellt sich weiterhin die Frage, welcher Form sich die Evangelisten bedienten. Dabei hat man bereits alle möglichen Texte zum Vergleich herangezogen: Memoirenliteratur, Biographie, Roman, Tragödie, Tragikomödie, Aretalogie, Biographie eines Gerechten, Prophetenbiographie, Midrasch etc.

Bei dieser Suche ist man auch auf den antiken Liebesroman *Kallirhoe* gestoßen. Er ist einer der besten vollständig erhaltenen antiken Romane. Auslöser für den Vergleich war zunächst eine inhaltliche Parallele: Tod und Auferstehung[3] stellen bekanntermaßen in den Evangelien, aber auch bei Chariton ein wichtiges und wiederkehrendes Motiv dar. Kallirhoe und ihre beiden Männer Chaireas und Dionysios fallen mehrfach in eine Ohnmacht, die diegetisch als Tod gedeutet wird, und erwachen dann zu „neuem" Leben. Das Thema Tod und Auferstehung ist aber bei Chariton anders als im Neuen Testament nicht Ziel und Höhepunkt der Erzählung, sondern dient dem Spannungsaufbau und einer weiteren Verwicklung der Handlung, an der Chariton spürbar Erzählfreude hatte. Kallirhoes (vermeintlicher) Tod hat anders als der Tod Jesu Christi keinen Einfluss auf das Heil der Menschen.

Trotzdem stellte man sich in diesem Zusammenhang die Frage, ob die Evangelien mit dem Hauptthema Tod und Auferstehung vielleicht die Vor-

---

[3] Vgl. P.M. Fullmer, Resurrection in Marc's literary-historical perspective, Library of New Testament Studies 360, London/New York 2007. Fuller stellt fest, dass das Thema Tod und Auferstehung das Markusevangelium wie ein rotes Band durchziehe, doch blicke man auf die Quellen des Mk, so tauche das Thema nur selten auf. Anders zeige sich die novellistische Literatur im hellenistisch geprägten Zeitalter, ihr Interesse an dem Thema sei groß. In diesem Zusammenhang verweist er unter anderem auf Charitons *Kallirhoe*.

lage für *Kallirhoe* gewesen sind oder ob umgekehrt der Roman die Evangelien beeinflusst hat.

Im Nachhinein erscheint es wenig überzeugend, dass ausgerechnet das Thema Tod und Auferstehung als Parallele zu den Evangelien herhalten musste, auch wenn das griechische Wort *egeirō* für *aufstehen, auferstehen* in beiden Erzählungen verwendet wird.

Dennoch hat mich der Roman von Chariton so fasziniert, dass ich mich näher mit ihm beschäftigt habe und ihn nun vorstellen möchte. Er passt in eine Vorabendveranstaltung, denn an Kitsch und Romantik stehen moderne Seifenopern der Geschichte von Kallirhoe an nichts nach. Ja, es gibt sogar die Vermutung, dass die Erzählung nicht als Ganzes, sondern als dreiteiliger Fortsetzungsroman erschienen ist, in insgesamt acht Büchern. Dazu finden sich im Text kurze Randbemerkungen: Zu Beginn von Buch 5 und 8 fasst Chariton die bisherige Geschichte noch einmal in so genannten Rekapitulationen zusammen. Er schreibt: „[...] das alles ist im Vorhergehenden dargelegt. Das darauf Folgende will ich jetzt erzählen."[4]

2.

Um einen Eindruck von der Erzählweise Charitons zu vermitteln, ist eine ausführliche Nacherzählung notwendig. Ein knapper Überblick über die Handlung wäre nicht ausreichend. Chariton erzählt sehr weitschweifig und detailreich und führt immer wieder in die Gedanken und vor allem in die Gefühle seiner Protagonisten ein. Da alle sehr verliebt sind, kennen sie auch nur starke Gefühle – himmelhochjauchzend oder zu Tode betrübt. Die dazu kommenden Schicksalsfügungen muten ebenfalls übertrieben an, eine Ver-

---

[4] Kallirhoe 5,1,2 in der Übersetzung von Meckelnborg/Schäfer. C. Meckelnborg/K.-H. Schäfer (Hg.), Chariton, Kallirhoe. Griechisch und deutsch, Darmstadt 2006. Charitons Rekapitulationen stimmen in den Anfangsworten und in der Schlussformel mit den Rekapitulationen in Xenophons Anabasis (Buch 2–5 und 7) überein.

wicklung jagt die nächste, so dass die Geschichte einer gewissen Komik nicht entbehrt.

Die Handlung spielt zu Beginn des 4. Jahrhunderts vor Christus in Syrakus. Kallirhoe, Tochter des Hermokrates, des ersten Mannes in Syrakus, ist von so außerordentlicher Schönheit, dass jeder, der sie sieht, sich sogleich in sie verliebt oder sie sogar für die Göttin Aphrodite persönlich hält. Diese Schönheit ist der Auslöser der ganzen Geschichte und ihrer vielen Verwicklungen. Viele Freier aus aller Welt haben bereits um Kallirhoes Hand angehalten, doch bisher hat sie alle zu deren Verdruss abgelehnt.

Auch der zweite Mann in Syrakus hat ein besonders schönes und kluges Kind. Chaireas gilt als die „Krone" der männlichen Jugend, er ist geschickt und beliebt im Gymnasion. Leider stehen sich die beiden vornehmen Familien feindlich gegenüber.

Durch die Lenkung des Schicksals (Tyche) sehen sich Kallirhoe und Chaireas erstmals bei einem Tempelfest der Aphrodite, und beide entbrennen sofort in Liebe. Chaireas wird krank vor Liebe, weil er weiß, dass er wegen der bestehenden Familienzwistigkeiten Kallirhoe niemals bekommen kann. Auch Kallirhoe verzweifelt. Schließlich nehmen sich die Freunde von Chaireas der beiden Verliebten an, und dank ihrer Vermittlung dürfen die beiden letztendlich heiraten. Kallirhoe und Chaireas sind überglücklich. Doch die versetzten Freier missgönnen Chaireas sein Glück und spinnen eine Intrige. Infolgedessen wird Chaireas so eifersüchtig und wütend, dass er Kallirhoe tritt. Da verliert diese das Bewusstsein, sie scheint tot. Chaireas Wut schlägt sogleich in großen Kummer und in Selbstvorwürfe um. Kallirhoe wird kurz darauf nach allen Regeln der Kunst und mit vielen wertvollen Grabbeigaben bestattet.

Diese wiederum locken den Räuber Theron herbei, bei Nacht bricht er in das Grab ein, gerade als Kallirhoe wieder aus ihrer Ohnmacht erwacht. Theron nimmt auch sie kurzerhand mit und verkauft sie als Sklavin ohne Papiere schließlich an einen Diener des Dionysios, der ein reicher Mann und Regent von Milet ist.

Es kommt, wie es kommen muss: Dionysios verliebt sich trotz der Trauer um seine vor kurzem verstorbene Frau unsterblich in Kallirhoe. So lässt ihm deren Schicksal keine Ruhe mehr, schließlich kann nur eine Freigeborene von solcher Schönheit sein. Endlich gelingt es ihm, ihr ihre Geschichte zu entlocken. In der Hoffnung, dass sich Kallirhoe letztendlich in ihn verliebt und Chaireas nicht länger nachweint, behandelt Dionysios Kallirhoe sehr gut und keineswegs als Sklavin.

Während sie auf seinem Landgut lebt, bemerkt die ihr zugeteilte Dienerin als Erste, dass Kallirhoe schwanger ist. Diese Schwangerschaft stürzt Kallirhoe in große Gewissensnöte. Nach reiflicher Überlegung entscheidet sie sich, Dionysios zu heiraten und so zu tun, als sei das Kind, das sieben Monate später geboren wird, von ihm. Dionysios ist überglücklich mit Kallirhoe.

Währenddessen bleibt in Syrakus der Grabraub nicht unbemerkt. So macht sich Chaireas auf die Suche nach Kallirhoe(s Leichnam). Auch er erlebt viele Abenteuer. Durch Zufall fängt er den Räuber Theron und erfährt von ihm, wohin dieser Kallirhoe verkauft hat. Sogleich macht er sich mit einem Schiff und Freunden auf nach Milet zu Kallirhoe. Doch ihre Reise endet nicht glücklich, sondern ihr Schiff wird in der Bucht vor Dionysios' Landgut angegriffen. Chaireas und sein bester Freund werden ebenfalls in die Sklaverei verkauft. Die beiden Männer treffen es deutlich schlechter als Kallirhoe und müssen hart arbeiten.

Kallirhoe erfährt von dem Überfall auf Chaireas Schiff und ebenfalls davon, dass die Besatzung nicht überlebt habe. Sie hält Chaireas für tot. Diese Nachricht lässt sie völlig verzweifeln. Dionysios, immer noch in der Hoffnung, sie für sich zu gewinnen und von Chaireas zu lösen, lässt eine große Begräbnisfeier für Chaireas ausrichten. Auf dieser Feier ist zufällig auch Mithridates, der neue Herr von Chaireas, anwesend. Er sieht Kallirhoe und,

Der Liebesroman Kallirhoe *und die Evangelien*

wie sollte es anders kommen, verliebt sich ebenfalls in sie. Er wird krank vor Liebe und kann an keine andere mehr denken.

Nachdem einige von Chaireas Mitsklaven zu fliehen versucht haben, sollen auf Mithridates' Gut alle Sklaven gekreuzigt werden. Auf dem Weg zum Richtplatz klagt Chaireas Freund laut, dass sie das alles nur Kallirhoe zu verdanken hätten. Ihr Name lässt Mithridates aufhorchen, und er bestellt die beiden zu sich und lässt die jungen Männer von ihren Erlebnissen berichten. Mithridates, in der Hoffnung, so selbst an Kallirhoe heranzukommen, wird ihr Freund und Gönner und sagt Chaireas seine Hilfe zu. Chaireas soll einen Brief an Kallirhoe schreiben. Leider gelangt der Brief in die Hände des Dionysios, der dahinter einen Versuch des Mithridates wittert, seine Ehe zu brechen, und ihn beim Großkönig in Persien anklagt.

Dieser, durch die Geschichte und die Gerüchte ebenfalls neugierig auf Kallirhoe, bestellt alle Beteiligten für einen Prozess nach Babylon. Nach langer Reise kommen alle am Hof des persischen Herrschers an, der entscheiden soll, ob Chaireas oder Dionysius der rechtmäßige Gatte ist, und sich dabei aber natürlich, wie es kommen muss, selbst in Kallirhoe verliebt. Wegen seiner neuen Liebe und um Kallirhoe länger um sich zu haben, zieht er den Prozess in die Länge. Chaireas und Kallirhoe leiden in dieser Zeit fast noch mehr als zuvor, haben sie sich doch nun einmal gesehen, dürfen aber nicht zueinander kommen. Wieder einmal möchte sich Chaireas das Leben nehmen, nur mit Mühe kann ihn sein Freund davon abhalten.

Mitten in den Prozess kommt ein Angriffskrieg der Ägypter. Der persische Großkönig, froh, dass er seine Entscheidung vertagen und Kallirhoe weiter in seiner Obhut bleiben kann, lässt sofort für den Krieg rüsten und zieht den Ägyptern entgegen. Nicht ohne Hintergedanken nimmt er seinen Frauenhof samt Kallirhoe mit. Chaireas aber, voller Wut auf Dionysios und die Perser, schlägt sich auf die Seite der rebellischen Ägypter. Schließlich gelingt es ihm durch Waffengewalt, Kallirhoe wiederzugewinnen: Er erobert Tyros und besiegt die Perser in einer Seeschlacht. Dann kehrt das wiedervereinte Paar glücklich nach Syrakus zurück. Kallirhoe bittet Dionysius, gut für ihren Sohn zu sorgen und ihn nach Syrakus zu senden, wenn er erwachsen ist: „Soweit mein Buch über Kallirhoe."[5]

3.

Über Chariton, den *Autor* der Liebesgeschichte von Kallirhoe, ist nur bekannt, was er selbst in der Einleitung zu seinem Werk preisgibt: „Ich, Chariton aus Aphrodisias, Sekretär des Anwalts Athenagoras, will eine Liebesgeschichte aus Syrakus erzählen." Aphrodisias, eine Stadt im Nordosten Kariens, liegt circa 120 km östlich von Milet. Man darf Charitons Angaben Glauben schenken, denn die Namen sind auch in Inschriften aus Aphrodisias belegt. Ebenso zeigt sich, dass Chariton mit der Geographie Kleinasiens, speziell der von Milet, vertraut war. Andere Schauplätze dagegen, etwa Babylon, scheint er nicht so gut zu kennen, ihre Beschreibungen bleiben weitgehend konturlos. Auch sein juristischer Beruf spiegelt sich im Roman wider, so zeigt er eine gute Rechtskenntnis, besonders beim Verkauf Kallirhoes oder bei der Ausarbeitung der Prozessreden im 5. Buch des Romans.

Die *Datierung* war lange Zeit umstritten. Es gibt einige Papyrusfragmente aus dem 2. und 3. Jahrhundert nach Christus. Doch das schlichte Koine-Griechisch mit Einflüssen des Attizismus lässt eher Anfang bis Mitte des ersten Jahrhunderts nach Christus als Entstehungszeit vermuten. Damit wäre Charitons Werk ungefähr zur gleichen Zeit wie die Evangelien entstanden, auch wenn Chariton die Handlung fünf Jahrhunderte früher spielen lässt. Ein weiteres Indiz für die Mitte des ersten Jahrhunderts findet sich bei Persius. Unter der Annahme, dass Persius im Schlussvers seiner ersten Satire auf *Kallirhoe* anspielt, gäbe es mit dieser Notiz einen Terminus *ante quem*, nämlich das Jahr 59 nach Christus. Persius empfiehlt den Lesern, denen seine Satiren zu anspruchsvoll sind: „mane edictum, post prandia Callirhoen

---

[5] Chariton, Kallirhoe, 8,8,16.

do."[6] Am Morgen ein Edikt und nach dem Mittagessen *Kallirhoe*. Dieser Kommentar passt auf Charitons Roman, denn sein Unterhaltungscharakter eignet sich gut als Lesestoff für eine Mittagspause. Gleichzeitig zeigt der etwas abschätzige Ton, dass der Roman nicht sehr wertgeschätzt wurde. Diese These unterstützen auch die wenigen überlieferten Papyri, es kann nicht viele davon gegeben haben.

Auslöser für den Vergleich von *Kallirhoe* mit den Evangelien war, wie erwähnt, eine inhaltliche Parallele: das Thema Tod und Auferstehung. Doch es finden sich andere und passendere Ähnlichkeiten, wenn man antike Erzählweisen untersucht.

Sowohl Charitons Roman als auch die Evangelien, hier vor allem Lukas, weisen eine Nähe zur griechischen Geschichtsschreibung auf. Sprachlich gibt sich Chariton als Geschichtsschreiber aus. Er gestaltet seinen ersten Satz nach der Art der Anfangsformeln, wie man sie auch bei Herodot oder Thukydides liest.[7] Auch sonst orientiert sich Chariton oft an Thukydides. Gleichzeitig grenzt er sich ab und macht deutlich, welche Art von Literatur den Leser erwartet: kein Geschichtswerk, sondern ein *pathos erōtikon*. Ziel des Chariton war eben keine historische Genauigkeit, sondern er wollte seinem idealisierenden Roman einen historischen Anstrich geben. Darum wählt er für seine Erzählung historische Figuren und Schauplätze (zum Beispiel Hermokrates, Alexander, Artaxerxes, Dionysios – Milet, Syrakus), allerdings mischt er dabei verschiedene Zeiten. So beginnt der Roman Ende des 5. Jahrhunderts kurz nach Athens missglückter Sizilischen Expedition, doch in Babylon herrscht (schon) der Großkönig Artaxerxes. Dieser muss nach dem Namen seiner Frau Stateira Artaxerxes II. sein, dessen Regierungszeit die Jahre 404 bis 360 vor Christus umfasste.

Lukas orientiert sich ebenfalls an der Geschichtsschreibung. Er jedoch legt in Lk 1,1–4 gerade Wert auf historische Genauigkeit und will damit die

---

[6] Pers. 1,134.

Glaubwürdigkeit und Autorität seines Evangeliums erhöhen: „[...] hielt auch ich es für gut, nachdem ich allem von vorn genau nachgegangen, es der Reihenfolge nach für dich aufzuzeichnen, hochangesehener Theophilus, damit du die Zuverlässigkeit der Dinge erkennst." Andererseits geht auch seine Intention über die der historischen Gründlichkeit hinaus, schließlich erzählt er die Geschichte Jesu Christi und will den Glauben von Theophilus stützen. Nicht nur der Anfang, sondern auch Mitte (mit den Rekapitulationen bei Chariton) und Ende der Erzählung werden von den Autoren reflektiert. Chariton meldet sich nach seiner ausführlichen Erzählung noch einmal kurz zu Wort und kommentiert: „Soweit mein Buch über Kallirhoe." Es entsteht der Eindruck, dass er eigentlich noch viel mehr hätte berichten können und wollen. Es geht ihm wie dem Autor des Johannesevangeliums. Es gilt, die Fülle des Stoffs zu begrenzen: „Es gibt aber noch viel Anderes, was Jesus getan hat; und wenn eins nach dem anderen aufgeschrieben würde, glaube ich, sogar die Welt könnte die Bücher nicht fassen, die geschrieben würden" (Joh 21,24f).

Intertextualität ist ein weiteres typisches Stilmittel des antiken Erzählens, das sowohl Chariton als auch die Evangelisten einsetzen. Zitate bekannter und bedeutender Texte werden in den eigenen Text eingewoben, ohne sie explizit zu benennen. In den Evangelien sind es vor allem alttestamentliche Texte, häufig aus den Propheten oder der Tora, gelegentlich klingen sie auch nur an in dem Wissen, dass die Adressaten die Quellen erkennen und in die vorliegende Erzählung einordnen können wie zum Beispiel in Mt 9,13 (Hos 6,6) oder Lk 13,35 (Ps 69,26 und Ps 118,26). Dadurch entsteht ein Bedeutungsüberschuss, die Texte weisen über sich hinaus auf das, was schon vor ihnen war. Am bekanntesten sind vermutlich die matthäischen Erfüllungszitate, hier macht Matthäus mit der Einleitungsformel „Dies geschah, damit erfüllt würde, was durch XY gesprochen worden ist..." ganz deutlich, dass er

---

[7] Vgl. auch die Verwendung der typischen Vokabeln *diegeisthai* und *syggraphein*.

sich und vor allem die Geschichte Jesu Christi vor dem jüdischen Hintergrund versteht und verstanden wissen will (1,22f; 2,15.17f.23; 4,14–16; 8,17; 12,17–21; 13,35; 21,4f; 27,9).

In *Kallirhoe* zitiert Chariton, häufig ohne seine Quelle anzugeben, klassische Autoren,[8] zum Beispiel die Geschichtsschreiber Herodot, Xenophon und Thukydides, vor allem aber Homer. Daneben greift er oft auf die so genannten Zustandsformeln zurück. Gelegentlich nennt er Homer explizit: „Weißt du denn nicht, dass Homer uns lehrt: Götter wandeln oft auf Erden, Gestalt von Fremdlingen tragend, um der Menschen Frevel und Wohltaten zu schauen." (2,3,7) Mit seinen Zitaten mischt Chariton also Prosa und Verse. Für moderne Leser, die nicht so vertraut sind mit den klassisch-griechischen Texten, sind die bruchstückhaften Zitate wenig beeindruckend, doch man kann davon ausgehen, dass im ersten Jahrhundert die Sensibilität für die Zitate höher war und die Leser sie wahrgenommen und die epische Geschichte jeweils mitgehört haben.[9]

Was Chariton mit den eingearbeiteten Zitaten beabsichtigte, wird sehr unterschiedlich bewertet. Man hat beispielsweise vermutet, dass er seinem Werk mehr Anerkennung verschaffen wollte. Doch auch gerade das Gegenteil wurde gemutmaßt, Chariton wolle durch die unterschiedliche Stilhöhe und die Verwendung der Homerzitate in völlig anderem Zusammenhang einen komischen Effekt erzielen. Was er wirklich intendierte, lässt sich nicht (mehr) erkennen, doch zumindest gilt, was für die meisten intertextuellen Bezüge gilt: Chariton gibt dadurch seine literarische Bildung zu erkennen und ermöglicht den Gebildeten unter seinen Adressaten ein intellektuelles Vergnügen. Zugleich kann man auch den Stolz der Griechen auf ihre großen

---

[8] Für die Beispiele vgl. A.D. Papanikolaou, Chariton-Studien. Untersuchungen zur Sprache und Chronologie der griechischen Romane, Hypomnemata 37, Göttingen 1973, besonders 13ff.
[9] Chariton zitiert z.B. in 4,1,3; 5,2,4; 5,4,6; 5,10,9; 7,4,3.

Dichter der Vergangenheit erkennen, gerade zu einer Zeit, da die politische Herrschaft den Römern gehörte.

Nicht direkt eine Erzählweise, aber typisch für *Kallirhoe* sind Gebete als Spiegel der Gefühle.[10] Sie tauchen besonders vor Wendepunkten in der Geschichte auf und werden gelegentlich auch als Zusammenfassung der weitschweifigen Erzählung genutzt. Religion spielt eine überraschend große, doch keine leitende Rolle in der Erzählung. Chariton stellt die Welt als einen Ort dar, den sich Menschen und Götter teilen. Gelegentlich offenbaren sich die Götter den Menschen, Artemis zeigt sich den Jägern, Aphrodite erscheint in den Feldern, Tyche und Eros kommen hervor. Darum kann Kallirhoe zunächst denken, der Räuber Theron, der in ihr Grab eindringt, sei ein Gott. Aber die Götter werden nicht als Verursacher der Ereignisse dargestellt. Bei Chariton sind letztendlich immer die Menschen selbst für ihre Erlebnisse verantwortlich. Kallirhoe etwa wird mit ihrem Kummer alleingelassen, die Götter greifen nicht direkt ein, um sie zu retten. Dreiundzwanzig Mal wendet sich Kallirhoe direkt an Aphrodite oder Tyche – ohne dass die Götter darauf reagieren. Darum klagt Kallirhoe die Götter oft an und hadert mit ihrem Schicksal. Vor ihrer Reise nach Persien beklagt sie sich:

> „Boshafte Tyche! Eine einzelne Frau hast du aufs Korn genommen und hörst nicht auf, sie zu verfolgen! Du hast mich lebendig in einem Grab eingeschlossen und hast mich von dort wieder hervorgeholt – nicht aus Mitleid, sondern um mich Räubern auszuliefern! Theron und das Meer, mit vereinten Kräften haben sie mich in die Verbannung geführt, ich wurde Sklavin, ich, die Tochter des Hermokrates, und was noch schlimmer war als Ungeliebt-Sein, ich entfachte eine leidenschaftliche Liebe, um zu Chaireas Lebzeiten einen anderen heiraten zu müssen. Aber du missgönnst mir sogar das schon wieder. Jetzt gibst du dich nicht mehr zufrieden mit einer Verbannung nach Ionien. Bisher hast du mir ein zwar fremdes, aber griechisches Land zugewiesen. [...] Aber jetzt stößt du mich aus der gewohnten Luft heraus, jetzt soll mich eine ganze Welt von meiner Vaterstadt trennen [...]."[11]

---

[10] Vgl. Ch. Hedrick, Representing Prayer in Mark and Chariton's Chaereas and Callirhoe, in: Perspectives in Religious Studies 22 (1995), 239–257.

[11] Chariton, Kallirhoe 5,4ff.

Das Gebet fungiert als Spiegel der Gedanken und Gefühle auch in den Evangelien. Vor allem die Szene „Jesus in Gethsemane" (Mk 14,32–42 par) eröffnet einen Blick in Jesu Inneres. Wie Kallirhoe wendet sich Jesus in einer für ihn bedrohlichen Situation an Gott. Er handelt, wie man es von einem frommen Menschen erwartet. Hier geht es nicht mehr um das Berichten, was Jesus getan hat, sondern in einer nach modernen Maßstäben fiktiven Episode wird in die Gefühle und Gedanken der Hauptperson eingeführt. Denn eigentlich kann niemand wissen, was in Gethsemane geschah, doch narratologisch ist die Szene wichtig. Sie bereitet auf das Kommende vor und hilft, es zu deuten.

4.

Wie zu erwarten, trägt der Vergleich der Geschichte Kallirhoes mit den Evangelien keine großen Früchte. Vermutlich deshalb ist die Geschichte von Kallirhoe bei Theologen nur wenig bekannt. Für die Gattungsbestimmung der Evangelien lässt sich lediglich ein negativer Befund feststellen. Weder haben sich diese an Charitons Roman angelehnt, noch hat Chariton die Evangelien als Vorlage für seinen *pathos erōtikon* genutzt.

Und doch kann man einige typische Erzählweisen der späteren Antike in beiden Texten wiederfinden:

• Etwa den Versuch, die griechische Geschichtsschreibung zumindest teilweise zu imitieren, ohne ganz in ihr aufzugehen. Sowohl Chariton als auch die Evangelisten bieten in ihren Erzählungen keine reine Form, sondern mischen mehrere Gattungen. Diese Vielfalt der Erzählformen in den Evangelien ist zugleich der Grund dafür, dass man so viele unterschiedliche antike Texte als Vergleichstexte herangezogen hat und heranziehen kann.

• Zu Beginn und am Ende der Erzählung reflektiert der Autor sein Tun, indem er den Leser direkt anspricht und seine Absicht und sein Vorgehen erklärt. Auf diese Weise rechtfertigt er zugleich seine Erzählung und damit auch deren besonderen Inhalt. Dem Evangelisten Lukas und auch Chariton war bewusst, dass sie sich erst einmal die Leser geneigt machen mussten, damit ihre ungewöhnlichen Texte auch akzeptiert und gelesen wurden.

- Dazu dient auch die Intertextualität. Das bewusste Einstreuen von Zitaten bedeutender und bekannter Texte in den eigenen erzeugt einen Bedeutungsüberschuss, spielt mit der Entdeckerfreude und Eitelkeit des gebildeten Lesers und erhöht die Autorität der Autors. Die Erzählung steht so trotz ihrer Eigenheiten in der jüdischen beziehungsweise (klassisch) griechischen Tradition, und das kann ihren Wert erhöhen.
- Typisch für die Antike ist auch, wie anfangs erwähnt, das episodische Erzählen. Sowohl die Evangelien als auch Charitons *Kallirhoe* setzen sich aus vielen einzelnen Szenen zusammen, die auch für sich stehen könnten und doch im Blick auf das Ganze konzipiert sind. Die einzelnen Szenen in den Evangelien tragen eher beispielhaften Charakter und weisen über sich hinaus auf Gott. Bei Chariton verzögern die einzelnen Episoden immer wieder den Fortgang der Geschichte. Gerade diese Verwicklungen machen den Reiz der Erzählung aus.

IMKE HINRICHS

„Ich mach' mir die Welt, wie sie mir gefällt." – Seelsorge mit Astrid Lindgren

1. Einleitung

Astrid Lindgren – dieser Name steht für Kinderliteratur, für eine starke Frau, die bis ins hohe Alter von sich reden gemacht hat mit ihrem Einsatz für die Wertschätzung von Kindern, für eine friedliche Welt und einen gerechten Umgang mit der Schöpfung.[1] Viele von uns erinnern sich bestimmt: An Lisa, Inga und Lasse, an Ronja Räubertochter oder Krümel Löwenherz, an Michel und Madita und natürlich an Pippi. Manch einer hier mag bereits seinen eigenen Kindern abends *Pippi Langstrumpf* vorgelesen haben. Erwachsen geworden, begegnen wir der inzwischen auch schon 65 Jahre alten Pippi häufig anders, wundern uns über ihre Sprache und Regellosigkeit und fragen, wozu wir unsere Kinder mit solchen Geschichten anstiften. Sollte das Kapitel in der Schule nicht besser übersprungen werden? Und der Kaffeeklatsch, bei dem Pippi sich unmöglich benimmt? Bei jeder Übersetzung in eine neue Landessprache stellten sich diese Fragen. In Frankreich mit der Konsequenz, dass Pippi als *Fifi Brindancier* um ein Drittel gekürzt wurde und keine Scherze mit Polizisten oder Lehrerinnen treiben durfte.[2]

Astrid Lindgrens Wortwelten sind Kinderwelten. Doch sie beschreibt sie nicht nur, sie tut etwas, das uns Erwachsenen oft so schwer und wenig ver-

---

[1] Letztgenannte Aspekte prägten ihr Werk v.a. gegen Ende ihres Lebens, wie ihre Rede anlässlich der Verleihung des Friedenspreises des Deutschen Buchhandels sowie der Zeitungsartikel *Gottes Inspektionsbesuch auf Erden* deutlich machen, vgl. F. von Schönborn, Astrid Lindgren – Das Paradies der Kinder, Freiburg i.Br. 1995, 189f, 89.

[2] Vgl. Schönborn, Astrid Lindgren – Das Paradies der Kinder, 163. Erst 1995 kommt eine originalgetreue Pippi-Übersetzung in die französischen Buchhandlungen, vgl. M. Gottschalk, Jenseits von Bullerbü. Die Lebensgeschichte der Astrid Lindgren, Weinheim/Basel 2009, 183.

lockend scheint: Sie *ist* Kind in ihren Erzählungen. Ein Nachdenken über die Beziehung zwischen der Seelsorge und ihren Büchern ist darum zuallererst ein Nachdenken über die Seelsorge mit Kindern. Nach einer kurzen Charakteristik Astrid Lindgrens und ihres Werkes sollen darum Kriterien und Erkenntnisse der Kinderseelsorge eingespielt werden, um zu sehen, wo und wie ein Dialog möglich ist.

„Wenn ihr nicht umkehrt und werdet wie die Kinder, so werdet ihr nicht in das Reich Gottes kommen" (Mt 18,3), ruft Jesus seinen Hörerinnen und Hörern zu. Wecken wir also erst einmal das Kind in uns und lassen Astrid Lindgren selbst zu Wort kommen:

„Samstag, der 12. Juni, als Michel einige geglückte Wahnsinnsgeschäfte auf der Auktion auf Backhorva machte

An einem Samstag im Juni war Auktion auf Backhorva, und alle Menschen wollten dorthin, denn Auktionen waren das Lustigste, was man in Lönneberga und ganz Småland kannte. Michels Papa […] musste natürlich hin, Alfred und Lina […] auch […], und dann natürlich Michel. […] Michels Papa hoffte, billig an eine Kuh zu kommen und vielleicht auch an eine Sau und ein paar Hühner. Deshalb wollte er nach Backhorva […]. Alfred und Lina [brauchte er als] Hilfe […]. ‚Aber was Michel dabei soll, das begreife ich nicht', sagte Michels Papa. ‚Nee, da gibt es sowieso genug Krach', sagte Lina, ‚auch ohne dass wir extra noch Michel mitnehmen.' […] ‚Wenn Michel mitwill zur Auktion, dann *soll* er mit.' [sagte Michels Mutter und sah Lina streng an.] […]

Die Auktion […] war bereits in vollem Gang [, als Michel mit seinem Pferd Lukas auf dem Hofplatz von Backhorva ankam]. [Viele] murmelten: ‚Wenn der Katthultjunge kommt, ist es wohl besser, gleich nach Hause zu fahren!' Aber jetzt war Michel auf Geschäfte aus, und Geld hatte er [durchs Gatteraufhalten] so viel, dass ihm fast schwindlig davon wurde. Bevor er noch von seinem Pferd herunterkam, bot er auch schon drei Kronen für ein altes eisernes Bettgestell, das er um nichts in der Welt hätte haben wollen. Glücklicherweise bot eine Bauersfrau vier, sodass Michel das Bettgestell wieder los war. […]

[Michels Vater spazierte gerade gemütlich bei den Stallungen herum,] als Lina außer Atem angerannt kam. ‚Bauer, Bauer, Michel ist hier und kauft [hier und da]! Darf er das?' […]

Seelsorge mit Astrid Lindgren

[Der Vater] verlangte nun, alles zu sehen, was Michel bisher ersteigert hatte, und es traf ihn hart, als er es sah: ein altes Samtkästchen, das man zu nichts gebrauchen konnte, einen Brotschieber, wo sie doch zu Hause auf Katthult bereits einen prächtigen hatten – [also] alles zusammen Wahnsinnsgeschäfte! [...] ‚Merk dir, was ich sage! Man soll nur kaufen, was absolut nötig ist', sagte Michels Papa. [...]
[Mit den Kühen hatte Michels Vater Pech. Alle sieben Kühe kaufte der Bastefaller, und auch die Hühner bekam er für sein Geld. Nur eine Henne wollte der Bastefaller nicht haben.] ‚Was soll ich mit einer hinkenden Henne?', sagte er. ‚Der könnt ihr den Hals umdrehen.' Die Henne, die [er] in den Suppentopf wünschte, hatte sich mal ein Bein gebrochen, das dann schief zusammengewachsen war. Deshalb hinkte die Ärmste so furchtbar. Aber neben Michel stand einer von den Backhorva-Jungen und der sagte zu Michel: ‚Der Mann ist schön dumm, wenn er die Hinke-Lotta nicht nimmt. Sie ist unsere beste Legehenne [...]!' Da schrie Michel mit lauter Stimme: ‚Ich biete fünfundzwanzig Öre für Hinke-Lotta!' Alle lachten. Alle außer Michels Papa, versteht sich. Der kam angerast und packte Michel beim Kragen. ‚Lümmel du, wie viele Wahnsinnsgeschäfte willst du eigentlich an ein und demselben Tag machen? Das hier kostet dich den [...] Tischlerschuppen!'
Aber geboten war geboten. Michel hatte fünfundzwanzig Öre gesagt und dazu musste er stehen. Hinke-Lotta war nun seine Henne, egal, was sein Papa davon hielt. ‚Nun hab ich jedenfalls zwei Tiere, die mir gehören', sagte Michel zu Alfred. ‚Ein Pferd und eine Henne!' ‚Ja, ein Pferd und eine hinkende Henne', sagte Alfred und lachte dabei, aber so freundlich wie immer. [...] Die Auktion war jetzt zu Ende, und alle machten sich mit dem Gerümpel, das sie gekauft hatten, auf den Heimweg. [...] Hinke-Lotta durfte [im Milchwagen von Michels Vater] mitfahren, obwohl Michels Papa ihr, wie sie so in ihrer Kiste hockte, einen sauren Blick zuwarf. [...]
Michels Mama stand auf Katthult am Küchenfenster und hielt Ausschau, um ihre Lieben von der Auktion heimkommen zu sehen. [Als sie den Milchwagen kommen sah, rannte sie gleich hinaus. Nach der Begrüßung sah die Mutter] Michel liebevoll an. ‚Gott segne dich, Michel! Aber wie um alles in der Welt konntest du wissen, dass mein Brotschieber vorhin kaputtgegangen ist [...]?' [Und Hinke-Lotta begann auf einmal vor Freude über ihr frisch gelegtes Ei zu gackern. Als Abendbrotzeit war, kochte Michel das Ei, das Hinke-Lotta gelegt hatte, und stellte es vor seinen Vater hin,] der etwas mürrisch am Küchentisch saß und auf sein Abendbrot wartete. ‚Das ist von Hinke-Lotta', sagte Michel. [...] Sein Papa aß [...] schweigend, während seine Mama alle ihre Brotlaibe in den Ofen schob. [...] Als Michels Papa das Ei aufgegessen hatte [...], sagte Michel: ‚Ja, und nun der Tischlerschuppen!' Michels Papa mur-

melte etwas [von ‚heute ausnahmsweise nicht'.] Aber da sagte Michel: ‚Nein, nein, gesagt ist gesagt!' Und er ging allein, still und würdevoll, hinaus zum Tischlerschuppen und setzte sich hin, um sein einhundertneunundzwanzigstes Holzmännchen zu schnitzen. […] Als [der Vater zufällig in die Nähe des Schuppens] kam, sah er die kleine Ida auf einer Fußbank vor dem Fenster des Tischlerschuppens sitzen. Sie hielt das Samtkästchen [, das Michel ersteigert hatte,] in den Händen. Sie hielt es so, als sei es das Schönste, was sie je in ihrem Leben bekommen hatte. […]

Ja, nun weißt du, was Michel am 12. Juni angestellt hat. Wenn auch nicht [immer] alles so besonders gut war, muss man doch zugeben, dass er schlaue Geschäfte gemacht hat an diesem Tag."[3]

Eine Geschichte von Michel (vor-)lesen – ist das Seelsorge? Nach einem langen Tag an der Uni mit vielem, was schwer verdaulich war, eine Geschichte von Michel. Eine Erinnerung an die eigene Michel-Zeit. Vielleicht macht die Pointe mit der Hinke-Lotta das Seelsorgerliche aus?[4] Michel nimmt sich einem am Rand der Hühnergesellschaft stehenden Huhn an – dazu lassen sich doch prima Parallelen im biblisch-theologischen Bereich finden! Ist es so einfach? Können wir also gleich zu Beginn ein Ausrufungszeichen hinter unser Thema setzen: Seelsorge mit Astrid Lindgren – ja!? Dann könnte ich den verbleibenden Vortragsraum dazu nutzen, Beispielgeschichten zu Wort kommen zu lassen. Und auch auf die Gefahr hin, dass manche jetzt sagen: „O ja, das würde meiner Seele wirklich gut tun", begebe ich mich auf die Spur der Sachensucherin und setze ein Fragezeichen. Seelsorge mit Astrid Lindgren: Geht das überhaupt? Oder sind das zwei Größen, die nicht miteinander in Beziehung gesetzt werden sollten? Befragen wir Astrid Lindgren nach Intention und Deutung ihrer Geschichten, und befragen wir die Seelsorge mit Kindern nach ihrer Intention und ihrer Deutung von Geschichten.

---

[3] A. Lindgren, Michel aus Lönneberga. Zeichnungen von Björn Berg, Hamburg 1988 und 2007, 200–226.
[4] Vgl. Leben lernen mit Astrid Lindgren, Religionspädagogische Hefte A 2.3 (1994).

2. Astrid Lindgren – ihr Leben, ihre Geschichten

Geboren wurde sie 1907 auf einem Pfarrhof in Näs in Südschweden. Mit drei Geschwistern, Nachbarskindern und Schulfreundinnen erlebte sie eine Kindheit, die vom Rhythmus der Jahreszeiten und dem Wechsel von Arbeit und Spielen geprägt war.[5] Aufgaben bei der Haus- und Feldarbeit waren selbstverständlich, ins Spiel griffen die Erwachsenen dagegen selten ein und ließen die Kinder unter sich.[6] Astrids positive Einstellung zu ihrer Kindheit und zum Spielen wirken mitunter verklärt und idealisierend. Ein Blick auf ihre reale Kindheit und ihr Erwachsenwerden zeigen jedoch, dass sie Realitäten keineswegs verleugnet, sondern sie vielmehr einzuordnen weiß. In ihrem Werk spiegelt sich ihre Biographie wider, reflektiert diese auf der einen Seite, weil es um Vergangenes geht. Scheint geradezu naiv auf der anderen Seite, wo die Lehren aus dem Erlebten seltsam unpädagogisch anmuten und nichts als Lebensfreude zu beabsichtigen scheinen. Die Zeit ihrer frühen Kindheit auf Näs wird in *Die Kinder aus Bullerbü* lebendig. Britta und Inga, Ole und Lasse kennen eine Welt mit Spielen und Festen, aber auch mit Arbeit und Regeln. Eine junge Leserin schreibt treffend an Astrid Lindgren: „Das Beste an den Bullerbü-Büchern ist, dass die Eltern da so lieb sind."[7] So ist es: Die Eltern wie die Erwachsenen überhaupt sind unter anderem deshalb so „lieb", weil sie in den Büchern kaum vorkommen. Astrid

---

[5] Vgl. die Kindheitsbeschreibungen in den einschlägigen Biographien zu Astrid Lindgren: M. Strömstedt, Astrid Lindgren. Ein Lebensbild, Hamburg 2001; Gottschalk, Jenseits von Bullerbü; Schönborn, Astrid Lindgren – Das Paradies der Kinder; sowie Astrid Lindgrens eigene Beschreibung ihrer Kindheit: A. Lindgren, Das entschwundene Land, Hamburg (1977) 2007.

[6] „Was einem aufgetragen war, das hatte man zu tun. Ich glaube, es war eine nützliche Lehre, die einem später im Leben half, auch mit eintöniger Arbeit ohne allzu viel Gestöhne und Gejammer fertig zu werden. ‚Reiß' dich zusammen und mach' weiter', das waren die Mahnworte der Mutter, wenn wir über der Spülwanne in Träumereien versanken", so die Einschätzung der erwachsenen Astrid Lindgren, zit. nach Gottschalk, Jenseits von Bullerbü, 16.

[7] Strömstedt, Astrid Lindgren. Ein Lebensbild, 96, 34f.

Lindgren gelingt es, ihre Geschichten so zu erzählen, dass sie die kindliche Perspektive einnehmen, auch wenn sie von einer Erwachsenen geschrieben sind. Sie schafft es, die Erwachsenen nicht so wichtig zu nehmen, und nimmt damit dem Erwachsen-Werden den Nimbus, das eigentliche Ziel der Kindheit zu sein.

Aus ihrer „Bullerbü"-Idylle wird Astrid im Alter von 13 Jahren unsanft geweckt. Sie kann nicht mehr spielen: „Es ging einfach nicht. Es war entsetzlich und traurig."[8] Eine neue Zeit beginnt, die ihren vorläufigen Höhepunkt in der Geburt von Lars findet. Astrid ist 19 Jahre alt, nicht verheiratet und muss ihren Sohn in einer Pflegefamilie in Dänemark lassen, um ihre Ausbildung und ihren Lebensunterhalt zu sichern. Die Entbehrungen von Kindern, ihre Einsamkeit und ihr Schmerz bilden in vielen von Astrid Lindgrens Geschichten den Ausgangspunkt einer Reise, die zum Guten und häufig zu Erwachsenen am Rande der Gesellschaft führt. So unter anderem in den Erzählungen um Mio und um Rasmus und den Landstreicher. Unangepasst und den erwachsenen Erwartungen nicht entsprechend, geht Rasmus den Weg von Mut und Abenteuer und wählt nicht das Leben auf einem großen Hof, sondern unterstreicht seine Treue zum Landstreicher Oskar, mit dem er zusammenleben will. Das Motiv der „einsamen Jungen" zeigt, wie tief Astrid Lindgren empfindet und wahrnimmt, wie sie nicht nur ihren eigenen Schmerz erfährt, sondern den ihres Kindes.

Sie fasst nicht nur ihre eigene Gefühlswelt in Worte, sondern ebenso die Sehnsucht und Weltsicht von Lars als verlassenem Kind, das sich immer wieder an neue Gegebenheiten anpassen muss. Fünf Jahre nach der Geburt von Lars heiratet Astrid Ericsson Sture Lindgren. Karin wird geboren und mit ihr die heile Version von Familie und dem Staunen über neues Leben. Diese neuen Erfahrungen mit einem eigenen Kind hinterlassen Spuren in

---

[8] Schönborn, Astrid Lindgren – Das Paradies der Kinder, 104.

Astrids Werk.[9] Karin und ihre Freundinnen verhelfen der (in Deutschland) bekanntesten Figur auf die Welt: Pippi Langstrumpf, ein mächtiges, starkes Mädchen, das lebte, wie es ihr gefällt. Ein Mädchen, das selbstbestimmt, ohne Ermahnungen und Sanktionen der Erwachsenen ihren Alltag bestreitet und dabei hilfsbereit und ohne Vorurteile ist. Sie zeigt den Blick der Autorin auf eine fiktive Kindergestalt, die zwar ihre Vorbilder u.a. in einer Freundin von Karin hat, jedoch nicht den eigenen Erlebenshorizont von Astrid Lindgren widerspiegelt. Ähnlich findet sich dieses Phänomen bei den Geschichten um Michel aus Lönneberga, der auf der Persönlichkeit und den Geschichten von Astrids Vater aufbaut. Beide Kinder sind extrem unangepasst und den Erwachsenen gegenüber kritisch eingestellt: „Sie haben nur einen Haufen langweilige Arbeit und komische Kleider und Hühneraugen und Kumminalsteuern",[10] meint Pippi und beschließt, Pillen gegen das Erwachsenwerden zu nehmen. Die Identifikationsmöglichkeiten der Leserinnen und Leser beschränken sich mit Kindern wie Pippi, Michel und Karlsson vom Dach nicht auf das liebe, erfolgversprechende Kind, sondern erweitern den Horizont, lassen freche, phantastische und ungerechte Töne zu. Auch die Rollenbilder sind nicht festgeschrieben. Die Mädchen aus Bullerbü oder aus der Krachmacherstraße spielen ihre Rollen nicht geschlechtertypisch perfekt. Sie spielen nicht nur mit Puppen, sondern toben auch gerne herum und sind nicht zimperlich. Nur Annika ist ein „typisches" Mädchen und traut sich nicht, Seeräuber zu werden. Daher muss Pippi sich etwas einfallen lassen, um Annika trotzdem mit auf See nehmen zu können: „‚[D]u kannst auf alle Fälle mitkommen', sagte Pippi, ‚und das Klavier abstauben.'"[11] Die Jungen dagegen sind nicht durchgehend mutig und stark, sie erleben Einsamkeit, Angst und Schmerz. Astrid Lindgren eröffnet einen

---

[9] Vgl. die Romane um die Titelheldin Britt-Marie.
[10] A. Lindgren, Pippi Langstrumpf. Zeichnungen von Rolf Rettich, Hamburg 1987 und 2007, 390.
[11] Lindgren, Pippi Langstrumpf, 235.

Raum fürs Anders-Sein, für andere Welten, die dabei nicht (immer) ins Reich der Phantasie abgleiten, sondern im Alltag verortet sind.

Die Verflechtung von biographischem Leben und literarischem Werk sei an einem letzten Beispiel festgemacht. In *Die Brüder Löwenherz* verarbeitet Astrid Lindgren persönliche Erfahrungen mit Tod und Sterben[12] sowie die Bedrohung durch politische Machtverhältnisse.[13] Sie durchbricht damit ein bis dahin geltendes Gebot der Kinder- und Jugendliteratur, die Thematik des Todes und der Angst vor dem Sterben zu meiden. Astrid Lindgren beschreitet ihren neuen Weg auf die ihr eigene Weise mit Mut und Lust am Abenteuer. Gleich dreimal wird Krümel Löwenherz mit dem Tod konfrontiert. Todesängste plagen ihn, als er erfährt, dass er aufgrund seiner Krankheit bald sterben muss. Existentiellen Verlust erfährt er mit dem Tod seines Bruders, der ihn aus der Feuersbrunst rettet. Schließlich wählt er am Ende gemeinsam mit Jonathan den erneuten Tod, um nach Nangiliama zu gelangen.[14] *Die Brüder Löwenherz* sind viel diskutiert worden: der Vorwurf, die Flucht ins Phantastische bei diesem Thema zu fördern, wurde ebenso laut wie die Kritik, den Kinder-Selbstmord zu verherrlichen.[15] Gleichzeitig wurde das Buch gelobt und in seiner Fähigkeit gewürdigt, Trost zu spenden. Wie geht Astrid Lindgren mit diesen Vorwürfen und Deutungen um? Sie stellt *Die Brüder Löwenherz* in die Reihe ihrer anderen Bücher und legt dasselbe Kriterium an: „Wenn's den Kindern auf der ganzen Welt gefällt, dann kann ich wohl beruhigt sein. Sollen die Kritiker schreiben, was sie wollen."[16]

---

[12] Die Jahre 1968/1969 sind für Astrid Lindgren durch den frühen Unfalltod ihres Neffen sowie das Sterben ihres Vaters geprägt.
[13] Durch ihre Arbeit beim schwedischen Nachrichtendienst während des Zweiten Weltkriegs erhält Astrid Lindgren persönlich Einblicke in Unrechtsregime und deren Folgen.
[14] Zu dem Verhältnis der *Brüder Löwenherz* zur Seelsorge vgl. Abschnitt 4.
[15] Vgl. Strömstedt, Astrid Lindgren. Ein Lebensbild, 297f.
[16] Schönborn, Astrid Lindgren – Das Paradies der Kinder, 79.

3. Seelsorge mit Kindern

Dass Kinder der Seelsorge bedürfen bzw. als Partner christlicher Seelsorge ernst zu nehmen sind, ist eine Erkenntnis, die seit den 1960er Jahren als Frucht der Krankenhausseelsorge in Kinderkliniken gewachsen ist. Diese Form der Seelsorge etablierte sich also genau zu der Zeit, da ein Großteil von Astrid Lindgrens Büchern entstanden ist und verlegt wurde, und spiegelt sicher ein Stück Zeitgeist wider. Mit der Entdeckung der Kinderseelsorge einher gehen die theologische Würdigung des Kindes und die Entdeckung seiner Anthropologie, die als Basis der seelsorgerlichen Haltung, Inhalte und Methoden kurz beleuchtet werden sollen.

Nach biblischer Überlieferung sind Kinder eine Gabe Gottes (Ps 127,3). An ihnen erweist sich Gottes Segen. Zur Zeit Jesu gehören Kinder zu den Unterprivilegierten und werden mit Witwen und Waisen in einem Atemzug genannt. In Jesu Verhalten den Kindern gegenüber zeigt sich eine große Wertschätzung und Annahme. Er nimmt die Kinder in die Arme und segnet sie (Mk 10,13ff). Er stellt ein Kind in die Mitte, als die Frage gestellt wird, wer denn der Größte im Reich Gottes sei, und sagt: „Wer nicht wird wie dieses Kind, der wird nicht in das Reich Gottes hineinkommen" (Mt 18,1ff). Werden wie ein Kind. In Mt 18 ist nicht ausgeführt, wodurch sich Kinder auszeichnen, was in der Auslegungsgeschichte der Perikope dazu geführt hat, dass die Ausleger nicht danach fragten, „wie Kinder sind, sondern wie sie sein sollen"[17] – was in den neutestamentlichen Kommentaren zu einer Idealisierung der Kindheit geführt hat.

Das Kind, das Jesus in die Mitte stellt, ist Vorbild darin, dass es Eigenschaften besitzt, die dem Reich Gottes in besonderer Weise entsprechen. Drei möchte ich exemplarisch herausgreifen:

---

[17] U. Luz, Das Evangelium nach Matthäus (Mt 18–25), EKK I/3, Neukirchen-Vluyn 1997, 12f.

1) Zu den besonderen Eigenschaften eines Kindes gehört die Fähigkeit, im Hier und Jetzt zu leben. Die Gegenwart ist wichtig, selbstvergessenes Spielen, Hingabe an den Augenblick. Das Nachdenken über Gestern und Morgen gerät in den Hintergrund.

2) Ein Kind ist in besonderem Maße angewiesen auf Beziehung. Es lebt davon, geliebt, versorgt und beschützt zu werden. Um Beziehungen aufzubauen, braucht es Bezugspersonen, die ihm verbal und nonverbal Interesse und Gemeinschaft signalisieren. Ein Kind ist offen für Neues und Wachstum. Erwachsen geworden, wird häufig jede Form von Abhängigkeit negativ gewertet und auf Selbständigkeit gepocht. Als Geschöpfe aber bleiben wir hängen am Schöpfer.

3) Kinder haben die Fähigkeit, sich beschenken zu lassen und zu staunen. Nicht der durch Erfahrung oft abgeklärte, resignative Blick auf die Dinge herrscht vor, sondern die pure Freude und der Respekt vor dem Neuen.

Karl Rahner, der um die Kindheit als eine lebenslange Grundbefindlichkeit des Menschen und um die „unüberholbare Würde der Kindheit"[18] weiß, führt das folgendermaßen aus: „Es handelt sich deshalb bei dem Dienst am Kind nicht um ein wenig Sentimentalität, sondern um die ewige Würde des Menschen, der Kind werden soll, der Gottes nur teilhaftig und inne wird, indem er jenes Kind wird, das zu sein er in seiner Kindheit erst beginnt."[19] Für die Seelsorge mit Kindern gilt: Die Definition der Seelsorge, in Krisensituationen zur Vergewisserung der Lebensgewissheit beizutragen, gilt für die Wahrnehmung seines Lebens beim Kind ebenso wie beim Jugendlichen und Erwachsenen."[20] Für die Haltung der Seelsorgerin bedeutet dies, das Kind in sich zu entdecken und als Erwachsene die besondere Zeit und Ver-

---

[18] K. Rahner, Gedanken zu einer Theologie der Kindheit, in: Ders., Schriften zur Theologie, Band VII. Zur Theologie des geistlichen Lebens, Einsiedeln ²1971, 313–329; hier: 313.

[19] Rahner, Gedanken zu einer Theologie der Kindheit, 329.

[20] B. Städtler-Mach, Kinderseelsorge. Seelsorge mit Kindern und ihre pastoralpsychologische Bedeutung, Göttingen 2004, 195.

letzlichkeit der Kindheit wahrzunehmen und zu achten. Damit ist von ihr zum Teil anderes gefordert als sonst in der Seelsorge üblich. Sprachfähigkeit und psychologisches Wissen sind besonderen Bedingungen unterworfen. Zur Seelsorge mit Kindern gehört das Gespräch, daneben aber auch das Spielen und Singen, das Erzählen, Lesen und Ausdenken von Geschichten. Ein Gespräch muss dem Alter und Entwicklungsstand des Kindes angemessen sein. Auch Kinder erleben existentielle Situationen und Umbrüche und stellen Fragen: Warum lebe ich? Was hält mich? Wo finde ich Geborgenheit? Was macht mir Angst, was Mut? Wen brauche ich, und wer braucht mich? Wie steht es mit Trauer und Hoffnung, Schuld und Vergebung, Liebe und Gemeinschaft?[21] Hier wird deutlich, dass Seelsorge mit Kindern nicht nur kranke und sterbende Kinder im Blick hat, sondern auf Lebendigkeit in jeder Lebenslage hin angelegt ist. Im Gespräch mit Kindern sind Sensibilität und das Eintauchen in die kindliche Welt von der Seelsorgerin gefordert. Kinder beobachten sehr genau und spüren jede Vertröstung, Unehrlichkeit und Fahrigkeit im Gespräch. Ihr Alter spielt natürlich eine Rolle, ihr Sinn für Phantasie und ihre Gabe, Realität und Vorstellungen miteinander zu verknüpfen. Von Kindern können vermeintlich ausgedachte Realitäten mit solcher Ernsthaftigkeit vorgetragen werden, dass wir „Großen" ins Schwimmen kommen.

Einen besonderen Stellenwert nimmt das Gespräch mit Säuglingen ein. Ist es möglich und notwendig, mit Kindern zu sprechen, die nicht im eigentlichen Sinne sprachfähig sind? Die Zeiten, in denen das in Frage gestellt wurde, sind heute glücklicherweise vorbei. Im Gegenteil: Im Gespräch mit einem Säugling wird besonders deutlich, was und wen christliche Seelsorge meint und wie ich als Seelsorgerin mein Gegenüber sehe. Neben allen nonverbalen Signalen, die der Säugling sendet, kommt hier die Wertschätzung

---

[21] Vgl. B. Städtler-Mach, Seelsorge mit Kindern. Erfahrungen im Kinderkrankenhaus, Göttingen 1998.

des Kindes in einzigartiger Weise zum Ausdruck. Ebenso das Absichtslose des Seelsorge-Gesprächs, Inhalt und Ziel betreffend. Das Gespräch braucht die verbale Antwort meines Gegenübers nicht. Es geht um Zuwendung, die nicht zielorientiert ist. Ich bin da. Ich verstehe mich als Augenzeugin.[22] Das Ansehen des Kindes vor Gott verleiht mir diesen Status: Ich sehe mit meinen eigenen Augen, aber darüber hinaus versuche ich, Gottes liebevollen Blick auf den Menschen in jede Begegnung mit hineinzunehmen.

Neben dem Gespräch stehen andere Methoden mehr oder weniger gleichwertig im Fokus der Seelsorge mit Kindern. Das Spielen in allen Variationen schafft Beziehung und Anknüpfungspunkte, lenkt ab und füllt die Gegenwart je nach Alter und Situation mit Inhalt, Kreativität, Schweigen, Reden und Lachen. So bin ich als Seelsorgerin mal in der Rolle der Freundin, der Oma, der Zoodirektorin, der Antarktis-Reisenden oder des Clowns. Immer wieder konnte ich feststellen, dass hier einer der Hauptanknüpfungspunkte gegeben ist, wenn es darum geht, „den Kindern ein Kind" zu werden.[23] Andere Methoden seien hier nur genannt und nicht weiter ausgeführt: Singen ist auch noch möglich, wenn für Gespräche die Konzentration fehlt. Es hellt die Seele auf und kann mit Bewegungen verbunden werden. Gebet, Segnung und Taufe gehören unabdingbar zur Kinderseelsorge wie zu jeder Seelsorge dazu. Es sind die Rituale, Worte und Gesten, die mit mir als Theologin auch in einem säkularisierten Umfeld wie einer Kinderklinik verknüpft sind und die ich mit Bedeutung und Inhalt füllen können muss.

Einen besonderen Stellenwert in der Seelsorge mit Kindern nehmen Geschichten ein. Erzählte, ausgedachte, vorgelesene Geschichten, von David und Jesus genauso wie von Pippi und den Brüdern Löwenherz. Die biblische Tradition hat ihre Geschichten, die zu erzählen und weiterzugeben eindeutig

---

[22] D. Bobzin, Seelsorge im Krankenhaus – Versuch eines Konzepts, in: WzM 39 (1987), 403–411; hier: 409.
[23] Vgl. 1Kor 9, 20–22.

Aufgabe der Seelsorgerin ist.[24] Entscheidend ist, dass die Geschichten lebendig sind, dass die Weitergabe mit Stimme, Körper und Präsenz einhergeht. In Geschichten können Kinder eintauchen, sich damit ablenken oder auch Identifikationsfiguren in ihnen finden. Inwieweit sich nun Seelsorge mit Kindern und Literatur gemeinsam auf dem Weg befinden, soll im Folgenden anhand der möglichen Beziehung Astrid Lindgrens zur Seelsorge beleuchtet werden.

4. Seelsorge mit Astrid Lindgren?!

Der Blick auf Leben und Werk Astrid Lindgrens hat gezeigt, dass sie über eine besondere Gabe verfügte, sich in Kinder hineinzuversetzen, sich an ihre eigene Kindheit zu erinnern und in Phantasie-Welten zu reisen. Damit wird sie den Kindern ein Kind, ohne als Erwachsene ihre Erfahrungen und ihre Sicht der Dinge auszublenden.

„Kinder", so sagt Astrid Lindgren in einem Interview, „tragen in sich eine Ahnung von allem, was es im Leben gibt, und können es ganz spontan ausdrücken. Vielleicht werden die Kinder von Gott mit sehr viel Klarsicht in die Welt geschickt. [...] Manchmal möchte man meinen, Kinder könnten den Großen etwas über die Zusammenhänge im Leben sagen, die sie schon längst vergessen haben."[25] Ist das Astrid Lindgrens Art, in die Forderung Jesu „Werdet wie die Kinder" einzustimmen? Wo treffen sich Astrid Lindgren und ihr Werk mit der Kinderseelsorge? Meines Erachtens lassen sich Schnittpunkte vor allem in der grundsätzlichen Haltung Kindern gegenüber sowie in bestimmten Formen der Seelsorge, die an das Genre Kinderliteratur anknüpfen, ausmachen. Die Persönlichkeit der Kinder zu entdecken und zu

---

[24] Vgl. Städtler-Mach, Seelsorge mit Kindern, 86–89; zum Verhältnis biblischer Geschichten zur (Kinder-)Literatur in der Kinderseelsorge gibt es bisher kaum Aussagen. Hier stehen weiterführende Untersuchungen für die Zukunft an.
[25] Schönborn, Astrid Lindgren – Das Paradies der Kinder, 41.

bewahren, ihre Perspektive einzunehmen, das Leben im Hier und Jetzt zu fördern, die Verbundenheit mit der Schöpfung, das Staunen über die Welt – das steckt in Astrid Lindgrens literarischen Wort- und Kinderwelten und ist Desiderat einer jeden Seelsorge mit Kindern. Reichen diese Schnittpunkte aber aus, um von einer „Seelsorge mit Astrid Lindgren" zu sprechen, oder vereinnahmen wir damit von theologischer Seite eine Schriftstellerin, die dies weder beabsichtigt noch gutgeheißen hätte?

Astrid Lindgren ist schon von vielen Disziplinen in Anspruch genommen worden. Da gibt es psychologische, pädagogische, soziologische, philosophische und sogar politische Deutungen.[26] Wenn die Autorin von den verschiedenen Auslegungen erfuhr, war ihr Kommentar: „So, das habe ich also mit meinen Geschichten sagen wollen. Das habe ich bisher noch gar nicht gewusst."[27]

Astrid Lindgren war keine religiöse Schriftstellerin.[28] Einen unmittelbaren Bezug zu biblisch-theologischen Themen und Gestalten bzw. eine Interpretation derselben gibt es in ihrem Werk nicht. Sie ist keine schwedische Version von C.S. Lewis und seiner Welt Narnia.

Ihre Kindheit stand unter dem Einfluss der pietistischen Erweckungsbewegung. Das hieß: sonntags Kirchgang und Besuch der Sonntagsschule. Pflichten, die Astrid Lindgren als Kind eher als Zumutung denn als interessante Herausforderung empfand: „Arbeitsmoral, Sparsamkeit, lebenspraktische Vernunft – das waren die Werte, die die Schriftstellerin, aber auch ihre Figuren prägten. Gleichzeitig erhoben sich [...] Protest und Spott angesichts der Engstirnigkeit und des missionarischen Eifers, auf die sie traf."[29]

---

[26] Als ein Beispiel sei hier hingewiesen auf J. Gaare/O. Sjaastad, Pippi und Sokrates. Philosophische Wanderungen durch Astrid Lindgrens Welt, Hamburg 2003.

[27] Schönborn, Astrid Lindgren – Das Paradies der Kinder, 30.

[28] Vgl. zum Folgenden W. Thissen, Lindgrens Zeit und Ewigkeit. Religiöse Elemente bei Astrid Lindgren, in: F. Schade (Hg.), Astrid Lindgren. Ein neuer Blick. Kinderkultur, Illustration, Literaturgeschichte, Berlin 2008, 77–87.

[29] Thissen, Lindgrens Zeit und Ewigkeit, 78.

Wenn die Guttempler den angeblichen Alkoholiker Michel aus Lönneberga auf den Weg der Tugend führen wollen, ist der ironische Unterton unüberhörbar.[30] In fast jeder Erzählung Astrid Lindgrens spielt Weihnachten eine große Rolle, ebenso der Jahreskreis mit Saat und Ernte, der um die Einbindung des Menschen in die Schöpfung weiß. Direkte Adaptionen biblischer Geschichten sind zum Beispiel in *Madita* zu beobachten, wenn Madita, angeregt durch die Josefs-Geschichte, ihre Schwester feilbietet: „Dann läuft sie ins Kinderzimmer hinauf, sucht einen Bleistift und ein Stück Pappe hervor und schreibt mit großen Druckbuchstaben darauf: KLEINER SCHÖNER SKLAFE ZU FERKAUFEN."[31] Astrid Lindgren bekennt mit dieser Verwurzelung im christlich-protestantischen Boden nicht ihren persönlichen Glauben. Ihr komplexer Zugang zum Religiösen wird in ihren Texten deutlich, in denen „ein erzählerisches Zwischenreich existiert, in dem sich vorchristliche Naturreligion, Gespensterglaube und christliche Motive mit regionalen Sagenstoffen treffen. Man denke an die Osterhexen bei Lotta, das Arsenal der Trolle, Alben, des Nöck, der Elfen, der Druden, des Gelichters, der Unterirdischen und des Dunkelvolks und die Vorkommnisse im Umkreis der Mittsommernacht."[32] All diese Gestalten haben eine Stellvertreterfunktion und sprechen die Kinder in ihren Ängsten, in ihren grundlegenden Bedürfnissen und in ihrer Sehnsucht nach Harmonie und Frieden an. Gerade auch in diesen Gestalten wird Lindgren den Kindern ein Kind und tritt mit ihren Leserinnen in eine lebendige Beziehung. Ist Astrid Lindgren damit eine Kinderseelsorgerin? Im Hinblick auf Einfühlung, Wahrnehmung und Vertrauensbildung: ja. Sie unterscheidet sich aber auch von der Seelsorgerin, die mit Kindern umgeht: Sie ist nicht mit einem christlichen Auftrag versehen, ihr geht es nicht ausdrücklich um die Beziehung Gottes zu den Menschen. Sie

---

[30] Vgl. Strömstedt, Astrid Lindgren. Ein Lebensbild, 306.
[31] A. Lindgren, Madita. Zeichnungen von Ilon Wikland, Hamburg 1992 und 2007, 159. Vgl. weitere Beispiele bei Thissen, Lindgrens Zeit und Ewigkeit, 78f.
[32] Thissen, Lindgrens Zeit und Ewigkeit, 80f.

versucht nicht, christliche Beispielgeschichten zu schreiben. Ich halte daher nichts davon, Astrid Lindgrens Erzählungen als Brücke zu biblischen Erzählungen und Aussagen zu benutzen, wie es in so manchem Kindergottesdienst geschieht.[33] Das sieht dann so aus, dass am Beginn eine Lindgren-Geschichte steht, wie zum Beispiel die eingangs gehörte Erzählung von Michel auf der Auktion in Backhorva. Aus dieser Erzählung werden Bilder und Werte extrahiert, die es in der dann folgenden biblischen Geschichte wiederzuentdecken gilt. Bei der Michel-Geschichte kann so über die Hinke-Lotta eine Brücke zum Senfkorn-Gleichnis (Mt 13,31f) oder zu Ps 139 geschlagen werden: Aus Kleinem kann Großes werden, Gott nimmt jedes Geschöpf an, wie es ist.

Wenn wir das unter Seelsorge verstehen, nehmen wir weder Astrid Lindgren noch die biblischen Geschichten noch die Kinder ernst. Statt einen wirklichen Dialog zu führen, wird Astrid Lindgren für Aussagen der Bibel in Dienst genommen und damit unzulässig vereinnahmt. Den biblischen Geschichten wiederum wird nicht zugetraut, dass sie für sich selber sprechen können. Den Kindern wird eine unmittelbare Begegnung mit der Bibel nicht zugemutet. Nun ist die Absicht solch „moderner" Bibelvermittlung grundsätzlich verständlich: Die Kinder sollen in *ihrer* Sprache, in *ihrer* Welt und in *ihren* Emotionen angesprochen werden. War es nicht genau das, was eine Seelsorge mit Kindern fordert? So ist es! Aber man sollte doch Pippi Pippi sein lassen und Tommi und Annika Identifikationsfiguren für die lesenden und hörenden Kinder, ohne noch eine erwachsene und dann auch noch biblisch-theologische Intention im Hinterkopf zu haben. Nun lassen sich religionspädagogische und seelsorgerliche Ziele nicht einfach über einen Kamm scheren, und vielleicht ist die Seelsorge angesichts ihrer Absichtslosigkeit

---

[33] Haus kirchlicher Dienste der Ev.-luth. Landeskirche Hannover (Hg.), Bullerbü und der liebe Gott. Astrid-Lindgren-Geschichten und die religiöse Entwicklung von Kindern. Gestaltungshilfen für Kindergottesdienste und Kindergruppen, KIMMIK-Praxis Heft 19, Hannover 2005.

gewissermaßen privilegiert, hier eindeutig kritisch Stellung zu beziehen. Aber auch Religionspädagogen und Religionspädagoginnen müssen bei ihren Zielsetzungen die Gefahr der Vereinnahmung reflektieren und bei der Formulierung ihrer hermeneutischen Aufgabe seelsorgerliche Kriterien mit bedenken.

Bei allem Aufscheinen christlicher Traditionen[34] und der Verortung der Kinder und ihrer Familien in der protestantischen Welt ihrer Zeit ist Astrid Lindgren doch nicht in der Weise mit dem Christentum in einen Dialog getreten, dass sie es für ihre Geschichten und ihre Absicht unmittelbar benötigte. Ihre Bücher sollen „das Kind in sich mehr zu Wort kommen lassen."[35] Sie fordert, „man sollte versuchen, selbst über große Probleme in so einfacher Sprache zu schreiben, dass auch das kleinste Kind es begreifen könnte."[36] Sie hat nicht nur das gelingende Leben im Blick, auch die Schattenseiten haben ihren Platz. Ihre literarischen Kinder sind echte Kinder. Kinder, wie sie sind – nicht, wie sie sein sollten. Das heißt, sie werden nicht als kleine Engel schematisiert oder altklug aus der Perspektive Erwachsener beschrieben, sondern als vollgültige Menschen, die mehr sind als kleine werdende Erwachsene. Sprache, Intention und Aufmerksamkeit liegen im Kind- und nicht im Erwachsenen-Modus vor, und die Autorin gönnt den Kindern sogar kleine Triumphe über die Erwachsenen.[37] Ihre kindlichen Helden zeigen Astrid Lindgrens lebenslanges Interesse an Kindern und an deren existentiellen Fragen. Diese anthropologischen Facetten und die Neugier an Kindern überhaupt teilt sie mit der Kinderseelsorge. Als Seelsorgerin hilft mir Astrid Lindgren, im Beziehungs-Dreieck Seelsorgerin-Kind-Gott

---

[34] Vgl. Formulierungen wie in der Michel-Geschichte „Gott segne dich, Michel!" unter Abschnitt 1.
[35] Schönborn, Astrid Lindgren – Das Paradies der Kinder, 39.
[36] Schönborn, Astrid Lindgren – Das Paradies der Kinder, 40.
[37] So z.B. die Entdeckung von Karlsson vom Dach durch die Eltern von Lillebror und unzählige andere Begebenheiten, die den Kindern Genugtuung verschaffen.

das Kind vor mir und in mir zu entdecken und aufmerksam wahrzunehmen. Insofern ist ein Dialog mit Astrid Lindgren von Seiten der Kinderseelsorgerin zu suchen.

Kann sich Kinderseelsorge nun im gemeinsamen Lesen von *Michel aus Lönneberga* oder *Pippi Langstrumpf* ausdrücken? Warum nicht?! Es schafft Vertrauen und Vergnügen und bringt Kinder und Erwachsene einander näher. Wichtig ist die Haltung, mit der ich als Seelsorgerin diesen Geschichten begegne: Sie sind die Geschichten Astrid Lindgrens, nicht meine. Sie haben ihre Fragen und Antworten, ich habe meine. Sie sind als literarische Fiktion anwesend mit Identifikations- und Sinndeutungsangeboten. Ich bin als Seelsorgerin persönlich anwesend mit einer Botschaft, die ebenfalls Identifikations- und Sinnangebote macht, die aber zugleich über mich und das Kind hinausweist und sich in der Krise als wahr erweisen muss.

Dazu abschließend ein Beispiel, auf das ich oft angesprochen wurde: Der Umgang mit den *Brüdern Löwenherz* in der Seelsorge. Der Roman stellt die Frage nach dem Trost für ein sterbendes Kind. Astrid Lindgren geht behutsam vor: Zunächst stellt sie klar, dass der Tod zum Leben eines jeden Menschen dazugehört, und dass es zur Liebe gehört, ein Kind darüber nicht zu belügen, sondern ihm in seiner Angst beizustehen: „Jonathan wusste, dass ich bald sterben würde. Ich glaube, alle wussten es, nur ich nicht",[38] konstatiert Krümel zu Beginn der Erzählung. Das Vertrauen in seinen Bruder lässt folgende Situation zu: „Als Jonathan nach Hause kam, erzählte ich es ihm. ‚Weißt Du, dass ich bald sterben muss?' fragte ich und weinte. Jonathan dachte ein Weilchen nach. Er antwortete mir wohl nicht gern, doch schließlich sagte er: ‚Ja, das weiß ich.'"[39] Jonathan und Krümel Löwenherz leben nach ihrem Tod zunächst in Nangijala weiter, bevor sie einen weiteren Sprung in den Tod auf sich nehmen, der sie nach Nangilima bringt. Die bei-

---

[38] Zit. nach Gottschalk, Jenseits von Bullerbü, 158.
[39] Zit. nach Gottschalk, Jenseits von Bullerbü, 158.

den Reiche nach dem Tod sind Phantasiegebilde, die den kleinen Krümel trösten und ihm helfen sollen, auch ohne seinen Bruder Jonathan weiterzuleben. Einige Rezensenten sehen darin „eschatologische Opfertodszenen buddhistischer Jenseitsvorstellungen"[40] und fragen sich, ob das tiefsinnige Metaphysik oder synkretistischer Schwulst sei. In ihrer unvergleichlich direkten Art hat Astrid Lindgren zum „metaphysischen" Hintergrund ihres Buches Stellung genommen: „Ich glaube weder an Nangijala noch an Nangilima oder an den Himmel oder irgend etwas. Und eigentlich ist es in dem Buch so, dass Krümel erst auf der letzten Seite stirbt, und zwar auf seiner Küchenbank. Das, was in Nangijala passiert, braucht er, um überhaupt weiterleben zu können, nachdem Jonathan in der Feuersbrunst vor ihm weggestorben ist. Und als er am Schluss springt, tut er das auch nur in seiner Phantasie. Ja, so ist es, die erwachsene Person in mir weiß, dass es so ist, aber das Kind in mir akzeptiert es nicht. Deshalb sage ich dir, verrate das hier ja nicht einem einzigen Kind, dann schlage ich dich!"[41] Theologisch gesehen, sind die beiden Todesreiche in Astrid Lindgrens Erzählung natürlich nicht mit christlichen Auferstehungsvorstellungen kompatibel. Kann ich als Seelsorgerin dennoch das Buch empfehlen oder mit Kindern gemeinsam lesen? Auf der Onkologie der Kinderklinik sind sie mir oft begegnet, die Brüder Löwenherz. Und sie trösten – Kinder, Eltern und Angehörige –, schaffen Bilder und lösen Tränen. Und sie können neben mir und den Bildern stehen, die ich zu diesem Thema beitragen kann: Das Sitzen in Abrahams Schoß, das Haus Gottes, das viele Wohnungen hat, den neuen Himmel und die neue Erde. Astrid Lindgren wollte ein Trostbuch schreiben, und das hat sie getan, indem sie danach fragt, was Kinder in einer solchen Situation brauchen, nicht, was richtig oder falsch oder zu erklären ist. Und die Seelsorge kann dies anerkennen und aufnehmen, indem sie *Die Brüder Löwen-*

---

[40] Gottschalk, Jenseits von Bullerbü, 162f.
[41] Strömstedt, Astrid Lindgren. Ein Lebensbild, 228f.

herz als Trostbuch versteht, als Geschichte, die in besonderer Weise die Gefühle von Kindern angesichts von Tod und Sterben aufnimmt. Eine Brücke zur Ostergeschichte aber ist sie nicht. Diese zu erzählen, anschaulich und in ihrer Fremdheit belassend, ist meine Aufgabe als Seelsorgerin.

Seelsorge mit Astrid Lindgren hat viele Facetten. Ich stelle mir vor, ich sitze mit ihr am Bett eines Kindes: Sie erzählt eine Geschichte, und ich erzähle eine Geschichte, und das Kind erzählt eine Geschichte. Und wir staunen zusammen darüber, was uns so alles einfällt und wichtig ist und dass das Leben genau in diesem Augenblick wunderbar ist.

GABRIELA MUHL

Schauplätze:
Gott auf der Theaterbühne bei George Tabori

„Der große G. ist tot, berichtet Time Magazine, irgendein deutsches Schwein, wer denn sonst, namens Nietzsche, hat ihn umgebracht, und jetzt ist er tot und weg. Heutzutage sterben Leute, die früher nicht gestorben wären.
‚Wer ist tot?'
‚Gott!'
‚Ich wußte gar nicht, daß er krank war.'"[1]

Theater entsteht, wenn etwas erscheint, das ein anderer beobachtet. Nun mag das als Bühnenweisheit verstaubter Natur erscheinen, solange ein Kulturbetrieb wie das Theater nicht mehr von seinen Besuchern forderte als deren artige Präsenz. Die Beziehung zwischen Publikum und Schauspielern auf der Bühne als eine dialogische zu beschreiben, gilt als Errungenschaft der Theaterrevolutionäre des 20. Jahrhunderts. Die modernen Theatermacher eignen dem Zuschauer ein neues Selbstverständnis zu: Er selbst wird zum Mitspieler, zum Akteur im Geschehen. Und zu diesen Enfants terribles, die das Spiel mit dem Spiel, das Spiel im Spiel neu erkunden, ist gewiss auch George Tabori (1914–2007) zu zählen. Tabori eröffnet mit seinen Themen, die er in seinen literarischen Kompositionen anschlägt, ein weites Feld. Es gilt daher, eine Auswahl, einen Blickpunkt auf das Werk Taboris herauszuarbeiten. Didaktisch gesprochen, ließe sich das wohl als Elementarisierung bezeichnen. Eine Vokabel darf im theologischen Dunstkreis keinesfalls fehlen: GOTT! Nun erscheinen die Eckdaten als gesichert: Die folgenden Überlegungen legen ein Netz über einen skurrilen Theatermacher, über George

---

[1] Vgl. G. Tabori, Son of a Bitch. Roman eines Stadtneurotikers. Aus dem amerikanischen Englisch übers. v. U. Grützmacher-Tabori, Berlin 2003.

Tabori und über zwei bedeutsame Begriffe: Schauplatz und Gott. Bei diesem Terzett handelt es sich um eines, das nicht nur existentiell, sondern auch provokant aufgeladen zu sein scheint: Theater, ein Ort prägender Bildung, aber auch moralischer Entrüstung, Gott als unbekannte Größe, ohne die und mit der die Postmoderne nicht so recht auszukommen vermag, und nicht zuletzt George Tabori, das kulturelle Fäkalferkel mit dem Prädikat „künstlerisch wertvoll", erteilt von einer Kulturjüngerschaft der Unerschrockenen. Richten wir unsere Aufmerksamkeit also zunächst auf den Schauplatz, das Theater, oder besser gesagt auf das *theatron*. Die Gesetzmäßigkeit, der das Theater unterliegt, ließe sich in etwa wie folgt beschreiben:

1. Ein Darstellender zeigt sich einem Gegenüber, beide Seiten sind auf sinnliche Wahrnehmung angewiesen. Der Darstellende ist also stets abhängig von der Wahrnehmung durch einen Zuschauer und davon, wie sich die Art und Weise der Darstellung im Zuschauer abspiegelt. Texte und Subtexte werden in Szene gesetzt und damit in Form gebracht: Theater wirkt und ist erst durch seine Performanz!

2. Des Weiteren lädt das Spiel auf der Theaterbühne zur Verwandlung und zum Verwandeltwerden ein, zum Übergang von einem Zustand in einen anderen. Damit erweist sich der Schauplatz als ein Markt für wirkliche Möglichkeiten, ohne dabei Anspruch auf Realität zu erheben. Wirkliche Spieler spielen wirklich im Spiel, das sich der Realität durch mehr als eine Möglichkeit annähert. Theater bezieht sich daher nicht auf eine Lehre von der Abbildung der Realität, sondern es hat gerade dort seine Schnittmenge zwischen Fiktion und Realität, wo es auf die Ein- und Ausdrucksfähigkeit, auf das Verhalten des Menschen und die dazugehörige psychische Disposition baut. Das Spiel erhält die ihm innewohnende Repräsentanzfunktion menschlichen Welterlebens. Mit Silke Leonhard und Thomas Klie lässt sich zusammenfassend sagen: „In jedem Fall aber sind Aufführungen auf Anschauung und

aktive Teilhabe aus und geben Anlass zu deuten."²

3. Nicht im „Abbilden von Wirklichkeit" besteht die Aufgabe des Theaters, sondern in seiner „bildenden Absicht".³ Die Deutungsleistung von Ich und Du orientiert sich also stets auch an der Leiblichkeit. Ein ganzer Leib zeigt, was ein ganzer Leib sieht. Auf dem Theater wird nun die Ästhetik die zur Kunstform erhobene Lebensweise von Gestalten und Verstehen und umgekehrt. Das Spiel hebt die Wirklichkeit personalen Daseins in den Raum bewusster Gestaltung. Damit bezieht sich das Theater auf die originären Bausteine menschlichen Vorkommens in der Welt, indem es seine Exponenten zum Erscheinen und Betrachten anhält und dieses zu einem bewussten Vorgang macht.

4. Theaterspielen kann als eine Metapher verstanden werden, die alle Phänomene der Lebenswelt umfasst. Alle menschlichen Handlungen sind symbolische, das heißt, sie fungieren als Zeichen für einen bestimmten Sinnzusammenhang. Ihre Bedeutung erhalten sie nicht aus ihrer Gestalt, sondern durch die Sinnzuschreibung des sie jeweils umgebenden kulturellen Kontextes. Der gesamte Bereich der menschlichen Kultur kann also als Zeichenhandeln betrachtet werden. Jedem Wort, jeder Geste, jeder Handlung lässt sich innerhalb eines kulturellen Kontextes eine Bedeutung zuordnen. Das mag zunächst für eine erste Annäherung an das, was Theater ausmacht, genügen.

Nehmen wir nun den zweiten Begriff des Titels in den Blick: Gott. Gott ist und bleibt eine feste Bezugsgröße des Menschen. Bisweilen scheint es, als sei er vom religiösen Hungertod bedroht, gleichwohl bleibt er durch kulturelle Karitas am Leben: in der Musik, in den Museen und auf der Theaterbühne durchsetzt er die Endlichkeit mit jenem Stoff, aus dem die Mensch-

---

² T. Klie/S. Leonhard (Hg.), Schauplatz Religion. Grundzüge einer performativen Religionspädagogik, Leipzig 2003, 7.

³ Klie/Leonhard, Schauplatz Religion, 7.

heitsträume sind – mit der Unendlichkeit. Die Dichotomie zwischen Endlichkeit und Unendlichkeit bleibt Geistesakrobatik, der wir, um sie auszuhalten, mit der Absicht eines Brückenbauers begegnen, wie es etwa in der ersten Strophe des Gedichtes von Heike Kriegbaum *Barfuß gehen* zum Ausdruck kommt:

> „Neulich sprach ich noch mit dir, Gott.
> Ich saß auf deinem Regenbogen
> und wusste, du bist.
> Mit meinen Träumen von dir
> webte ich mir Wirklichkeit."[4]

Das Leben Gottes, so scheint es, ereignet sich in der Lebensgeschichte von Menschen. Vom Menschen allein ist Gott erfahrbar. Heinz Zahrnt findet dafür folgende Worte: „Wie in einem Kraftfeld sind Schöpfer und Geschöpf im Glauben zusammengeschlossen, und die Veränderung des einen Punktes zieht stets die des anderen nach sich. Wie jemand sich zu Gott stellt, so findet er ihn."[5]

Wenn wir Gott auch noch nicht schauen, so erahnen wir ihn doch schon in einer Welt zwischen den Welten, die nur dem jeweils Unverfügbaren im Menschen zugänglich sein mag. Zehn Zentimeter über dem Boden, wie Fontane die Phantasiebegabtheit seiner Effi und damit ihre Absage an eine rein materiell orientierte Welt beschreibt, lässt sich der Zusammenhang zwischen Raum und Zeit, zwischen Endlichkeit und Unendlichkeit immer wieder neu modulieren, lassen sich Gott und die Welt auf den Kopf stellen. Was eben Anfang war, kann gerade jetzt das Ende bedeuten, die Unendlichkeit erhält ein endliches Antlitz, und das Unmögliche erweist sich als das Mögliche, vielleicht als das einzig Mögliche im Geschehen. Einzig die Wirklichkeit

---

[4] H. Kriegbaum, Barfuss gehen, in: J. Kubik u.a. (Hg.), Religion entdecken, verstehen, gestalten, Göttingen 2003, 38.

[5] H. Zahrnt, Das Leben Gottes. Aus einer unendlichen Geschichte, München 1997, 11.

mag also Auskunft geben über Gottes Sein.

Wenden wir uns nun George Tabori zu. Die Einlassung auf Tabori und sein Theater bedeutet, sich von bürgerlichem Theaterverständnis zu verabschieden, die Distanz zwischen dem zuschauenden Individuum mit seiner je eigenen Mystik und dem deklaratorischen Theatergeschehen auf der Bühne aufzubrechen. Überraschende Wendungen in simplen Handlungszusammenhängen erzielen irritierende Wirkungen und provozieren – eben gerade durch ihre Alltäglichkeit. Tabori verabschiedet sich von dem Anspruch, philosophische und moralische Einsichten zu vermitteln, und damit von einem zentralen Gedanken der Aufklärung, die das Theater als nationale Einrichtung und moralische Anstalt mit dem Zwecke, Fürsten und Volk gleichermaßen zu belehren, zu bilden und zu bessern, auffasste. Im modernen Theater Taboris wird der Zuschauer, und welcher Theaterbesucher will das schon gern, verwirrt und einer parodistischen Destruktion des Theaters ausgesetzt – eben im und durch das ganz Banale(n)! Was lässt sich nun über diesen Theatermacher sagen, der sein Leben und das der anderen kurz und knapp mit folgenden Worten umriss: „Es ist das große Welttheater, unser Leben."[6]

Am 24. Mai 1914 erblickt George, eigentlich György, Tabori als zweiter Sohn von Elsa und Cornelius Tabori in einer jüdischen, nichtreligiösen Familie das Licht der Welt im Herzen Ungarns, in Budapest. Obgleich also Ungar von Geburt, bringt Tabori zeitlebens der deutschen Sprache eine besondere Sympathie entgegen, was vor allem seiner Großmutter, Fanny-Kraus-Ziffer, zu verdanken ist. Der Umgang mit Sprache beziehungsweise mit Sprachen ist ihm von Beginn seines Lebens an vertraut, und er wird es bleiben. Bis zuletzt schreibt Tabori, obgleich er lange in Deutschland lebt, in englischer Sprache. Die Stücke für die Bühne lässt er übersetzen.

---

[6] A. Welker, Chronik von Leben und Werk. Ein Meister aller Sparten, in: du. Die Zeitschrift der Kultur: George Tabori. Macht kein Theater, Heft 719 (September 2001), 40–42; hier: 41.

„[I]ch liebe diese Sprache, diese schönen Seufzer und das
trockene Krächzen, all die Dialekte, besonders die von
der Bühne verbannten; also das alltägliche, ungepflegte
Palaver wie auch das Frühlingsrauschen [...]."[7]

Der Schriftstellerei fühlen sich in der Familie sowohl der Vater als auch der ältere Bruder Paul verbunden. Paul schreibt bereits in frühem Alter Gedichte und gründet in Jugendjahren einen Club, in dem nur derjenige Mitglied werden durfte, der die schönsten Lügengeschichten erfindet. Berichte über Brecht und Piscator, die Paul später schreiben wird, wecken auch das literarische Interesse bei George, der sich nach eingehender Lektüre Franz Kafka und Thomas Mann als Vorbilder erwählt.

Aber zunächst beugt sich Tabori dem Willen des Vaters, etwas Ordentliches zu erlernen. Die Wahl fällt auf die Hotelbranche: Er beginnt eine Lehre im Adlon in Berlin. Etliche Motive saugt er hier auf, konserviert sie und spielt sie später in sein Theaterwerk ein. Die nationalsozialistische Welle, die über Europa schwappt, treibt auch George vor sich her: Der Jude Tabori versucht ihr zu entkommen über London, Sofia und Istanbul. Während auf der Wannsee-Konferenz die Endlösung der Judenfrage durchgesetzt wird, arbeitet Tabori bei der BBC in Jerusalem, direkt gegenüber dem Ölberg. Über Kairo, wo er nur für einige Monate lebt, kehrt er zurück nach England, wo er bis 1947 arbeitet. In dieser Zeit erreicht ihn die Nachricht vom Tode seines Vaters in Auschwitz. Im Rahmen weiterer Recherchen über die Gräueltaten in den Konzentrationslagern erfährt George Tabori unter anderem, dass es dort Kannibalismus gegeben haben soll. Die Bilder seines Lebens trüben sich weiter ein, und er gerät darüber in eine ernste Lebenskrise: Er ist der Judenvernichtung durch die Nazis entkommen, der aber die Mehrheit seiner Familie zum Opfer gefallen ist. Das Exil, das Leben in der Fremde, wird zu einem äußeren Kennzeichen seiner inneren Haltung als Kosmopolit.

---

[7] G. Tabori, Liebeserklärung. Dankrede, in: JbDA 1992, 133–137; hier: 135.

Gerade in dieser Zeit lockt ihn das lebenslustige Hollywood mit einem Angebot, Regiearbeiten zu übernehmen, dem er – nach anfänglichem Zögern – folgt. Das zum Teil zwar banal anmutende Leben in Hollywood bietet ihm aber auch Chancen, zum Beispiel die Begegnung mit Bertolt Brecht, über die er später sagen wird:

> „Die Begegnungen waren nur kurz, unpersönlich und für mich ziemlich aufwühlend. Er veränderte mein Leben, ließ mich die verhältnismäßige Geschlossenheit und Freiheit des Romans aufgeben, verführte mich zu den Forderungen des Theaters. Wofür ich ihm danke und ihn verfluche..."[8]

Einem anderen großen Dichter des Jahrhunderts, Thomas Mann, haben wir den für Tabori typischen Stil des schwarzen Humors zu verdanken, indem er ihm den Rat erteilte, in Amerika eine Lesung grundsätzlich mit einem Witz zu beginnen. Jeder gute Witz habe eine Katastrophe als Inhalt. Darüber hinaus habe der Witz die perfekte literarische Form, weil er kurz und logisch und die Pointe immer eine Überraschung sei. Die besten Witze stammen für ihn aus der jüdischen Tradition. In seiner späteren Theaterarbeit hat der Witz beziehungsweise Taboris Sinn für Humor – im Kontext der Judenvernichtung – revolutionären Charakter und trägt ihm wiederholt den Vorwurf der Geschmacklosigkeit ein.

Mit dem Jahr 1968, in dem Tabori eines seiner provokantesten Werke vorlegt, schließt sich der kleine biografische Exkurs: *Die Kannibalen*. Hierin verarbeitet er den Tod seines Vaters in Auschwitz. Über das Stück sagt er:

> „Es ist weder eine Dokumentation noch eine Anklage, sondern eine schwarze Messe, bevölkert von den Dämonen meines eigenen Ichs, um mich und diejenigen, die diesen Alptraum teilen, davon zu befreien."[9]

---

[8] A. Feinberg, George Tabori, München 2003, 50.
[9] Feinberg, George Tabori, 112.

Obgleich sich Tabori Zeit seines Lebens vor allem dem Werk Bertolt Brechts verpflichtet fühlte, gelangt er nun zu seinem eigenen Thema. Er schreibt mit seiner ihm eigenen Poesie Geschichten über das Leben und den Tod, die mit dem Entsetzen Scherze treiben. Er schreibt zwischen Faszinosum und Tremendum über Gott und die Welt. Die deutsche Erstaufführung von Taboris Stück *Die Kannibalen* 1969 am Berliner Schillertheater war für das damalige Publikum ein Schock. Es handelt von KZ-Häftlingen, die im Hungerdelirium einen Mithäftling erschlagen, und wagt die ungeheure Frage zu stellen: Kannibalismus oder Gaskammer? „Es gibt Tabus, die zerstört werden müssen, wenn wir nicht ewig daran würgen wollen",[10] war Taboris lapidarer Kommentar zu seiner Art von Schocktherapie.

Wenden wir den Blick noch einmal auf die Überschrift: Gott auf der Theaterbühne. Dabei mag man denken: Gott, eine zweifelsohne ungewöhnliche Bühnenfigur! Aber keinesfalls ein Tabu für Tabori: Der Titel eines seiner Theaterstücke lautet *Mein Kampf*, gleich der programmatischen Hetzschrift Adolf Hitlers. „Ein Jude wählt für eines seiner Hauptwerke den Titel eines Buches, das dem Rassenwahn huldigt und eine weltweite jüdische Verschwörung behauptet, die für den Niedergang des deutschen Volkes verantwortlich sei und die Vernichtung des jüdischen Volkes legitimiert."[11] Zeit und Ort des Geschehens bleiben unbestimmt nach dem Motto: Was damals geschehen ist, kann sich jederzeit wiederholen. In einer provisorischen Bleibe hausen der jüdische Buchhändler Schlomo Herzl und Lobkowitz. Eigentlich ist er ein Koscher-Koch, jedoch ohne Arbeit. Was ihn aber ganz besonders erscheinen lässt, ist die Tatsache, dass er sich für Gott hält.

Auch Adolf Hitler ist Gast in diesem Asyl. Hitler ist hier kein Sympathieträger, dennoch möchte Herzl ihm zu ein wenig Mitmenschlichkeit und

---

[10] G. Tabori, Meine Kämpfe, Frankfurt a.M. 1991, 38.
[11] S. Scholz, Von der humanisierenden Kraft des Scheiterns, Stuttgart 2002, 87.

Lebenstüchtigkeit verhelfen. Das Vorhaben scheitert. Hitler, schwer getroffen durch die Ablehnung an der Kunstakademie, träumt von der Weltherrschaft. Herzl schreibt währenddessen ein Buch, von dem Hitler fürchtet, dass auch er darin vorkomme und dass seine Heroisierung darin Abstriche erführe. Hitler verwüstet daraufhin vorsorglich mit einigen übrigen Pennern das Lager von Herzl und setzt ihm mit Gewalt zu. Frau Tod rettet die Situation. Hatte Herzl bei ihrem ersten Erscheinen sich erboten, Hitler vor dem Tod zu retten, muss er jetzt erkennen, dass es Frau Tod nicht um Hitlers Sterben geht, sondern dass sie ihn als ihren Helfershelfer erkennt. Herzl ist darüber enttäuscht und traurig. Und in dieser Situation möchte ihn Lobkowitz aufmuntern – mit einem Witz:

„Lobkowitz: Es war einmal ein Vampir, der schlüpfte
ins Schlafgemach einer Prinzessin und kroch
sabbernd zu ihr ins Bett, und sie wachte auf und schrie
und hielt ein silbernes Kruzifix hoch, und der Vampir
lächelte und sprach: SVET GORNISCHT HELFEN!"[12]

Zurück zum Anfang: In dem Stück, das vor und nicht nach Auschwitz spielt, lässt Tabori Hitler auf den Juden Schlomo Herzl treffen. Es begegnen sich zwei typisierte Antagonisten zum „Vorspiel" einer Tragödie, die bereits stattgefunden hat. Lobkowitz: „Wenn du nicht über den Anfang hinauskommst, mußt du vor dem Anfang anfangen."[13] Während Hitler sich an der Kunstakademie bewirbt, arbeitet Schlomo an seinem Buch mit dem Titel *Mein Kampf*. Im Gegensatz zu seinem realen Gegenstück entfaltet es keinen Rassenhass und die damit verbundenen Folgen, sondern Schlomos Buch soll Gott zum Thema haben. Schlomo Herzl, der Buchhändler, hat überdies nur zwei Werke in seinem Angebot, und das ist gleichermaßen als sein Lebensprogramm zu lesen: Er verkauft die Bibel, die Recht und Sitte des menschli-

---

[12] Tabori, Meine Kämpfe, 98.
[13] G. Tabori, Theaterstücke, Bd. 2, Frankfurt a.M. 1994, 149.

chen Miteinanders thematisiert, und das *Kamasutra*, das Lehrbuch für das dritte Lebensziel der Hindus: Liebe und Genuss.

Zwischen diesen beiden Werken spannt sich der Bogen des nicht aufzulösenden Dilemmas, einerseits gut sein zu sollen und andererseits glücklich werden zu wollen. In unterschiedlichen Kompositionsentwürfen wird dieser unaufgelöste Konflikt ins dramatische Bild gefasst. Schlomo Herzl erweist sich als eine Mischung aus ewigem Juden, dem Weisen Salomo und dem Zionisten Theodor Herzl. Wieder zeigt sich, wie Tabori Zeiten, Orte und Personen übereinanderlegt und ineinanderblendet.

Ein erstes Dilemma: Da versüßt ihm, dem hässlichen und schmutzigen Schlomo Herzl, jede Woche einmal das schöne Gretchen seinen grauen Obdachlosenalltag. Begierde und Lust bestimmen sein Handeln, gleichwohl fühlt er sich ihrer Liebe unwürdig:

> „Herzl: O Herr, großer und gnädiger Gott, der du
> dich jener erbarmst, die deine Gebote achten,
> was ich nicht tue, selbst jetzt, da ich vom Gebet
> erfüllt bin, sehe ich das Kind Gretchen Maria
> Globuschek, wie sie mich zur Zeit der Morgenandacht
> berührt: meine bösen Finger krümmen sich beim
> Anblick ihrer süßen Kugeln, ich sitze am Ofen wie
> an den Wassern von Babylon und warte auf den
> Messias, sehr wohl, aber ich bin nicht sicher, daß
> ich dabei sein will, wenn er kommt."[14]

„Gretchen nähert sich ihm, doch kommt es nicht zum Letzten, zur sexuellen Vereinigung. Sie scheitert am Empfinden seiner eigenen Minderwertigkeit."[15]

Das zweite Dilemma: Herzl begegnet Hitler im Obdachlosenasyl unter der Metzgerei von Frau Merschmeyer. Während sich in Herzl die tausend-

---

[14] Tabori, Mein Kampf, 172.
[15] Scholz, Von der humanisierenden Kraft des Scheiterns, 72.

jährige Geschichte des jüdischen Volkes verdichtet, sie ist ein Kampf ums Überleben, so ist Hitler außerstande zu lieben, zu scheitern, zu weinen und zu lachen: „Hitlers zwielichtiger Charakter duldet nur die Nähe des Zerstörenden. Der Tod ist die einzige sinnliche Erfahrung, der er zugänglich ist, die einzige Frau, deren Nähe er erträgt, mit der er Einswerden möchte."[16] Tabori stellt mit der weiblichen Variante des Todes eine enge Verknüpfung zwischen Eros und Thanatos her. Dies Motiv erscheint nicht neu, ist es uns aus der Kunst doch durch die zahlreichen Darstellungen des Todes im Tanz mit einem jungen Mädchen vertraut. Neu und befremdlich erscheint die Verknüpfung zwischen Sexualität und Mord. Hitler bleibt unberührt von Mitmenschlichkeit, und so bleibt ihm nur, sich selbst zum Maß aller Dinge zu machen: „Sein Wille ist Gesetz, seine Launen die Gebote, der Jude der Feind und die Weltherrschaft das Ziel".[17]

„Hitler: Ich kriege meine besten Ideen in der Nacht.
Ich will nämlich gar kein Maler werden. Ich will was anderes.
Herzl: Was zum Beispiel?
Hitler: Die Welt."[18]

Der Tod gewinnt damit Verbindlichkeit im Gegensatz zu Gott. Das Böse gedeiht in der Welt. Glaube – Vertrauen – Sicherheit, die Lobkowitz-Gott Herzl als verlässliche Allianz anbietet, werden durch die Figur Hitler und deren Handeln in der Welt ins Wanken gebracht:

„Herzl: Sie brechen hier rein wie ein Elefant ins Unterholz,
zufällig habe ich an einem Buch gearbeitet, bis Gott
mich unterbrach.
Hitler: Wer?
Herzl: G-o-t-t.
Hitler: Gott ist tot."

---

[16] Scholz, Von der humanisierenden Kraft des Scheiterns, 110.
[17] Scholz, Von der humanisierenden Kraft des Scheiterns, 99.
[18] Tabori, Mein Kampf, 168.

Lobkowitz: Denkste.
Hitler: Wetten?
Herzl: Schon verloren."[19]

Ein drittes Dilemma wirft seinen Schatten: Ein Pseudo-Gott ist auf der Bühne bereits anwesend und zwar in Gestalt von Koscher-Koch Lobkowitz, der Herzl belehrt und bisweilen mit seiner aufgesetzten göttlichen Würde sogar quält. Und doch hat Herzl in Lobkowitz einen Freund gefunden. Und für Lobkowitz erweist sich die Verbindung zu Herzl insofern als Gewinn, als dieser ihn mit Herr anspricht, womit der Angesprochene zu dem erhöht wird, wofür er gehalten werden möchte: für Gott.

Herzl spielt also mit, und er, Lobkowitz, darf Gott sein beziehungsweise spielen: „Lobkowitz als Gott muss auf Herzl aufpassen, ihm raten, ihn ermahnen und zurechtweisen. Beiden ist jedoch stets bewusst, dass es sich um ein Spiel handelt: Lobkowitz ist nicht Gott, aber das Spiel mit Lobkowitz ermöglicht es Herzl, mit Gott, dem echten, zu sprechen. Dieser hüllt sich in Schweigen, verschleiert seine Gegenwart, bleibt vage und unbestimmt."[20]

„Herzl: Wo bist du gewesen?
Lobkowitz: Ich war hier, die ganze Zeit.
Aber du hast vergessen, nachzuschauen!"[21]

Aber dennoch wird Herzl Freund mit Gott, und es empfindet der Mensch für Gott und Gott für den Menschen Sympathie. Und damit werden beide offen für die Gegenwart des anderen. Und obgleich das Gespräch, das Herzl mit Lobkowitz-Gott führt, auch immer eine Annäherung an den wirklichen Gott bedeutet, bleibt dessen Existenz in der Schwebe. Die Skepsis an der Existenz Gottes überwiegt:

„Lobkowitz: Wer sich Sorgen macht, hat wenig Glauben,
also bedenke, was im Himmel über dir ist.

---

[19] Tabori, Mein Kampf, 151.
[20] Scholz, Von der humanisierenden Kraft des Scheiterns, 112.
[21] Tabori, Mein Kampf, 202.

Herzl: Glauben kann man nicht erzwingen, Herr.
Lobkowitz: Du bezweifelst meine Allwissenheit, Frechling.
Herzl: Wenn ich nicht zweifle, was bin ich dann?
Lobkowitz: Wenn du nur zweifelst, wer bist du dann?"[22]

Die Frage nach der Gerechtigkeit Gottes in einer ungerechten Welt treibt Herzl immer wieder um.

Daher ein viertes Dilemma: Hitler, den er nicht zur Liebe bewegen konnte, der sich der humanisierenden Kraft der Liebe verweigerte, macht ihn nun zum Schuldigen daran, dass er, Hitler, nicht in die Kunstakademie aufgenommen wird. Lobkowitz-Gott zieht hier die Notbremse und lässt Herzl allein. Will Herzl den Versuch unternehmen, der Gesetzmäßigkeit des Scheiterns zu entgehen? Und so gibt es zum Ende hin eine entscheidende Wendung, die nur das Spiel erlaubt oder die nur im Spiel erlaubt ist. Lobkowitz-Gott bringt sich in Sicherheit, als Hitlers Zorn auf Herzl herniedergeht:

„Lobkowitz: Ich gehe.
Herzl: Verläßt du mich?
Lobkowitz: Gott braucht den Menschen. Auch der
Mensch braucht den Menschen, aber du hast etwas
von deiner Menschlichkeit verloren, seit du den
Graphiker bedienst wie eine Mutter, und die Mütter
sterben mit dem Schwert im Arsch."[23]

Hitler geht in seinem Zorn dagegen so weit, dass er mit Hilfe von Himmlischst die Henne Mizzi tötet und Herzl nötigt, davon zu essen. Mizzi, die Henne Gretchens, ist ihre Intimvertraute, nachdem sie beide Elternteile durch Suizid verloren hat, und sie besitzt darüber hinaus eine nahezu hellseherische Gabe: Indem sie Hitler auf die Hand scheißt, verweigert sie ihm die Teilhabe an einer humanen Gemeinschaft und verweist ihn damit auf die niederen Ränge. In einem antirituellen Schlachtopfer wird Mizzi von Himm-

---

[22] Tabori, Mein Kampf, 145.
[23] Tabori, Mein Kampf, 164.

lischst gebraten, dazu noch auf unkoschere Weise, d.h. nicht lebend ausgeblutet. In einer Inversion des Passa-Rituals wird Mizzi zerhackt und damit dem Verbot widersprochen, die Knochen der Opfertiere zu brechen. Die Unversehrtheit der Knochen gilt als Garant für die Auferstehung. Gleichzeitig schiebt sich eine andere Folie über das Geschehen, nämlich die Erinnerung an Tod und Folter, an Menschenversuche in den Vernichtungsfabriken der Nationalsozialisten. Das sprachspielerische Kolorit gewinnt seinen Höhepunkt durch die Assonanz von Himmlischst und Himmler, dem unerbittlichen Großinquisitor Adolf Hitlers. Lässt sich Taboris Umbenennung des Mörders als Anspielung auf den pervertierten Erlösungsgedanken bei den Verantwortlichen der „Endlösung" verstehen?

„Herzl: Wenn ihr beginnt, Vögel zu verbrennen, werdet
ihr enden, Menschen zu verbrennen."[24]

Ein pseudo-sakraler Blutritus wird mit Versatzstücken des Passafestes zu einem dichten Netz von Anspielungen verwoben, die auf den Holocaust abzielen. Sowohl manche Menschen wie auch Gott können die Liebe nicht ertragen. Und damit bleibt Herzl allein und verlassen. Der Gott der Bibel wie der Mensch Gottes unterliegen dem Gesetz des Scheiterns:

„Herzl: Wo bist du gewesen?
Lobkowitz: Ich war hier, die ganze Zeit.
Aber du hast vergessen nachzuschauen."[25]

Die Theaterliteratur Taboris erscheint bei näherem Hinsehen als nahezu durchtränkt von religiösen Bildern, Metaphern und Motiven. Dabei schreiben religiöse Szenarien auf der Bühne eine wechselhafte Geschichte in der abendländischen Kultur. Die Geburtsstunde des Theaters fällt mit der des religiösen Rituals zusammen, und das Theater emanzipiert sich nur zögerlich, tritt aus dem Schatten des Rituals und entzieht sich damit sowohl der

---

[24] Tabori, Mein Kampf, 201.
[25] Tabori, Mein Kampf, 203.

Indienstnahme als auch der Vereinnahmung religiöser Inhalte. Einer Unabhängigkeitserklärung des Theaters begegnete die etablierte Religion, die Kirche, mit Sicherheitsverwahrung. So ließ Justinian sämtliche Theater schließen unter Androhung von Strafen für alle am *theatron* Beteiligten.

Jedoch kam auch die Kirche, wenn sie sich denn als Staatsreligion etablieren wollte, nicht ohne die Theatralisierung von Ritualen aus. Im Sinne einer Erziehung zur christlichen Lehre wurden Kernbotschaften aus der christlichen Lehre für ein analphabetisches Publikum aufbereitet. Vor allem das Ostergeschehen bot sich für eine künstlerische Nachbildung an. So entwickelte sich über die Marienstücke eine komplexe Spielkultur, die zum Ziel hatte, die Vergegenwärtigung Christi in allen Schichten des Volkes zu implementieren. Erst das 20. Jahrhundert verzichtet für das Theater auf ein Bekenntnis, verlangt ihm dafür aber insistierend einen Bekennerbrief ab. Es mutet daher nur als konsequent an, wenn das Theater in der Repräsentanzfunktion von Welterleben das Leben wiederum als Welttheater deutet. Die durch Religion und Ideologie behauptete Eindeutigkeit von Botschaften wird nun jeweils neu kontextualisiert: synchronisiert, montiert, kollagiert und nicht zuletzt karikiert, fiktionale Räume werden eröffnet, Zeit gedehnt, gerafft und verschoben. Der Weg zum Experimentierfeld für Menschen mit Menschen ist damit eröffnet.

Ein natürliches Hinnehmen von Offenbarungsbotschaften ist nicht angezeigt, unter Umständen sogar verboten. So behält die Vergangenheit oder auch die Tradition bei Tabori durchaus ihren nährenden Charakter, doch wird ihr der Boden als mythische Instanz des Rückzuges verweigert. Auf der Bühne formt von nun an das kontingente Subjekt die Weltbegegnung. Die Form wird zwingend, nicht der Inhalt. Es wird bei Tabori Welt gestaltet auf der Bühne, und damit ist sie der eigentliche Schauplatz von Welt mit rezeptionsästhetischen Angeboten an den Zuschauer, in denen weder Gott noch

Schicksal noch Wissenschaft als Legitimationsgrund taugen. Tabori entsagt damit auch dem Anspruch, Moralist sein zu wollen. Vielmehr kombiniert er bereits existierende Formen spielerisch und neu: „Es geht ihm nicht um Letztbegründungen, etwa religionsphilosophischer Art, sondern darum, die Absurdität der ‚Mythen des Alltags' experimentell nachzuvollziehen."[26]

Auf Taboris Theaterbühne weht der Geist der Postmoderne, wird ästhetisiert und damit dem, der Gegenwart konstruiert und erfährt, im Phänomen zunehmender Pluralisierung aller Lebensbereiche zugänglich gemacht. Tabori verwehrt seinen Figuren, sich auf eine Rolle festzulegen. So sitzt Gott, dem eine minderwertige Schöpfung zur Last gelegt wird, auf der Anklagebank. Zugleich beklagt Gott den Abfall seiner Geschöpfe von ihm als Sünde. Schuld und Verantwortung ziehen ihre Kreise, nisten sich ein, lassen sich aber nicht genau orten: Opfer müssen ihre Täteranteile erfahren, Täter müssen ihr Opfersein erkennen. Gott bleibt als Gott nur in seiner menschlichen Fehlerhaftigkeit erträglich:

> „Tabori: Nehmen wir Gott zum Beispiel, diesen mäßigen
> Schauspieler. Er bestand darauf, sein eigener Autor
> zu sein. Dadurch wird das Schizophrene des Handwerks,
> wie jeder beim Theater einem sagen kann, nur noch
> verschärft. Daher diese Peinlichkeiten, wie die Szene
> im Paradies, wo Allmacht sowohl behauptet wie negiert
> wird. Man kann nicht verbieten und gleichzeitig
> verführen, ohne daß es in einem Double-bind endet.
> Und was ist mit so bombastischen Effekthaschereien wie
> der Sintflut oder dem Durchzug durch das Rote Meer?
> Am überzeugendsten war Gott in den kleinen Dramoletten
> mit Hiob und Jonas."[27]

---

[26] B. Haas, Das Theater des George Tabori, Frankfurt a.M. 2000, 12.
[27] G. Tabori, Autodafé, erzählt aus seinem Leben, Berlin (CD: Sechzig Jahre später besuchte ich Auschwitz).

Für den paradiesischen Urzustand des Theaters steht die leere Bühne. Sie wird bei Tabori zum Inbegriff aller Lebensmöglichkeiten. Als bespielte Bühne wird sie zum Theater. Sie muss zwangsweise ihre Unschuld verlieren. Das erste Auftreten des Schauspielers markiert den Schöpfungsakt und wird aus sich heraus zum Sündenfall, zum Beginn des Scheiterns, das Tabori Leben nennt. Tabori weist dem Theater liturgischen Charakter zu. Es feiert die humanisierende Kraft des Scheiterns und enthüllt die enthumanisierende Gewalt des Nicht-Scheitern-Wollenden in Form einer parodistischen Destruktion des Theaters. Gott lebt als Scheiternder unter Scheiternden weiter in Vergangenheit, Gegenwart und Zukunft, als Globalplayer aller zur Schuld Verdammten. Aber immerhin: Er überlebt!

Wenn Gott gerade auf der Theaterbühne eine Chance zum Überleben hat, wäre zu überlegen, inwieweit das Theater als Probe- und Erprobungsraum oder als Erscheinungsort für religiöse Ausdrucksformen verstanden werden kann. Oder anders gefragt: Inwieweit lassen sich religiöse Ausdrucksformen und Gestaltungsmittel zugleich als theatrale Ausdrucksformen und Gestaltungsmittel beschreiben, und welchen Gesetzmäßigkeiten unterliegen sie? Wie das Theater also an die Erscheinungsformen von *etwas* gebunden ist, gilt dieses ähnlich für die Religion: Sie ist nur in ihrer jeweiligen Ausdrucksform zu identifizieren. Theater wie auch Religion finden ihren Ausdruck in gelebten Formen und verweisen auf Gemeinschaft, da jeder Ausdruck auf Rezeption angelegt ist und sich in einer räumlich-zeitlichen Einheit und in einem gesellschaftlichen Umfeld ereignet. Ausdrucksform bedeutet das In-Beziehung-Treten und seine Rezeption die Erwiderung des In-Beziehung-Tretens. Zu diesem Vorgang sind Körperlichkeit und Präsenz notwendig.

Religion und Theater schaffen Räume, innerhalb derer sie sich spezifischer Zeichensysteme bedienen und zugleich wieder neue hervorbringen, Wahrnehmungen synchronisieren und Wiederholbarkeit und Reversibilität zulassen. Darüber hinaus bietet das Theater die Möglichkeit zum Probeaufenthalt in den Verständnishorizonten anderer, stellt jeweils die eigene Wirklichkeit als *die* Wirklichkeit her und geht damit über die bloße Rekonstruktion religiös-kultureller Rekonstruktion hinaus.

Den oben skizzierten Zusammenhang greift die Performative Religionsdidaktik auf, indem sie unter Religion „das, was sich in, mit und unter den Formen ihrer Inanspruchnahme zeigt",[28] versteht. Wahrnehmung und Erprobung rücken eng als Bezugsgrößen zusammen in einem zu inszenierenden Raum und verweisen damit auf die Subjektorientierung der im Raum Agierenden: „Leib und Raum geben vielmehr den Modus vor, in dem sich die Unterrichtsgegenstände dem Gestaltungswillen von Lernenden und Lehrenden darbieten."[29] Die Performative Religionsdidaktik setzt der Rekonstruktion religiös-kultureller Kontexte die Herstellung von Bedeutsamkeit *durch* die Performierenden entgegen. Unter diesen Umständen kann Gott vielleicht auch auf der Bühne des Lebens überleben.

---

[28] T. Klie/S. Leonhard (Hg.), Performative Religionsdidaktik, Stuttgart 2008, 10.
[29] Klie/Leonhard, Schauplatz Religion, 10.

MAIKE SCHULT

„Auch Gott war Schneider!"
Romanfiguren entdecken die Bibel

Wir sind miteinander unterwegs gewesen. Frei nach Melville haben wir Bibliotheken durchschwommen, haben Welten durchsegelt und es dabei nicht nur mit Walfischen zu tun bekommen. Unsere theologischen „Exkursionen im Bereich des gedruckten Wortes"[1] führten uns durch Länder und Meere hinüber auf „die andere Seite des Schrankes" (C.S. Lewis), und sie endeten, vorläufig, auf dem Theater (G. Tabori). Eine stürmische Fahrt durch Wind und Wetter, mit ganz unterschiedlichen Ankerpunkten versehen: diverse Epochen und Textsorten, Verfasser, Figuren und Schauplätze, an denen wir festgemacht, diverse Fragestellungen, denen wir die Literatur unterworfen haben. Fragen, die unseren eigenen Forschungsbereichen korrespondierten: der Seelsorge und Religionspädagogik, der Exegese, Kirchengeschichte, Missionswissenschaft und Systematischen Theologie. Auf diese Weise haben wir gejagt und erlegt, festgemacht und hochgehievt, zerlegt und verarbeitet und manches Fundstück ans Licht geholt. Nun säubern wir unsere Netze. Nun sehen wir nach, was wir erbeutet haben und was in unseren Fängen hängenbleibt. Dafür soll im Folgenden jene Referenzgröße noch einmal genauer beleuchtet werden, die in vielen Beiträgen im Hintergrund stand, auch wenn sie in dieser theologischen Reihe einmal nicht die Hauptrolle spielte: *tá bíblia*, das Buch der Bücher, die Bibel.

---

[1] K. Enßlen, Art. Moby-Dick; Or, the Whale, in: Kindlers Neues Literaturlexikon, München 1988, Bd. 11, 500–503; hier: 501.

1. Die Bibel als Referenzgröße

Wenn Herman Melville seinen Erzähler Ismael sagen lässt: „But I have swam through libraries and sailed through oceans [...]",[2] so zeichnet er uns nicht nur einen ungewöhnlich belesenen Seemann auf die Seiten. Er liefert auch einen Hinweis auf seine eigene Arbeitsmethode als Schriftsteller. Herman Melville hatte als junger Mann auf einem Walfänger angeheuert und sich vier Jahre in der Welt herumgetrieben, ehe er, zurück in New York, das Schreiben wie das Lesen zu seiner Hauptbeschäftigung machte. *Melville's Reading* heißt die umfangreiche Zusammenstellung von Büchern, die Melville entweder selbst besessen oder aus Bibliotheken entliehen hat.[3] Nach den intellektuell wenig ansprechenden Jahren auf See ist Melville hier in der Tat „durch Bibliotheken geschwommen". Er hat sich ein umfangreiches literarisches Wissen, aber auch Beschreibungen von Natur, Mensch und Technik angeeignet und diese Kenntnisse zusammen mit seinen Lebenserfahrungen in seine Romane eingebaut. In seinem Hauptwerk *Moby-Dick* (1851) hat er alles zusammengetragen, was er aus eigener Anschauung über Wale und den Walfang wusste und was die Literatur seiner Zeit an Informationen bot, um seine eigene Wissenschaft, die Cetologie, zu entwerfen. Er durchjagte jeden erdenklichen Bereich, in dem der Wal eine Rolle spielt, und setzte seine Funde zu einem vielschichtigen, fein verwobenen Mosaik zusammen, das seine, Melvilles, Handschrift trägt.

---

[2] H. Melville, Moby Dick. With an Introduction by Patrick McGrath, Oxford/New York 1999, 139: „But I have swam through libraries and sailed through oceans; I have had to do with whales with these visible hands; and I am in earnest; and I will try." In der Übersetzung von A. und H. Seiffert: „Doch ich habe in der Weisheit der Bibliotheken gebadet und bin auf Ozeanen gesegelt, ich habe Wale unter meinen Menschenhänden gespürt; ich scherze nicht, ich will's versuchen." In: H. Melville, Moby Dick. Mit Zeichnungen von Rockwell Kent, Frankfurt a.M./Leipzig 2003, 194. Die folgenden Zitate beziehen sich auf die deutsche Ausgabe.

[3] M. Sealts, Melville's Reading. A Checklist of Books Owned and Borrowed, Madison 1966. Melville nutzte v.a. die Bibliothek der Brüder Duyckincks, die einen einflussreichen Literaturkreis in New York leiteten.

Eine besondere Rolle spielen dabei die biblischen Zitationen, Allusionen und Prototypen, die Melville in sein Werk einfließen lässt. Schon der Titelheld, der Weiße Wal, ist biblischen Vorlagen entstiegen. Als eine eigentümliche Mischung aus den großen Walfischen, mit denen Gott im Schöpfungsakt das Wasser belebt (Gen 1,21), damit zu spielen, wie es im Psalter heißt (Ps 104,26), dem großen Fisch, den Gott schickt, Jona zu verschlingen (Jona 2,1), und dem Leviathan, der flüchtigen Schlange, die bei Jesaja nicht von Gott geschickt, sondern von Gott verfolgt wird (Jes 27,1) und die im Buch Hiob (Hi 40,25) in neuer Gewandung wieder auftaucht als ein mysteriöses Meeresungetüm, das die Tiefe brodeln lässt, das Meer umrührt (Hi 41,23) und eine silbergraue Spur hinter sich her durch die Fluten zieht: „Auf seinem Nacken wohnt die Stärke, und vor ihm her tanzt die Angst." (Hi 41,14) Die vorgebildeten Traditionsströme werden innerfiktional zusammengefügt und miteinander verschmolzen, in der Predigt von Father Mapple etwa, dem Lotsen des lebendigen Gottes, der damit die Ereignisse vorwegnimmt.[4]

Moby-Dick ist ein Paradebeispiel dafür, wie biblische Bausteine Eingang in einen fiktionalen Text finden und hier ein neues *framing* erhalten. Die Schriftzitate in Melvilles Œuvre, offen oder verdeckt, bewusst oder unbewusst gesetzt, gehen in die Hunderte.[5] Sie stammen aus mehr als der Hälfte der 66 Bücher des Alten und Neuen Testament und zwar vor allem aus jenen Büchern, die Melville in seinen persönlichen Bibelausgaben am häufigsten markiert und kommentiert hat: Genesis, Psalter, Jesaja und Hiob, Matthäus, Lukas, Johannes und die Korintherbriefe. Er folgt dabei in Sprache, Pathos und Duktus der *King James Bible*, der klassischen englischen Bibelübersetzung aus dem Jahre 1611. Mehr als andere gehört sie zu der

---

[4] Vgl. dazu den Beitrag von Simon Paschen in diesem Band.
[5] D. Göske, Die Heilige Schrift und die Schriftstellerei in Amerika: der Fall Melville, in: T. Kleffmann (Hg.), Das Buch der Bücher. Seine Wirkungsgeschichte in der Literatur, Göttingen 2004, 117–133; hier: 122. Die Luther-Übersetzung verweist für den Leviathan auf ein Krokodil, die *King James Bible* auf einen Wal: Göske, Die Heilige Schrift, 124.

Checklist of Books Owned and Borrowed, dem erwähnten Verzeichnis eigener und entliehener Bücher. Sie ist dem Autor ein schier unerschöpfliches Reservoir an Namen, Figuren und Grundkonflikten, das Melvilles erzählerisches und lyrisches Werk genährt hat.

Ein vielschichtiges, geradezu enzyklopädisches Werk wie *Moby-Dick* wird damit aus eben jenem „Brunnen der Vergangenheit" tiefengespeist, den auch Thomas Mann in seinen Josephsromanen anzapfte. Wenn Melville die Romanhandlung beginnen lässt mit dem programmatischen Satz „Nennt mich Ismael",[6] so stellt er damit sein Werk von Anfang an unter biblische Beleuchtung. Denn der Erzähler, der sich das Pseudonym Ismael gibt und seinen wahren Namen verborgen hält, stellt sich auf diese Weise in die genealogische Tradition des Stammvaters Abraham. In der Genesis ist Ismael Abrahams Erstgeborener, der Sohn der paganen Sklavin Hagar, ein schuldlos Ausgestoßener und Verlorener von Anbeginn. Dieser Verlorene verschmilzt am Schluss des Romans mit einer zweiten biblischen Präfigur, dem namenlosen Knecht aus dem Hiobbuch, der dort als einziger Zeuge überlebt, um seine Hiobsbotschaft zu überbringen: „[…] und ich allein bin entronnen, daß ich dir's ansagte" (Hiob 1,14–19; hier: 19).[7] In der Bibel steht dieser Satz am Anfang der Hioberzählung, im ersten Kapitel. Bei Melville leitet er den Epilog ein, in dem es heißt: „Das Drama ist zu Ende. Warum tritt da noch einer vor den Vorhang? Weil einer den Schiffbruch überlebte."[8] Der Epilog schildert, wie Ismael als einziger die große Jagd nach dem Weißen Wal überlebt, wie er auf Quiquegs Sarg sein Leben rettet und schließlich von der *Rahel*, einem anderen Walfängerschiff auf der Suche nach verlorenen Kindern, aus der schwermütig milden See gezogen wird. So rahmt die Bibel Melvilles fiktionales Abenteuer und schreibt der Walfangge-

---

[6] Melville, Moby Dick, 27.
[7] Göske, Die Heilige Schrift, 118.
[8] Melville, Moby Dick, 752.

schichte eine religiöse Tiefendimension ein, die der Leser vom Ende her, vom letzten Zeugen aus, noch einmal neu entdeckt.

Man kann mit der Forschung zwei Grundverfahren unterscheiden, wie die Bibel als Referenzgröße im Rahmen von Literatur eingesetzt wird. Im einen Fall werden Charaktere, Motive und Handlungsmuster neu in Szene gesetzt. Solche Adaptionen von biblischen Erzählstoffen finden wir etwa in *Der König David Bericht* (1972) von Stefan Heym, dem *Mirjam*-Roman (1983) von Luise Rinser oder in der Tetralogie *Joseph und seine Brüder*. Darin erweitert Thomas Mann das bekannte biblisch-legendäre Handlungsschema einer Familiensaga in romanhaft-fiktiver Weise. Er reichert es an mit religionshistorischen, mythenvergleichenden, soziologischen Einschüben und verklammert es zu einem Werk, das seine, Thomas Manns, Handschrift trägt. Das entsprach Manns Kunstbegriff als einer „Kunst des höheren Abschreibens", und es entsprach seinem eigenen kreativen Vorgehen als einem Schriftsteller, der lieber *fand* als *er*fand, weil nicht die Erfindung den Dichter mache, sondern die Beseelung der fiktiven Figuren.[9] Einem theologischen Rezipienten mag solche Methode, in den Spuren biblischer Vorlagen zu gehen, das adäquatere Verfahren scheinen: Die literarischen Texte folgen, zumindest auf den ersten Blick, der vorgegebenen Tradition. Sie desavouieren sie nicht, sondern reinszenieren sie eher und wirken im neu erzählten Sprachgewand mitunter sogar lebendiger, auch aktueller, etwa wenn der DDR-Schriftsteller Stefan Heym seinen *König David Bericht* zu einer Parabel auf totalitäre Staaten umarbeitet und dabei David mit Stalin parallelisiert. So lässt sich der vertraute Stoff neu entdecken. Selbst Bibelunkundige erkennen, dass hier Biblisches unmittelbar umgesetzt wird. Sie können den Stoff als Stoff wahrnehmen, ohne ein detailliertes Vorwissen mitbringen zu müssen, und werden vielleicht angeregt, über die Literatur auch den biblischen Prätext für sich zu entdecken.

---

[9] Vgl. dazu den Beitrag von Philipp David in diesem Band.

Verfänglicher – und damit künstlerisch oft interessanter – ist die zweite Möglichkeit, mit biblischen Stoffen im Raum der Fiktion zu verfahren. Sie ist weniger auf der Inhaltsebene angesiedelt als auf der Wortebene. Sie spielt die biblischen Referenzen ein in Form von Allusionen, Echos, Zitaten, Namen und Sprachbildern, und sie kann das affirmierend tun, aber auch ironisierend, persiflierend oder karikierend. Der Rezipient ist bei diesem Verfahren stärker in den Deutungsprozess involviert, so er denn, und das ist die Voraussetzung, den anzitierten biblischen Text *kennt*, ihn auch in seiner fiktionalisierten Form *wieder*erkennt und die Abweichung gegenüber dem biblischen Original *er*kennen und deuten kann.

Tatsächlich können sich in manchen Werken beide Verfahren mischen. Man denke etwa an Michail Bulgakovs Hauptwerk *Der Meister und Margarita* (entstanden 1940, erschienen 1966/1967), in dem Bulgakov den Terror der Stalinzeit mit der Passionsgeschichte Jesu und dafür den Schauplatz Moskau mit dem Schauplatz Jerusalem zu einem Doppelroman verschränkt. Trotz solcher Mischtechniken aber lässt sich, etwas vergröbert, doch mit einigem Recht, Thomas Manns Josephszyklus als Paradebeispiel für das erstgenannte Verfahren anführen und Herman Melvilles *Moby-Dick* als Prototyp des zweiten Verfahrens verstehen. Bei Melville findet sich die ganze Palette frei fließender Referenzen. Der Autor orientiert sich in Klangfarbe, Sprachduktus und Stilelementen an der *King James Bible* und baut Weherufe, Bibelzitate und Figurennamen in seine Romanhandlung ein. Nicht nur der Erzähler Ismael trägt einen biblischen Namen, auch andere Figuren sind an biblischen Vorbildern modelliert: Kapitän Ahab etwa oder der Prophet Elia, der Ismael warnt, an Bord der *Pequod* zu gehen. Für den Leser ergibt sich damit eine geradezu detektivische Position: Bringt er die notwendige Bibelkenntnis mit, so kommt es zu einer Art Interaktion zwischen den beiden Wortwelten, dem biblischen Text auf der einen Seite und dem fiktionalen Text auf der anderen, die als Parallelen erkannt oder im Kontrast gesehen werden und sich dabei wechselseitig erhellen.

Ein Beispiel mag das verdeutlichen:[10] Der Schiffseigner Bildad etwa, ein geschäftstüchtiger Quäker, erinnert mit seinem Namen an einen der drei Ratgeber Hiobs. Als Ismael bei ihm auf der *Pequod* anmustern und seinen Heuervertrag aushandeln will, findet er Bildad in der Schiffskajüte über einen dicken Bibelfolianten gebeugt und, scheinbar zusammenhanglos, einen Satz aus der Bergpredigt vor sich hinmurmelnd: „Ihr sollt euch nicht Schätze sammeln auf Erden, da sie die Motten…"[11] Wenige Augenblicke später nützt Bildad eben diesen biblischen Hinweis auf das rechte Schätzesammeln, um Ismaels Schätzteil, also Ismaels Anteil am Ertrag der bevorstehenden Walfangreise, so klein wie möglich zu halten. Zynisch zitiert er: „Denn wo euer Schatz ist, da ist auch euer Herz."[12] (Mt 6,21) Ismael unterzeichnet den für ihn ungünstigen Vertrag, und Bildad scheint ein gutes Geschäft gemacht zu haben. Nur Bibelkundige wissen, dass die zitierten Verse im Original in einem weiteren Kontext stehen vom Schätzesammeln und Sorgen. Dazu gehört auch der Hinweis: „Niemand kann zwei Herren dienen […]. Ihr könnt nicht Gott dienen und dem Mammon." (Mt 6,24) Nur Bibelkundige also können damit zu diesem frühen Zeitpunkt schon ahnen, dass sich „der bigotte Bildad in seiner fromm kaschierten Gier" mit dem von ihm zitierten Bibelvers selbst das Urteil spricht und sein Schiff dem Untergang geweiht ist.[13]

Bibelleser also wissen mehr, und wir, die wir an einer Theologischen Fakultät arbeiten, haben solches natürlich immer schon gewusst. Die Sache ist dennoch komplizierter. Die Bibel mag einen Roman wie *Moby-Dick* wie

---

[10] Vgl. dazu Göske, Die Heilige Schrift, 127.
[11] Meville, Moby Dick, 125.
[12] Melville, Moby Dick, 125.
[13] Göske, Die Heilige Schrift, 127.

„Sauerteig"[14] durchdringen – heilig oder auch nur erbaulich, wie C.S. Lewis etwa es sich für seine Werke wünschte,[15] macht es ihn nicht. Und das, was an biblischen Spuren unter den Textteig gemengt ist, muss zunächst einmal auf Leser stoßen, die solche Spuren auch entdecken. Der puritanisch erzogene Melville hatte da in gewisser Weise Glück: Er war nicht nur selbst ein ungemein bibelkundiger und theologisch versierter Autor. Er konnte auch davon ausgehen, dass seine biblischen Referenzen vom zeitgenössischen Publikum erkannt und verstanden wurden. Die Bibel war in „God's own country" bis weit ins 19. Jahrhundert hinein der primäre Lesestoff und das entscheidende Vorlesebuch in Familie, Schule und Kirche.[16] Biblische Bezüge dürften hier in der Tat rasch erkannt worden sein, auch wenn Melvilles freier Umgang mit der „Heiligen Schrift" mitunter neue, moralische Rezeptionshürden aufgebaut hat.

Ob Herman Melville selbst gläubig war, wissen wir nicht.[17] Der Romancier Nathaniel Hawthorne (1804–1864), dem *Moby-Dick* gewidmet ist, soll über seinen Freund und Bewunderer gesagt haben: „Weder vermag er zu glauben, noch kann er sich in seinem Unglauben behaglich einrichten […]."[18] Was wir wissen, ist, dass Melville die Bibel als Literatur gelesen und sich sein Leben lang schriftstellerisch mit ihr auseinander gesetzt hat. Das schließt nicht aus, dass einzelne biblische Bücher oder Abschnitte, die Bergpredigt etwa, auch für ihn persönlich große Bedeutung hatten. Und es schließt auch nicht aus, sondern ein, dass er gelegentlich bei ihrem Menschenbild Zuflucht genommen hat, um gegen die optimistische Menschheits- und Fortschrittsgläubigkeit seiner Zeitgenossen anzuschreiben. Mit Rückschlüssen vom Werk auf die persönliche Frömmigkeit eines Autors sollte

---

[14] Göske, Die Heilige Schrift, 122.
[15] Vgl. dazu den Beitrag von Signe von Oettingen in diesem Band.
[16] Göske, Die Heilige Schrift, 120.
[17] Göske, Die Heilige Schrift, 132.
[18] Göske, Die Heilige Schrift, 133.

man allerdings vorsichtig sein. Nicht jeder Autor, der sich mit der Bibel befasst und biblische Interpretamente in sein Werk aufnimmt, verfolgt damit, wie der Fall Thomas Mann bestens demonstriert, erbauliche oder gar missionarische Absichten. Im Gegenteil: Auf der formalästhetischen Ebene ist die Bibel dem Künstler in erster Linie Spielmaterial. Er nutzt *ihre* Wortwelt, ihr Anregungspotential, um *seine* Wortwelt zu erschaffen. Dabei hängt er aber nicht an ihren Fäden und läuft auch nicht in vorgegebener Spur. Die Bibel ist in der Kunst in aller Regel nicht die große dickleibige Autorität im Hintergrund, die die Fäden zieht und kleinere Geister in ihren Fängen hält. Sie ist vielmehr ein Buch, mit dem man wie Thomas Mann die Kunst des höheren Abschreibens betreiben kann. Das Abgeschriebene aber wird nicht einfach kopiert. Es durchläuft den eigenen Buchleib, amalgamiert hier mit den persönlichen Beobachtungen, Kenntnissen und Erfahrungen und schreibt sich im Akt des Schreibens in das Werk des Autors ein, in einer einzigartigen Mischung aus *Ge*fundenem und *Er*fundenem, in einer Mischung, die seine Handschrift trägt.

Autoren wie Mann und Melville nutzen dabei die Mehrschichtigkeit und Mehrdeutigkeit der Bibel oder besser: der biblischen Texte. Denn angesichts von 66 verschiedenen Büchern mit wiederum ganz unterschiedlichen Textsorten, Vermittlungswegen und Gebrauchszusammenhängen lässt sich, aller Kanonisierung zum Trotz, nicht von der Bibel als einem einzigen Buch sprechen, sondern besser von einer Bibliothek, die man immer neu durchschwimmen kann, ohne an ein Ende zu kommen. Dass es kein Ende gibt, liegt aus philologischer Sicht weniger an ihrem religiösen Gehalt als an ihrer formalästhetischen Gestaltung, die es zumindest in Teilen erlaubt, die Bibel, wie Mann und Melville dies tun, als Literatur zu bestimmen. Sie sparen dabei die Frage nach der Normativität der Texte aus,[19] deren Funktion aus religiöser Perspektive gelegentlich wichtiger scheint als ihr Inhalt und ihr Inhalt

---

[19] Vgl. dazu den Beitrag von Michael Pietsch in diesem Band.

wiederum wichtiger als ihre formalästhetische Kraft. Für den Künstler dagegen ist die Bibel nicht „Heilige Schrift", auch wenn nicht jeder dies so erfrischend-respektlos demonstriert wie George Tabori, der den Tod Gottes von der Bühne aus verkünden ließ.[20] Für den Künstler ist die Bibel kein transportables Heiligtum, sondern eher ein Brunnen, der seine Mühlen speist, indem er die alten Motive verflüssigt, in einen anderen Aggregatzustand versetzt und so verwandelt in sein eigenes Werk einfließen lässt. Auch wir als Leser sind damit aufgefordert, uns den biblischen Interpretamenten nicht mit religiöser Ehrfurcht zu nähern und scheu vor ihnen stillzustehen. Wir sind aufgefordert, uns in das intertextuelle Wechselspiel hineinzustellen und selbst einen Teil der Deutungsarbeit zu übernehmen.[21] Eben das wollen wir im Folgenden tun. Das Forschungsfeld Bibel und Literatur oder auch Bibel *in* Literatur ist grenzenlos. Darum grenzen wir künstlich ein und wählen drei Beispiele, an denen wir exemplarisch erkunden, wie Bibel im Rahmen von Literatur fungieren kann. Dafür nehmen wir allerdings nicht die Perspektive konkreter Rezipienten ein, sondern gehen gleich auf die Ebene der Fiktion und fragen, wie *literarische* Figuren die Bibel entdecken und wie sie diese Entdeckungen in ihre Weltdeutung einbauen.

---

[20] Vgl. dazu den Beitrag von Gabriela Muhl in diesem Band. Taboris Auffassung von der Funktion der Kunst war damit denkbar weit entfernt von C.S. Lewis, der Literatur als Verkündigung verstand. Solch divergierende Haltungen konnten sich aber auch in ein und derselben Person finden, wie das Beispiel von Nikolaj Gogol' zeigt, der an dem inneren Konflikt zwischen ästhetischer Spiellust einerseits und religiös motiviertem Kunstverständnis andererseits zerbrach.

[21] Die Anwendung des Begriffs Intertextualität (Julia Kristeva) für das Verhältnis von Bibel und Literatur ist in der Forschung umstritten, der Begriff selbst, wiewohl vielfach theoretisiert, unscharf geblieben.

2. Romanfiguren entdecken die Bibel

2.1. Fëdor M. Dostoevskijs Roman Prestuplenie i nakazanie *(1866)*

Der russische Schriftsteller Fëdor Michajlovič Dostoevskij (1821–1881) gehört zu jenen Walfischen, die spielend ein Menschenleben alleine fressen.[22] So jedenfalls hat es die Übersetzerin seiner Werke für den Piperverlag, Less Kaerrick – vielen eher bekannt unter dem Pseudonym E. K. Rahsin – 1926 an den Verleger Reinhard Piper geschrieben, nicht ahnend, dass sie selbst bis zu ihrem Tode 1966 noch volle vierzig Jahre an diesem Leviathan festhängen sollte. Wo andere eine Wortwelt erschreiben, kreiert er ein ganzes Universum, und in der Tat können Menschenleben darüber hingehen, sich übersetzend, herausgebend, kommentierend oder auch promovierend in diesem Paralleluniversum zu bewegen. Dostoevskij ist ein Autor der Superlative. In den 1920er Jahren gehörte er im deutschen Sprachraum zu den meistzitierten, meistkommentierten und meistporträtierten ausländischen Schriftstellern, und seine Werke waren das, was man heute einen Bestseller nennen würde.[23] In eben der bekannten roten Piperausgabe „flammten" sie auf jedem Schreibtisch, wie Hans-Georg Gadamer so trefflich formuliert hat.[24] Sie erreichten sämtliche Schichten der Bevölkerung und wurden seither in unzähligen Varianten von Film, Theater und bildender Kunst adaptiert. Un-

---

[22] So die Dostoevskij-Übersetzerin Less Kaerrick an den Verleger Reinhard Piper in einem Brief vom 21.01.1926. Zitiert nach G. Potapova, „Dostojewski ist nun einmal einer von den Walfischen, die sozusagen spielend ein Menschenleben alleine fressen". Die Dostoevskij-Übersetzerin Less Kaerrick: Versuch einer biographischen Skizze, in: Jahrbuch der Deutschen Dostojewskij-Gesellschaft, Bd. 14 (2007), 31–45.

[23] St. Kleßmann, Deutsche und amerikanische Erfahrungsmuster von Welt. Eine interdisziplinäre, kulturvergleichende Analyse im Spiegel der Dostojewskij-Rezeption zwischen 1900 und 1945, Regensburg 1990, 92. Durch die Neuübersetzungen von Swetlana Geier kamen seine großen Romane in den 1990er Jahren tatsächlich auf die Bestsellerlisten. Vgl. dazu: Statt eines Nachwortes. Der gute Engel der Poeten. Hans Steinacker im Gespräch mit Swetlana Geier, in: Jahrbuch der Deutschen Dostojewskij-Gesellschaft, Bd. 8 (2001), 141–145; hier: 141.

[24] H.-G. Gadamer, Selbstdarstellung, in: J. Grondin (Hg.), Gadamer Lesebuch, Tübingen 1997, 1–30; hier: 4.

absehbar ist die Sekundärliteratur zu diesem Autor, die nicht nur philologische, komparatistische, juristische, medizinische, politische, psychologische, philosophische und theologische Kommentare einschließt. Ebenso zahllos sind die Referenzen anderer Schriftsteller auf Dostoevskijs Werk, nicht nur in der russischen Literatur, sondern auch in anderen ost- und westeuropäischen Literaturen, und selbst im Walfängerland Japan hinterlässt er seine Spur, wo es eine Untergruppe gibt der wissenschaftlich ausgerichteten International Dostoevsky Society. Das Beispiel Japan ist insofern bemerkenswert, als es zeigt, dass sich die Wirkung dieses Autors keineswegs auf einen christlichen Kontext beschränkt, wie man vermuten könnte, wenn man der tradierten Zuschreibung folgt und Dostoevskij für einen, wenn nicht *den* christlichen Schriftsteller *par excellence* hält. In der Tat gilt der russische Romancier vielen als Apostel, Prediger, Prophet, und kein geringerer als Karl Barth hat ihn zum neuen Kirchenvater des Protestantismus erhoben.[25] Seit Eduard Thurneysen ihn 1921 mit seiner *Dostojewski*-Schrift in die Theologiegeschichte eingeschrieben hat,[26] ist er zum festen Bestandteil Theologischer Fakultäten geworden, auch wenn sein Stern gegenwärtig weniger hell zu strahlen scheint als zu Beginn der Dialektischen Theologie, deren Kronzeuge er geworden ist.

Allzu leicht vergisst man über solche Lobrednerei, dass Dostoevskij gerade im Vergleich zu einem anderen Kronzeugen der Dialektischen Theologie, im Vergleich zu Søren Kierkegaard, nicht einfach als christlicher oder auch nur religiöser Schriftsteller gelten kann.[27] Dostoevskij ist vielmehr, gegen das Klischee, ein ungemein moderner Sprachkünstler, der hochkomplexe, dynamische, mit Michail Bachtin gesprochen: polyphone Werke ge-

---

[25] Die Zuschreibung, zunächst als Frage formuliert in: K. Barth, „Unterricht in der christlichen Religion". Erster Band: Prolegomena 1924, hg. v. H. Reiffen, Zürich 1985, 291, hat sich in der Folge rasch etabliert.

[26] E. Thurneysen, Dostojewski, München 1921.

[27] Vgl. dazu den Beitrag von Frank Ahlmann in diesem Band.

schrieben hat,[28] jedes von ihnen mit einer Fülle von Ereignissen, Themen und Figuren, unter denen die religiöse Stimme sicher eine, aber eben nur eine ist, die zudem nicht nur erbaulich-wohlklingend heraustönt, sondern oft genug gebrochen, mit einem subversiven Unterton.

Einem dieser Werke wollen wir uns im Folgenden zuwenden. Es ist der erste der fünf großen Romane, die allesamt in der Spätphase, also nach Scheinhinrichtung und Lagerhaft, erschienen sind. Er hat das Image vom religiösen Schriftsteller Dostoevskij entscheidend geprägt. Dazu ein Einschub: Was für Melville die vier intellektuell trostlosen Jahre auf See, das war für den russischen Romancier die Zeit im sibirischen Straflager, in der so genannten Katorga, in der Dostoevskij, an Ketten gefesselt, vier Jahre verbrachte und dann weitere sechs Jahre in der Verbannung beim Militär. Der junge Autor, der 1846 ein glänzendes Debüt erlebt hatte, war 1849 verhaftet worden, weil er in einem Lesekreis verbotene Bücher westlicher Autoren rezipiert hatte. Dafür war er zusammen mit anderen zunächst einer perfiden Scheinhinrichtung ausgesetzt, dann auf dem Schafott begnadigt und zur Zwangsarbeit verschickt worden. Im sibirischen Lager waren Bücher verboten, und so war eine kleine Ausgabe des Neuen Testaments das einzige Buch, das der Schriftsteller in dieser Zeit lesen konnte. Wie Melville ist auch Dostoevskij nach seiner Freilassung „durch Bibliotheken geschwommen" und ein ungemein belesener Autor geworden, der sich zudem in der westlichen Philosophie und Theologie, besonders in der liberalen Leben-Jesu-Forschung, recht gut auskannte. Was Melville der Wal und der Walfang gewesen sind, Abenteuer, die er selbst erlebt und in seinen Werken umgesetzt hat, das war für Dostoevskij die Zeit im *Totenhaus* (1860–1862), so der Titel des Werkes, in dem er seine Lagererfahrungen verarbeitet hat. Viele Leser waren von Dostoevskijs Schicksal angerührt. Sie empfanden sein Leben selbst wie einen Roman und steigerten das Ereignis noch zu einer religiösen

---

[28] M. Bachtin, Probleme der Poetik Dostoevskijs, Frankfurt a.M./Berlin/Wien 1985.

Lebenswende, die aus einem atheistischen Saulus einen russisch-orthodoxen Paulus gemacht habe.[29]

Richtig ist, dass Dostoevskij bis zu seinem Lebensende unter Polizeiaufsicht gestanden und unter Zensurbedingungen geschrieben hat. Richtig ist auch, dass sich die religiösen, vor allem die biblischen Interpretamente zwar bereits im Frühwerk nachweisen lassen, aber erst im Spätwerk zur vollen Blüte kommen, wie sich bereits an dem Roman aufzeigen lässt, mit dem sich Dostoevskij in die Weltliteratur eingeschrieben hat: *Prestuplenie i nakazanie* (1866); 1882 erstmals auf Deutsch erschienen unter dem Titel *Raskolnikow*, also nach dem Haupthelden benannt, dann als *Verbrechen und Strafe*, später als *Schuld und Sühne* übersetzt und in dieser Formulierung in den kollektiven Sprachgebrauch eingegangen.[30] Der Roman ist der erste der „fünf Elefanten", wie die großen Romane nach einer Formulierung von Swetlana Geier inzwischen heißen, der anderen großen Dostoevskij-Übersetzerin, die diesem Autor etliche Lebensjahre gewidmet hat und der mit dem Dokumentarfilm *Die Frau mit den fünf Elefanten*[31] selbst ein Denkmal gesetzt worden ist – eine hochverdiente, leise erzählte Ehrung für die, die man in der Regel nicht sieht, obwohl wir doch ohne ihre Arbeit kaum etwas von der Weltliteratur wüssten: die Übersetzer.

Zurück und endlich zum Text: In dem Roman *Prestuplenie i nakazanie*, dessen konzeptionelle Anfänge in die Lagerzeit zurückreichen, macht Dostoevskij einen Doppelmord zum Ausgangspunkt einer Kriminalgeschichte, in der der Leser, ungewöhnlicherweise, schon relativ früh den Mörder kennt:

---

[29] Dazu trug auch der Umstand bei, dass Dostoevskij seit der Lagerhaft wie Paulus an Epilepsie gelitten hat.

[30] In der Neuübersetzung von Swetlana Geier wieder *Verbrechen und Strafe*. Die noch wörtlichere Übersetzung wäre übrigens *Übertretung und Zurechtweisung (Bestrafung)*.

[31] Die Frau mit den fünf Elefanten. Ein Dokumentarfilm mit Swetlana Geier (2009), 93 Minuten, Regie: Vadim Jendreyko. Koproduktion von Mira Film mit Filmtank Hamburg, ZDF/3sat, Schweizer Fernsehen. Der Film wurde mit zahlreichen Preisen ausgezeichnet.

den jungen Raskol'nikov (wörtlich: der [Ab-]Gespaltene).[32] Er schlägt einer alten Pfandleiherin mit der Axt den Schädel ein, um ein perfektes Verbrechen zu begehen und so seine Überlegenheit als „napoleonischer Mensch" zu beweisen, der das Recht habe, „Läuse" wie die hässliche Pfandleiherin aus dem Weg zu räumen für eine höhere Idee. Der Leser begleitet Raskol'nikov auf seinem ersten Probebesuch zur Wucherin, und er begleitet ihn ein zweites Mal, um Augenzeuge des sachlich protokollierten Mordes zu werden:

> „Kein Augenblick war mehr zu verlieren. Er [Raskol'nikov] zog das Beil hervor, holte mit beiden Armen aus und ließ es, seiner selbst kaum mächtig, fast ohne Anstrengung auf ihren Kopf fallen. Er hatte geglaubt, seine Kraft wäre versiegt, aber kaum hatte er das Beil ein Mal fallengelassen, da fühlte er seine Kraft wieder wachsen. Die Alte war wie immer barhäuptig. Ihr helles, leicht ergrautes, spärliches Haar war, wie gewöhnlich, reichlich eingeölt und zu einem Rattenschwänzchen geflochten, das mit einem zerbrochenen Hornkamm im Nacken hochgesteckt war. Der Schlag traf sie mitten auf den Scheitel, was sich schon durch ihre geringe Größe ergab. Sie schrie auf, aber nur sehr leise, und sackte plötzlich auf dem Boden zusammen, obwohl sie noch die Kraft hatte, beide Hände bis zum Kopf zu heben. In der Hand hielt sie immer noch das Pfand. Da schlug er mit aller Wucht ein zweites und ein drittes Mal zu, jedesmal mit dem Beilrücken und jedesmal auf den Scheitel. Das Blut ergoß sich wie aus einem umgestoßenen Glas, und der Körper sank rückwärts. Er trat einen Schritt zurück und beugte sich, sobald sie auf dem Boden lag, über ihr Gesicht; sie war bereits tot. Die Augen waren hervorgequollen, als wollten sie aus den Höhlen springen, die Stirn und das ganze Gesicht waren zusammengedrückt und von einem Krampf entstellt."[33]

---

[32] Der Name verweist auch auf die russische Kirchenspaltung (raskol), die im 17. Jahrhundert unter dem Patriarchen Nikon stattfand. Die nach ihr benannten Altgläubigen (raskol'niki) waren die Anhänger alter, nun verbotener Bräuche und bereit, für ihre Überzeugungen jedes Opfer auf sich zu nehmen. Einigen war die freiwillige Annahme des Leidens besonders wichtig, was auch für Raskol'nikov eine Rolle spielt.

[33] F. Dostojewskij, Verbrechen und Strafe. Roman. Aus dem Russischen neu übersetzt von Swetlana Geier, Frankfurt a.M. ^{9}2003, 106. Vgl. auch die akademische Gesamtausgabe: F.M. Dostoevskij, Polnoe sobranie sočinenij v tridcati tomach, t 6: Prestuplenie i nakazanie, Leningrad 1973.

Der Leser bleibt nicht der einzige Zeuge. Der ehrgeizige Mörder wird noch am Tatort überrascht. Die Halbschwester der Toten, Lizaveta, steht plötzlich im Zimmer, eine gutmütige, gläubige Person, die Raskol'nikov kennt und die er mag. Ohne zu überlegen, stürzt er mit dem Beil auf sie zu: „Der Schlag traf sie mitten auf den Schädel, mit der Schneide, und spaltete sofort den oberen Teil der Stirn, fast bis zum Scheitel. Sie [Lizaveta] schlug augenblicklich zu Boden."[34] Das Verbrechen ist nicht perfekt. Ein Doppelmord war nicht geplant, der Mord an Lizaveta ist durch keine große Idee zu rechtfertigen und nur dem eigenen Vorteil, dem niederen Instinkt zu entkommen, geschuldet. Raskol'nikov verliert nach der Tat die Kontrolle. Er macht Fehler, streut Spuren, doch gegen alle Wahrscheinlichkeit und nur durch viele Zufälle bleibt seine Täterschaft unentdeckt. Der Mörder aber kann sein Verbrechen nicht ertragen. Er wird krank, liegt vier Tage ohne Bewusstsein in seiner Dachkammer, die klein ist wie ein Sarg, abgesondert von aller Gemeinschaft.

Wie, und das ist das eigentliche anthropologische, psychologische oder religiöse Rätsel dieses Kriminalromans, wie findet ein solcher Mensch nach einer solchen Tat zurück ins Leben? Die nächsten vielen hundert Seiten sind dieser Frage gewidmet: Nach dem kurzen Verbrechen folgt die lange Suche nach der Strafe, nach der Schuld die religiös-moralische Frage nach der Sühne der Tat. Kann der Mörder an den Punkt kommen, seine Straftat zu gestehen, um auf diese Weise seine Übertretung zurückzunehmen und in die menschliche Gemeinschaft zurückzukehren? Dafür hat ihm der Autor zwei Begleiter an die Seite gestellt: den Untersuchungsrichter, der in ihm den Mörder erkennt, ihm aber den Mord nicht nachweisen kann und aus juristischen wie psychologischen Gründen Raskol'nikov zum Eingeständnis seiner Schuld bewegen will. Ihn blenden wir aus. Stattdessen beleuchten wir die andere Figur, die ihn auf diesem inneren Weg begleitet: die Prostituierte

---

[34] Dostojewskij, Verbrechen und Strafe, 110.

Sonja, ein junges Mädchen, blond und warm wie die Sonne (*solnce*), auf die ihr Name alludiert. Sonja muss, um ihre völlig verarmte Familie zu ernähren, als Prostituierte im Petersburger Heumarktviertel anschaffen gehen. Doch von dieser dunklen Seite bekommt der Leser nichts zu sehen. Sie bleibt abstrakt. Über die Maßen angestrahlt dagegen wird Sonjas spirituelle Kompetenz und Empathiefähigkeit, mit der es dieser Frau am Rande der Gesellschaft gelingt, den Mörder ins Leben zurückzuholen. Raskol'nikov, und hier weiß Dostoevskij die Boulevardbedürfnisse seiner Leser zu nutzen, ist nämlich in Sonja verliebt. Nach dem tödlichen Unfall ihres Vaters, des Alkoholikers Marmeladov, lernt er sie kennen und lieben. Die Hure Sonja übernimmt in dieser Sterbeszene, karnevalesk gekleidet, die eigentlich priesterliche Funktion, die der vertrocknete Vertreter der Amtskirche bei der Verabreichung der Sterbesakramente mehr schlecht als recht erfüllt.[35] Raskol'nikov und Sonja, das ist auch eine Liebesgeschichte, wenn auch weniger schön fließend als Kallirhoe[36] als ganz im Sinne der schönen Magelone: Auch diese Geschichte bleibt eine „ordentliche" Liebesgeschichte,[37] keusch und rein darauf ausgerichtet, Raskol'nikovs Bindungsfähigkeit neu zu beleben, um auf diese Weise „den Abgespaltenen" im Sinne von *religio* wieder in Kontakt mit sich selbst zu bringen, ihn in die Gemeinschaft mit den Menschen und letztlich mit Gott zurückzuholen.

Nach den vier bewusstlosen Tagen in seiner Kammer sucht Raskol'nikov im vierten Kapitel des vierten Teiles – damit ist diese Zahl vom Autor überdeutlich markiert – Sonja erstmals auf in ihrem Zimmer im Hause des Schneiders Kapernaumov, und wir ahnen schon anhand dieses Namens, dass der nach langer Lagerhaft neutestamentlich versierte Dostoevskij uns hier

---

[35] Dostojewskij, Verbrechen und Strafe, Zweiter Teil, Kapitel VII. Nebenbei liefert diese Szene damit auch ein wunderbar verstörendes Pfarrerbild. Vgl. dazu den Beitrag von Katja Kretschmar in diesem Band.
[36] Vgl. dazu den Beitrag von Irmelin Heyel in diesem Band.
[37] Vgl. dazu den Beitrag von Christine Weide in diesem Band.

nicht absichtslos durch biblische Wortwelten führt.[38] In diesem Kapitel fragt Raskol'nikov Sonja nicht ohne Häme nach ihrer beruflichen Tätigkeit aus und spielt ihr zugleich eine religiöse Erlösungsfunktion zu. Während Sonja sich in Anspielung auf Lk 7,36–50 als „eine große, große Sünderin" bezeichnet,[39] sieht Raskol'nikov in ihr eine „Gottesnärrin",[40] kniet vor ihr nieder, küsst ihren Fuß und verneigt sich damit, wie er sagt, vor dem Leid der ganzen Menschheit.[41] Plötzlich greift er nach einem Buch:

> „Auf der Kommode lag ein Buch. Jedesmal, wenn er beim Aufundabgehen daran vorbeikam, war es ihm aufgefallen; und jetzt nahm er es in die Hand und sah es an. Es war das Neue Testament in russischer Übersetzung."[42]

Diese Ausgabe, alt, abgenutzt und in Leder gebunden, erweist sich als Besitzstück der von ihm ermordeten Lizaveta, mit der Sonja befreundet war und von der sie sich das Buch ausgeborgt hatte. So wird das Verbrechen, das Raskol'nikovs viertägige Bewusstlosigkeit nach sich zog, an die nun folgende Perikope gebunden:

> „Er [Raskol'nikov] ging mit dem Buch zu der Kerze und begann, darin zu blättern. ‚Wo steht die Geschichte von Lazarus?' fragte er unvermittelt. Sonja hielt den Blick hartnäckig auf den Boden geheftet und antwortete nicht. Sie stand halbabgewendet am Tisch. ‚Von der Auferweckung des Lazarus. Suchen Sie mir diese Stelle, Sonja.' Sie sah ihn von der Seite an. ‚Sie suchen an der falschen Stelle... Es ist im vierten Evangelium...', flüsterte sie streng, ohne sich ihm zuzuwenden. ‚Schlag auf, und lies mir

---

[38] Das Fischerdorf Kapernaum am Ufer des Sees Genezareth gilt als Zentrum des Wirkens Jesu: G. Theissen/A. Merz, Der historische Jesus. Ein Lehrbuch, Göttingen 1996, 159. Analog dazu bevölkert Dostoevskij in *Prestuplenie i nakazanie* das Petersburger Heumarktviertel mit erlösungsbedürftigen Randgestalten. Aus den neutestamentlichen Zöllnern und Sünderinnen wird eine neue Gleichniswelt geschaffen mit Alkoholikern, Kranken, Verarmten und Kindern, über deren Schicksale der Mörder und die Hure in dieser Szene nachdenken.

[39] Dostojewskij, Verbrechen und Strafe, 435.

[40] Dostojewskij, Verbrechen und Strafe, 438. Das „Narrentum in Christo" (jurodstvo) ist ein russisches Phänomen, das eine Form religiöser Askese und des Selbstverzichts bezeichnet und in der Literatur viele Spuren hinterlassen hat: K.G. Isupov, Art. Narrentum in Christo (юродство), in: N. Franz (Hg.), Lexikon der russischen Kultur, Darmstadt 2002, 318.319.

[41] Dostojewskij, Verbrechen und Strafe, 435.

[42] Dostojewskij, Verbrechen und Strafe, 438. Das Neue Testament ist das einzige Buch in dem ganz ärmlichen Zimmer und damit besonders hervorgehoben.

Romanfiguren entdecken die Bibel

vor', sagte er, indem er sich an den Tisch setzte, den Kopf in die Hand stützte und düster zur Seite starrte, bereit, ihr zuzuhören. [...] Sonja machte einen unsicheren Schritt auf den Tisch zu, nachdem sie sich Raskolnikows sonderbaren Wunsch mißtrauisch angehört hatte. Aber sie nahm das Buch in die Hand. ‚Haben Sie es denn noch nie gelesen?' fragte sie und warf ihm über den Tisch hinweg einen fragenden Blick zu, den Kopf immer noch gesenkt. Ihre Stimme klang immer strenger. ‚Das ist schon lange her... In der Schule. Lies!' ‚Haben Sie es denn in der Kirche nicht gehört?' ‚Ich... bin nicht hingegangen... Du gehst wohl oft in die Kirche?' ‚Nein', flüsterte sie. Raskolnikow lächelte. ‚Verstehe... Dann kommst du wohl auch morgen nicht zur Beerdigung deines Vaters?' ‚Doch. Ich war auch in der vorigen Woche... um eine Seelenmesse lesen zu lassen.' ‚Für wen?' ‚Für Lisaweta. Sie wurde mit einem Beil erschlagen.' Seine nervöse Spannung wuchs und wuchs. Alles begann sich um ihn zu drehen. ‚Warst du mit Lisaweta befreundet?' ‚Ja... Sie war eine Gerechte... Sie besuchte mich... selten... Es ging nicht anders. Wir haben miteinander gelesen und... gesprochen. Sie wird Gott schauen.' Diese Bibelworte hatten für ihn einen seltsamen Klang, und er war aufs neue überrascht: heimliche Zusammenkünfte mit Lisaweta, und alle beide waren Gottesnärrinnen. ‚Da muß man ja selbst zum Narren werden! Das ist ansteckend!' dachte er. ‚Lies!' fuhr er sie plötzlich drängend und gereizt an. Sonja schwankte immer noch. Ihr Herz klopfte heftig. Sie traute sich immer noch nicht, ihm vorzulesen. Fast wie gefoltert sah er zu der ‚unglücklichen Geisteskranken' auf. ‚Wozu brauchen Sie das? Sie glauben ja doch nicht...?' flüsterte sie kaum hörbar und irgendwie nach Luft ringend. ‚Lies! Ich will es', beharrte er. ‚Du hast doch auch Lisaweta vorgelesen!' Sonja schlug das Buch auf und suchte die Seite. Ihre Hände zitterten, ihre Stimme versagte. Zweimal setzte sie an, aber schon die erste Silbe wollte nicht über ihre Lippen kommen."[43]

Der ganz der Ratio verpflichtete Student drängt die ihm intellektuell unterlegene, aber gläubige Sonja, ihm die Auferstehung des Lazarus vorzulesen, der gleich ihm vier Tage wie tot gelegen hat und von Jesus aus dem Grab ins Leben zurückgerufen wird. Sonja kommt seinem Wunsch nach und liest aus dem Johannesevangelium, dem vierten Evangelium, dem Lieblingsevangelium Dostoevskijs, das 11. Kapitel. Obwohl sie den Text fast auswendig kann, zögert sie zunächst, ihn vorzutragen, fällt es ihr doch, wie Ras-

---

[43] Dostojewskij, Verbrechen und Strafe, 439.440.

kol'nikov bemerkt, schwer, ihm, der nicht an Gott glaubt,[44] ihr Innerstes zu offenbaren. Im Akt des Lesens aber wird sie zunehmend vom Text ergriffen und liest hymnisch, geradezu pathetisch, als lege sie ein Bekenntnis ab:[45]

> „Sie betonte energisch das Wort *vier*. ‚Jesus spricht zu ihr: >Habe ich dir nicht gesagt, so du glauben würdest, du solltest die Herrlichkeit Gottes sehen?< Da hoben sie den Stein ab, da der Verstorbene lag. Jesus aber hob seine Augen empor und sprach: >Vater, ich danke dir, daß du mich erhöret hast. Doch ich weiß, daß du mich allezeit hörest. Sondern um des Volkes willen, das umherstehet, sage ich es, daß sie glauben, du habest mich gesandt.< Da er aber das gesagt hatte, rief er mit lauter Stimme: >Lazare, komm heraus!< *Und der Verstorbene kam heraus,*‘ (laut und begeistert, zitternd und schaudernd, als sähe sie es mit Augen:) ‚gebunden mit Grabtüchern, an Füßen und Händen, und sein Gesicht verhüllet mit einem Schweißtuch. Jesus spricht zu ihnen: >Löset ihn auf, und lasset ihn gehen.< *Viele nun der Juden, die zu Maria gekommen waren und sahen, was Jesus tat, glaubten an ihn.* Weiter las sie nicht, und sie konnte es auch nicht, sie schlug das Buch zu und stand rasch von ihrem Stuhl auf. ‚Das ist die Auferweckung des Lazarus' flüsterte sie stockend und streng und blieb unbeweglich, halb abgewandt stehen, als wagte sie nicht oder als schämte sie sich, die Augen zu ihm zu erheben. Noch immer zitterte sie wie im Fieber. Der Kerzenstumpf in dem verbogenen Leuchter war schon seit langem heruntergebrannt, und sein letztes trübes Flackern beleuchtete den Mörder und die Hure, die sich in diesem armseligen Zimmer so seltsam über dem ewigen Buch zusammengefunden hatten."[46]

Die Szene stilisiert Sonja zur Heiligen und wird für den Mörder zur Wende. Raskol'nikov „erwählt" Sonja, wie es heißt,[47] und gesteht ihr bei einem späteren Besuch den Mord. Auf ihr Drängen hin „nimmt er sein Leid auf sich". Er stellt sich der Polizei, bekennt öffentlich sein Verbrechen und tritt seinen Weg in die Strafe an: Wie sein Autor wird er nach Sibirien ver-

---

[44] Die Lazarus-Lesung wird innerfiktional vorbereitet im Gespräch mit dem Untersuchungsrichter. Dort sagte Raskol'nikov allerdings, er glaube an Gott und glaube auch buchstäblich an die Auferweckung des Lazarus: Dostojewskij, Verbrechen und Strafe, 353.

[45] Das entsprach Dostoevskijs eigenem Bibelverständnis, das eine existentielle Rezeptionshaltung einschloss. Die Perikope wird im Roman nicht im Ganzen zitiert, sondern nur in einzelnen Versen. Offenbar kann ihr Inhalt für das zeitgenössische Lesepublikum noch als bekannt vorausgesetzt werden.

[46] Dostojewskij, Verbrechen und Strafe, 443.

[47] Dostojewskij, Verbrechen und Strafe, 446.

schickt, begleitet von Sonja und dem Neuen Testament.[48] Ob seine innere Auferstehung glückt, erfährt der Leser nicht. Raskol'nikovs Chancen sind, betrachtet man die Forschungslage, einigermaßen umstritten. Zwar hat er sich aus der Bibel vorlesen lassen und die Strafe freiwillig auf sich genommen. Doch von Reue oder religiöser Erneuerung kann keine Rede sein. Die Bibel selbst bleibt auch in Sibirien ein Buch im Wartestand:

> „Unter seinem Kissen lag das Neue Testament. Mechanisch nahm er es in die Hand. Dieses Buch gehörte ihr [Sonja], es war dasselbe, aus dem sie ihm von der Auferweckung des Lazarus vorgelesen hatte. Am Anfang hatte er geglaubt, daß sie ihn im Zuchthaus mit Religion verfolgen, unaufhörlich über die Evangelien reden und ihm Schriften aufdrängen würde. Aber zu seinem größten Erstaunen hatte sie kein einziges Mal davon angefangen, das Neue Testament nicht einmal erwähnt. Er hatte sie selbst darum gebeten, kurz vor seiner Krankheit, und sie hatte ihm schweigend das Buch gebracht. Bis heute hatte er es noch nicht aufgeschlagen. Er schlug es auch jetzt nicht auf, aber ihm kam der flüchtige Gedanke: ‚Sollten ihre Überzeugungen jetzt nicht auch meine Überzeugungen sein? Wenigstens ihre Gefühle, ihr Streben…'"[49]

Der Autor entzieht sich einer eindeutigen Erklärung und macht nur vage Andeutungen, dass die Liebe zwischen Sonja und Raskol'nikov doch noch ins Leben finde – was, wie wir wissen, wunderbar ist, aber doch nicht ganz dasselbe wie das Wunder einer Auferstehung von den Toten. Dostoevskij jedenfalls lässt seinen Roman offen enden:

> „Aber hier beginnt eine neue Geschichte, die Geschichte der allmählichen Erneuerung eines Menschen, die Geschichte seiner allmählichen Wiedergeburt, des allmählichen Übergangs aus einer Welt in eine andere, der Entdeckung einer neuen, bisher gänzlich ungekannten Wirklichkeit. Das könnte das Thema der neuen Geschichte werden – aber unsere jetzige Geschichte ist zu Ende."[50]

Die bei vielen Lesern ungemein populäre Szene, in der Sonja und Raskol'nikov die Bibel entdecken und durch die gemeinsame Lektüre die

---

[48] Die Beschreibung von Lizavetas Neuem Testament erinnert an das Exemplar, das Dostoevskij in Sibirien bei sich hatte. Es enthält aufschlussreiche Markierungen: G. Kjetsaa, Dostoevsky and His New Testament, Oslo/New Jersey 1984.
[49] Dostojewskij, Verbrechen und Strafe, 744.
[50] Dostojewskij, Verbrechen und Strafe, 745.

metanoia des Mörders einleiten,[51] stieß nicht überall auf Begeisterung. Namentlich der bekennende Dostoevskij-Verächter Vladimir Nabokov hatte „einen heftigen Widerwillen gegen [...] jene schauderhafte Faselei mit dem Titel ‚Verbrechen und Strafe'."[52] Eben die genannte Szene empfand dieser Verfechter der freien Ästhetik als Zumutung, zeige sie doch, „was an dem Buch so falsch ist":

> „Der Fehler, der Riß, der meiner Ansicht nach das ganze Gebäude ethisch und ästhetisch zum Einstürzen bringt, tritt im 4. Kapitel von Teil Vier zutage. Es steht am Anfang der Erlösungsszene, in der das Mädchen Sonja dem Mörder Raskolnikow das Neue Testament nahebringt. Sie hat ihm über Jesus und die Erweckung des Lazarus vorgelesen. So weit so gut. Dann aber kommt dieser einzigartige Satz, der an Stupidität in der ganzen Weltliteratur kaum seinesgleichen haben dürfte: ‚Die Kerze in dem schiefen Leuchter war schon tief heruntergebrannt und beleuchtete trübe den Mörder und die Buhlerin in diesem armseligen Zimmer, die sich beim Lesen des Ewigen Buches so seltsam gefunden hatten.' ‚Der Mörder und die Buhlerin' und das ‚Ewige Buch' – was für ein Dreieck! Das ist ein entscheidender Satz, mit einer für Dostojewski kennzeichnenden rhetorischen Wendung. Was aber ist so schrecklich falsch an ihm? Warum ist er so plump und unkünstlerisch? [...] Der Mörder und die Buhlerin, die das Ewige Buch lesen – was für ein Unfug! Es gibt keine rhetorische Verbindung zwischen einem schmutzigen Mörder und diesem unglücklichen Mädchen. [...] Es handelt sich hier um einen billigen literarischen Trick, keineswegs um ein Meisterwerk von Pathos und Pietät. Sehen Sie sich [...] das künstlerische Ungleichgewicht dieser Stelle an. Man hat uns Raskolnikows Verbrechen in allen unerquicklichen Ein-

---

[51] Vgl. etwa N. Reber, Nachwort, in: F.M. Dostojewskij, Schuld und Sühne. Roman. Aus dem Russischen von Brigitte Klaas. Mit einem Nachwort, einer Zeittafel zu Dostojewskij, Anmerkungen und bibliographischen Hinweisen von Natalie Reber, Augsburg 2008, 853–910; hier: 871: „Teil IV, Kapitel 4, enthält ein tiefschürfendes Gespräch über Gott und den Glauben, Raskolnikows Kniefall vor dem menschlichen Leiden sowie die berühmte Kernstelle des gesamten Werks: die Lesung des Berichtes des Johannesevangeliums der Auferstehung des Lazarus am vierten Tag. Diese Zahl Vier ist symbolisch, da Raskolnikow genau am vierten Tag nach dem Mord zum ersten Mal zu Sonja kommt und damit seine geistige Auferstehung einleitet. Diese echt biblische Szene – der Mörder und die Buhlerin in einer armseligen, nur von flackerndem Kerzenschein beleuchteten Kammer, die Bibel lesend – könnte von Rembrandt gemalt sein."

[52] Zitiert nach: Dichter beschimpfen Dichter. Die endgültige Sammlung literarischer Kollegenschelten, hg. und mit einem Nachwort von J. Drews. Mit Bücher-Bildern von Jonathan Wolstenholme, Frankfurt a.M. 2006, 48.

zelheiten vorgeführt und uns auch ein halbes Dutzend verschiedener Erklärungen für seine Tat geliefert. An keiner Stelle wurde uns gezeigt, wie Sonja ihrem Gewerbe nachgeht. Die Situation ist glorifiziertes Klischee. Die Sünde der Buhlerin wird als selbstverständlich vorausgesetzt. Ich behaupte jetzt, daß der wahre Künstler die Person ist, die nie etwas als selbstverständlich voraussetzt."[53] Eine Einschätzung, die Nabokov übrigens teilt mit Thomas Mann, der Dostoevskij bekanntlich auch nur „mit Maßen" empfehlen konnte,[54] weshalb wir es hierbei genug sein lassen wollen und uns dem zweiten Werk zuwenden. Nicht ohne darauf hinzuweisen, dass die genannte Stelle zwar vielleicht sentimental ist, aber – je nach Kontext – nicht einfach als harmlos gelten kann: In der sowjetischen Verfilmung des Romans aus dem Jahre 1969 fehlt die Episode.[55] Sie war aus politischen Gründen verboten.[56]

2.2. „Auch Gott war Schneider!" Ingo Schulzes Roman Adam und Evelyn

Wo manchen bereits Raskol'nikov und Sonja ein eher zweifelhaftes Vorbild sind, sind Adam und Eva es ungleich mehr für uns alle. Schließlich sind sie es, die von der verbotenen Frucht gegessen und uns aus dem Paradies vertrieben haben. Doch es gibt auch eine andere Tradition: Die Berufsgruppe der Schneider etwa hat sich das erste Menschenpaar zu Schutzpatronen erwählt. Weil Adam und Eva die Ersten waren, die sich Schurze machten (Gen 3,7), gelten sie bis heute als Vorbild der Schneider. Mit dieser Tradition

---

[53] V. Nabokov, Die Kunst des Lesens. Meisterwerke der russischen Literatur. Nikolai Gogol, Iwan Turgenjew, Fjodor Dostojewski, Leo Tolstoi, Anton Tschechow, Maxim Gorki, hg. v. F. Bauers, Frankfurt a.M. 1991, 165.166.

[54] T. Mann, Dostojewski – mit Maszen, in: Ders., GW in dreizehn Bänden, Bd. IX: Reden und Aufsätze 1, Frankfurt a.M. 1990 [1946], 656–674; hier: 657.659: Mann wertet *Prestuplenie i nakazanie* als „größten Kriminal-Roman aller Zeiten", meidet aber dessen Autor aus Scheu vor dem Typus des großen Religiösen und Kranken.

[55] S. Cassedy, Wie Nietzsche und Solov'ev unabsichtlich mitgewirkt haben, unser (Miss-)Verständnis von der Religion Dostoevskijs zu schaffen, in: U. Heftrich/G. Ressel (Hg.), Vladimir Solov'ev und Friedrich Nietzsche. Eine deutsch-russische kulturelle Jahrhundertbilanz, Frankfurt a.M./Berlin/Bern/Bruxelles/New York/Oxford/Wien 2003, 373–385; hier: 373.

[56] Nicht nur Literatur, auch Religion kann also – je nach Kontext – subversiv wirken.

spielt der Wenderoman[57] von Ingo Schulze (*1962). *Adam und Evelyn* heißt das Buch, das uns die Geschichte vom verlorenen Paradies neu erzählt.[58] In ihr sitzt Adam im engen Garten DDR und fertigt Frauen die schönsten Kleider auf den Leib. Adam ist Damenschneider und begehrt, wen er einkleidet. Seine Freundin Evelyn ahnt diese Sündenfälle schon länger, und als sie eines Tages Adam nackt hinter dem Schrank und eine Kundin schaumbehangen in der Wanne erwischt, hat sie genug und der Roman seinen Anfang. In 55 flott durchdialogisierten Kapiteln erzählt er den Auszug der beiden aus dem Schneiderhaus. Er beginnt am 19. August 1989 in der ostdeutschen Provinz, führt über Prag nach Ungarn an den Balaton und endet, als sich unerwartet die Grenze öffnet, im real existierenden Kapitalismus. Dazwischen liegen knapp vier Monate erzählter Zeit mit viel Situationskomik und wechselnden Paarkonstellationen auf der Suche nach dem Glück. Der Schöpfungsmythos aus Gen 2 und 3 fungiert dabei als motivspendender Prätext. Er spielt die alten Konflikte ein – Sehnsucht und Verführbarkeit, Freiheitsdrang und Loyalität –, doch er präsentiert sie im neuen Gewand. Adam heißt eigentlich Lutz Frenzel. Er ist 32 Jahre alt, interessiert sich nicht für Politik und führt in der DDR ein selbstbestimmtes, kreatives Leben. Evelyn (21 Jahre) dagegen ist das erhoffte Studium der Kunstgeschichte verwehrt. Lustlos kellnert sie sich durch den Alltag und träumt von einem Neustart im Westen. Nach Adams Fehltritt nutzt sie die Chance und fährt mit Freundin Mona und deren Westcousin Michael im roten Passat der Freiheit

---

[57] Zum umstrittenen Begriff vgl. J. Magenau, Das Hemd der Geliebten und der Mantel der Geschichte. Christoph Hein und Ingo Schulze über den Herbst 1989, das lange Warten auf den Wenderoman und die Bedeutung der Literatur, in: LITERATUREN, Heft 10 (2009), 24–26.

[58] I. Schulze, Adam und Evelyn. Roman, Berlin 2008. Der Bezug auf Sündenfall und Schneiderzunft wird explizit hergestellt durch die vorangeschalteten Motti. Darin fungiert Gott als Schneider, der Adam und Eva vor der Vertreibung aus dem Paradies mit Kleidung ausstattet (nach Gen 3,21). Das wird innerfiktional aufgegriffen in Evelyns Ausruf: „Auch Gott war Schneider!" (Schulze, Adam und Evelyn, 230). Der Bezug auf Gen 3,7 wird realisiert durch Adams Berufstätigkeit als Schneider in der DDR.

Romanfiguren entdecken die Bibel

entgegen. Doch auch Adam macht sich auf, um Evelyn zurückzugewinnen, und kraucht im altersschwachen Wartburg hinterdrein. Am Plattensee treffen sie aufeinander, und als die Grenzen fallen und „die freie Welt"[59] zum Greifen nah ist, muss jeder eine Entscheidung treffen: Altes oder Neues? Gehen oder bleiben? Rückkehr oder Neubeginn? Adam folgt Evelyn in den Westen, aber das Paradies findet er nicht. Denn der Westen kauft seine Kleidung von der Stange, einen Maßschneider braucht man hier nicht.[60]

Adam und Evelyn haucht dem alten Mythos neues Leben ein und erzählt von Menschen, die sich sehnen und das richtige Leben suchen. Der biblische Bezug bestimmt Figurennamen, Kapitelüberschriften und eine Reihe von Details. Gelegentlich wirken die Codierungen angestrengt, etwa wenn uns der Autor unter die Nase reibt: den Adamsapfel[61] und das Adamskostüm,[62] dass Adam sich anstelle wie der erste Mensch,[63] und all die vielen Fruchtstücke, die man ihm in den Mund schiebt.[64] Adams Gegenspieler Michael heißt nicht nur wie der Erzengel, er nervt auch als Propagandist der freien Marktwirtschaft: „Der Fortschritt wohnt im Westen."[65] Dort aber, wo der Roman sich löst vom Zwang zur Allegorese und sich poetologisch entfalten kann, bringt er Gewinn und Verlust der Wendezeit anrührend zur Sprache. Er macht deutlich, dass auch der Westen etwas verloren hat, seit der Osten verschwunden ist, und gibt Fragen und Rätsel auf: Wo eigentlich ist die Schlange in diesem Buch, das von Warteschlangen, Autoschlangen, artig aufgerollten Gartenschläuchen und einer Schildkröte erzählt? Oder tarnt sich

---

[59] Schulze, Adam und Evelyn, 247.
[60] Schulze, Adam und Evelyn, 273.
[61] Schulze, Adam und Evelyn, 218. Der Spitzname Adam geht auf seinen markanten Adamsapfel zurück, auch wenn Evelyn über Lutz sagt: „Irgendwie war er schon immer Adam." Vgl. Schulze, Adam und Evelyn, 175.
[62] Schulze, Adam und Evelyn, 177.
[63] Schulze, Adam und Evelyn, 285.
[64] Adam bekommt von verschiedenen Frauen Früchte angeboten. Zur Verbindung von (antikem) Gemeinschaftsmahl und Literatur vgl. den Beitrag von Felix John in diesem Band.
[65] Schulze, Adam und Evelyn, 171.

die Stimme der Versuchung listig hinter Schutzengel Michael, der als Zellbiologe am ewigen Leben forscht und das Muster für die Unsterblichkeit schon fast in Händen hält?[66] Und überhaupt: Was bleibt eigentlich von Gott, wenn Adam zum „Schöpfer"[67] wird und Evelyn Gottes Ruf imitiert: „Adam, wo bist du?"[68]

Nach der Grenzüberschreitung in den Westen sitzen Adam und Evelyn in einem Bayerischen Hotel und lesen gemeinsam die Vorlage, der sie entstammen.[69] Es ist Adams Erstkontakt mit dem Buch der Bücher,[70] ein Traum aller Religionspädagoginnen, die gern empirisch forschen: der Mensch als leere Bühne für den Auftritt der Bibel – und was dann? In unserem Fall entdecken Adam und Evelyn das Buch zufällig im Nachttisch, und selten kam der Traditionsabbruch so vergnüglich daher:

> „Adam zog die Nachttischschublade auf. ‚[…] Da hat jemand was vergessen. Ne Bibel, ist ja komisch.' [Und Evelyn will wissen:] ‚Ob die unseretwegen hier liegt?' ‚Weil wir so ne Art Flüchtlinge sind?' ‚Na ja, als Aufmunterung oder so ähnlich. Die sagen ja auch ernsthaft Grüß Gott.'"[71]

Die beiden ungeübten Exegeten erkennen: die Brüche im Text und den fehlenden Apfel, und dass man Vater und Mutter schwerlich verlassen kann,

---

[66] Schulze, Adam und Evelyn, 173 (im Kapitel: *Arbeit für die Ewigkeit*).

[67] Schulze, Adam und Evelyn, 29.177: Evelyn nennt ihn Schöpfer und seine Kundinnen Geschöpfe, die Adams Kreationen tragen. Wie der biblische Adam die Lebewesen benennt (Gen 2,19.20), so gibt der DDR-Adam seinen Frauen neue Namen und nennt sie Lilli (wohl in Anspielung auf Lilith, nach talmudischer Tradition Adams erste Frau) oder Desdemona.

[68] Schulze, Adam und Evelyn, 23 in Anspielung auf Gen 3,9.

[69] Schulze, Adam und Evelyn, 223–231 (Kapitel: *Erkenntnisse*). Im Unterschied zu Dostoevskij setzt Schulze den biblischen Referenztext nicht als bekannt voraus, sondern lässt ihn, unterbrochen von den Kommentaren seiner Figuren, vollständig verlesen. Der Text folgt dabei offenbar der Luther-Übersetzung, obwohl die Handlung im katholischen Bayern spielt.

[70] Evelyn dagegen hat sich mit dem Schöpfungsmythos auf ihr Eignungsgespräch in Leipzig vorbereitet, wo sie sich für Kunstgeschichte beworben, aber keinen Studienplatz erhalten hat. Das ist ihr Hauptmotiv, die DDR zu verlassen: Schulze, Adam und Evelyn, 225.

[71] Schulze, Adam und Evelyn, 224. Die Figuren glauben, jemand habe die Bibel vergessen, und wollen sie zunächst zurückgeben: Schulze, Adam und Evelyn, 233. Später gibt Evelyn zu, sie gemeinsam geklaut zu haben: Schulze, Adam und Evelyn, 265. Solche Hotelbibeln verteilt z.B. der Gideonbund in Deutschland. Diese folgen tatsächlich oft der Luther-Übersetzung, beinhalten aber meist nur das Neue Testament und die Psalmen.

wenn man das erste Paar auf Erden ist. Sie kommen zu dem Schluss: „Auch Gott war Schneider!", doch er will nicht seinesgleichen, so Adam,[72] und Evelyn glaubt, dass sich hinter dem Garten Eden, der im Osten liegt, Ungarn verbirgt und sich seine vier Ströme im Kossuth-Wappen wiederfinden.[73] Beide haben irgendwie Recht: Evelyn, die im Westen endlich ihr Studium beginnen kann, aber wissen muss: „Kunstgeschichte ist [hier] eine brotlose Kunst."[74] Und Adam, der sein freies Künstlerleben eintauscht gegen eine Anstellung beim „Flickschuster" in einer Änderungsschneiderei.[75] Er vor allem sieht, dass auch der Westen ein Land der Täuschung ist. Der Nachttisch, in dem die Bibel liegt, ist aus Furnier, und der Held der nichtentfremdeten Arbeit rügt: „Echtes Holz sieht anders aus…"[76]

So bringt die „Wende" Veränderung, aber wenig Neues unter der Sonne. Adam und Evelyn gehen zusammen in die neue Welt, aber die Entfremdung, die in der alten begonnen hat, zieht mit und wird grundsätzlicher. Evelyn kann in München das ersehnte Studium beginnen und mit Adam ein exklusives WG-Zimmer beziehen, sie ist aber schwanger und weiß nicht, wer der Vater ist.[77] Adam wird Angestellter in einer Änderungsschneiderei, kann sich aber nicht darüber täuschen, welche Einschränkung dies für ihn bedeutet,[78] und verbrennt die Spuren seines alten Lebens wie einer, der die Zukunft schon hinter sich hat.[79] Damit lotet der Roman neu aus, wovon der

---

[72] Schulze, Adam und Evelyn, 230.231.
[73] Schulze, Adam und Evelyn, 226. Das Kossuth-Wappen hat für die Familie Angyal, bei der Adam und Evelyn eine Weile unterkommen, große Bedeutung. Es symbolisiert die Unabhängigkeit Ungarns und ist nach dem Freiheitskämpfer Lajos Kossuth (1802–1894) benannt: Schulze, Adam und Evelyn, 198.199.
[74] Schulze, Adam und Evelyn, 170.
[75] Schulze, Adam und Evelyn, 309.
[76] Schulze, Adam und Evelyn, 224.
[77] Damit alludiert der Roman auf Gen 3,16.
[78] In Anspielung auf Gen 3,17–19.
[79] Schulze, Adam und Evelyn, 308–314 (Kapitel: *Feuer*). Adam verbrennt im Garten der neuen Bleibe wie in einer prophetischen Zeichenhandlung oder bei einem Autodafé die alten Schwarz-Weiß-Fotos seiner Modelle, mit denen der Roman in Anspielung auf Gen 1,3 zu Beginn Adams schöpferisch-kreative Kraft symbolisierte. Kurz vor dem ersten Advent nun

Mythos erzählt und was man in traditioneller theologischer Begrifflichkeit mit „Sünde" bezeichnet. Die innerfiktional eingesetzte Bibel spielt in diesem Zusammenhang eine besondere Rolle. Sie ist eines der wenigen Bücher, die explizit genannt werden,[80] und wird ausführlich zitiert, als Adam und Evelyn ihren ersten Tag in Westdeutschland mit der erwähnten Lektüre des Sündenfalls beschließen. Am anderen Morgen nehmen sie das Buch mit zum Frühstück, wo Adam seiner Freundin mit der Bibel vor der Brust einen Heiratsantrag macht.[81] Sie wollen das Buch seinem Besitzer zurückgeben, behalten es dann aber und führen es wie einen Schwellenbegleiter mit sich bei ihren ersten Gehversuchen durch die neue Welt.[82] Die Bibel, das Buch, das keinem wirklich gehört,[83] bildet damit indirekt einen ideologiekritischen Gegenwert zur kapitalistischen Umgebung, in der nach Adam die Geldgier als „Erbsünde" herrscht und alles kaputtmacht.[84] Die Bibel steht aber auch

---

gehen bei Adam ‚die Lichter aus'. Zurück bleibt ein farbiges Polaroidbild der erschrockenen Evelyn, die Adam durch die Fensterscheibe beobachtet. Mit diesem Symbol bleibender Distanz und Entfremdung endet der Roman.

[80] Schulze, Adam und Evelyn, a.a.O.: Evelyn liest viel (110); Adam hat seit seinem Aufbruch aus Thüringen ein Vogel- und Pflanzenbestimmungsbuch dabei (35.287). Michael bewundert den polnischen Science-Fiction-Autor Stanisław Lem und erzählt Evelyn Abschnitte aus dessen Werk *Kyberiade* nach (156.157.176); Adam und Evelyn wollen Laokoon aus einer alten Ausgabe von Gustav Schwab lesen, kommen aber nicht dazu (211.218). Laokoon wurde in der Kunstgeschichte öfter mit der Adamsgestalt verbunden, da beider Tod durch Schlangen verursacht worden war.

[81] Schulze, Adam und Evelyn, 237. Es gibt in diesem Kapitel zwei Anträge (232–237): Adam willigt in das „verteufelt" gute Angebot ein, seinen geliebten Wartburg zu verkaufen, und macht dann Evelyn einen Heiratsantrag, ohne dass rechte Freude aufkommt.

[82] Bibellektüre ist im Roman unterschiedlich konnotiert. Vgl. Schulze, Adam und Evelyn, a.a.O.: Sie macht vielleicht einen guten Eindruck (229) oder depressiv (292), kann ironisch gemeint für Frömmigkeit stehen (233) oder als Quelle für kluge Sprüche dienen (257). Adam hat die Bibel schon vor München halb durchgelesen und zugleich zum subversiven Aufbewahrungsort der Formulare gemacht, die den Behörden bei der Einreise Auskunft über sein altes Leben hätten geben sollen.

[83] In Schulze, Adam und Evelyn, 265–267 geht es um Besitz: Wie bei Raskol'nikov liegt die Bibel hier unter Adams Kopfkissen, unter dem Evelyn sie hervorzieht. Sie selbst meint, es habe ihr in Adams Haus in der DDR nicht mal ihr Kopfkissen gehört.

[84] Schulze, Adam und Evelyn, 292. Der Aspekt fand sich auch bei Dostoevskij, wenn Raskol'nikov fürchtet, Sonja werde ihn im Lager „mit Religion verfolgen".

selbst für Ideologie und Indoktrination[85] und wird zitiert, ohne zu trösten.[86] Glauben im religiösen Sinne stiftet sie nicht.[87] Sie stiftet nur Bilder für das Verlorene und bleibt damit der Erzähllogik treu von Gen 2 und 3: Das Paradies scheint auf in der kurzen Ausnahmestunde zwischen Ost und West, in der alles möglich, aber nichts entschieden ist. Betreten lässt es sich nicht.[88]

2.3. „Es war bloß die Bibel". Ingeborg Bachmanns Erzählung Simultan

Die Sehnsucht nach dem verlorenen Paradies, in dem allein die zwischenmenschliche Entfremdung überwunden und Verstehen möglich ist, bestimmt auch die Erzählung *Simultan* von Ingeborg Bachmann (1926–1973).[89] Auch Bachmann nutzt die Bibel als untergründigen Referenztext, um das Motivpaar „Sprachzugehörigkeit und Heimatlosigkeit"[90] zu thematisieren, und spielt sie darüber hinaus ebenfalls als konkretes Buch in die Handlung ein. Erzählt wird die vage Liebesgeschichte zweier unsicherer Existenzen, deren

---

[85] Schulze, Adam und Evelyn, 305.306.

[86] Schulze, Adam und Evelyn, a.a.O.: Adam zitiert das [himmlische] Manna (304) und in ironischer Anspielung auf Jes 11,6: „Und die Wölfe werden bei den Lämmern liegen." (311) Evelyn versucht unter Verwendung von „Glaube, Liebe, Hoffnung" (1. Kor 13) Adam Mut für die Jobsuche zu machen, was diesen nicht erreicht (267).

[87] Schulze, Adam und Evelyn, a.a.O.: Adam gilt als abergläubisch (163). Evelyn ist wegen ihrer vornehmen Oma getauft (212.305), hat aber auch FDJ und Jugendweihe hinter sich (246). An Gott glauben beide nicht (305). Eine Taufe des ungeborenen Kindes scheint aber nicht ausgeschlossen, da der katholische Marek Evelyns Mitbewohnerinnen unwidersprochen als mögliche Patentanten vorschlagen kann (302).

[88] Schulze, Adam und Evelyn, a.a.O.: Innerfiktional wird das Paradies von Adam mit Tschechien in Verbindung gebracht (56) und mit der Fürsorge der Angyals (132). Evelyn glaubt, in Adams Paradies nur gestört zu haben (221). Ihr Schlüssel zur neuen Bleibe scheint aber wenigstens für einen Augenblick so etwas wie die „Pforte" zum Paradies zu öffnen (307). Die biblische Rahmung der Romanhandlung wird noch unterstrichen durch die dubiosen Engelsgestalten: Evelyns Kollegin in der DDR heißt „die Gabriel" (15), der Westcousin, der sie auf dem Weg aus der DDR begleitet, Michael. Sie werden später ersetzt durch Evelyns Münchener Mitbewohnerinnen Gabriela und Michaela (270).

[89] Die Erzählung wurde 1968 in Rom geschrieben und erschien erstmals 1972 im gleichnamigen Zyklus des Spätwerks. Im Folgenden zitiert nach: I. Bachmann, Simultan, in: Dies., Simultan. Erzählungen, München/Zürich ⁹2008, 7–40.

[90] B. Bannasch, Von vorletzten Dingen. Schreiben nach „Malina". Ingeborg Bachmanns „Simultan"-Erzählungen, Würzburg 1997, 23.

Identitätsproblematik mit Sprachschwierigkeiten verbunden ist: Die Simultandolmetscherin Nadja[91] und der Diplomat Ludwig Frankel fahren eine Woche nach ihrer ersten Begegnung in Rom für ein paar Tage nach Süditalien, um dort gemeinsam Urlaub zu machen.[92] In dieser Gegend ist Nadja schon einmal gewesen, einige Jahre zuvor mit einem anderen Mann, Jean Pierre, der sie geschlagen hat[93] und nur in Verniedlichungsformen ertragen konnte.[94] Diese Beziehung endete mit einem „Schock" und hat dafür gesorgt, dass Nadja niemals heiraten will und nicht mit einem anderen zusammen in einem Zimmer übernachten kann.[95] Frankel wiederum, der als hochrangiger Beamter bei der FAO der Vereinten Nationen[96] beschäftigt und beruflich ebenfalls sehr erfolgreich ist, bevorzugt das Alleinsein aus Gewohnheit und kann ohne Valium nicht einschlafen. Er ist von Tabletten abhängig[97] und lebt von Frau und Kindern getrennt. Nadja und Frankel begegnen sich mit großen Erwartungen und erhoffen vom jeweils anderen die Heilung alter Wunden und die Wiederherstellung eines ungebrochenen Lebens.[98] Doch obwohl

---

[91] Der Name ist die russische Kurzform von Nadežda und bedeutet „kleine Hoffnung".

[92] Nadja und Frankel machen ihren Urlaub im August. Der Sieg Vittorio Adornis bei den Radweltmeisterschaften am Ende der Erzählung datiert das Geschehen auf das Jahr 1968 und damit auf die Zeit der Niederschlagung des Prager Frühlings: S. Lennox, Bachmanns „Wienerinnen" im Zeitalter der Globalisierung. *Simultan* und Zygmunt Baumans *Flüchtige Moderne*, in: B. Agnese/R. Pichl (Hg.), Topographien einer Künstlerpersönlichkeit. Annäherungen an das Werk Ingeborg Bachmanns. Internationales Symposium Wien 2006, Würzburg 2009, 189–198; hier: 189.

[93] Bachmann, Simultan, 27.

[94] Bachmann, Simultan, 11: „[...] er gab ihr viele winzige Namen [...] und sie ihm viele große Namen [...]." Auch das Verhältnis zu Frankel ist hierarchisiert und zudem politisiert, indem Nadja bei ihrem russischen Vornamen, er beim Nachnamen genannt wird, gelegentlich amerikanisiert zu „Mr. Ludwig Frankel". Vgl. Bannasch, Von vorletzten Dingen, 25, Anm. 29.

[95] Bachmann, Simultan, 9.15.

[96] Die FAO ist die Food and Agriculture Organization, die ihren Hauptsitz in Rom hat.

[97] Dem korrespondieren die verdeckten Hinweise auf Nadjas Hang zum Alkohol. Erst in der letzten Szene will sie „Niente" von der Bar: Bachmann, Simultan, 14.21.22.30.34.35.40.

[98] Bachmann, Simultan, 15: Für Frankel ist es, „als könnte etwas Einfaches sich wiederherstellen in seinem Leben, eine in Vergessenheit geratene schmerzliche Freude, von der er ein paar Tage lang so verwandelt war, daß auch die Leute in der FAO etwas merkten".

beide aus Wien stammen und einen ähnlichen Lebensstil pflegen, gelingt eine wirkliche Verständigung nicht:

> „Im Fahren hatten sie wenig miteinander reden können, auf der Autobahn war immer dieses scharfe Geräusch da, vom Wind, von der Geschwindigkeit, das beide schweigen ließ, nur vor der Ausfahrt in Salerno, die sie eine Stunde lang nicht finden konnten, gab es dieses und jenes zu bemerken, einmal französisch, dann wieder englisch, italienisch konnte er noch nicht besonders gut, und mit der Zeit nahm sie den alten Singsang wieder an, sie melodierte ihre deutschen Sätze und stimmte sie auf seine nachlässigen deutschen Sätze ein, wie aufregend, daß sie wieder so reden konnte, nach zehn Jahren, es gefiel ihr mehr und mehr, und nun gar reisen, mit jemand aus Wien! Sie wußte bloß nicht, was sie deswegen einander zu sagen hatten, nur weil sie beide aus dieser Stadt kamen und eine ähnliche Art zu sprechen und beiseite zu sprechen hatten, vielleicht hatte sie auch nur, nach einem dritten Whisky auf der Dachterrasse im Hilton, geglaubt, er bringe ihr etwas zurück, einen vermißten Geschmack, einen fehlenden Tonfall, ein geisterhaftes Gefühl von einem Daheim, das nirgends mehr für sie da war."[99]

Nadja und Frankel gehören zu einer „globalen Elite",[100] die ständig unterwegs ist, um ihre Berufe in verschiedenen Städten und verschiedenen Sprachen auszuüben. Sie sind nirgends wirklich zu Hause und finden Heimat allenfalls in der Zugehörigkeit zu einer Sprachgemeinschaft, als „Sprachheimat".[101] Sie reden miteinander in ihrer Herkunftssprache, im Wiener Dialekt,[102] aber auch in anderen Sprachen, die als Sprachbrocken in die verschachtelten Sätze des Textes eingebaut werden.[103] Auf diese Weise fungieren die Berufe – Dolmetscherin und Diplomat – als Metaphern, die das

---

[99] Bachmann, Simultan, 7.8.
[100] Lennox, Bachmanns „Wienerinnen" im Zeitalter der Globalisierung, 191.
[101] Bannasch, Von vorletzten Dingen, 120.
[102] Bachmann, Simultan, 27. Beide stammen aus Wien, haben aber unbestimmt osteuropäische Wurzeln: Bachmann, Simultan, 28.
[103] Vom ersten (das russische „Bože moj!" bedeutet „Mein Gott!") bis zum letzten Wort (der italienische Ausruf „Auguri!" heißt „Glückwunsch!" oder „Alles Gute für die Zukunft!") ist der Text durch fremdsprachliche Floskeln gerahmt: Bachmann, Simultan, 7.40. Dass solche Einstreuungen nicht übersetzt werden, bringt auch den Leser in die Übersetzerrolle.

Motiv der Verständigung existentiell an die Figuren binden[104] und dem Text eine sprachphilosophische Deutungsebene einschreiben. Während Frankel auf eine Einheitssprache hofft, die durch barrierefreies Verstehen eine ‚einfache' Verständigung möglich machte, findet Nadja diesen Gedanken heillos romantisch.[105] Zwar wäre es auch für sie erleichternd, wenn die vielen hundert oder gar tausend Sprachen irgendwann verschwänden, „nur würde [sie] dann zu nichts mehr taugen."[106] An ihrer Berufsrolle aber hängt Nadjas ganze Identität, und so macht sie auch im Urlaub gewissenhaft ihre Übungen[107] als „perfekte Übersetzungsmaschine",[108] die „nachtwandlerisch" Sätze produzieren kann, aber eben auch nur „eingetaucht in die Sätze anderer" lebt und hinter der erfolgreichen Fassade eine labile Persönlichkeit verbirgt, die fürchtet, eines Tages „von den Wortmassen verschüttet" zu werden.[109]

Nadjas innere Labilität wird besonders deutlich, als die beiden an ihrem letzten Abend einen Ausflug auf einen nahegelegenen Felsen machen, um von dort den Golf zu überschauen und den Sonnenuntergang zu genießen. So jedenfalls stellt Frankel es sich vor, der das Auto steuert und Nadja über die kurvigen Straßen nach oben verfrachtet. Nadja selbst wäre lieber an der Promenade spaziert, hat dies aber nicht deutlich genug artikuliert und entwickelt zunehmend inneren Widerstand, bis sie sich kaum mehr bewegen kann: „Die Lähmung fing in den Händen an, sie konnte sich keine Zigarette mehr anzünden und ihn auch nicht darum bitten, weil sie ihm ausgeliefert war, sie atmete kaum mehr, und etwas fing an, in ihr auszubleiben, es konnte der An-

---

[104] Zu den in der Literaturtheologie üblichen, sprachphilosophisch nicht reflektierten Metaphern von Diplomat und Übersetzer vgl. den Beitrag *Im Grenzgebiet* von Maike Schult in diesem Band.

[105] Bachmann, Simultan, 14.27.

[106] Bachmann, Simultan, 27. Nadja wolle aber eine der erlernten Sprachen fallenlassen, da es sie sonst zerstöre: Bachmann, Simultan, 14.

[107] Bachmann, Simultan, 13.24.

[108] I. Dusar, Choreographien der Differenz. Ingeborg Bachmanns Prosaband *Simultan*, Köln/Weimar/Wien 1994, 301.

[109] Bachmann, Simultan, 18.

fang der Sprachlosigkeit sein [...]."[110] Oben angekommen, folgt sie Frankel widerwillig zu Fuß weiter, „zur Spitze des Felsens, dem Abgrund entgegen",[111] bis sie auf das monströse Denkmal einer Christusfigur stoßen: „[E]s war eine riesige, riesenhafte Figur aus Stein, in einem langen Steingewand, mit ausgebreiteten Armen, auf deren Rücken sie zugingen. Sie brachte den Mund nicht auf, sie sah diese ungeheuerliche Figur wieder, die sie im Hotel auf einer Ansichtskarte gesehen hatte, den Christus von Maratea, aber jetzt gegen den Himmel gestellt, und sie blieb stehen."[112] Nadja lässt Frankel allein weitergehen und bleibt verstört zurück, seitlich im Rücken „immer noch diese wahnsinnige Gestalt".[113] Sie will weinen, kann aber nicht, so als habe sie „über dem Herumziehen in allen Sprachen und Gegenden das Weinen verlernt".[114]

Am nächsten Morgen, dem Abreisetag, bleibt Nadja lange für sich, immer „nahe am Weinen, das nie kommen würde".[115] Sie spaziert allein unten am Wasser, kann sich jedoch wieder gelöster bewegen, springt kühn von Fels zu Fels und sieht plötzlich die Christusfigur, die sie gestern so erschreckt hatte, noch einmal aus einer anderen Perspektive: „[...] dort oben sah sie etwas wieder, eine kleine, kaum sichtbare Figur, mit ausgebreiteten Armen, nicht ans Kreuz geschlagen, sondern zu einem grandiosen Flug ansetzend, zum Auffliegen oder zum Abstürzen bestimmt."[116] Nadja kehrt ins

---

[110] Bachmann, Simultan, 32.
[111] Bachmann, Simultan, 32. Das Motiv des Abgrunds findet sich auch in Bachmann, Simultan, 19.22.34.
[112] Bachmann, Simultan, 33. Diese Statue wurde 1965 von dem Bildhauer Bruno Innocenti aus weißem Marmor geschaffen. Bannasch, Von vorletzten Dingen, 52 deutet sie als Repräsentationsfigur der patriarchalischen Religion, von der Nadja sich existenziell bedroht fühle. Nadja selbst thematisiert die Skulptur als „Auftragsarbeit" und „Gemeindebeschluß" und stellt sie damit indirekt gegen Arbeiten der freien Kunst: Bachmann, Simultan, 34.
[113] Bachmann, Simultan, 33.
[114] Bachmann, Simultan, 33.34. Stattdessen legt sie sich selbst wie eine Gekreuzigte auf die Erde.
[115] Bachmann, Simultan, 36.
[116] Bachmann, Simultan, 37.

Hotel zurück, und um ihr Alleinsein zu verlängern, geht sie noch einmal hinauf aufs Zimmer, wo sie eine Entdeckung macht:[117]

> „Sie riß alle Schränke und Schubladen auf, warf leere Zigarettenschachteln, Papierfetzen und Kleenex in den Papierkorb, sah unter die Betten, und eh sie gehen wollte, entdeckte sie neben seinem Bett, in dem Fach unter der Lampe, ein Buch. Wie gut, daß sie noch einmal heraufgegangen war. Sie steckte es in ihre Tasche und zog es sofort wieder heraus, denn dieses Buch konnte nicht ihm gehören. Il Vangelo. Es war bloß die Bibel, die in solchen Hotels zur Einrichtung gehörte. Sie setzte sich auf das ungemachte Bett, und wie sie ihre Wörterbücher aufschlug, um oft abergläubisch ein Wort zu suchen, als Halt für den Tag, diese Bücher wie Orakel befragte, so schlug sie auch dieses Buch auf, es war nur ein Wörterbuch für sie, sie schloß die Augen, tippte mit dem Finger nach links oben und öffnete die Augen, da stand ein einzelner Satz, der ging: Il miracolo, come sempre, è il risultato della fede e d'una fede audace."[118]

Die Simultandolmetscherin, die das Wort „machen" in sechs verschiedenen Sprachen beherrscht,[119] versucht den italienischen Satz in den Mund zu nehmen. Doch obwohl sie zu wissen meint, was jedes Wort bedeutet, kann sie ihn nicht übersetzen. Sie weiß nicht, „woraus dieser Satz wirklich gemacht" ist, und nach vier vergeblichen Anläufen beginnt sie zu weinen.[120] Auf ein mechanisches Wort-für-Wort-Übersetzen konditioniert und die Bibel wie ein Wörterbuch befragend, erfährt Nadja am weltumspannenden Evangelium ihre Begrenzung: „Ich bin nicht so gut, ich kann nicht alles, ich kann noch immer nicht alles."[121] Diese Begrenzung ist aber eben nicht Ausdruck eines persönlichen Scheiterns, mangelnden Könnens etwa oder mangelnden Fleißes. Sie rührt vielmehr an die grundsätzliche „Sprachgrenze" aller Men-

---

[117] In diesem letzten Hotel haben Nadja und Frankel gemeinsam in einem Doppelzimmer übernachten müssen. Ihre Bibelentdeckung macht Nadja trotzdem allein, anders als bei Dostoevskij und Schulze.
[118] Bachmann, Simultan, 38.
[119] Nadja spricht Deutsch, Englisch, Französisch, Italienisch, Spanisch und Russisch: Bachmann, Simultan, 18.
[120] Nach Bannasch, Von vorletzten Dingen, 28, Anm. 35 würde der Satz wörtlich lauten: „Das Wunder, wie immer, ist das Ergebnis des Glaubens und eines starken Glaubens."
[121] Bachmann, Simultan, 38.

schen,[122] wie die Bibel sie in der Geschichte vom Turmbau zu Babel und dem Pfingstwunder erzählt.[123] Sie konfrontiert Nadja mit der – unausgesprochenen – Einsicht, dass Sprache nicht aufgeht in ihrem Vokabular und sich der Wunsch nach restloser Übersetzbarkeit als Illusion erweisen muss.[124] Gerade die Heilige Schrift, die häufiger als jedes andere Buch in alle Sprachen der Welt übertragen wurde[125] und für deren Deutung „die Buchstäblichkeit der Sprache"[126] eine so überragende Rolle spielt, führt sie zu der Erkenntnis, dass wortwörtliches Verstehen dem Menschen aufgegeben und zugleich unmöglich ist. Das wird auf wunderbar raffinierte Weise noch dadurch unterstrichen, dass zwar der Turmbau zu Babel und das Pfingstwunder als untergründige Referenztexte mitlaufen, der von Nadja im Hotelzimmer gedäumelte Bibelvers sich aber eben *nicht* im Original nachweisen lässt.[127] Mit anderen Worten: Die verlesene, nicht übersetzbare Textpassage ist ein phantasierter Satz, der wie Bibel klingt, aber eben nicht in der Bibel steht. Nadjas Veränderung ist darum auch nicht als „Bekehrung" zum

---

[122] Bannasch, Von vorletzten Dingen, 28.

[123] Nach Dusar, Choreographien der Differenz, 305 durchläuft das Babel-Motiv die ganze Erzählung und alludiert in Form und Inhalt auf Gen 11,1–9. Der Christus von Maratea ließe sich dann als Hinweis auf das Pfingstwunder (Apg 2) verstehen, das hier aber in seiner wahnhaften Größendimension nur unterstreicht, dass das Ende der Sprachverwirrung zwar als Hoffnung in Aussicht gestellt, aber keine in Stein gemeißelte, wörtlich zu verstehende Realität ist.

[124] Bannasch, Von vorletzten Dingen, 28.122.

[125] Lennox, Bachmanns „Wienerinnen" im Zeitalter der Globalisierung, 197.

[126] Dusar, Choreographien der Differenz, 303.

[127] B. von Jagow, Ästhetik des Mythischen. Poetologien des Erinnerns im Werk von Ingeborg Bachmann, Köln 2003, 190, Anm. 185; Bannasch, Von vorletzten Dingen, 207. Die italienische Bibel ist natürlich auch nicht das Original, nicht der Urtext, sondern selbst eine Übersetzung: Lennox, Bachmanns „Wienerinnen" im Zeitalter der Globalisierung, 197. Das Original ist im Text nur als Leerstelle präsent und verweist damit auf Bachmanns Sprachutopie, die Sprache als Teilhabe am Originaltext ersehnt und zugleich jede menschliche Übersetzungstätigkeit für unzulänglich hält: Bannasch, Von vorletzten Dingen, 122.123. Am Beispiel des Turmbaus zu Babel erläutert auch Derrida die Übersetzungsproblematik und weist die wertende Hierarchie von Original und Übersetzung zurück: Bannasch, Von vorletzten Dingen, 203.

christlichen Glauben zu verstehen,[128] sondern spiegelt ihre Einsicht in die grundsätzliche Trennung zwischen reinem („göttlichem") und unreinem („menschlichem") Wort.[129] Am Beginn ihrer Begegnung sehnten sich Nadja und Frankel gleichermaßen nach einer mühelosen Verständigung und damit nach dem paradiesischen Zustand vor Babel. Doch die einzige Sprache, die sie als „ausdrücklich und genau" erfahren, ist die, die ohne Worte auskommt.[130] Und selbst sie ist nicht frei verfügbar und lässt Menschen allenfalls auf Augenblicke körpersprachlich verschmelzen, kongruent, synchron, *simultan* werden.[131] Der Titel der Erzählung wird auch am Schluss noch einmal in Szene gesetzt: Nachdem Nadja an ihrer Bibelübersetzung gescheitert ist, kommt sie hinunter an die Bar, wo Frankel völlig versunken der Simultan-Übertragung eines Radrennens folgt. Während er weiter an die Einheit von Bild und Text glaubt und ein Teil der weltumspannenden „Stakkatorufe aus allen Städten und allen Ländern" wird,[132] hat Nadja durch ihre Begegnung mit der Bibel neue Einsichten gewonnen. Sie verlässt die Erzählung mit dem hingeworfenen „Auguri!", was vordergründig Italien zur Radweltmeisterschaft gratuliert, hintergründig aber noch einmal auf die Übersetzungsproblematik verweist.[133] Einem theologisch oft aufgeladenen Bibelkonzept begegnet Bachmann damit eher desavouierend-subversiv: Die Bibel ist in *Simultan* keine heilige Schrift, die zu religiöser Bekehrung führt,

---

[128] Dem entspricht das lapidare „Es war bloß die Bibel": Bachmann, Simultan, 38.
[129] Unter Hinweis auf Walter Benjamin: Bannasch, Von vorletzten Dingen, 210.
[130] Bachmann, Simultan, 26.
[131] Simultanität bezieht sich auf die Protagonisten, die sich in verschiedenen Sprachen zugleich aufhalten, prüfen, ob sie dasselbe denken, oder im selben Augenblick auf die Uhr schauen. Jean Pierre gegenüber war Nadja dagegen immer „Stunden zurück oder um Stunden voraus", vgl. Bachmann, Simultan, 12.
[132] Bachmann, Simultan, 39.
[133] Das Wort alludiert lautmalerisch auf die Lesepraktiken der römischen Priester und Propheten, die aus Zeichenkonstellationen die Zukunft vorhersagten, obwohl sie eigentlich von deren Unübersetzbarkeit überzeugt waren: Dusar, Choreographien der Differenz, 307.

sondern Textzeugin für das Unsagbare, das in seinem Ursprung („Original") verborgen bleibt.[134]

3. Im Netz der Referenzen

Was also bleibt nach einem Semester Wortwelten, so hatten wir eingangs gefragt, was wird hängenbleiben, nachdem wir so viele Wochen miteinander Texte gejagt und erlegt haben, festgemacht und hochgehievt, zerlegt und verarbeitet? Wer es mit Literatur zu tun bekommt, der gerät der Freiheit in die Fänge und verstrickt sich im Netz feingesponnener Referenzen. Denn Literatur findet und erfindet permanent neu. Sie entzieht sich normativen Deutungsvorgaben und strebt über die ihr gesteckten Grenzen hinaus. Wie sie sich dabei der Bibel bedient als dem Brunnen, dem vielleicht nicht alle, aber doch viele unserer „beladenen Geschichten aus allen mühseligen Zeiten"[135] immer neu entsteigen, so bedient sich ein Literat beim anderen – das Wort, das du entlässt, gehört dir nicht mehr. In der Juristerei heißt das vielleicht: Ideenklau. In der Philologie heißt es: Intertextualität. Das meint: Literarische Texte streben danach, aufeinander bezogen zu sein, sich einer im anderen zu spiegeln und so in immer neuen Wendungen das Kaleidoskop weiterzudrehen. Auch uns ist das in dieser Ringvorlesung passiert. Dafür brauchten wir uns nicht einmal zu verabreden. Die Rahel der Josephsromane segelte plötzlich durch Melvilles *Moby-Dick*, und Joseph selbst, eben noch der Held des Lübecker Kaufmannssohns, stand plötzlich bei Astrid Lindgren im Vorgarten, als Madita das Schild aufstellt: „KLEINER SCHÖNER SKLAFE ZU FERKAUFEN."[136] In solchen Netzen kann man sich wunderbar verfangen und in seinen Referenzen auf die anderen Referenten verweisen. Damit zieht man gelegentlich dem anderen etwas aus der Tasche

---

[134] Vgl. auch J. Eberhardt, „Es gibt für mich keine Zitate". Intertextualität im dichterischen Werk Ingeborg Bachmanns, Tübingen 2002.
[135] Bachmann, Simultan, 33.
[136] Vgl. dazu den Beitrag von Imke Hinrichs in diesem Band.

und entspricht doch genau dem, was für Nabokov „wahre Literatur" ausmacht: „Man darf Literatur, wahre Literatur, nicht wie einen Heiltrank hinunterstürzen [...]. Literatur muß man zerlegen, zerstückeln, zerquetschen, um ihren lieblichen Duft in der hohlen Hand wahrnehmen zu können."[137] Das also meint der bekennende Verfechter der freien Ästhetik, der Raskol'nikovs Verbrechen in zu vielen „unerquicklichen Einzelheiten" auserzählt fand und uns in *Lolita* selbst einen der größten Scharlatane[138] auf die Seiten geschrieben hat. Seinem Diktum sind wir gefolgt und haben ein Semester lang gewissenhaft zerlegt, zerquetscht und zerstückelt, damit der liebliche Duft der Literatur sich in der Theologie verbreite und „die andere Seite des Schrankes" bekannt wird. Das könnte, um mit Dostoevskij zu sprechen, das Thema einer neuen Geschichte werden – unsere jetzige aber ist nun zu Ende.

---

[137] Nabokov, Die Kunst des Lesens, 158.159.166.
[138] Zum Scharlatan Humbert Humbert vgl. V. Nabokov, Lolita. Roman, Reinbek bei Hamburg 1961. Zu den anderen vgl. den Beitrag von Matthias R. Hoffmann in diesem Band.

Die Autorinnen und Autoren

Frank Ahlmann

Dr. theol., Pastor, geboren 1965, Studium der Ev. Theologie und Sozialwissenschaften in Wuppertal, Bochum und Dublin. 1994–1996 Vikariat und Gemeindepfarramt in Köln. 1997–2000 Wissenschaftlicher Mitarbeiter an der Universität Duisburg. 2000–2005 Leiter der Ev. Akademie Görlitz. 2006–2009 Wissenschaftlicher Mitarbeiter am Institut für Systematische Theologie und Sozialethik sowie am Zentrum für Ethik der CAU zu Kiel. Promotion in Kiel. Seit 2009 Referent im Kirchenamt der Nordelbischen Ev.-Luth. Kirche.

Philipp David

Dr. theol., geboren 1973, Studium der Ev. Theologie in Heidelberg, Berlin und Kiel. 2001–2005 und 2006–2009 Wissenschaftlicher Mitarbeiter am Institut für Systematische Theologie der CAU zu Kiel. 2005–2006 Schulvikariat. Promotion in Kiel. 2009–2010 Wissenschaftlicher Mitarbeiter am Institut für Systematische Theologie am Fachbereich Ev. Theologie an der Universität Hamburg. Seit 2010 wieder Wissenschaftlicher Mitarbeiter in Kiel.

Irmelin Heyel

Dipl.-Theol., geboren 1980, Studium der Ev. Theologie in Rostock und Kiel. 2005–2007 Vikariat in Kiel. 2007–2009 Wissenschaftliche Mitarbeiterin am Institut für Neutestamentliche Wissenschaft und Judaistik der CAU zu Kiel. Seit 2009 in Elternzeit.

Imke Hinrichs

Pastorin, geboren 1974, Studium der Ev. Theologie in Bethel, London und Kiel. Vikariat u.a. in Lissabon. Seelsorgerin im Elisabeth-Kinderkrankenhaus in Oldenburg (Schwerpunkt Onkologie). Seit 2007 Wissenschaftliche Mitarbeiterin am Institut für Praktische Theologie der CAU zu Kiel sowie Pastorin in Petersfehn bei Oldenburg (seit 2009 beurlaubt). Dissertationsprojekt in der Kinderkrankenhausseelsorge. Seit 2010 in Elternzeit.

Matthias R. Hoffmann

Dr. theol., geboren 1969, Studium der Ev. Theologie in Kiel. Promotion in Durham/Großbritannien. Seit 2006 Wissenschaftlicher Mitarbeiter am Institut für Neutestamentliche Wissenschaft und Judaistik der CAU zu Kiel.

Die Autorinnen und Autoren

Felix John

Dipl.-Theol., geboren 1984, Studium der Ev. Theologie in Kiel und Hamburg. Seit 2009 Wissenschaftlicher Mitarbeiter am Institut für Neutestamentliche Wissenschaft und Judaistik der CAU zu Kiel.

Katja Kretschmar

Dipl.-Theol., geboren 1979, Studium der Ev. Theologie in Kiel, Rom und Heidelberg. Seit 2006 Editorin an der Schleiermacher-Forschungsstelle an der CAU zu Kiel. Seit 2010 in Elternzeit.

Gabriela Muhl

Dr. phil., Oberstudienrätin, geboren 1955, Studium der Ev. Theologie und Germanistik in Kiel. Referendariat in Kiel und Eckernförde (1982–1984). Tätig am Gymnasium Heide-Ost (1984–1992), seitdem an der Hermann-Tast-Schule in Husum. Zusätzliche Ausbildung zur Theaterpädagogin (1997–1999). Zertifizierte Ausbildungslehrkraft (2006). Promotion in Kiel. Von 2003–2011 abgeordnete Lehrkraft an der Theologischen Fakultät der CAU zu Kiel.

Signe von Oettingen

Dipl.-Theol., geboren 1976, Studium der Ev. Theologie in Kiel und Århus (Dänemark). Seit 2008 Wissenschaftliche Mitarbeiterin am Institut für Systematische Theologie der CAU zu Kiel und Ph.D.-Mitarbeiterin an der Theologischen Fakultät der Universität Århus.

Simon Paschen

Dipl.-Theol., geboren 1980, Zivildienst bei der Deutschen Seemannsmission in Hamburg-Harburg e.V., Studium der Ev. Theologie in Erlangen, Greifswald und Göttingen sowie Teilnahme am Interreligious Studies in Japan Program (ISJP) am NCC Center for the Study of Japanese Religions/Kyoto (2005–2006). Wissenschaftliche Hilfskraft (2007–2008) und Editor (2008–2010) an der Schleiermacher-Forschungsstelle der CAU zu Kiel. Mitglied im Fortsetzungsausschuss der Arbeitsgemeinschaft Ökumenische Forschung (2008–2009). Dissertationprojekt zum Leitbild der Deutschen Seemannsmission am Institut für Missions-, Ökumene- und Religionswissenschaften/Universität Hamburg. Seit 2010 Vikar in Lübeck.

Die Autorinnen und Autoren

Michael Pietsch

Dr. theol., geboren 1967, Studium der Ev. Theologie in Heidelberg, Basel, Tübingen und Kiel. Promotion in Hamburg. 1999–2002 Editor an der Schleiermacher-Forschungsstelle der CAU zu Kiel. 2002–2008 Hochschulassistent am Institut für Altes Testament der Universität Hamburg. 2009–2010 Wissenschaftlicher Mitarbeiter am Institut für Systematische Theologie und Sozialethik der CAU zu Kiel. Seit Sommersemester 2010 Vertretungsprofessur für Religionswissenschaft mit dem Schwerpunkt Literaturen der Religionen/Bibelwissenschaft am Institut für Religionswissenschaft und -pädagogik der Universität Bremen.

Maike Schult

Dr. phil., geboren 1969, Doppelstudium Ostslavistik (Russistik) und Ev. Theologie in Hamburg, St. Petersburg, Berlin und Halle/Saale. Erstes Theologisches Examen in Hamburg, Magisterabschluss in Halle. Promotionsstipendien der Universität Hamburg und des Ev. Studienwerks Villigst. 2000–2005 Wissenschaftliche Mitarbeiterin am Institut für Praktische Theologie an der Martin-Luther-Universität Halle-Wittenberg. An der MLU auch Promotion zum Dr. phil. für die Bereiche Slavistik, Literatur- und Kulturwissenschaft mit einer Arbeit über die theologische Dostoevskij-Rezeption im deutschen Sprachraum. 2004–2008 Vorsitzende der Deutschen Dostojewskij-Gesellschaft e.V.; zudem Mitglied und Regional Coordinator Germany der International Dostoevsky Society. 2005–2007 Lehrbeauftragte der Universität Hamburg, Referentin in der Erwachsenenbildung und Fortbildung in tiefenpsychologisch orientierter Seelsorge. Seit 2007 Wissenschaftliche Mitarbeiterin am Institut für Praktische Theologie an der CAU zu Kiel.

Christine Weide

Dipl.-Theol., geboren 1980, Studium der Ev. Theologie in Kiel und Heidelberg. 2006 Promotionsstipendium der CAU zu Kiel. Seit 2006 Wissenschaftliche Mitarbeiterin am Institut für Kirchengeschichte der CAU zu Kiel. Seit 2010 in Elternzeit.

Kieler Theologische Reihe

hrsg. von Prof. Dr. Hartmut Rosenau und Prof. Dr. Reinhard von Bendemann (Universität Kiel)

Monika Kauer-Hain
Die Relativierung des Bedingten
Systematische Erwägungen zum Gebet bei Paul Tillich
Bd. 1, 2005, 320 S., 29,90 €, br., ISBN 3-8258-8022-2

Hartmut Rosenau
Ich glaube – hilf meinem Unglauben
Zur theologischen Auseinandersetzung mit der Skepsis
Bd. 2, 2005, 160 S., 9,90 €, br., ISBN 3-8258-8854-1

Philipp David
Lichtblick des Friedens
Grundlinien einer sapientialen Theologie der Religionen im Anschluss an Nikolaus von Kues
Bd. 3, 2006, 360 S., 29,90 €, br., ISBN 3-8258-9052-X

Gönna Hartmann-Petersen
Genovefa von Paris – Person, Verehrung und Rezeption einer Heiligen des Frankenreiches
Eine paradigmatische Studie zur Heiligenverehrung im Frühmittelalter
Bd. 4, 2007, 320 S., 29,90 €, br., ISBN 978-3-8258-9966-0

Philipp David (Hg.)
Theologie in der Öffentlichkeit
Beiträge der Kieler Theologischen Hochschultage aus den Jahren 1997 bis 2006
Bd. 5, 2007, 352 S., 19,90 €, br., ISBN 978-3-8258-0354-4

Frank Ahlmann; Philipp David (Hg.)
Leben im Zeichen der Gottesferne
Theologische Streifzüge auf der Grenze von Wissenschaft und Weisheit. Hartmut Rosenau zum 50. Geburtstag
Bd. 6, 2007, 312 S., 29,90 €, br., ISBN 978-3-8258-0687-3

Jin Ho Kwon
Christus pro nobis
Eine Untersuchung zu Luthers Passions- und Osterpredigten bis zum Jahr 1530
Bd. 7, 2008, 304 S., 29,90 €, br., ISBN 978-3-8258-1365-9

Frank Ahlmann
Nutz und Not des Nächsten
Grundlinien eines christlichen Utilitarismus im Anschluss an Martin Luther
Bd. 8, 2008, 288 S., 24,90 €, br., ISBN 978-3-8258-1491-5

Reiner Preul (Hg.)
Glücksfälle der Christentumsgeschichte
Ringvorlesung der Emeriti der Theologischen Fakultät Kiel
Bd. 9, 2008, 224 S., 19,90 €, br., ISBN 978-3-8258-1693-3

Philipp David; Hartmut Rosenau (Hg.)
Auferstehung
Ringvorlesung der Theologischen Fakultät Kiel
Bd. 10, 2009, 256 S., 19,90 €, br., ISBN 978-3-643-10139-6

Oliver Heller
Die Bildung des selbstbestimmten Lebens
Identität und Glaube aus der Perspektive von F.D.E. Schleiermacher, W. James und J. Dewey
Religiosität gehört in grundlegender, Identität stiftender Weise zum Leben des Menschen. Sie muss in individuellen Formen des Glaubens artikuliert und in den öffentlichen Raum eingebracht werden, wenn sie in intersubjektiven Bildungsprozessen hermeneutisch erschlossen und normativ fruchtbar gemacht werden soll. In kritischer Rekonstruktion der Ansätze Schleiermachers, James' und Deweys wird untersucht, welche „Metaphysiken von Bildung" besonders geeignet erscheinen, diese intersubjektiven Bildungsprozesse immer wieder zu eröffnen und selbstbestimmtes Leben zu ermöglichen.
Bd. 12, 2010, 528 S., 49,90 €, br., ISBN 978-3-643-11009-1

LIT Verlag Berlin – Münster – Wien – Zürich – London
Auslieferung Deutschland / Österreich: siehe Impressumsseite